De blanke Masai

Corinne Hofmann

De blanke Masai

Vertaald door Wim Scherpenisse

ARENA

Oorspronkelijke titel: *Die Weiße Massai*
© 1998 Corinne Hofmann
© Nederlandse uitgave: Arena Amsterdam, 1999
© Vertaling uit het Duits door Wim Scherpenisse
Omslagontwerp: Mariska Cock, Amsterdam
ISBN 90 6974 362 0
NUGI 301

Voor Napirai

Aankomst in Kenia

Een heerlijke tropenlucht verwelkomt ons bij aankomst op het vliegveld van Mombasa, en meteen merk ik iets, voel ik iets: dit is mijn land, hier zal ik me thuis voelen. Kennelijk ben ik de enige die ontvankelijk is voor de wonderbaarlijke sfeer die hier hangt, want mijn vriend Marco merkt droogjes op: 'Het stinkt hier!'

Na de douaneformaliteiten gaan we met de safaribus naar ons hotel. Op weg daarnaartoe moeten we met een veerboot een rivier oversteken, die de zuidkust van Mombasa scheidt. Het is heet, we zitten in de bus en kijken onze ogen uit. Op dit moment weet ik nog niet dat over drie dagen op deze zelfde veerboot mijn leven een andere wending zal nemen, om niet te zeggen in een chaos zal veranderen.

Aan de andere kant van de rivier rijden we ongeveer een uur over plattelandswegen en door nederzettingen. De meeste vrouwen die voor de eenvoudige hutten zitten zijn kennelijk moslims, want ze zijn gehuld in zwarte doeken. Eindelijk bereiken we ons hotel, de Africa Sea Lodge. Het is een modern, maar wel in Afrikaanse stijl gebouwd complex, en wij nemen onze intrek in een klein, rond huisje, dat gezellig is ingericht. Een eerste bezoek aan het strand versterkt het overweldigende gevoel: dit is het mooiste land waar ik ooit ben geweest, hier zou ik graag willen blijven.

Na twee dagen zijn we helemaal geacclimatiseerd, en we willen op eigen houtje met de gewone lijnbus naar Mombasa en dan met de Likoni-veerboot oversteken om de stad te bezichtigen. Een rastaman loopt onopvallend dicht langs ons, en ik hoor: 'Hashish, marihuana.' Marco knikt: 'Yes, yes, where can we make a deal?' Na een kort gesprek moeten we hem volgen. 'Niet doen, Marco, het is te gevaarlijk!' zeg ik, maar hij negeert mijn bezwaren. Als we een verwaarloosde, uitgestorven wijk bereiken, wil ik de hele onderneming afblazen, maar de man zegt tegen ons dat we op hem moeten wachten en verdwijnt. Ik voel me niet op mijn gemak, en eindelijk ziet ook Marco in dat we hier weg moeten. We maken ons nog net op tijd uit de voeten, vlak voordat de rastaman weer opduikt in gezelschap van de politie. Ik ben woedend en zeg boos tegen Marco: 'Zie je nou wat er had kunnen gebeuren?!'

Inmiddels is het al laat in de middag, en tijd om naar huis te gaan. Maar waarheen? Ik ben vergeten waar die veerboot vertrekt, en ook Marco laat het jammerlijk afweten. We krijgen onze eerste flinke ruzie, en pas na lang zoeken vinden we de weg terug naar de aanlegplaats van de veerboot. Honderden mensen met volgepakte kartonnen dozen, karren en kippen staan tussen de wachtende auto's. Iedereen wil mee met die veerboot met zijn twee dekken.

Na lange tijd zijn ook wij eindelijk aan boord, en dan gebeurt het onvoorstelbare. Marco zegt: 'Corinne, kijk daar, dat is een Masai!' 'Waar?' vraag ik, terwijl ik in de aangeduide richting kijk. Het is alsof ik door de bliksem word getroffen. Er zit een lange, donkerbruine, schitterende, exotische man nonchalant op de reling. Hij kijkt met zijn donkere ogen naar ons, de enige blanken in deze mensenmassa. Mijn god, denk ik, wat is die mooi, zoiets heb ik nog nooit gezien.

Zijn enige kleding bestaat uit een korte, rode lendendoek, maar zijn lichaam is rijk versierd. Op zijn voorhoofd prijkt een grote parelmoeren knop, die aan een snoer bontgekleurde parels zit en fel oplicht. Zijn lange rode haar is tot kleine vlechtjes gevlochten, en zijn gezicht is beschilderd met figuren die tot op zijn borst doorlopen. Om zijn hals heeft hij kruiselings twee lange kettingen van kleurige parels hangen, en om zijn polsen draagt hij diverse armbanden. Zijn gezicht is zo mooi regelmatig dat het bijna dat van een vrouw zou kunnen zijn. Maar aan zijn houding, zijn trotse blik en zijn gespierde bouw kun je zien dat hij een man is. Ik kan mijn ogen niet meer van hem afhouden. Zoals hij daar zit in de ondergaande zon, ziet hij eruit als een jonge god.

Nog vijf minuten en dan zie je die man nooit meer, denk ik verdrietig, want dan legt de veerboot aan, en de mensen haasten zich van boord, stappen in de bussen en verdwijnen in alle richtingen. Het wordt mij zwaar te moede, en tegelijkertijd krijg ik haast geen lucht meer. Naast mij is Marco net klaar met een zin: '... voor die Masai moeten we uitkijken, die beroven de toeristen.' Maar dat kan me op dit moment helemaal niets schelen, en ik bedenk koortsachtig hoe ik in contact kan komen met die adembenemend mooie man. Ik spreek geen Engels, en hem alleen maar blijven aangapen helpt ook niets.

De laadklep wordt neergelaten en de passagiers verdringen zich om tussen de wegrijdende auto's aan land te komen. Van de Masai zie ik alleen nog maar de glimmende rug, terwijl hij soepel verdwijnt tussen de andere mensen, die zich moeizaam voortbewegen. Uit, voorbij, denk ik, op het punt om in tranen uit te barsten. Waarom dit me zo aangrijpt, weet ik niet.

Iedereen heeft weer vaste grond onder de voeten en dromt naar de bussen. Inmiddels is het donker geworden; in Kenia valt de duisternis binnen een halfuur. De talloze bussen zitten in korte tijd boordevol met mensen en bagage. We staan er hulpeloos bij. We weten wel hoe ons hotel heet, maar niet aan welk strand het ligt. Ongeduldig stoot ik Marco aan: 'Vraag het even aan iemand!' Hij vindt dat dat mijn taak is, en dat terwijl ik nog nooit in Kenia ben geweest én geen Engels spreek. Het was zíjn idee om naar Mombasa te gaan. Ik ben verdrietig en denk aan de Masai, wiens beeld zich al in mijn hoofd heeft vastgezet.

In het aardedonker staan we daar ruzie te maken. Alle bussen zijn al weg als achter ons een donkere stem 'Hello!' zegt. We draaien ons tegelijk om, en mijn hart slaat een slag over. 'Mijn' Masai! Een kop groter dan ik, en ik ben al één meter tachtig. Hij kijkt ons aan en praat tegen ons in een taal die we geen van tweeën verstaan. Mijn hart lijkt uit mijn borstkas te willen springen, mijn knieën knikken. Ik ben volledig van de kaart. Marco probeert intussen uit te leggen waar we heen moeten. 'No problem,' antwoordt de Masai, we moeten even wachten. Er verstrijkt ongeveer een halfuur, waarin ik alleen maar oog heb voor die prachtige man. Hij neemt nauwelijks notitie van me, maar Marco reageert zeer geïrriteerd. 'Wat is er met jóú aan de hand?' vraagt hij. 'Je staat die man ongegeneerd aan te gapen, ik schaam me dood. Doe een beetje normaal alsjeblieft, zo ken ik je helemaal niet!' De Masai staat vlak naast ons en zegt geen woord. Alleen aan het silhouet van zijn lange lichaam en aan zijn geur, die een erotische aantrekkingskracht op mij heeft, merk ik dat hij er nog is.

In de omgeving van het busstation zijn kleine winkeltjes, die eruitzien als barakken en allemaal hetzelfde verkopen: thee, zoetigheid, groente, vruchten en stukken vlees aan haken. Voor de slechts zwak met petroleumlampen verlichte kramen staan mensen in voddige kleren. Als blanken zijn we hier een opvallende verschijning.

'Laten we maar teruggaan naar Mombasa en een taxi zoeken. Die Masai snapt toch niet wat we willen, en ik vertrouw hem niet. En daarbij heb ik het idee dat hij jou heeft behekst,' zegt Marco. Ik zie het meer als een beschikking van het lot, dat van alle zwarten juist hij op ons afgestapt is.

Als er kort daarna een bus stopt, zegt de Masai: 'Come, come!' Hij springt soepel naar binnen en houdt twee plaatsen voor ons vrij. Zal hij weer uitstappen of rijdt hij mee? vraag ik me af. Ik kan gerust zijn: hij gaat aan de andere kant van het gangpad zitten, vlak achter Marco. De bus rijdt over een plattelandsweg die in diepe duisternis gehuld is. Af en toe zie je tussen de palmen en struiken een vuur branden en vermoed je de aanwezigheid van mensen. De nacht maakt alles anders, we zijn onze oriëntatie volledig kwijt. Marco vindt dat de rit veel te lang duurt en probeert diverse malen uit te stappen. Pas nadat ik op hem heb inge-praat en na een paar woorden van de Masai ziet hij in dat we op deze vreemde moeten vertrouwen. Ik ben niet bang, integendeel, ik zou wel voor altijd zo verder willen rijden. De aanwezigheid van mijn vriend begint me te storen. Hij doet zo negatief, en nu belemmert hij ook nog mijn uitzicht! Krampachtig probeer ik te bedenken hoe het verder moet als we straks bij het hotel zijn.

Na ruim een uur is het gevreesde moment aangebroken. De bus stopt en Marco stapt, na de man te hebben bedankt, opgelucht uit. Ik kijk de Masai nog één keer aan, kan geen woord uitbrengen en struikel de bus uit. Hij rijdt verder, ergens naartoe, misschien wel naar Tanzania. Vanaf dit moment is mijn vakantiegevoel verdwenen.

In de dagen die volgen denk ik veel na over mezelf, Marco en mijn winkel. Al een kleine vijf jaar drijf ik in Biel een exclusieve tweedehandsboetiek met een afdeling voor bruidskleren. Na wat aanloopmoeilijkheden loopt de zaak uitstekend, en ik heb inmiddels drie modistes in dienst. Op mijn zevenentwintigste ben ik erin geslaagd een behoorlijke levensstandaard te bereiken.

Ik leerde Marco kennen toen er moest worden geklust bij het inrichten van mijn winkel. Hij was hoffelijk en opgewekt, en omdat ik pas naar Biel was verhuisd en er niemand kende, nam ik op een dag zijn uitnodiging aan om met hem uit eten te gaan. Langzaam ontwikkelde onze vriendschap zich, en na een halfjaar gingen we samenwonen. We zijn een getapt stel in Biel, hebben veel vrienden, en iedereen verwacht dat we binnenkort onze bruiloft zullen aankondigen. Maar ik word volledig opgeslokt door mijn leven als zakenvrouw en ben op zoek naar een tweede winkel in Bern; ik heb nauwelijks tijd om te denken aan trouwen of kinderen. Marco is niet erg enthousiast over mijn uitbreidingsplannen, onder andere omdat ik nú al veel meer verdien dan hij. Daar heeft hij het moeilijk mee, we hebben er de laatste tijd af en toe ruzie over.

En nu ineens deze geheel nieuwe ervaring! Ik probeer nog steeds te begrijpen wat er toch met me gebeurt. Gevoelsmatig ben ik heel ver van Marco verwijderd, ik registreer zijn aanwezigheid nauwelijks meer. Die Masai heeft zich vastgezet in mijn hoofd. Ik kan niets eten. Het hotel heeft een uitstekend restaurant, maar ik krijg geen hap meer door mijn keel. Mijn darmen zijn kennelijk in de knoop geraakt. De hele dag tuur ik over het strand, of ik maak strandwandelingen, in de hoop hém te zien. Af en toe zie ik een paar Masai, maar ze zijn allemaal kleiner dan hij en kunnen niet aan zijn schoonheid tippen. Marco laat het allemaal maar gebeuren; hij heeft geen keus. Hij verheugt zich op de terugreis, omdat hij er vast van overtuigd is dat alles dan weer normaal wordt. Maar dit land heeft mijn hele leven overhoop gehaald, en het zal nooit meer zo zijn als vroeger.

Marco besluit een safari te ondernemen naar Masai-Mara. Ik voel niet veel voor dat idee, want onder die omstandigheden heb ik geen kans om mijn Masai terug te vinden. Toch ga ik akkoord met een reis van twee dagen.

De safari is vermoeiend, omdat we met bussen tot diep in het binnenland doordringen. We zijn al een paar uur onderweg, en Marco vindt het veel te lang duren. 'Voor die paar olifanten en leeuwen hadden we ons de moeite beter kunnen besparen, die kunnen we thuis in de dierentuin ook zien.' Maar ik geniet van de rit. Weldra bereiken we de eerste Masai-dorpen. De bus stopt en de chauffeur vraagt of we zin hebben om de hutten en de bewoners te bekijken. 'Uiteraard,' zeg ik, en de andere deelnemers aan de safari kijken me verwijtend aan. De chauffeur onderhandelt over de prijs. Op onze witte gymschoenen stappen we over de drassige kleibodem, op onze hoede voor de koeienvlaaien die hier overal liggen. Zodra we bij de hutten, de manyatta's, zijn, storten de vrouwen en hun vele kinderen zich op ons, trekken aan onze kleren en willen zo ongeveer alles wat we aanhebben ruilen tegen speren, doeken en sieraden.

Ondertussen hebben de mannen zich de hutten in laten lokken. Ik kan mezelf er niet toe brengen nog één stap te zetten in dit moerasgebied. Ik ruk me los van de nietsontziende vrouwen en storm terug naar de safaribus, achternagezeten door honderden vliegen. Ook de andere gasten haasten zich naar de bus en roepen: 'Doorrijden!' De chauffeur zegt lachend: 'Zo, nu zijn jullie hopelijk gewaarschuwd voor deze stam. Het zijn de laatste wilden in Kenia, en ook de regering heeft heel wat met ze te stellen.'

In de bus stinkt het vreselijk, en de vliegen zijn een ramp. Marco lacht en zegt: 'Zo, nu weet je in ieder geval waar je dandy vandaan komt en hoe het er bij hem thuis uitziet.' Het is heel gek, maar de laatste paar minuten heb ik helemaal niet meer aan mijn Masai gedacht.

We rijden zwijgend verder langs grote kuddes olifanten. In de middag bereiken we een toeristenhotel. Het is haast onwerkelijk, midden in deze woestijn overnachten in een luxehotel. We gaan naar onze kamer en stappen meteen onder de douche. Onze gezichten, ons haar, alles plakt. Dan is er een overvloedig avondmaal, en zelfs ik bespeur na bijna vijf dagen vasten iets van honger. De volgende ochtend staan we heel vroeg op om naar de leeuwen te gaan kijken, en we vinden inderdaad drie slapende dieren. Dan begint de lange weg terug. Hoe dichter we bij Mombasa komen, hoe meer ik word bevangen door een merkwaardig geluksgevoel. Ik ben tot een besluit gekomen: we zijn hier nog een kleine week, en in die tijd moet ik mijn Masai terugvinden.

's Avonds is er in het hotel een Masai-dansvoorstelling en daarna worden er sieraden verkocht. Ik heb goede hoop hem hier weer te zien. We zitten op de eerste rij als de krijgers binnenkomen. Het zijn ongeveer twintig mannen, kleine en grote, mooie en lelijke, maar mijn Masai is er niet bij. Ik ben teleurgesteld. Toch geniet ik van de voorstelling, en weer ruik ik die lichaamsgeur die zo sterk verschilt van die van andere Afrikanen.

In de buurt van het hotel moet een openluchtdisco zijn, de Bush Baby, waar de Kenianen zelf ook komen. Dus ik zeg: 'Kom Marco, we gaan naar de disco.' Hij voelt er niet veel voor, omdat de directie van het hotel natuurlijk op allerlei gevaren heeft gewezen, maar ik drijf mijn zin door. Na een korte wandeling door de donkere straat zien we licht, en de eerste tonen van popmuziek dringen tot ons door. We gaan naar binnen en ik voel me meteen thuis. Eindelijk niet meer die kale hoteldisco met airconditioning, maar een dansvloer in de openlucht met een paar bars tussen de palmen. Toeristen en Kenianen zitten door elkaar op de barkrukken. Hier is alles relaxed. We gaan aan een tafeltje zitten. Marco bestelt bier en ik cola. Vervolgens dans ik alleen, want Marco houdt niet van dansen.

Tegen middernacht komen er enkele Masai binnen. Ik bekijk ze nauwkeurig, maar herken er alleen een paar van de voorstelling in het hotel. Teleurgesteld ga ik terug naar ons tafeltje. Ik besluit ter plekke om alle resterende avonden in deze disco door te brengen, want dat lijkt me de enige mogelijkheid om mijn Masai terug te vinden. Marco protesteert, maar hij wil toch ook niet alleen in het hotel blijven. En zo gaan we iedere dag na het avondeten op weg naar de Bush Baby.

Na de tweede avond, het is dan 21 december, heeft mijn vriend genoeg van deze uitjes. Ik wil er nog één keer heen, de allerlaatste keer, beloof ik hem. We zitten weer aan hetzelfde tafeltje onder de palm, dat ondertussen onze vaste plek is geworden. Ik besluit tot een solodans te midden van de dansende zwarten en blanken. Hij móét gewoon komen!

Kort na elven, ik baad al in het zweet, gaat de deur open. Mijn Masai! Hij legt zijn knuppel bij de portier neer, loopt langzaam naar een tafeltje en gaat zitten, met zijn rug naar mij toe. Mijn knieën knikken, ik kan maar net op de been blijven. Nu breekt het zweet me pas echt aan alle kanten uit. Ik moet me vastgrijpen aan een paal aan de rand van de dansvloer om niet om te vallen.

Koortsachtig bedenk ik wat ik zou kunnen doen. Op dit moment heb ik dagenlang gewacht. Zo rustig mogelijk loop ik terug naar ons tafeltje en zeg tegen Marco: 'Kijk, daar is die Masai die ons heeft geholpen. Vraag hem om bij ons te komen zitten en trakteer hem op een biertje om hem te bedanken!' Marco draait zich om, en op hetzelfde moment ziet de Masai ons. Hij zwaait, staat op en komt waarachtig naar ons toe. 'Hello, friends!' Lachend steekt hij zijn hand naar ons uit, die koel en soepel aanvoelt.

Hij gaat naast Marco zitten, recht tegenover mij. Ach, waarom spreek ik nou geen Engels! Marco probeert een gesprek op gang te brengen, waarop blijkt dat de Masai ook nauwelijks Engels spreekt. Met handen en voeten proberen we met elkaar te communiceren. Hij kijkt eerst Marco aan, dan mij, en vraagt terwijl hij op mij wijst: 'Your wife?' Op Marco's 'Yes, yes' reageer ik verontwaardigd: 'No, only boyfriend, no married!' De Masai snapt het niet. Hij vraagt naar kinderen. Weer zeg ik: 'No, no! No married!'

Zo dichtbij is hij nog nooit geweest. Alleen de tafel scheidt ons, en ik kan hem naar hartelust bekijken. Hij is fascinerend mooi, met zijn hoofdsieraden, zijn lange haar en zijn trotse blik. Wat mij betreft mag de tijd stil blijven staan! Hij vraagt Marco: 'Waarom dans je niet met je vrouw?' Als Marco zich tot de Masai wendt om te antwoorden dat hij liever bier drinkt, neem ik de gelegenheid te baat en beduid de Masai dat ik met hem wil dansen. Hij kijkt naar Marco, en als er geen reactie komt, stemt hij toe.

We dansen, hij half huppelend zoals bij het volksdansen, ik op z'n Europees. Hij vertrekt geen spier. Ik heb geen idee of hij me eigenlijk wel aardig vindt. Deze man, hoe vreemd hij me ook is, trekt me als een magneet aan. Na twee nummers komt er langzame muziek, en ik zou hem het liefst tegen me aan drukken. In plaats daarvan verman ik me en verlaat de dansvloer, anders zou ik mezelf helemáál niet meer in de hand hebben.

Aan het tafeltje reageert Marco prompt met: 'Kom, Corinne, we gaan naar het hotel, ik ben moe.' Maar ik wil niet weg. De Masai gebaart weer met Marco. Hij wil ons uitnodigen, ons morgen laten zien waar hij woont en een vriendin aan ons voorstellen. Ik neem de uitnodiging snel aan, voor Marco kan tegenspreken. We spreken af voor het hotel.

De hele nacht doe ik geen oog dicht, en tegen de ochtend is het me duidelijk dat mijn tijd met Marco voorbij is. Hij kijkt me vragend aan, en plotseling barst ik los: 'Marco, ik kan niet meer. Ik weet niet wat die volkomen vreemde man precies met me heeft gedaan. Ik weet alleen dat dit gevoel sterker is dan welk verstand dan ook.' Marco troost me en zegt vergoelijkend dat alles wel weer op z'n pootjes terecht zal komen als we terug zijn in Zwitserland. Op klaaglijke toon werp ik tegen: 'Ik wíl niet meer terug. Ik wil hier blijven, in dit mooie land, bij al die aardige mensen, en vooral bij die fascinerende Masai.' Marco begrijpt me natuurlijk niet.

In de verzengende hitte staan we die ochtend voor het hotel, zoals afgesproken. Plotseling duikt hij op aan de overkant van de straat en steekt over. Na een korte begroeting zegt hij: 'Come, come!' en wij volgen hem. We lopen ongeveer twintig minuten door bossen en struikgewas. Af en toe springen er apen, waarvan sommige tot ons middel reiken, voor ons uit. Weer bewonder ik de manier van lopen van de Masai. Hij lijkt de grond nauwelijks te raken, het is haast of hij zweeft, al heeft hij zijn voeten in zware sandalen gestoken die van autobanden zijn gemaakt. Marco en ik sjokken voort als lompe kamelen.

Dan krijgen we vijf ronde huisjes in het oog die in een cirkel staan, net als in het hotel, alleen veel kleiner, en in plaats van beton is hier natuursteen gebruikt: gestapeld en met rode leem vastgekit. Het dak is van stro. Voor een van de huisjes staat een potige vrouw met een grote boezem. De Masai stelt haar aan ons voor als Priscilla, een vriendin van hem, en pas nu horen we hoe hij zelf heet: Lketinga.

Priscilla begroet ons hartelijk, en tot onze verbazing spreekt ze goed Engels. 'You like tea?' vraagt ze. Ik neem het aanbod dankbaar aan; Marco vindt het veel te heet en had liever een biertje gehad. Die wens kan hier natuurlijk niet in vervulling gaan. Priscilla haalt een kleine spiritusbrander te voorschijn en zet hem voor onze voeten op de grond; we wachten tot het water kookt. We vertellen over Zwitserland en het werk dat we doen, en vragen hoe lang zij hier al wonen. Priscilla woont al tien jaar aan de kust, maar Lketinga is hier nieuw, vertelt ze; hij is pas een maand geleden aangekomen en spreekt daarom nog nauwelijks Engels.

We nemen foto's, en telkens wanneer ik in de buurt van Lketinga kom, voel ik de lichamelijke aantrekkingskracht die hij op me heeft. Ik moet me beheersen om hem niet aan te raken. We drinken de thee, die uitstekend smaakt, maar verschrikkelijk heet is. We verbranden onze vingers bijna als we de emaillen koppen vastpakken.

Als de duisternis begint te vallen, zegt Marco: 'Kom, we moeten zo langzamerhand weer eens terug.' We nemen afscheid van Priscilla en wisselen adressen uit met de belofte om elkaar te schrijven. Met lood in de schoenen trippel ik achter Marco en Lketinga aan terug. Voor het hotel vraagt hij: 'Tomorrow Christmas, you come again to Bush Baby?' Ik kijk Lketinga stralend aan, en voor Marco iets heeft kunnen zeggen, antwoord ik: 'Yes!'

Morgen is het onze voorlaatste dag, en ik heb me voorgenomen mijn Masai te vertellen dat ik Marco na de vakantie zal verlaten. Vergeleken bij de gevoelens die ik voor Lketinga heb schijnt alles uit het verleden me belachelijk toe. Dat wil ik hem morgen op de een of andere manier duidelijk maken, en ook dat ik binnenkort alleen terug zal komen. Slechts één keer vraag ik me heel even af wat hij voor mij voelt, maar meteen geef ik mezelf antwoord: hij móét gewoon hetzelfde voelen als ik!

Vandaag is het Kerstmis. Met veertig graden in de schaduw is er hier van een kerststemming overigens weinig te merken. Ik tut me die avond zo mooi mogelijk op en trek mijn beste vakantiejurk aan. Aan ons tafeltje hebben we vanwege de feestdag champagne besteld, die even slecht is als duur en veel te warm wordt geserveerd. Om tien uur is er nog geen spoor te bekennen van Lketinga en zijn vrienden. Wat moet ik doen als hij uitgerekend vandaag niet komt? We zijn hier alleen morgen nog, en de dag daarop moeten we voor dag en dauw naar het vliegveld. Vol verwachting fixeer ik mijn blik op de deur en hoop, sméék dat hij zal komen.

Daar verschijnt een Masai. Hij kijkt om zich heen en komt aarzelend naar ons toe. 'Hello,' groet hij, en hij vraagt of wij de blanken zijn met wie Lketinga heeft afgesproken. Ik krijg een brok in mijn keel en het zweet breekt me uit terwijl we knikken. Hij vertelt ons dat Lketinga die middag op het strand is geweest, waar autochtonen normaliter niet mogen komen. Daar werd hij vanwege zijn haar en zijn kleding door andere zwarten voor de gek gehouden. Als trotse krijger verdedigde hij zich en sloeg een van zijn tegenstanders met zijn rungu, zijn knuppel. Daarop nam de strandpolitie hem mee, omdat ze zijn taal niet verstonden. Nu zit hij ergens tussen de noord- en de zuidkust in een gevangenis, en deze Masai heeft hij naar ons toe gestuurd om ons dat te vertellen en ons namens hem een goede terugreis te wensen.

Marco vertaalt het verhaal, en zodra ik begrijp wat er is gebeurd, stort mijn wereld in elkaar. Slechts met de grootste inspanning kan ik voorkomen dat ik in tranen uitbarst. Ik smeek Marco: 'Vraag wat we kunnen doen, we zijn hier alleen morgen nog maar!' Koeltjes antwoordt hij: 'Zo gaat dat hier nu eenmaal, wij kunnen niets doen, en ik zal blij zijn als we veilig en wel thuis zijn.' Ik houd aan: 'Edy,' zo heet de Masai, 'kunnen we hem zoeken?' Ja, hij gaat die avond geld inzamelen onder de andere Masai, en morgen om tien uur vertrekt hij om op zoek te gaan naar Lketinga. Het zal niet meevallen hem te vinden, omdat ze niet weten naar welke van de vijf gevangenissen hij is gebracht.

Ik vraag Marco of we mee zullen gaan, hij heeft óns tenslotte ook geholpen. Na een tijd heen en weer praten stemt hij toe, en we spreken met Edy om tien uur voor het hotel af. De hele nacht kan ik niet slapen. Ik weet nog steeds niet wat me ineens bezielt. Ik weet alleen dat ik Lketinga nog één keer wil zien, móét zien, voordat ik terugvlieg naar Zwitserland.

Op zoek

Marco is van gedachten veranderd en blijft in het hotel. Hij probeert nog om mij het plan uit het hoofd te praten, maar tegen de innerlijke kracht die zegt dat ik moet gaan, kan hij met al zijn welgemeende raadgevingen niets beginnen. Ik laat hem achter en beloof om rond twee uur terug te zijn. Edy en ik rijden richting Mombasa met de matatu. Het is de eerste keer dat ik dit type taxi gebruik. Het is een busje met ongeveer acht zitplaatsen. Als het stopt, zitten er al dertien mensen in, dicht opeengepakt tussen hun bagage. De conducteur hangt aan de buitenkant van het busje. Ik kijk radeloos naar het gewriemel. 'Go, go in!' zegt Edy, en ik klim over tassen en benen en houd me in gebukte houding vast om in de bochten niet boven op de anderen te vallen.

Godzijdank stappen we na ongeveer vijftien kilometer uit. We zijn in Ukunda, het eerste grotere dorp met een gevangenis. Samen gaan we naar binnen. Nog voor ik een voet over de drempel heb gezet, houdt een potige kerel ons tegen. Vragend kijk ik naar Edy. Hij onderhandelt, en na ettelijke minuten, en nadat mij te verstaan is gegeven te blijven waar ik ben, doet de man een deur achter hem open. Aangezien het binnen donker is en ik buiten in de zon sta, kan ik niet veel onderscheiden. Wel komt ons een dermate hevige stank tegemoet dat ik braakneigingen voel opkomen. De dikke schreeuwt iets in het donkere gat, en na een paar tellen verschijnt er een man, die er volkomen verwaarloosd uitziet. Het schijnt een Masai te zijn, maar hij draagt geen hoofdsieraden. Ik schud verschrikt mijn hoofd en vraag Edy of dit de enige Masai is die hier zit. Dat is blijkbaar het geval, en de gevangene wordt teruggeduwd naar de anderen, die op de grond gehurkt zitten. We gaan weg, en Edy zegt: 'Kom, we nemen weer een matatu, die zijn sneller dan de grote bussen, en dan zoeken we in Mombasa verder.'

We steken de rivier over met de Likoni-veerboot en gaan met de eerstvolgende bus naar de rand van de stad, waar de gevangenis zich bevindt. Deze is aanzienlijk groter dan de vorige. Ook hier word ik als blanke vrouw nijdig aangekeken. De man achter de slagboom neemt geen notitie van ons. Hij leest verveeld in zijn krant, en wij staan er machteloos bij. Ik stoot Edy aan: 'Vraag hem eens!' Er gebeurt niets, totdat Edy me duidelijk maakt dat ik onopvallend wat geld voor de man moet neerleggen. Maar hoeveel? Ik heb van mijn leven nog nooit iemand hoeven omkopen, dus ik leg maar honderd Keniaanse shilling neer, zo'n dertien gulden. Schijnbaar achteloos steekt hij het geld weg en kijkt ons eindelijk aan. Nee, er is onlangs geen Masai met de naam Lketinga binnengebracht. Er zijn wel twee Masai, maar die zijn veel kleiner dan onze man. Ik wil ze toch zien, want misschien vergist hij zich wel, en hij mag ook wel wat doen voor het geld. Met een duistere blik in mijn richting staat hij op en ontgrendelt een deur.

Wat ik daarachter zie, schokt me. In een vertrek zonder ramen zitten diverse mensen dicht opeengepakt, sommigen op stukken karton, anderen op kranten of gewoon op het beton. Ze houden hun handen voor hun ogen, verblind door het plotselinge daglicht. Tussen de gehurkte mensen is een smal gangpaadje. Het volgende ogenblik zie ik ook waarom: er komt iemand aan die een bak 'voer' leegschudt, direct op de betonnen vloer. Onvoorstelbaar, zo voer je varkens, maar geen mensen! Op het woord 'Masai' komen twee mannen naar buiten, maar geen van tweeën is Lketinga. Ik word er moedeloos van. Wat verwacht ik eigenlijk als ik hem vind?

We gaan naar de binnenstad, nemen een andere matatu en hotsen in ongeveer een uur naar de noordkust. Edy spreekt me kalmerend toe: hier zal het wel zijn. Maar we komen niet eens tot de ingang. Een gewapende politieman vraagt wat we willen. Edy legt uit waarvoor we komen, maar de ander schudt zijn hoofd: er is al twee dagen geen nieuwe gevangene meer gekomen. We maken rechtsomkeert, en ik ben ten einde raad.

Edy zegt dat het al laat is; als ik om twee uur terug wil zijn, moeten we ons haasten. Maar ik wil niet naar het hotel. Ik heb alleen vandaag nog maar om Lketinga te vinden. Edy stelt voor om nog een keer bij de eerste gevangenis te informeren, omdat gevangenen vaak worden overgeplaatst. En zo rijden we in de broeierige hitte weer terug naar Mombasa.

Als onze veerboot de boot in de andere richting passeert, zie ik dat er op die andere boot bijna geen mensen zitten; ik zie vooral veel auto's, waarvan er één direct in het oog springt. Hij is knalgroen en heeft tralies voor de ramen. Edy zegt dat daarmee de gevangenen worden getransporteerd. Ik word misselijk bij de gedachte aan die arme schepsels, maar verder denk ik niet na. Ik ben moe, dorstig en doorweekt en vies van het zweet. Om halfdrie zijn we weer in Ukunda.

Er staat nu een andere bewaker voor de gevangenis, veel vriendelijker dan de vorige. Edy legt nog een keer uit wie we zoeken, en er ontspint zich een levendige discussie. Ik versta er niets van. 'Edy, wat is er aan de hand?' Hij vertelt me dat Lketinga nog geen uur geleden naar de noordkust is gebracht, waar wij net vandaan komen. Hij is in Kwale geweest, daarna eventjes hier, en nu is hij op weg naar de gevangenis waar hij tot zijn proces moet blijven.

Ik begin over mijn toeren te raken. We zijn de hele ochtend onderweg geweest, en een halfuur geleden is hij rakelings langs ons gevaren in die groene auto! Edy kijkt me hulpeloos aan. Hij zegt dat we maar beter terug kunnen gaan naar het hotel, hij zal het morgen nog eens proberen, nu hij weet waar Lketinga is. Als ik hem geld geef, zal hij hem vrij kunnen kopen.

Ik hoef niet lang na te denken: ik vraag Edy of hij nog een keer met me naar de noordkust wil gaan. Hij is niet bepaald enthousiast, maar hij gaat mee. Zwijgend leggen we de lange weg opnieuw af, en voortdurend vraag ik me af: waarom, Corinne? Wáárom doe je dit? Wat ga ik eigenlijk tegen Lketinga zeggen? Ik weet het niet, ik laat me maar voortdrijven door die enorme kracht die ik voel.

Kort voor zes uur bereiken we opnieuw de gevangenis aan de noordkust. Dezelfde gewapende man staat er nog. Hij herkent ons en deelt ons mee dat Lketinga ongeveer tweeënhalf uur geleden is aangekomen. Nu ben ik klaarwakker. Edy zegt dat we de Masai willen vrijkopen. De bewaker schudt zijn hoofd en zegt dat dat niet voor de jaarwisseling zal kunnen, aangezien de gevangene nog geen proces heeft gehad en de gevangenisdirecteur tot die tijd met vakantie is.

Ik heb overal rekening mee gehouden, maar daarmee niet. Zelfs met geld kan ik Lketinga niet vrij krijgen. Met pijn en moeite krijg ik de bewaker zover dat hij me toestemming geeft om Lketinga tien minuten te spreken, want hij heeft begrepen dat mijn vliegtuig morgen vertrekt.

En dan komt hij stralend naar buiten lopen. Ik schrik hevig. Hij draagt geen hoofdsieraden meer, heeft zijn haar in een vieze doek gewikkeld en stinkt verschrikkelijk. Desondanks lijkt hij blij te zijn; hij is alleen verbaasd dat ik hier zonder Marco ben. Ik heb zin om te schreeuwen; merkt die man dan helemaal niets? Ik vertel hem dat we morgen naar huis vliegen, maar dat ik zo snel mogelijk terugkom. Ik schrijf mijn adres voor hem op en vraag hem om het zijne. Aarzelend en met moeite schrijft hij zijn naam en een postbusnummer op. Ik kan hem nog net wat geld toestoppen, en dan neemt de bewaker hem alweer mee. Terwijl hij wegloopt kijkt hij om, bedankt me en doet de groeten aan Marco.

Langzaam lopen we terug en wachten in de invallende duisternis op een bus. Nu pas merk ik hoe uitgeput ik ben; ik begin plotseling te huilen en kan niet meer ophouden. In de overvolle matatu staart iedereen naar die huilende blanke vrouw met de Masai. Het kan me niet schelen, ik wil het liefst dood.

Het is al na achten als we de Likoni-veerboot bereiken. Ik moet weer aan Marco denken en krijg last van schuldgevoelens omdat het al meer dan zes uur later is dan de tijd die we hadden afgesproken en ik er nog steeds niet ben.

Terwijl we op de boot staan te wachten, zegt Edy: 'No bus, no matatu to Diani Beach.' Ik denk dat ik het niet goed gehoord heb. 'Na acht uur 's avonds rijden er geen lijnbussen meer naar het hotel.' Dit kan toch niet waar zijn! Wij staan hier in het donker op de boot te wachten, en aan de andere kant kunnen we niet verder. Ik loop langs de wachtende auto's en kijk of er blanken onder de inzittenden zijn. Er zijn twee safaribussen bij die op de terugweg naar huis zijn. Ik tik op het raam en vraag of ik mee kan rijden. De bestuurder zegt van niet, hij mag geen vreemden meenemen. De inzittenden zijn Indiërs, die trouwens alle plaatsen al in beslag nemen. Op het laatste moment rijdt er nog een auto de laadklep op, en ik heb geluk. Er zitten twee Italiaanse nonnen in aan wie ik mijn probleem kan uitleggen. Gezien mijn situatie zijn ze bereid mij en Edy naar het hotel te brengen.

Drie kwartier rijden we door de duisternis, en ik begin 'm te knijpen voor Marco. Hoe zal hij reageren? Ik zou er zelfs begrip voor hebben als hij me een draai om mijn oren gaf; hij zou volledig in zijn recht staan. Ik hóóp zelfs dat hij het zal doen en dat ik daardoor misschien weer tot mezelf kom. Nog steeds begrijp ik niet wat er met me aan de hand is en waarom ik iedere controle over mijn verstand heb verloren. Ik merk alleen dat ik zo moe ben als ik nog nooit van mijn leven ben geweest en dat ik voor het eerst verschrikkelijk bang ben: voor Marco en voor mezelf.

Bij het hotel neem ik afscheid van Edy, en even later sta ik voor Marco's neus. Hij kijkt me verdrietig aan. Hij schreeuwt niet, steekt geen tirade af; alleen maar die blik. Ik val hem om de hals en huil al weer. Marco leidt me naar ons huisje en praat geruststellend op me in. Ik heb overal rekening mee gehouden, maar niet met deze liefdevolle ontvangst. Hij zegt alleen maar: 'Corinne, alles is goed. Ik ben zo blij dat je nog in leven bent. Ik wilde net naar de politie gaan om je als vermist op te geven. Ik had de hoop al opgegeven en dacht dat ik je nooit meer zou zien. Zal ik wat te eten voor je halen?' Zonder op mijn antwoord te wachten gaat hij weg en komt met een volgeladen bord terug. Het ziet er verrukkelijk uit, en om hem te plezieren eet ik zoveel als ik kan. Pas na het eten vraagt hij: 'En, heb je hem nou gevonden?' 'Ja,' antwoord ik en vertel hem alles. Hij kijkt me aan en zegt: 'Je bent niet goed wijs, maar je bent ook heel sterk. Als jij iets wilt, rust je niet voor je het hebt. Maar waarom kun je niet voor mij voelen wat je voor die Masai voelt?' Tja, dat weet ik dus ook niet. Ik kan ook niet verklaren welk magisch geheim er rond die man hangt. Als iemand twee weken geleden tegen me had gezegd dat ik verliefd zou worden op een Masai-krijger, had ik hem uitgelachen. En nu is mijn leven één gigantische chaos.

Tijdens de vlucht naar huis vraagt Marco: 'Hoe moet het nu verder met ons, Corinne? Het hangt van jou af.' Ik heb moeite om hem duidelijk te maken hoe groot mijn verwarring is. 'Ik zoek zo snel mogelijk eigen woonruimte, ook al is het maar voor even, want ik wil weer naar Kenia, misschien wel voor altijd,' antwoord ik. Marco schudt alleen maar verdrietig zijn hoofd.

Een lang halfjaar

Het duurt twee maanden voor ik eindelijk een ander huis vind, even buiten Biel. De verhuizing is zo gebeurd, want ik neem alleen mijn kleren en een paar persoonlijke spullen mee, de rest mag Marco houden. Het valt me het zwaarst om mijn twee katten achter te laten, maar omdat ik toch binnenkort wegga, is er geen andere oplossing. Ik blijf mijn winkel runnen, maar met minder toewijding omdat ik voortdurend over Kenia droom. Ik koop alles wat ik te pakken kan krijgen over dat land, ook de muziek. Van 's morgens vroeg tot 's avonds laat heb ik in de winkel liedjes in het Suaheli opstaan. Mijn klanten merken natuur-

20

lijk dat ik er niet meer helemaal bij ben, maar ik kan en wil ze niet vertellen waarom.

Elke dag hoop ik op post. Dan, eindelijk, na bijna drie maanden, komt er een bericht. Niet van Lketinga, maar van Priscilla. Zo kom ik in ieder geval te weten dat Lketinga drie dagen na ons vertrek is vrijgelaten. Nog dezelfde dag schrijf ik naar het adres dat ik van Lketinga heb gekregen en ik vertel van mijn plan om in juni of juli weer naar Kenia te gaan, maar ditmaal alleen.

Er gaat weer een maand voorbij, en dan krijg ik eindelijk een brief van Lketinga. Hij dankt me voor mijn hulp en zou het erg leuk vinden als ik zijn land weer zou bezoeken. Meteen dezelfde dag ren ik naar het dichtstbijzijnde reisbureau en boek drie weken in juli, in hetzelfde hotel.

En dan begint het wachten. De tijd lijkt stil te staan, de dagen kruipen voorbij. Van onze gemeenschappelijke vrienden zie ik er nog maar één, die af en toe contact met me opneemt om ergens samen een glas wijn te gaan drinken. Hij lijkt me in ieder geval een klein beetje te begrijpen. De vertrekdatum nadert en ik word onrustig, omdat mijn brieven alleen door Priscilla worden beantwoord. En toch kan niets me van mijn stuk brengen; nog steeds ben ik ervan overtuigd dat die man het enige is wat ik nodig heb om gelukkig te worden.

Inmiddels kan ik me een beetje redden in het Engels, ik krijg elke dag les van Jelly, de vriendin van mijn jongste broer Eric. Drie weken voor mijn vertrek besluiten Jelly en Eric met me mee te gaan. Het langste halfjaar van mijn leven is voorbij. We vliegen naar Kenia.

Het weerzien

Na ruim negen uur vliegen landen we in juli 1987 in Mombasa. We worden omgeven door dezelfde hitte, dezelfde wonderlijke sfeer. Alleen is alles me ditmaal vertrouwd: Mombasa, de veerboot en de lange rit naar het hotel.

Ik ben gespannen. Zal hij er zijn of niet? Bij de receptie klinkt achter mij een 'Hello!' We draaien ons om, en daar staat hij! Hij lacht en komt stralend op me af. Het afgelopen halfjaar bestaat niet meer. Ik geef hem een por en zeg: 'Jelly, Eric, kijk, dit is 'm. Lketinga.' Mijn broer zoekt verlegen iets in zijn tas, Jelly glimlacht en begroet hem. Ik stel ze aan elkaar voor. Op dit moment durf ik niet meer dan hem de hand schudden.

In de drukte van het hotel gaan we eerst onze spullen in ons huisje zetten, terwijl Lketinga aan de bar wacht. Eindelijk kan ik aan Jelly vragen: 'Nou, wat vind je van 'm?' Ze antwoordt, zoekend naar woorden: 'Een beetje apart, misschien moet ik nog even aan hem wennen, maar op dit moment vind ik hem erg vreemd en wild.' Mijn broer zegt helemaal niets. Ik ben kennelijk de enige die enthousiast is, denk ik, toch een beetje teleurgesteld.

Ik trek andere kleren aan en ga naar de bar. Lketinga zit daar met Edy. Ook hem begroet ik vol blijdschap, en dan proberen we te praten. Van Lketinga begrijp ik dat hij kort na zijn vrijlating naar zijn stam is gegaan en pas een week geleden weer in Mombasa is teruggekomen. Via Priscilla had hij gehoord wanneer ik zou aankomen. Het is nogal bijzonder dat ze in het hotel op ons mochten wachten, want normaliter mogen zwarten hier niet naar binnen, tenzij ze hier werken.

Het valt me op dat ik Lketinga zonder Edy's hulp bijna niets kan vertellen. Mijn Engels staat nog in de kinderschoenen, en ook Lketinga spreekt nauwelijks meer dan tien woorden. Zo zitten we voornamelijk zwijgend aan het strand en kijken elkaar alleen maar stralend aan, terwijl Jelly en Eric de meeste tijd bij het zwembad of op hun kamer doorbrengen. Langzamerhand valt de avond, en ik denk erover na hoe het nu verder moet. In het hotel kunnen we niet langer blijven, en afgezien van dat handen schudden is er niet veel gebeurd. Het valt niet mee om een halfjaar op een man te wachten. Gedurende die tijd heb ik me in dagdromen vaak voorgesteld dat ik in de armen van deze man lag, dat we elkaar zoenden en wilde nachten beleefden. Maar nu hij bij me is, ben ik zelfs al bang om alleen maar zijn bruine arm aan te raken. Dus ik geef me maar gewoon helemaal over aan het geluksgevoel dat hij naast me zit.

Eric en Jelly gaan slapen, ze zijn uitgeput van de lange reis en de drukkende hitte. Lketinga en ik kuieren naar de Bush Baby-disco. Ik voel me een koningin, zo naast mijn drooman. We gaan aan een tafeltje zitten en kijken naar de dansende mensen. Hij lacht voortdurend. Omdat we nauwelijks kunnen praten, zitten we maar naar de muziek te luisteren. Door zijn nabijheid en de hele sfeer krijg ik de kriebels, ik zou zo graag zijn gezicht strelen of voelen hoe het is om hem te zoenen. Als er eindelijk langzame muziek klinkt, pak ik zijn handen beet en maak hem duidelijk dat ik wil dansen. Hij staat er hulpeloos bij en maakt geen aanstalten.

Maar opeens liggen we in elkaars armen en bewegen ons op het ritme van de muziek. Mijn gespannen gevoel verdwijnt. Ik beef over mijn hele lichaam, maar nu kan ik me aan hem vasthouden. De tijd lijkt stil te staan, en langzaam ontwaakt mijn verlangen naar deze man, dat een halfjaar heeft gesluimerd. Ik durf mijn hoofd niet op te tillen om hem aan te kijken. Wat zal hij van mij denken? Ik weet zo weinig van hem! Pas als het ritme van de muziek weer verandert, gaan we terug naar onze plaats, en ik merk dat wij de enigen zijn die gedanst hebben. Ik meen te voelen hoe we door tientallen paren ogen gevolgd worden.

We zitten nog een poosje aan ons tafeltje en gaan dan weg. Het is ver na middernacht als hij me naar het hotel brengt. Voor de ingang kijken we in elkaars ogen, en ik meen bij hem een veranderde uitdrukking te bespeuren. Een vleug van verbazing en opwinding zie ik in die wilde ogen. Eindelijk waag ik me in de buurt van zijn mooie mond; ik druk mijn lippen op de zijne. Op dat moment voel ik dat hij helemaal verstart en me bijna ontzet aankijkt.

'What you do?' vraagt hij en doet een stap achteruit. Ik sta er ontnuchterd bij, begrijp er niets van, schaam me, draai me om en hol buiten mezelf het hotel in. In bed krijg ik een huilbui, de hele wereld lijkt in elkaar te storten. Ik kan maar aan één ding denken: dat ik die man tot gek-wordens toe wil en dat hij kennelijk niets in mij ziet. Uiteindelijk val ik toch nog in slaap.

Ik word heel laat wakker, het ontbijt is allang voorbij. Het kan me niets schelen, want ik heb absoluut geen honger. Zoals ik er nu uitzie wil ik niet gezien worden; ik zet een zonnebril op en sluip langs het zwembad, waar mijn broer en Jelly als twee tortelduifjes aan het stoeien zijn.

Ik ga op het strand onder een palm liggen en staar naar de blauwe lucht. Was dit alles? vraag ik me af. Heb ik me zozeer vergist? Nee, schreeuwt een stem in mij, waar had ik anders de kracht vandaan gehaald om bij Marco weg te gaan en een halfjaar lang helemaal af te zien van seks? Als ik het niet voor deze man heb gedaan, waarom dan wel?

Plotseling voel ik dat er een schaduw over me heen valt en dat iemand zachtjes mijn arm aanraakt. Ik doe mijn ogen open en kijk recht in zijn mooie gezicht. Hij kijkt me stralend aan en zegt weer 'Hello!' en verder niets. Ik ben blij dat ik mijn zonnebril op heb. Hij kijkt me lang aan en lijkt mijn gezicht te bestuderen. Na geruime tijd vraagt hij naar Eric en Jelly en legt omstandig uit dat we vanmiddag bij Priscilla op de thee zijn uitgenodigd. Ik lig op mijn rug en kijk in zijn ogen, die me teder en hoopvol aankijken. Als ik niet meteen antwoord geef, verandert zijn uitdrukking, zijn ogen worden donkerder en er vlamt een zweempje trots in op. Ik verkeer in tweestrijd maar vraag dan toch hoe laat we worden verwacht.

23

Eric en Jelly willen wel mee, en dus staan we op de afgesproken tijd voor de ingang van het hotel. Na ongeveer tien minuten stopt een van de overvolle matatu's. Er stappen twee lange benen uit, gevolgd door het lange lichaam van Lketinga. Edy is bij hem. Ik ken de weg naar Priscilla nog van het eerste bezoek, maar mijn broer kijkt sceptisch naar de apen, die vlak bij de weg aan het spelen en eten zijn.

Het weerzien met Priscilla is zeer hartelijk. Ze haalt haar spiritusbrander te voorschijn en zet thee. Terwijl we wachten, discussiëren de drie Masai met elkaar, en wij zitten er niet-begrijpend bij. Er wordt telkens gelachen, en ik voel dat ze het onder andere over mij hebben. Na ongeveer twee uur gaan we weer weg, en Priscilla zegt dat ik hier met Lketinga mag komen wanneer ik maar wil.

Hoewel ik het hotel al voor de komende twee weken heb betaald, besluit ik het te verlaten en bij Priscilla in te trekken. Ik heb genoeg van dat eeuwige geloop naar de disco en de avondmaaltijden zonder hem. De hoteldirectie waarschuwt me nog dat er een grote kans bestaat dat ik straks mijn geld en mijn kleren kwijt ben. Ook mijn broer is meer dan sceptisch, maar hij helpt me toch om al mijn spullen naar het oerwoud te slepen. Lketinga draagt mijn grote reistas en lijkt blij te zijn.

Priscilla verlaat haar hut en trekt bij een vriendin in. Als het buiten donker wordt en we het moment waarop onze lichamen met elkaar zullen versmelten niet veel langer meer kunnen uitstellen, ga ik op de smalle brits zitten en wacht met kloppend hart op het langverbeide ogenblik. Lketinga komt naast me zitten, en ik kan alleen het wit van zijn ogen, de parelmoeren knop op zijn voorhoofd en de witte ivoren ringen in zijn oren onderscheiden. Opeens gaat alles heel snel. Lketinga drukt me tegen de brits, en meteen voel ik zijn opgewonden mannelijkheid. Voordat ik erover na kan denken of mijn lichaam eigenlijk al wel zover is, voel ik pijn, hoor vreemde geluiden... en dan is het al voorbij. Ik kan wel janken van teleurstelling, ik had me dit heel anders voorgesteld. Pas op dit moment dringt het echt tot me door dat ik te maken heb met iemand uit een cultuur die mij geheel vreemd is. Verder kom ik echter niet met mijn gedachten, want het voorgaande herhaalt zich nog eens. Gedurende die nacht volgen er nog verschillende bestormingen, en na de derde of vierde keer probeer ik niet meer om de zaak met zoenen of aanrakingen een beetje te rekken, want daar schijnt Lketinga niet van gediend te zijn.

Eindelijk wordt het licht, en ik verwacht dat Priscilla op de deur zal kloppen. Inderdaad hoor ik tegen zevenen stemmen. Ik kijk naar buiten en vind voor de deur een schaal vol water. Ik haal hem naar binnen en was me grondig, omdat ik overal op mijn lichaam rode vegen verf heb van Lketinga's beschilderde lijf.

Hij slaapt nog steeds als ik bij Priscilla aanklop. Ze heeft al thee gemaakt en biedt me een kop aan. Als ze me vraagt hoe mijn eerste nacht in een Afrikaanse hut me is bevallen, barst ik los. Zichtbaar verlegen luistert ze; dan zegt ze: 'Corinne, wij zijn niet zoals de blanken. Ga terug naar Marco, vier vakantie in Kenia, maar zoek hier geen man voor het leven.' Ze heeft horen vertellen dat de blanken goed zijn voor hun vrouwen, ook 's nachts. Maar Masai-mannen zijn anders, zegt ze, wat ik nu heb meegemaakt is de normale gang van zaken. Masai zoenen niet. De mond dient om te eten, zoenen – bij dit woord zet ze een minachtend gezicht – is iets verschrikkelijks. Een man raakt een vrouw nooit onder de buik aan, en een vrouw mag het geslachtsdeel van haar man niet aanraken. Het haar en het gezicht van een man zijn eveneens taboe.

Ik weet niet of ik moet lachen of huilen. Ik ben verliefd op een prachtige man en ik mag hem niet aanraken. Pas nu schiet de scène met de mislukte zoen me weer te binnen, en daardoor moet ik wel geloven wat ik zojuist heb gehoord.

Tijdens het gesprek heeft Priscilla me niet aangekeken, het moet haar zwaar zijn gevallen om over dit onderwerp te praten. Vele gedachten spelen door mijn hoofd, en ik betwijfel of ik alles goed heb begrepen. Plotseling staat Lketinga in de ochtendzon. Met zijn naakte bovenlijf, zijn rode lendendoek en zijn lange rode haar ziet hij er fantastisch uit. De herinnering aan de gebeurtenissen van de afgelopen nacht raakt op de achtergrond, en ik weet alleen nog maar dat ik déze man wil en geen andere. Ik hou van hem, en ik troost me met de gedachte dat mensen alles kunnen leren.

Later rijden we in een overvolle matatu naar Ukunda, het dichtstbijzijnde grotere dorp. Daar ontmoeten we meer Masai, die in een plaatselijk theehuis zitten, dat bestaat uit een paar planken die provisorisch aan elkaar zijn gespijkerd, een dak, een lange tafel en een paar stoelen. De thee wordt in een grote bak boven het vuur gemaakt. Als we gaan zitten, word ik deels nieuwsgierig, deels kritisch bekeken. Weer praat iedereen druk door elkaar heen. Ik weet zeker dat het over mij gaat. Ik bekijk ze één voor één en vind dat niemand er zo mooi en vreedzaam uitziet als Lketinga.

Urenlang zitten we daar, en het kan me niets schelen dat ik geen woord versta. Lketinga zorgt op een ontroerende manier voor mij. Hij bestelt steeds iets te drinken, en later ook een bord met vlees. Het zijn fijngehakte stukjes geitenvlees, die ik nauwelijks door mijn keel krijg omdat ze bloederig en vreselijk taai zijn. Na drie stukjes kan ik niet meer, en ik beduid Lketinga dat hij het moet opeten. Maar hij noch de andere mannen nemen iets van mijn bord, hoewel ze duidelijk honger hebben.

Na een halfuur staan ze op, en Lketinga probeert me met handen en voeten iets duidelijk te maken. Ik begrijp alleen dat iedereen wil gaan eten maar dat ik niet mee mag. Maar ik wil er per se bij zijn. 'No, big problem! You wait here,' hoor ik. Dan zie ik hoe ze achter een muur verdwijnen en dat daar even later bergen vlees naartoe worden gebracht. Na enige tijd komt mijn Masai terug. Hij heeft zijn buik blijkbaar vol. Ik begrijp nog steeds niet waarom ik hier moest wachten, en hij zegt alleen maar: 'You wife, no lucky meat.' Ik zal Priscilla er vanavond naar vragen.

We verlaten het theehuis en rijden met de matatu terug naar het strand. Bij de Africa Sea Lodge stappen we uit en besluiten Jelly en Eric op te zoeken. Bij de ingang worden we tegengehouden, maar als ik de bewaker duidelijk maak dat we alleen maar een bezoek brengen aan mijn broer en zijn vriendin, laat hij ons zonder verder commentaar binnen. Bij de receptie word ik lachend begroet door de manager: 'So, you will now come back in the hotel?' Ik schud mijn hoofd en zeg dat het me prima bevalt in het oerwoud. Hij haalt zijn schouders op en zegt: 'We zullen zien hoe lang nog!'

We vinden de twee bij het zwembad. Opgewonden komt Eric op me af: 'Dat werd tijd zeg, dat we je weer eens een keer zien!' Hij vraagt of ik goed heb geslapen. Ik moet lachen om zijn bezorgdheid en antwoord: 'Nou ja, ik heb weleens comfortabeler overnacht, maar ik ben gelukkig!' Lketinga staat erbij te lachen en vraagt: 'Eric, what's the problem?' Enkele blanke badgasten staren naar ons. Een paar vrouwen lopen opvallend langzaam vlak langs mijn mooie Masai, met zijn hoofdsieraden en zijn pas aangebrachte lichaamsbeschildering, en bewonderen hem onverholen. Omgekeerd keurt hij hun geen blik waardig, omdat hij het voornamelijk gênant vindt om zo veel blote huid te zien.

We blijven niet lang, omdat ik nog wat inkopen wil doen: petroleum, wc-papier en vooral een zaklamp. De afgelopen nacht hoefde ik gelukkig niet midden in de nacht naar de wc in het oerwoud, maar dat zal toch nog weleens voorkomen. De wc bevindt zich buiten het dorp, ongeveer twee meter boven de grond, en je moet er via een levensgevaarlijk kippenladdertje in klimmen. Het is een klein huisje van gevlochten palmbladeren met twee vloerplanken en een groot gat in het midden.

We vinden alles in een winkeltje, waar kennelijk ook de mensen die in het hotel werken hun boodschappen doen. Pas nu merk ik hoe goedkoop alles hier is. Naar mijn maatstaven betaal ik bijna niets, behalve voor de batterijen voor de zaklamp.

Een paar meter verderop is nog een kraampje, waarop met rode verf MEAT is geschilderd. Daar wil Lketinga heen. Aan het plafond hangt een grote vleeshaak met daaraan een gevilde geit. Lketinga kijkt mij vragend aan en zegt: 'Very fresh! You take one kilo for you and Priscilla.' Ik huiver bij de gedachte dat vlees te moeten eten, maar stem desondanks toe. De verkoper pakt een bijl en hakt een achterpoot van het beest, en met nog een paar bijlslagen haalt hij onze portie eraf. De rest wordt teruggehangen op de haak. Het vlees wordt in krantenpapier gewikkeld, en we lopen in de richting van het dorp.

Priscilla is ontzettend blij met het vlees. Ze zet thee voor ons en haalt bij de buurvrouw een extra kookpan. Dan wordt het vlees in stukjes gesneden, gewassen en twee uur lang gekookt in zout water. Intussen hebben we onze thee op; ik begin hem langzamerhand lekker te vinden. Priscilla en Lketinga praten aan één stuk door. Na enige tijd staat Lketinga op en zegt dat hij weggaat, maar gauw terugkomt. Ik probeer erachter te komen wat hij gaat doen, maar hij zegt alleen: 'No problem, Corinne, I come back.' Hij lacht tegen me en verdwijnt. Ik vraag Priscilla waar hij heen gaat. Ze zegt dat ze dat niet precies weet, want dat mag je een Masai niet vragen, dat is zijn zaak, maar ze vermoedt dat hij naar Ukunda is. 'Mijn god, wat moet-ie nou in Ukunda, daar komen we net vandaan!' zeg ik een beetje boos. 'Misschien wil hij nog wat eten,' antwoordt Priscilla. Ik staar naar het vlees dat in de grote blikken pan staat te koken: 'En voor wie is dít dan?' 'Dat is voor ons, voor de vrouwen,' licht ze me in. 'Lketinga kan niets van dit vlees eten. Masaikrijgers eten nooit iets wat een vrouw heeft aangeraakt of waar een vrouw naar heeft gekeken. Ze mogen niet eten waar vrouwen bij zijn, alleen samen theedrinken is toegestaan.'

Het eigenaardige gedoe in Ukunda schiet me weer te binnen, en nu hoef ik Priscilla niet meer te vragen waarom iedereen ineens achter die muur verdween. Lketinga mag dus helemaal niet met mij eten, en ik zal nooit wat voor hem kunnen koken. Merkwaardigerwijs brengt dit me meer van mijn stuk dan het feit dat ik afstand moet doen van goede seks. Als ik de eerste schok heb verwerkt, wil ik meer weten. Hoe dat dan gaat als je getrouwd bent. Ook het antwoord op deze vraag stelt me teleur. De vrouw blijft in principe bij de kinderen en de man is in gezelschap van andere mannen van zijn stand, dus krijgers, van wie er minstens één hem gezelschap moet houden als hij eet. Het is onbetamelijk om alleen een maaltijd tot je te nemen.

Ik ben sprakeloos. Mijn romantische fantasieën over samen koken en eten in het oerwoud of in de eenvoudige hut storten in. Ik kan mijn tranen nauwelijks bedwingen, en Priscilla kijkt me geschrokken aan. Dan barst ze in lachen uit, wat me bijna woedend maakt. Plotseling voel ik me eenzaam en merk dat ook Priscilla een vreemde voor me is, dat ze in een andere wereld leeft.

Waar blijft Lketinga toch? De nacht is al gevallen en Priscilla serveert het vlees op twee geblutste aluminium borden. Ik heb inmiddels een flinke honger, proef het vlees en ben verbaasd hoe zacht het is. Wel smaakt het heel merkwaardig en zout, als sudderlapjes. We eten zwijgend met onze handen.

Laat op de avond neem ik afscheid en trek me terug in het voormalige huisje van Priscilla. Ik ben moe. Ik steek de petroleumlamp aan en ga op het bed liggen. Buiten sjirpen de krekels. Mijn gedachten gaan terug naar Zwitserland, naar mijn moeder, naar mijn winkel, naar het dagelijks leven in Biel. Wat is de wereld hier anders! Ondanks alle eenvoud lijken de mensen hier gelukkiger, misschien juist omdat ze met minder luxe toe kunnen. Wanneer ik dit bedenk, voel ik me meteen een stuk beter.

Plotseling gaat de houten deur piepend open, en in de opening verschijnt een lachende Lketinga. Hij moet zich bukken om binnen te komen. Hij kijkt even rond en komt dan bij me zitten op de brits. 'Hello, how are you? You have eat meat?' vraagt hij, en terwijl hij me zorgzaam nog veel meer dingen vraagt, voel ik me goed en begin ik hevig naar hem te verlangen. In het schijnsel van de petroleumlamp ziet hij er prachtig uit. Zijn sieraden glimmen, zijn bovenlijf is naakt en slechts versierd met de twee parelsnoeren. Het besef dat hij niets aanheeft onder die lendendoek, windt me enorm op. Ik grijp zijn slanke, koele hand beet en druk die stevig tegen mijn gezicht. Op dat moment voel ik me verbonden met deze man, die me in feite volkomen vreemd is, en ik weet dat ik van hem houd. Ik trek hem tegen me aan en voel zijn lichaamsgewicht boven op me. Ik druk mijn hoofd zijwaarts tegen het zijne en ruik de wilde geur van zijn lange rode haar. Heel lang blijven we zo liggen, en ik merk dat ook hij door opwinding wordt bevangen. Alleen mijn dunne zomerjurk scheidt ons nog; ik trek hem uit. Hij dringt bij me naar binnen, en ditmaal heb ik, al is het maar heel eventjes, een geheel nieuw geluksgevoel, zonder tot een orgasme te komen. Ik voel me één met deze man, en vannacht weet ik dat ik, ondanks alle

28

hindernissen, al een gevangene ben van zijn wereld.

's Nachts word ik wakker met een zeurend gevoel in mijn buik. Ik pak de zaklamp, die ik gelukkig bij het hoofdeind heb gelegd. Iedereen hoort me waarschijnlijk als ik de piepende deur opendoe, want afgezien van de onvermoeibare krekels is het stil. Ik begeef me op weg naar de 'kippen-wc', de laatste treden neem ik met grote sprongen. Nog net op tijd ben ik ter plaatse. Omdat alles hurkend moet gebeuren, trillen mijn knieën. Met mijn laatste krachten kom ik weer overeind, pak de lamp en klauter de kippenladder weer af. Lketinga slaapt vredig. Ik wurm me tussen hem en de muur op de brits.

Als ik wakker word, is het al acht uur, en de zon brandt fel, zodat het in het huisje om te stikken is. Na de gebruikelijke thee en het wasritueel wil ik mijn haar wassen. Maar hoe moet dat zonder stromend water? We krijgen ons water in blikken van twintig liter, die Priscilla dagelijks aan de nabijgelegen put voor me vult. Ik probeer Lketinga in gebarentaal duidelijk te maken wat ik wil. Hij staat meteen klaar: 'No problem. I help you!' Lketinga giet water uit een conservenblikje over mijn hoofd. Dan wrijft hij zelfs, onder luid gelach, shampoo in mijn haar. Door het vele schuim is hij verbaasd dat al het haar er na afloop nog op zit.

Daarna willen we op bezoek bij mijn broer en Jelly in het hotel. Als we daar arriveren, zitten ze met zijn tweeën prinsheerlijk aan een overvloedig ontbijt. Bij de aanblik van al die heerlijke spijzen dringt het tot me door hoe karig mijn ontbijt op dit moment is. Nu doe ik het woord en zit Lketinga erbij te luisteren. Alleen als ik heb verteld van mijn nachtelijk wc-bezoek en de twee elkaar verbijsterd aankijken, vraagt hij: 'What's the problem?' 'No problem,' antwoord ik lachend, 'everything is okay!'

We nodigen hen uit om het middageten bij Priscilla te gebruiken. Ik wil spaghetti maken. Ze vinden het goed, en Eric zegt dat ze de weg wel zullen vinden. We hebben nog twee uur om spaghetti, tomatenpuree, uien en kruiden te halen. Lketinga heeft geen idee over wat voor eten we het hebben, maar zegt lachend: 'Yes, yes, it's okay.'

We stappen in een matatu en rijden naar de dichtstbijzijnde supermarkt, waar we zowaar de gezochte artikelen vinden. Als we eindelijk terug zijn in het dorp, heb ik niet veel tijd meer om het 'feestmaal' te bereiden. Op de grond hurkend tref ik alle voorbereidingen. Priscilla en Lketinga kijken geamuseerd toe hoe ik de spaghetti kook en zeggen: 'This is no food!' Mijn Masai-vriend staart in het kokende water en kijkt gespannen toe hoe de stramme spaghettistokjes langzaam buigzaam worden. Voor hem is het een raadsel, en hij betwijfelt ten zeerste of dit alles wel eetbaar is. Terwijl de pasta gaar wordt, maak ik met een mes het blikje tomatenpuree open. Als ik de inhoud ervan in een gehavend pannetje doe, vraagt Lketinga ontsteld: 'Is this blood?' Nu ben ik degene die hardop moet lachen. 'Blood? Oh no, tomato sauce!' antwoord ik giechelend.

Intussen arriveren Jelly en Eric, hevig zwetend. 'Wat, kook je op de grond?' vraagt Jelly verbaasd. 'Ja, dacht je soms dat we hier een keuken hadden?' is mijn wedervraag. Als we de slierten spaghetti met vorken uit de pan vissen, raken Priscilla en Lketinga helemaal buiten zichzelf. Priscilla haalt haar buurvrouw erbij. Ook zij staart naar de witte spaghettislierten, dan in de pan met de rode saus, en vraagt, wijzend naar de pasta en met een van afkeer vertrokken gezicht: 'Worms?' Daar moeten we om lachen. Die drie denken dat we wormen met bloed eten en raken het gerecht met geen vinger aan. Ergens begrijp ik ze wel, want hoe langer ik naar de schaal kijk, hoe meer ook mij de eetlust vergaat bij de gedachte aan bloed en wormen.

Bij de afwas stuit ik op een nieuw probleem. Er is geen afwasmiddel en ook geen borstel. Priscilla lost dit op door gewoon Omo te gebruiken en met haar vingernagels te krabben. Mijn broer constateert nuchter: 'Zusjelief, ik zie jou hier nog niet voor altijd wonen. In ieder geval heb je geen nagelvijl meer nodig voor die mooie lange nagels van je.' Ergens heeft hij gelijk.

Zij hebben nog twee dagen vakantie, dan blijf ik alleen achter met Lketinga. Op hun laatste avond is er in het hotel weer een Masai-dansvoorstelling. In tegenstelling tot mij hebben Jelly en Eric dat nog nooit meegemaakt. Lketinga doet ook mee, en gedrieën zitten we met spanning te wachten tot het begint. De Masai verzamelen zich voor het hotel en leggen daar speren, sieraden, parelsnoeren en doeken neer om later te verkopen.

Ongeveer vijfentwintig krijgers komen zingend het toneel op. Ik voel me verbonden met deze mannen en ben zo trots op dit volk alsof ze allemaal mijn broeders zijn. Het is ongelofelijk hoe elegant ze zich bewegen en wat voor uitstraling ze hebben. De tranen springen in mijn ogen bij dit voor mij nieuwe saamhorigheidsgevoel. Het komt me voor of ik mijn familie, mijn volk heb gevonden. Van zijn stuk gebracht door al die woest beschilderde en versierde Masai fluistert mijn broer me toe: 'Corinne, weet je zeker dat dit je toekomst is?' 'Ja,' is alles wat ik terug kan zeggen.

Tegen middernacht is de voorstelling afgelopen, en de Masai gaan weg. Lketinga komt trots het geld laten zien dat hij met de verkoop van sieraden heeft verdiend. Voor ons is het niet veel, voor hem betekent het dat hij weer een paar dagen vooruit kan. We nemen hartelijk afscheid, want we zullen Jelly en Eric niet meer zien, omdat die de volgende ochtend vroeg het hotel verlaten. Mijn broer moet Lketinga beloven dat hij terugkomt: 'You are my friends now!' Jelly drukt me stevig tegen zich aan en zegt huilend dat ik goed op mezelf moet passen, nog eens goed over alles moet nadenken en over tien dagen echt terug moet gaan naar Zwitserland. Kennelijk vertrouwt ze me niet.

We gaan op weg naar huis. Er staan ontelbaar veel sterren aan de hemel, maar de maan schijnt niet. Lketinga vindt moeiteloos zijn weg door het oerwoud, ondanks de duisternis. Ik moet me aan zijn arm vasthouden om hem niet kwijt te raken. Bij het dorp worden we in het donker opgewacht door een keffende hond. Lketinga stoot een paar korte, scherpe klanken uit, en het mormel kiest het hazenpad. In het huisje zoek ik op de tast naar de zaklamp. Als ik hem eindelijk heb gevonden, zoek ik naar lucifers om onze petroleumlamp aan te steken. Een kort ogenblik bedenk ik hoe gemakkelijk alles in Zwitserland is. Daar zijn straatlantarens en elektrisch licht, en alles werkt ogenschijnlijk vanzelf. Ik ben doodmoe en wil slapen. Maar Lketinga heeft vanavond gewerkt, is hongerig en zegt dat ik nog thee voor hem moet maken. Tot nu toe heb ik dat steeds aan Priscilla overgelaten! In het halfdonker moet ik eerst de spiritus bijvullen. Ik kijk naar de losse thee en vraag: 'How much?' Lketinga lacht en schudt een derde van het pakje in het kokende water. Later doet hij er suiker bij. En niet twee of drie lepeltjes, maar een hele kop. Ik ben stomverbaasd en meen dat die thee wel ondrinkbaar zal zijn. Toch smaakt hij bijna net zo goed als die van Priscilla. Nu begrijp ik ook dat thee heel goed als maaltijdvervanger kan dienen.

De volgende dag breng ik met Priscilla door. We willen de was doen, en Lketinga besluit om naar de noordkust te gaan om erachter te komen in welke hotels dansvoorstellingen worden gegeven. Hij vraagt niet of ik mee wil.

Ik loop met Priscilla naar de put en probeer net als zij een blik water van twintig liter naar het huisje te dragen, wat nog niet zo eenvoudig blijkt te zijn. Om het blik te vullen laat je een emmer, waar drie liter in kan, ongeveer vijf meter zakken en haalt hem daarna weer op. Dan schep je met een blikje het water eruit en giet het in de smalle opening van het grote blik, totdat dat vol is. Er wordt zeer zorgvuldig gewerkt om niets van het kostbare vocht verloren te laten gaan.

Als mijn blik vol is, probeer ik het de tweehonderd meter naar de hut te slepen. Hoewel ik mezelf altijd sterk heb gevonden, krijg ik het niet voor elkaar. Priscilla daarentegen zwaait haar blik met een paar handbewegingen op haar hoofd en beent dan rustig en ontspannen naar de hut. Als ik halverwege ben komt ze me weer tegemoet en draagt ook mijn blik terug. Mijn vingers doen nu al zeer. Dit alles herhaalt zich nog een paar maal, want het waspoeder dat ze hier gebruiken blijkt erg te schuimen. Het op de hand wassen, ook nog met koud water, en dan met Zwitserse precisie, voel ik heel gauw aan mijn knokkels. Na een poosje zijn ze volkomen opengeschuurd, en het Omo-water prikt. Mijn nagels zijn geruïneerd. Als ik er uitgeput en met pijn in mijn rug mee ophoud, doet Priscilla de rest voor me.

Inmiddels is het al laat in de middag, en we hebben nog niets gegeten. Wat zouden we moeten eten? Er zijn geen voorraden in huis, want anders zouden we gauw bezoek krijgen van kevers en muizen. Daarom kopen we elke dag in de winkel wat we nodig hebben. Ondanks de enorme hitte gaan we op weg. Dat betekent een halfuur lopen, als Priscilla tenminste niet met iedereen die we tegenkomen uitgebreid gaat staan kletsen. Kennelijk is het hier gebruikelijk iedereen met 'jambo' te groeten en vervolgens je halve familiegeschiedenis te vertellen.

Als we er eindelijk zijn, kopen we rijst, vlees, tomaten, melk en zelfs zacht brood. Nu moeten we de hele weg teruglopen, en daarna nog koken. Tegen de avond is Lketinga nog steeds niet terug. Als ik Priscilla vraag of ze weet wanneer hij terugkomt, antwoordt ze: 'No, I can't ask this a Masai man!' Uitgeput van het voor mij ongewone werken in de hitte ga ik in het koele huisje liggen, terwijl Priscilla op haar gemak begint met koken. Waarschijnlijk voel ik me zo slap omdat ik de hele dag nog niets gegeten heb.

Ik mis mijn Masai, zonder hem is deze hele wereld maar half zo interessant en leefbaar. Dan, eindelijk, vlak voor de duisternis invalt, komt hij elegant op de hut af geslenterd, en het bekende 'Hello, how are you?' weerklinkt. Ik antwoord een beetje verongelijkt: 'Oh, not so good!', waarop hij geschrokken vraagt: 'Why?' Een beetje ongerust over zijn gezicht besluit ik niets te zeggen over zijn lange afwezigheid, omdat dit met onze gebrekkige kennis van het Engels alleen maar tot misverstanden kan leiden. Dus antwoord ik, op mijn buik wijzend: 'Stomach!' Hij kijkt me stralend aan en vraagt: 'Maybe baby?' Ik schud lachend mijn hoofd. Op dat idee zou ik nooit zijn gekomen, omdat ik de pil slik, wat hij niet weet en vast ook niet kent.

We gaan naar een hotel, want we hebben gehoord dat daar een Masai met zijn blanke echtgenote logeert. Ik kan me daar niets bij voorstellen, maar ben toch erg benieuwd, want die vrouw zou ik wel een paar vragen willen stellen. Als we de twee ontmoeten, ben ik teleurgesteld. Deze Masai ziet eruit als een 'gewone' zwarte, zonder sieraden en traditionele kleding; hij heeft een duur maatkostuum aan en is een aantal jaren ouder dan Lketinga. Ook de vrouw, Ursula, is al eind veertig. Iedereen praat door elkaar. Ursula, die uit Duitsland komt, zegt: 'Wat zeg je, je wilt hiernaartoe komen om met die Masai te leven?' Ik beaam dat en vraag bedeesd of daar wat op tegen is. 'Weet je,' zegt ze, 'mijn man en ik zijn al vijftien jaar bij elkaar. Hij is jurist, maar heeft desondanks veel moeite met de Duitse mentaliteit. Maar kijk nu eens goed naar Lketinga, die is nog nooit naar school geweest, hij kan niet lezen en schrijven en spreekt nauwelijks Engels. Hij heeft geen flauw benul van de zeden en gewoonten in Europa, en al helemaal niet van het perfecte Zwitserland. Je kunt toch op je vingers natellen dat dat fout loopt!' En vrouwen hebben hier geen enkel recht, gaat ze verder. Zij zou er niet over piekeren in Kenia te gaan wonen, maar voor een vakantie is het een prachtig land. Waarom koop ik geen andere kleren voor Lketinga? Zo kan ik toch niet met hem blijven rondlopen!

Ze vertelt en vertelt, en de moed zinkt mij steeds verder in de schoenen bij zo veel potentiële problemen. Ook haar man zegt dat het beter zou zijn als Lketinga in Zwitserland bij me op bezoek zou kunnen komen. Ik kan me daar niets bij voorstellen, en mijn gevoel zegt me dat het een slecht idee is. Maar toch accepteren we de aangeboden hulp en gaan de volgende dag op weg naar Mombasa om een paspoort aan te vragen voor Lketinga. Als ik hem vertel over mijn twijfels, vraagt Lketinga of ik een man heb in Zwitserland; zo niet, dan kan ik hem toch zonder enig probleem meenemen? En dat terwijl hij tien minuten geleden nog zei dat hij helemaal niet weg wil uit Kenia, omdat hij niet weet waar Zwitserland ligt en hoe mijn familie is.

Op weg naar het paspoortenbureau word ik overvallen door twijfels, naar later zal blijken terecht. Vanaf dit moment is het gedaan met de vredige dagen in Kenia, het gevecht met de bureaucratie begint. Gevieren betreden we het gebouw en staan zeker een uur in de rij te wachten voordat we in het gewenste vertrek worden toegelaten. Achter een groot mahoniehouten bureau zit de ambtenaar die wordt geacht zich bezig te houden met de nieuwe aanvragen. Tussen hem en Ursula's man ontspint zich een discussie, waarvan Lketinga en ik geen woord begrijpen. Ik zie alleen dat ze telkens opnieuw naar Lketinga in zijn exotische uitmonstering kijken. Na vijf minuten is het: 'Let's go!', en we verlaten verward het gebouw. Ik ben verontwaardigd omdat we voor een gesprek van vijf minuten een uur in de rij hebben moeten staan.

Maar dit is nog maar het begin. Volgens Ursula's man moet er nog het een en ander worden geregeld. Lketinga kan in ieder geval nog niet direct met mij naar Zwitserland, misschien, als alles meezit, over ongeveer een maand. Eerst moeten we foto's laten maken, dan terugkomen en formulieren invullen; die laatste zijn echter op dit moment op, en pas over een dag of vijf komen er nieuwe. 'Wat? In zo'n grote stad zijn er niet eens formulieren om een paspoort aan te vragen?' zeg ik ontsteld; ik kan het haast niet geloven. Als we na lang zoeken eindelijk een fotograaf vinden, blijkt het een paar dagen te duren voor we de foto's kunnen afhalen. Uitgeput van de hitte en het voortdurende wachten besluiten we om terug te gaan naar de kust. De twee anderen gaan weer naar hun luxueuze hotel en zeggen dat we nu weten waar het paspoortenbureau is, en dat we hen in het hotel kunnen bereiken voor het geval we problemen mochten krijgen.

Omdat we niet veel tijd meer hebben, gaan we al na drie dagen met de foto's terug naar het bureau. Opnieuw moeten we wachten, langer dan de eerste keer. Hoe dichter we bij de begeerde deur komen, hoe nerveuzer ik word, want Lketinga is helemaal niet op zijn gemak en ik raak in paniek over mijn gebrekkige Engels. Als we eindelijk tegenover de ambtenaar zitten, formuleer ik moeizaam ons verzoek. De man kijkt na een poosje op van zijn krant en vraagt wat ik met zo eentje – hierbij kijkt hij geringschattend naar Lketinga – in Zwitserland moet. 'Holidays,' antwoord ik. De ambtenaar lacht en zegt dat die Masai helemaal geen pas krijgt zolang hij niet fatsoenlijk is aangekleed. Aangezien hij geen opleiding heeft en geen flauw idee wat Europa inhoudt, moet ik een borgsom van dertienhonderd gulden betalen en tegelijk een geldig vliegticket voor de heen- en terugreis overleggen. Pas als ik dat allemaal heb gedaan, kan hij me een aanvraagformulier geven.

Ik vraag, gesloopt door de arrogantie van die dikzak, hoe lang het gaat duren voor alles voor elkaar is. 'Ongeveer twee weken,' antwoordt hij en geeft ons met een handgebaar te verstaan dat we het vertrek moeten verlaten, waarna hij verveeld naar zijn krant grijpt. Van zo veel onbeschoftheid ben ik sprakeloos. In plaats van het op te geven ga ik er, geprikkeld door zijn gedrag, nu pas goed tegenaan om hem te laten zien wie hier de sterkste is. Ik wil vóór alles voorkomen dat Lketinga zich

34

minderwaardig gaat voelen. En verder wil ik hem graag gauw aan mijn moeder voorstellen.

Ik bijt me steeds meer vast in dit idee-fixe en besluit met Lketinga, die teleurgesteld is en voor wie het eigenlijk al niet meer hoeft, naar het dichtstbijzijnde reisbureau te gaan en de noodzakelijke dingen te regelen. We worden te woord gestaan door een vriendelijke Indiër, die de situatie begrijpt en mij op het hart drukt voorzichtig te zijn, omdat al menige blanke vrouw bij dit soort ondernemingen haar geld is kwijtgeraakt. Ik kom met hem overeen dat hij een kwitantie voor het vliegticket uitschrijft en deponeer het benodigde bedrag bij hem. Hij geeft mij de kwitantie en belooft me het bedrag terug te betalen als het met dat paspoort niet mocht lukken.

Ergens weet ik wel dat dit roekeloos van me is, maar ik vertrouw maar op mijn mensenkennis. Waar het om gaat is dat Lketinga weet waar hij, eenmaal in het bezit van dat paspoort, naartoe moet om de vertrekdatum vast te leggen. Weer een stap verder! denk ik strijdlustig.

Op een markt in de buurt kopen we een broek, een overhemd en schoenen voor Lketinga. Dat valt niet mee, want zijn smaak en de mijne zijn volkomen tegengesteld. Hij wil een rode of witte broek. Wit lijkt me voor in het oerwoud onmogelijk, en rood is bij westerse kleding geen 'mannelijke' kleur. Het toeval is mij welgezind: alle broeken zijn te kort voor mijn twee meter lange man. Na lang zoeken vinden we eindelijk een spijkerbroek die past. Bij de schoenen begint alles weer van voren af aan. Tot nu toe heeft hij alleen sandalen gedragen die van oude autobanden zijn gemaakt. Ten slotte ga ik akkoord met gymschoenen. Na twee uur heeft hij nieuwe kleren aan, maar tevreden ben ik er niet mee. Zijn tred is niet meer zwevend, maar slepend. Maar zelf is hij apetrots dat hij voor het eerst van zijn leven een lange broek, een overhemd en gymschoenen draagt.

Natuurlijk is het te laat om nog terug te gaan naar het bureau, en dus stelt Lketinga voor om naar de noordkust te gaan. Hij wil me aan vrienden voorstellen en me laten zien waar hij heeft gewoond voordat hij zijn intrek nam bij Priscilla. Ik aarzel omdat het al vier uur is en we dus 's nachts terug zouden moeten naar de zuidkust. Maar hij zegt weer eens: 'No problem, Corinne!' En zo wachten we op een matatu naar het noorden, maar pas in het derde busje vinden we een klein plekje. Al na een paar minuten baad ik in het zweet.

Gelukkig bereiken we al snel een behoorlijk groot Masai-dorp, waar ik voor het eerst Masai-vrouwen met lichaamsversieringen zie, die me opgewekt begroeten. Vanuit alle hutten stromen de mensen toe. Ik

weet niet of ze zich aan mij of aan de nieuwe outfit van Lketinga verga-
pen. Iedereen bevoelt het lichtgekleurde overhemd en de broek, en
zelfs de schoenen worden bewonderd. De kleur van het overhemd
wordt langzaam maar zeker donkerder. Twee, drie vrouwen praten tegelijkertijd op me in, en ik zit zwijgend te glimlachen en versta er geen
woord van.

Voortdurend komen kinderen de hut binnen, die me aangapen of
beginnen te giechelen. Het valt me op hoe vies ze allemaal zijn. Plotseling zegt Lketinga: 'Wait here,' en hij is verdwenen. Ik voel me niet erg
op mijn gemak. Een vrouw biedt me wat melk aan, die ik vanwege de
vliegen weiger. Een ander geeft me een Masai-armband, die ik verheugd omdoe. Iedereen schijnt bezig te zijn met sieraden.

Een tijdje later verschijnt Lketinga weer en vraagt me: 'You hungry?'
Ik antwoord naar waarheid dat ik inderdaad honger heb. We gaan naar
het vlakbij gelegen oerwoudrestaurant, dat lijkt op dat in Ukunda, alleen is dit veel groter. Hier is een afdeling voor vrouwen en, verder naar
achteren, een voor mannen. Ik moet natuurlijk naar de vrouwen, en
Lketinga gaat bij de andere krijgers zitten. De situatie bevalt me niet; ik
zou liever in mijn hut aan de zuidkust zijn. Ik krijg een bord voorgezet
waarop vlees en zowaar een paar tomaten in een sausachtige vloeistof
drijven. Op een tweede bord ligt een soort koek. Ik zie dat een andere
vrouw hetzelfde 'menu' voor zich heeft en met haar rechterhand de
koek in stukjes breekt, die in de saus doopt, er nog een stuk vlees bij
neemt en alles met de hand in haar mond stopt. Ik doe hetzelfde als zij,
maar heb daarvoor wel mijn beide handen nodig. Meteen wordt het
stil, iedereen kijkt toe hoe ik eet. Ik vind dat pijnlijk, vooral omdat er
tien of meer kinderen om me heen staan die me met grote ogen aanstaren. Dan praat iedereen weer door elkaar, en toch blijf ik me bekeken
voelen. Zo snel ik kan prop ik alles naar binnen en hoop dat Lketinga
gauw weer opduikt. Als er alleen nog botten over zijn, loop ik naar een
soort vat waaruit iedereen water schept en dat over zijn handen giet om
deze schoon te maken, wat met al dat vet natuurlijk een illusie is.

Ik wacht en wacht, en eindelijk komt Lketinga. Ik zou hem het liefst
om de hals vallen. Maar hij kijkt me vreemd, zelfs bijna boos aan, terwijl
ik geen idee heb wat ik fout gedaan zou kunnen hebben. Ik zie aan zijn
overhemd dat ook hij heeft gegeten. Hij zegt: 'Come, come!' Op weg
naar de straat vraag ik hem: 'Lketinga, what's the problem?' De uitdrukking op zijn gezicht maakt me bang. Dat ik inderdaad de reden van
zijn ergernis ben, merk ik als hij mijn linkerhand pakt en zegt: 'This
hand no good for food! No eat with this one!' Ik begrijp wel wat hij

zegt, maar waarom hij daar zo'n gezicht bij trekt, weet ik niet. Ik vraag hem ernaar, maar krijg geen antwoord.

Ik ben vermoeid van alle inspanningen en onzeker geworden van deze nieuwe raadsels; ik voel me onbegrepen en wil terug naar ons huisje aan de zuidkust. Dit probeer ik Lketinga duidelijk te maken door te zeggen: 'Let's go home!' Hij kijkt me aan, hoe precies weet ik niet, want ik zie weer alleen het wit van zijn ogen en de glimmende parelmoeren knop. 'No,' zegt hij, 'all Masai go to Malindi tonight.' Mijn hart blijft zowat stilstaan. Als ik hem goed begrijp, wil hij werkelijk vanavond nog doorreizen naar Malindi om te dansen. 'It's good business at Malindi,' hoor ik hem zeggen. Hij merkt dat ik niet erg enthousiast ben en vraagt meteen op bezorgde toon: 'You are tired?' Ja, dat ben ik, moe. Waar Malindi precies ligt weet ik niet, en ik heb ook geen andere kleren bij me om aan te trekken. Geen probleem, zegt hij, ik kan bij de 'Masai-ladies' slapen, morgenochtend is hij weer terug. Meteen ben ik weer klaarwakker. Het idee hier te blijven, zonder hem en zonder een woord te kunnen zeggen, vervult me met paniek. 'No, we go to Malindi together,' besluit ik. Lketinga lacht eindelijk weer, en het vertrouwde 'No problem!' weerklinkt. Met een paar andere Masai stappen we in een lijnbus, die heel wat gerieflijker is dan die bottenbrekende matatu's. Als ik wakker word, zijn we in Malindi.

Eerst zoeken we een logement voor autochtonen, omdat na de show waarschijnlijk alles volgeboekt zal zijn. Veel keus is er niet. We vinden een logement waar zich al andere Masai hebben ingekwartierd en krijgen de laatste vrije kamer. Hij is niet groter dan drie bij drie meter. Tegen twee betonnen muren staan ijzeren bedden met dunne, doorgezakte matrassen en elk twee wollen dekens erop. Aan het plafond hangt een kaal peertje, en verder staan er nog twee stoelen. In ieder geval kost het bijna niets, omgerekend een gulden of vijf per nacht. We hebben nog een halfuurtje voordat de voorstelling van de Masai-dansers begint. Ik ga snel een cola drinken.

Als ik kort daarna op onze kamer terugkom, ben ik niet zo'n klein beetje verbaasd. Lketinga zit op een van de doorgezakte bedden, zijn spijkerbroek tot op de knieën naar beneden gestroopt, en hij rukt geërgerd aan het kledingstuk. Hij wil hem kennelijk uittrekken, omdat we zo weg moeten en hij natuurlijk niet in westerse kleding kan optreden. Bij deze aanblik heb ik moeite om mijn lachen in te houden. Omdat hij de gymschoenen nog aanheeft, lukt het hem niet de spijkerbroek daaroverheen te trekken. Nu hangt de broek aan zijn benen en wil niet meer omhoog of omlaag. Lachend kniel ik voor hem op de grond en probeer de schoenen weer uit de pijpen te krijgen, terwijl hij, op de broek wijzend, schreeuwt: 'No, Corinne, out with this!' 'Yes, yes,' antwoord ik en probeer uit te leggen dat hij eerst weer ín de broek moet, dan zijn schoenen moet uittrekken en pas daarna de broek weer úit kan doen.

Het halve uur is allang voorbij, en we vliegen naar het hotel. In zijn oude vertrouwde outfit vind ik hem duizendmaal aantrekkelijker. Hij heeft al grote blaren op zijn hielen van de nieuwe schoenen, die hij natuurlijk zonder sokken wilde dragen. We zijn nog net op tijd bij de show. Ik ga bij de blanke toeschouwers zitten, van wie sommigen me misprijzend opnemen, omdat ik nog dezelfde kleren aanheb als 's ochtends; ze zijn er niet mooier en schoner op geworden, en ook ruik ik niet zo fris als de pasgedouchte blanken, om maar helemaal te zwijgen van mijn plakkerige lange haar. Desondanks ben ik waarschijnlijk de meest trotse vrouw in dit vertrek. Wanneer ik naar die dansende mannen kijk, krijg ik weer dat inmiddels vertrouwde gevoel van saamhorigheid.

Als de show en de verkoop van de spullen achter de rug zijn, is het bijna middernacht. Ik wil alleen nog maar slapen. In het logement wil ik me provisorisch wassen, maar Lketinga betreedt, vergezeld van een andere Masai, onze kamer en zegt dat zijn vriend best in het tweede bed kan slapen. Ik ben bepaald niet blij met het idee dat ik deze drie bij drie meter moet delen met een vreemde man, maar ik houd mijn mond om niet onbeleefd te lijken. Zodoende pers ik mij met mijn kleren aan naast Lketinga op het smalle, doorgezakte bed en val uiteindelijk zelfs in slaap.

's Morgens kan ik eindelijk douchen, zij het niet erg comfortabel: met een miezerig en bovendien ijskoud straaltje water. Ondanks mijn smerige kleren voel ik me op de terugreis naar de zuidkust iets beter.

In Mombasa koop ik een eenvoudige jurk, omdat we bij het bureau langs willen gaan voor het paspoort en de formulieren. Vandaag lukt het zowaar. Na de goedkeuring van het voorlopige ticket en de kwitantie voor het gedeponeerde geld krijgen we eindelijk ons aanvraagformulier. Ik probeer de vele vragen te beantwoorden, maar constateer dat ik de meeste ervan nauwelijks begrijp. Ik besluit het formulier samen met Ursula en haar man in te vullen.

Na vijf uur rijden zijn we eindelijk weer aan de zuidkust in ons huisje. Priscilla heeft zich al grote zorgen gemaakt, omdat ze niet wist waar we de nacht doorbrachten. Lketinga moet haar uitleggen waarom hij ineens westerse kleren draagt. Ik ga even liggen, want buiten is het vreselijk heet. Honger heb ik ook. Ik ben ongetwijfeld al ettelijke kilo's af-gevallen.

Het duurt nog zes dagen voor ik terugvlieg, en ik heb het met Lketinga nog niet over een gemeenschappelijke toekomst in Kenia gehad. Alle aandacht gaat uit naar dat verdomde paspoort. Zo denk ik er bijvoorbeeld over na wat ik hier zou kunnen doen. Met de bescheiden levensstijl die ze hier hebben heb je niet veel geld nodig, maar ik moet natuurlijk wel een bezigheid en wat extra inkomen hebben. Al denkende krijg ik het idee om in een van de vele hotels een winkeltje te openen. Ik zou een of twee modistes in dienst kunnen nemen, kledingpatronen uit Zwitserland meenemen en hier een kleermakerij beginnen. Mooie stoffen zijn hier in overvloed, goede naaisters die voor vierhonderd gulden per maand willen werken ook, en verkopen is onbetwist míjn sterke punt.

Enthousiast over dit idee roep ik Lketinga in het huisje en probeer het hem uit te leggen, maar ik merk algauw dat hij me niet begrijpt. Maar dit lijkt me nu erg belangrijk, en daarom roep ik Priscilla erbij. Ze vertaalt, en Lketinga knikt slechts af en toe. Priscilla legt me uit dat ik mijn plan niet zal kunnen verwezenlijken zonder werkvergunning of huwelijk. Maar het idee op zich is goed, want ze kent een paar mensen die hier goed geld verdienen met het maken van maatkleding. Ik vraag Lketinga of hij er eventueel voor zou voelen met me te trouwen. Tegen mijn verwachting in reageert hij terughoudend. Hij vindt trouwens, heel verstandig, dat ik mijn bedrijf in Zwitserland, dat goed draait, niet zomaar moet verkopen; hij heeft liever dat ik twee- of driemaal per jaar naar hem toe kom voor 'holidays'; hij zal altijd op me wachten!

Nu word ik een beetje boos. Ik ben bezig alles wat ik in Zwitserland heb op te geven, en hij komt met vakantieplannetjes aanzetten! Ik ben teleurgesteld. Dat merkt hij meteen en hij zegt, natuurlijk terecht, dat hij mij niet goed kent en mijn familie evenmin. Hij heeft tijd nodig om erover na te denken. Ook ik moet nadenken, zegt hij, en bovendien komt hij immers eventueel naar Zwitserland. Ik zeg alleen maar: 'Lketinga, als ik iets doe, dan doe ik het goed, en niet half.' Ofwel hij vindt het fijn als ik kom en voelt hetzelfde als ik, ofwel ik probeer alles te vergeten wat er tussen ons is gebeurd.

De volgende dag gaan we naar Ursula en haar man in het hotel om het formulier in te vullen. We treffen ze daar echter niet, omdat ze op een enkele dagen durende safari zijn gegaan. Voor de zoveelste keer vervloek ik mijn gebrekkige Engels. We zoeken iemand anders die voor ons kan vertalen. Lketinga wil alleen een Masai, anderen vertrouwt hij niet.

We rijden weer naar Ukunda en zitten urenlang in het theehuis, tot er eindelijk een Masai ten tonele verschijnt die én kan lezen en schrijven én Engels spreekt. Zijn hautaine manier van doen bevalt me niet, maar hij vult toch alles samen met Lketinga in. Wel zegt hij erbij dat hier niets werkt zonder omkoping. Omdat hij mij zijn paspoort laat zien en beweert dat hij al tweemaal in Duitsland is geweest, geloof ik hem. Hij voegt eraan toe dat het te betalen smeergeld vanwege mijn blanke huid vijfmaal zo hoog is als normaal. Tegen een kleine vergoeding wil hij de volgende dag wel met Lketinga naar Mombasa gaan en alles regelen. Mismoedig stem ik toe, want ik heb zo langzamerhand geen geduld meer om de arrogantie van die ambtenaar te verdragen. Voor slechts zeventig gulden is hij bereid alles te regelen en Lketinga zelfs naar het vliegveld te brengen. Ik geef hem nog wat geld voor het omkopen, en ze vertrekken samen naar Mombasa.

Ik ga eindelijk weer eens naar het strand en geniet van de zon en het goede voedsel in het hotel, dat natuurlijk tienmaal zoveel kost als dat in de plaatselijke restaurants. Tegen de avond ga ik terug naar het huisje, waar Lketinga me al nijdig zit op te wachten. Opgewonden vraag ik hoe het in Mombasa was, maar hij wil alleen maar weten waar ik geweest ben. Lachend antwoord ik: 'Aan het strand en gegeten in het hotel!' Daarna wil hij weten met wie ik gepraat heb. Ik zoek er niets achter en noem Edy en twee andere Masai, met wie ik aan het strand een paar woorden heb gewisseld. Zijn gezicht wordt heel langzaam vriendelijker, en tussen neus en lippen door zegt hij dat het nog drie à vier weken zal duren voor hij zijn paspoort heeft.

Ik ben blij en probeer hem van alles over Zwitserland en mijn familie te vertellen. Hij maakt me duidelijk dat hij zich erop verheugt Eric terug te zien, maar dat hij wat de anderen betreft niet weet wat hem te wachten staat. Ook ik voel een lichte ongerustheid als ik eraan denk hoe de mensen in Biel op hem zullen reageren. Alleen al het verkeer op straat, de trendy cafés en de enorme luxe zullen hem in de war brengen.

Mijn laatste dagen in Kenia verlopen iets rustiger. We kuieren af en toe naar het hotel of naar het strand, of we brengen de dag in het dorp door met verschillende mensen, theedrinkend en kokend. Als de laatste dag aanbreekt, ben ik verdrietig, maar ik probeer me te beheersen. Ook Lketinga is nerveus. Van veel mensen krijg ik iets cadeau, voor het grootste deel Masai-sieraden. Mijn onderarmen zijn bijna tot aan de ellebogen behangen met sieraden.

Lketinga wast mijn haar nog één keer, helpt me met pakken en vraagt voortdurend: 'Corinne, really you will come back to me?' Hij schijnt niet te geloven dat ik terugkom. Hij zegt dat veel blanke vrouwen dat zeggen maar dan niet meer terugkomen, of, als ze wel terugkomen, wat met een andere man beginnen. 'Lketinga, ik wil geen andere man, only you!' verzeker ik hem steeds opnieuw. Ik zal veel schrijven, foto's sturen, en het hem laten weten als ik alles heb geregeld. Ik moet tenslotte iemand zien te vinden die de winkel van me wil kopen én iemand die mijn huis inclusief inboedel wil overnemen.

Hij zal mij via Priscilla laten weten wanneer hij komt als hij zijn paspoort krijgt. 'Als het niet lukt, of als je echt niet naar Zwitserland wilt komen, kun je dat rustig tegen me zeggen,' zeg ik. Ik zal ongeveer drie maanden nodig hebben om alles te regelen. Hij vraagt mij hoe lang dat duurt, drie maanden: 'How many full moons?' 'Driemaal volle maan,' antwoord ik lachend.

We brengen iedere minuut van deze laatste dag samen door en besluiten om tot vier uur 's ochtends naar de Bush Baby-bar te gaan om ons niet te verslapen en zo lang mogelijk samen te zijn. We praten, gebaren en wijzen de hele nacht, en steeds weer diezelfde vraag: of ik werkelijk terugkom. Ik beloof het voor de twintigste keer, en merk hoezeer dit alles ook Lketinga aangrijpt.

Een halfuur voor mijn vertrek arriveren we, in gezelschap van twee andere Masai, in het hotel. De slaapdronken, wachtende blanken kijken geïrriteerd naar ons. Met mijn reistas en de drie met sieraden behangen Masai met hun rungu's moet ik een wonderbaarlijke aanblik bieden. Dan moet ik instappen. Lketinga en ik omhelzen elkaar nog één keer, en hij zegt: 'No problem, Corinne! I wait here or I come to you.' Dan, ik kan het haast niet geloven, geeft hij mij nog een zoen op mijn mond. Ik ben ontroerd, stap in en wuif naar de drie Masai, die in de duisternis achterblijven.

Afscheid en vertrek

Terug in Zwitserland begin ik meteen een opvolgster te zoeken voor mijn winkel. Velen zijn geïnteresseerd maar weinigen geschikt, en die laatsten hebben geen geld. Natuurlijk wil ik er zoveel mogelijk uit slepen, omdat ik niet weet hoe lang het duurt voor ik weer geld kan verdienen. Ik heb in Kenia zo'n zes gulden per dag nodig om te kunnen leven, dus ik word nogal gierig en leg zoveel mogelijk apart voor mijn toekomst daar.

Al snel is er een maand voorbij, en ik heb nog niets van Lketinga gehoord. Ik heb zelf al drie brieven geschreven. Daarom schrijf ik nu, een
beetje ongerust, ook aan Priscilla. Twee weken later krijg ik een brief
van haar die me in de war brengt. Lketinga heeft ze al sinds twee weken
na mijn vertrek niet meer gezien, waarschijnlijk woont hij weer aan de
noordkust. Met zijn paspoort wil het niet erg vlotten. Aan het eind van
de brief raadt ze me aan in Zwitserland te blijven. Ik ben volledig ten
einde raad en stuur onmiddellijk een volgende brief naar de postbus aan
de noordkust waar ik ook mijn eerste brieven aan Lketinga naartoe heb
gestuurd.

Na bijna twee maanden besluit een vriendin van me om mijn winkel
per 1 oktober te kopen. Ik ben dolgelukkig dat het grootste probleem
nu eindelijk is opgelost. Theoretisch kan ik dus al in oktober vertrekken, maar van Lketinga heb ik helaas nog steeds niets gehoord. Hij
hoeft nu niet meer naar Zwitserland te komen, omdat ik al snel weer in
Mombasa zal zijn, bedenk ik; ik geloof nog steeds in onze grote liefde.
Van Priscilla krijg ik nog twee verwarde brieven, maar mijn geloof
wankelt niet en ik ga naar het reisbureau en boek een vlucht naar
Mombasa voor 5 oktober.

Ik heb nog ruim twee weken om van mijn huis en de auto's af te komen. Het huis is geen probleem, want ik doe het compleet ingericht
voor een habbekrats aan een jonge student over. Zo kan ik er in ieder
geval tot het allerlaatste moment blijven wonen.

Mijn vrienden, mijn collega's, mijn kennissen – geen van allen begrijpen ze wat mij bezielt. Vooral mijn moeder heeft het er heel moeilijk mee, maar ik heb het gevoel dat zij nog het meeste begrip voor me
kan opbrengen. Ze zegt dat ze voor me hoopt en bidt dat ik vind wat ik
zoek en gelukkig word.

Mijn cabriolet verkoop ik op de allerlaatste dag, en de koper brengt
me ermee naar het station. Als ik de enkele reis naar het vliegveld van
Zürich koop, ben ik opgewonden. Met mijn handbagage en een grote
reistas, waarin een paar T-shirts, ondergoed, enkele eenvoudige katoenen rokken en wat cadeaus voor Lketinga en Priscilla zitten, zit ik in de
trein te wachten op het vertrek.

Als de trein zich in beweging zet, heb ik het gevoel alsof ik zweef van
blijdschap. Ik leun achterover, heb het idee dat ik licht uitstraal en lach
hardop. Een heerlijk gevoel van vrijheid overmant me. Ik zou hardop
kunnen schreeuwen en iedereen in de trein vertellen van mijn geluk en
mijn plannen. Ik ben vrij, vrij, vrij! In Zwitserland heb ik geen ver-
plichtingen meer, geen brievenbus vol rekeningen, en ik ontsnap aan

het troosteloze, sombere winterweer. Ik weet niet wat me in Kenia te wachten staat, of Lketinga mijn brieven heeft gekregen en zo ja, of iemand ze goed voor hem heeft vertaald. Ik weet niets en geniet maar gewoon van het gelukzalige gevoel van gewichtloosheid.

Ik zal drie maanden de tijd hebben om te wennen in Kenia, pas daarna hoef ik weer achter een nieuw visum aan. Mijn god, drie maanden, alle tijd om alles te regelen en Lketinga beter te leren kennen. Mijn Engels heb ik nog wat kunnen oppoetsen, en verder heb ik goede leerboeken met plaatjes bij me. Nog vijftien uur, dan ben ik in mijn nieuwe vaderland. Met deze gedachten stap ik in het vliegtuig, nestel me in de zachte stoel en zuig de laatste indrukken van Zwitserland in me op door het kleine raampje. Wanneer ik terugkom, weet ik niet. Ik trakteer mezelf vanwege het afscheid en het nieuwe begin op champagne en weet algauw niet meer of ik moet lachen of huilen.

In mijn nieuwe vaderland

Vanaf het vliegveld van Mombasa kan ik met een hotelbus meerijden naar de Africa Sea Lodge, hoewel ik geen kamer heb geboekt. Priscilla en Lketinga zouden op de hoogte moeten zijn van mijn aankomst. Ik ben vreselijk in de war. Als er nu eens niemand is? Bij het hotel aangekomen heb ik geen tijd meer om na te denken. Ik kijk om me heen en zie dat er niemand staat om me te verwelkomen. Daar sta ik dan met mijn zware reistas, de spanning vloeit langzaam uit me weg en maakt plaats voor een grote teleurstelling. Maar dan hoor ik plotseling mijn naam, en als ik naar de straat kijk, zie ik hoe Priscilla met haar schommelende boezem op me toe komt snellen. Van opluchting en vreugde springen de tranen in mijn ogen.

We vliegen elkaar om de hals, en natuurlijk moet ik meteen weten waar Lketinga is. Ze zet een somber gezicht en kijkt me niet aan als ze antwoordt: 'Corinne, please, I don't know where he is!' Ze heeft hem al ruim twee maanden niet meer gezien. Er gaan allerlei geruchten, maar wat daarvan waar is weet ze niet. Ik wil alles weten, maar Priscilla zegt dat we beter eerst naar het dorp kunnen gaan. Ik hijs de zware tas op haar hoofd en draag zelf mijn handbagage. Zo gaan we op weg.

Mijn god, wat zal er terechtkomen van mijn dromen over het grote geluk en de liefde? denk ik. Waar zou Lketinga zijn? Ik kan gewoon niet geloven dat hij alles is vergeten. In het dorp ontmoet ik een andere vrouw, een mohammedaanse. Priscilla stelt haar aan me voor als een vriendin en legt uit dat we haar huisje nu met zijn drieën moeten delen, omdat deze vrouw niet meer terug wil naar haar man. Het huisje is niet erg groot, maar voorlopig zal het wel gaan.

We drinken thee, maar de onbeantwoorde vragen laten me niet los. Opnieuw vraag ik Priscilla naar mijn Masai. Ze vertelt aarzelend wat ze heeft gehoord. Een van zijn collega's zegt dat hij naar huis is gegaan. Omdat hij zo lang geen brieven van mij kreeg, werd hij ziek. 'Wat?' roep ik geprikkeld. 'Ik heb minstens vijf keer geschreven!' Nu kijkt ook Priscilla vreemd op. 'Waarheen dan precies?' wil ze weten. Ik laat haar het postbusadres aan de noordkust zien. Ja, zegt ze, dan is het geen wonder dat Lketinga je brieven niet gekregen heeft. Die postbus is van alle Masai aan de noordkust samen, en iedereen mag eruit pakken wat hij wil. Omdat Lketinga zelf niet kan lezen, heeft iemand anders die brieven waarschijnlijk verdonkeremaand.

Ik kan haast niet geloven wat Priscilla vertelt. 'Ik dacht dat alle Masai vrienden of zelfs bijna broeders waren,' zeg ik. 'Wie zou zoiets nou doen?' Dan hoor ik voor het eerst over de afgunst die onder de krijgers hier aan de kust heerst. Toen ik drie maanden geleden wegging, hadden een paar van de mannen die al langer aan de kust wonen, Lketinga zitten plagen en jennen: 'Zo'n vrouw, zo jong en mooi, met veel geld, die komt vast niet meer terug naar Kenia voor een zwarte man die niks heeft.' En, vertelt Priscilla verder, omdat hij nog niet zo lang hier woont, heeft hij die mannen waarschijnlijk geloofd, temeer daar hij geen brieven kreeg.

Nieuwsgierig vraag ik Priscilla waar hij dan nu woont. Dat weet ze niet precies, maar het is ergens in het Samburudistrict, ongeveer drie dagreizen hiervandaan. Ze zegt dat ik me geen zorgen moet maken, ik ben hier nu veilig aangekomen en zij zal proberen iemand te vinden die binnenkort die kant op gaat en een boodschap kan overbrengen. 'Op den duur horen we wel wat er aan de hand is. Pole, pole,' zegt ze, wat zoveel wil zeggen als 'rustig aan'. 'Je bent nu in Kenia, hier heb je veel tijd en geduld nodig.'

De twee vrouwen verzorgen me als een kind. We praten veel met elkaar en Esther, de mohammedaanse, vertelt van haar lijdensweg met haar man. Ze waarschuwen me dat ik nooit met een Afrikaan moet trouwen: Afrikanen zijn ontrouw en behandelen hun vrouwen slecht. Mijn Lketinga is anders, denk ik en ik geef geen commentaar.

De volgende ochtend besluiten we er een bed bij te kopen. De afgelopen nacht heb ik geen oog dichtgedaan, want Priscilla en ik deelden één smal bed, terwijl Esther aan de andere kant op het tweede bed sliep.

44

Aangezien Priscilla nogal volumineus is, bleef er nauwelijks plaats voor mij over; ik moest me aan de rand van het bed vasthouden om niet voortdurend tegen haar aan te rollen.

Zo rijden we dus naar Ukunda en lopen bij veertig graden in de schaduw van de ene naar de andere handelaar. De eerste heeft geen tweepersoonsbed, maar kan er wel in drie dagen een maken; maar ik wil er meteen een. Bij de volgende vinden we een bed met prachtig houtsnijwerk voor ruim honderd gulden. Ik wil het meteen kopen, maar Priscilla zegt verontwaardigd: 'Too much!' Ik denk dat ik het niet goed heb gehoord. Voor die prijs, zo'n mooi tweepersoonsbed, handgemaakt! Maar Priscilla beent verder. 'Come, Corinne, too much!' Zo gaat het de halve middag, totdat ik eindelijk een bed kan kopen voor tachtig gulden. De timmerman demonteert het, en wij dragen de onderdelen naar de hoofdweg. Priscilla haalt nog een schuimrubber matras, en na een uur wachten in de brandende hitte aan de stoffige weg rijden we met een matatu weer naar het hotel, waar alles wordt uitgeladen. Daar staan we dan met onze onderdelen, die natuurlijk zwaar zijn, want ze zijn allemaal van massief hout.

Hulpeloos kijken we om ons heen, tot er drie Masai van het strand komen. Priscilla praat met hen, en meteen helpen de krijgers, die anders weinig van werken moeten hebben, ons het nieuwe bed naar het dorp te dragen. Ik moet mijn lachen inhouden, want het optochtje ziet er nogal wonderlijk uit. Als we eindelijk bij het huisje aankomen, wil ik meteen aan het werk om het bed in elkaar te schroeven, maar ik krijg er de kans niet toe, want de Masai willen dat allemaal voor me doen. Het groepje mannen dat met mijn bed aan het werk is, is inmiddels aangegroeid tot zes.

's Avonds laat kunnen we doodmoe op de rand van het bed gaan zitten. Iedereen die geholpen heeft krijgt thee, en er wordt weer gepraat in de voor mij onverstaanbare Masai-taal. De krijgers kijken me om beurten onderzoekend aan, en af en toe versta ik de naam Lketinga. Na ongeveer een uur stapt iedereen op, en wij vrouwen maken ons op om te gaan slapen. Dat houdt in dat we ons provisorisch wassen buiten de hut, wat heel goed kan, omdat het stikdonker is zodat we in geen geval worden bespied. Ook het plasje voor het slapengaan doen we vlak bij de hut, want in het donker ga je niet meer het kippenladdertje op. Uitgeput val ik in een heerlijke slaap in het nieuwe bed. Van Priscilla heb ik nu geen last meer, omdat het bed breed genoeg is. Wel is de hut door het grote bed nu zo goed als vol, dus als er bezoek komt, moet iedereen op de rand van het bed zitten.

De dagen vliegen voorbij, en ik word verwend door Priscilla en Esther. De een kookt, de ander sleept water aan en wast zelfs mijn kleren.
Als ik protesteer, krijg ik te horen dat het voor mij te heet is om te werken. Zo breng ik de meeste tijd op het strand door en wacht nog steeds
op een levensteken van Lketinga. 's Avonds krijgen we vaak bezoek
van Masai-krijgers; we kaarten of proberen elkaar verhalen te vertellen.
Af en toe merk ik dat een van de mannen belangstelling voor me toont,
maar ik heb geen zin om daarop in te gaan omdat voor mij alleen die
ene man telt. Geen van hen is maar half zo mooi en elegant als mijn
droomman, voor wie ik alles heb opgegeven. Nadat de krijgers hebben
gemerkt dat ik niet in hen geïnteresseerd ben, hoor ik nieuwe geruchten over Lketinga. Klaarblijkelijk weet iedereen dat ik nog steeds op
hem wacht.

Als ik weer eens beleefd, maar beslist tegen een van de mannen heb
gezegd dat ik geen vriendschap, lees liefdesrelatie met hem wil, vraagt
hij: 'Waarom wacht je op die Masai, terwijl iedereen weet dat hij met
het geld dat jij hem voor het paspoort hebt gegeven, naar Watamu Malindi is gereisd en daar alles heeft opgezopen met Afrikaanse meisjes?'
Dan staat hij op en zegt dat ik nog maar eens goed over zijn aanbod
moet nadenken. Geërgerd geef ik hem te verstaan dat ik hem niet meer
hoef te zien. Desondanks voel ik me erg eenzaam en verraden. En als
het nou tóch eens waar is? Er spelen allerlei gedachten door mijn hoofd,
en uiteindelijk weet ik maar één ding zeker: dat ik dat verhaal niet wil
geloven. Ik zou naar de Indiër in Mombasa kunnen gaan, maar op de
een of andere manier kan ik de moed daartoe niet opbrengen, want een
blamage zou ik nauwelijks kunnen verdragen. Elke dag kom ik op het
strand krijgers tegen, en de geruchtenstroom houdt aan. Eén man vertelt zelfs dat Lketinga 'crazy' is geworden en naar huis is gebracht. Daar
is hij met een jong meisje getrouwd, en hij komt niet meer terug naar
Mombasa. Als ik troost nodig heb, staat híj altijd voor me klaar. Mijn
god, laten ze me dan nooit met rust? Ik voel me langzamerhand een
verdwaalde ree tussen de leeuwen. Iedereen wil me opvreten!

's Avonds vertel ik Priscilla van de nieuwste geruchten en opdringe-
righeden. Ze zegt dat dat normaal is. Ik ben hier nu al drie weken zonder man, en de normale gang van zaken hier is dat een blanke vrouw
nooit lang alleen blijft. Dan vertelt ze me van twee blanke vrouwen die
al langer in Kenia wonen en zo ongeveer achter iedere Masai aan lopen.
Aan de ene kant ben ik gechoqueerd, aan de andere kant verrast te horen dat hier nog meer blanke vrouwen zijn, die zelfs Duits spreken. Dit
wekt mijn nieuwsgierigheid. Priscilla wijst op een ander huisje in het

dorp en zegt: 'Dat is van Jutta, een Duitse. Ze is nu ergens in het Sam-burudistrict, waar ze op een toeristencamping werkt, maar ergens in de komende paar weken was ze van plan weer even kort hier te zijn.' Ik ben nieuwsgierig naar die geheimzinnige Jutta.

Ondertussen gaan de toenaderingspogingen onverminderd door, zodat ik me allang niet meer op mijn gemak voel. Een alleenstaande vrouw is hier blijkbaar vogelvrij. Ook Priscilla kan of wil daar niet echt iets tegen ondernemen. Als ik haar dingen vertel, lacht ze soms op een kinderlijke manier, wat ik niet begrijp.

Op reis met Priscilla

Op een dag stelt Priscilla mij voor om twee weken met haar naar haar dorp te gaan om op bezoek te gaan bij haar moeder en haar vijf kinde-ren. Stomverbaasd vraag ik: 'Wat, heb je vijf kinderen? Waar wonen die dan?' 'Bij mijn moeder, en soms bij mijn broer,' zegt ze. Zijzelf woont aan de kust om geld te verdienen met de verkoop van sieraden, en dat brengt ze tweemaal per jaar naar huis. Haar man woont allang niet meer met haar samen. Ik sta weer eens perplex van de toestanden in Afrika.

Als we terug zijn, is Jutta er misschien al, denk ik, en ik stem toe. Door die reis kan ik bovendien ontsnappen aan al die opdringerige Ma-sai! Priscilla is ontzettend blij, omdat ze nog nooit een blanke vrouw mee naar huis heeft genomen.

We vertrekken meteen de volgende dag. Esther blijft om voor het huisje te zorgen. In Mombasa koopt Priscilla een aantal schoolunifor-men, die ze voor haar kinderen wil meenemen. Ik heb alleen mijn klei-ne rugzak bij me, waarin wat ondergoed, een paar truien, drie T-shirts en een schone spijkerbroek zitten. We kopen onze kaartjes, waarna we nog een heleboel tijd hebben tot de bus 's avonds vertrekt. Daarom ga ik een kapsalon binnen en laat Afrikaanse vlechten in mijn haar maken. Deze bewerking duurt bijna drie uur en is erg pijnlijk. Maar het lijkt me praktischer voor onderweg.

Lang voor het vertrek verdringen zich al tientallen mensen rond de bus, waarvan het dak alvast wordt volgeladen met alle mogelijke reisbe-nodigdheden. Als we vertrekken is het stikdonker, en Priscilla stelt voor om te gaan slapen. Tot Nairobi is het minstens negen uur rijden, dan moeten we overstappen en het nog eens bijna vierenhalf uur vol-houden tot Narok.

Tijdens de lange rit weet ik algauw niet meer hoe ik moet gaan zitten, en ik ben opgelucht als we eindelijk aankomen. Nu volgt er een lange etappe te voet. Bijna twee uur lopen we door een licht glooiend terrein vol velden, weilanden en zelfs dennenbossen. Qua landschap zou dit heel goed Zwitserland kunnen zijn: overal groen en nergens een mens te bekennen.

Eindelijk zie ik ver boven ons rook en ik onderscheid een paar bouwvallige houten barakken. 'We zijn er bijna,' zegt Priscilla, en ze legt uit dat ze voor haar vader nog een krat bier moet halen; dat is haar cadeau voor hem. Ik kijk vreemd op als blijkt dat ze het krat op haar hoofd naar boven draagt. Ik ben benieuwd hoe deze Masai leven, want Priscilla heeft me verteld dat ze welvarender zijn dan de Samburu's, van wie Lketinga afstamt.

Boven aangekomen worden we uitgebreid begroet. Alle bewoners komen aangelopen, begroeten Priscilla, maar blijven dan stokstijf staan en kijken zwijgend naar mij. Priscilla vertelt nu blijkbaar aan iedereen dat we vriendinnen zijn. Eerst moeten we op bezoek bij haar broer, die een beetje Engels spreekt. De woningen zijn hier groter dan in ons dorp en bestaan uit drie vertrekken. Alles is vies en met roet bedekt, omdat men hier op houtvuren kookt en er overal kippen, jonge honden en katten rondscharrelen. Overal waar je kijkt zie je kinderen van alle mogelijke leeftijden krioelen; de groteren dragen de kleineren in draagdoeken op hun rug. De eerste cadeaus worden uitgedeeld.

De mensen hier zien er niet meer erg traditioneel uit. Ze dragen normale kleren en leiden een geregeld boerenbestaan. Als de geiten het dorp binnenkomen, moet ik er als gast een uitzoeken voor het welkomstmaal. Ik kan het niet over mijn hart verkrijgen om een doodvonnis uit te spreken, maar Priscilla legt me uit dat dit de gewoonte is, én een grote eer. Waarschijnlijk zal ik dit elke dag moeten doen, ook bij de volgende bezoeken. Daarom wijs ik maar op een witte geit, die onmiddellijk wordt gevangen. Twee mannen knijpen het arme beest de strot dicht. Om niet langer naar het gespartel te hoeven kijken wend ik mijn blik af. Het wordt al donker en koel. We gaan het huis binnen om bij het vuur te zitten dat in een van de vertrekken op de lemen grond brandt.

Waar de geit wordt gekookt of gebraden, weet ik niet. Des te verraster ben ik als ik een hele voorpoot en een enorm hakmes krijg aangereikt. Priscilla krijgt de andere voorpoot. 'Priscilla,' zeg ik, 'ik heb niet zo veel honger, ik kan dit onmogelijk allemaal opeten!' Ze lacht en zegt dat we de rest wel meenemen en morgen verder opeten. Het idee dat ik morgenochtend bij het ontbijt weer aan deze poot moet kluiven, klinkt me niet erg aanlokkelijk in de oren, maar ik blijf in de plooi en eet in ieder geval iets, waarbij ik echter weldra word uitgelachen om mijn geringe eetlust.

Aangezien ik hondsmoe ben en een vreselijke pijn in mijn rug heb, informeer ik waar we kunnen slapen. We krijgen een smalle brits toegewezen, waarop we met zijn tweeën moeten liggen. Water om je te wassen is nergens te bekennen, en zonder vuur is het verschrikkelijk koud. Voor de nacht trek ik een trui en een dunne jas aan. Ik ben zelfs blij dat ik dicht tegen Priscilla aan kan kruipen, want dat maakt het weer iets warmer. Midden in de nacht word ik wakker; ik voel wat kriebelen en merk dat er allerlei beestjes over mij heen kruipen. Het liefst zou ik van de brits springen, maar het is stikdonker en bitter koud. Er blijft me niets anders over dan het maar tot de ochtend vol te houden. Bij het krieken van de dag wek ik Priscilla en laat haar mijn benen zien. Ze zijn bezaaid met rode beten, waarschijnlijk van vlooien. Veel valt er niet aan te doen, want ik heb geen andere kleren bij me. Ik wil me nu in ieder geval wassen, maar als ik naar buiten ga, blijf ik verbluft staan. Het hele gebied is in mist gehuld, en er ligt rijp op de grazige weiden. Je zou hier net zo goed bij een boer in de Jura kunnen zijn.

Vandaag trekken we verder om op bezoek te gaan bij Priscilla's moeder en haar kinderen. We lopen over heuvels en velden en komen af en toe kinderen of oude mensen tegen. Terwijl de kinderen afstand tot mij bewaren, willen de meeste oudere mensen, voornamelijk vrouwen, me aanraken. Sommigen houden lang mijn hand vast en mompelen iets wat ik natuurlijk niet versta. Priscilla zegt dat de meesten nog nooit een blanke hebben gezien, laat staan aangeraakt. Het komt ook voor dat ze tijdens het handen schudden ook nog op mijn hand spugen; ik begrijp dat dit een bijzondere eer moet zijn.

Na ongeveer drie uur bereiken we de hut waar Priscilla's moeder woont. Onmiddellijk stormen de kinderen ons tegemoet, die zich aan Priscilla vastklampen. Priscilla's moeder, nog ronder dan zijzelf, zit op de grond kleren te wassen. Die twee hebben elkaar natuurlijk heel wat te vertellen, en ik probeer althans een deel ervan te raden.

Deze hut is de eenvoudigste die ik tot nu toe heb gezien. Hij is rond en in elkaar geflanst uit wat planken, doeken en plastic. Binnen kan ik nauwelijks rechtop staan, en de stookplaats in het midden vult de ruimte met een scherpe rook. Ramen zijn er niet; daarom drink ik mijn thee maar buiten, anders lopen de tranen me voortdurend over de wangen en gaan mijn ogen prikken. Een beetje ongerust vraag ik Priscilla of we hier moeten overnachten. Ze zegt lachend: 'Nee, Corinne, een andere broer van me woont ongeveer een halfuur hiervandaan in een groter huisje. Daar overnachten we. Hier is geen plaats, want alle kinderen slapen hier, en er is niets te eten behalve melk en maïs.' Ik haal opgelucht adem.

Kort voor het vallen van de duisternis trekken we verder naar de volgende broer. Ook hier wacht ons een verheugde begroeting. De mensen hier wisten nog niet dat Priscilla zou komen en ook nog eens een blanke vriendin zou meebrengen. Deze broer vind ik erg sympathiek. Eindelijk kan ik echt met iemand praten. Ook zijn vrouw spreekt een beetje Engels. Beiden zijn naar school geweest.

Dan moet ik opnieuw een geit aanwijzen. Ik voel me in het nauw gebracht, want ik wil niet nog eens van dat taaie geitenvlees eten. Anderzijds heb ik werkelijk honger, en ik waag het te vragen of er nog iets anders te eten is, omdat ik als blanke niet gewend ben zo veel vlees te consumeren. Iedereen lacht, en de vrouw van Priscilla's broer vraagt of ik liever kip met aardappelen en groente wil. Op dit aanlokkelijke voorstel antwoord ik enthousiast: 'Oh yes!' Ze verdwijnt en komt korte tijd later terug met een geplukte kip, aardappelen en een soort bladspinazie. Deze Masai zijn echte boeren; sommigen van hen zijn naar school geweest en ze werken hard op hun velden. Wij vrouwen eten samen met de kinderen het heerlijke eten. Het is een soort eenpansgerecht en het smaakt verrukkelijk na al die goedbedoelde bergen vlees.

We blijven bijna een week en leggen al onze andere bezoeken van hieruit af. Er wordt zelfs warm water voor me klaargemaakt, zodat ik me kan wassen. Desondanks zijn onze kleren smerig en stinken ze vreselijk naar rook. Langzaamaan krijg ik genoeg van dit leven en ik verlang terug naar het strand in Mombasa en mijn nieuwe bed. Ik zeg tegen Priscilla dat ik terug wil, maar ze vertelt dat we zijn uitgenodigd voor een huwelijksceremonie die over twee dagen wordt gehouden, en dus blijven we.

Het huwelijk vindt een paar kilometer verderop plaats. Een van de rijkste Masai zal daar zijn derde vrouw trouwen. Het verbaast me dat de Masai kennelijk met net zo veel vrouwen mogen trouwen als ze kunnen onderhouden. De geruchten over Lketinga schieten me weer te binnen. Misschien is hij werkelijk al getrouwd? Van deze gedachte word ik bijna ziek. Maar ik kom weer tot mezelf en bedenk dat hij me dat zeker zou hebben verteld. Er zit iets anders achter zijn verdwijning. Ik moet daarachter zien te komen zodra ik weer in Mombasa ben.

De ceremonie is indrukwekkend. Er komen honderden mannen en

vrouwen op af. Ik word ook aan de trotse bruidegom voorgesteld, en deze deelt me mee dat hij, mocht ik willen trouwen, onmiddellijk bereid is ook mij tot vrouw te nemen. Ik ben sprakeloos. Hij wendt zich tot Priscilla en vraagt waarachtig hoeveel koeien hij voor mij moet bieden. Priscilla poeiert hem af, en hij verdwijnt.

Dan verschijnt de bruid in gezelschap van de twee eerste vrouwen. Het is een beeldschoon meisje, van top tot teen behangen met sieraden. Haar leeftijd choqueert me: ze kan niet ouder zijn dan een jaar of twaalf, dertien. De twee andere echtgenotes zijn misschien achttien of twintig. De bruidegom zelf is ook nog niet zo oud, maar toch wel een jaar of vijfendertig. 'Waarom worden hier meisjes uitgehuwelijkt die nog bijna kinderen zijn?' vraag ik Priscilla. Zo gaat dat hier nu eenmaal, zegt ze, zijzelf was niet veel ouder toen ze trouwde. Ik voel een vaag medelijden met het meisje, dat er wel trots, maar niet gelukkig uitziet.

Weer dwalen mijn gedachten af naar Lketinga. Zou hij eigenlijk wel weten dat ik zevenentwintig ben? Plotseling voel ik me oud, onzeker en onaantrekkelijk in mijn vieze kleren. De talloze aanzoeken van verschillende mannen die mij via Priscilla bereiken, kunnen dat gevoel niet wegnemen. Ze trekken mij geen van allen aan, de enige potentiële echtgenoot aan wie ik kan denken is Lketinga. Ik wil naar huis, naar Mombasa. Misschien is hij daar inmiddels al. Ik ben tenslotte al bijna een maand in Kenia.

Ontmoeting met Jutta

We overnachten voor de laatste maal in de hut en gaan de volgende dag terug naar Mombasa. Met bonzend hart loop ik terug naar het dorp. Al van verre horen we vreemde stemmen, en Priscilla roept: 'Jambo, Jutta!' Mijn hart springt op van vreugde bij het horen van die woorden. Na bijna twee weken zonder noemenswaardige conversatie verheug ik me op de pas aangekomen blanke vrouw.

Ze begroet me vrij koel en praat in het Suaheli met Priscilla. Ik sta er weer eens niet-begrijpend bij. Dan kijkt ze me lachend aan en vraagt: 'Zo, hoe is het leven in de bush je bevallen? Als je hier niet in al je viezigheid voor me zou staan, had ik dat nooit achter je gezocht!' Daarbij bekijkt ze me kritisch van top tot teen. Ik antwoord dat ik blij ben dat ik weer hier ben, want ik zit onder de insectenbeten en mijn hoofdhuid jeukt verschrikkelijk. Jutta lacht. 'Je hebt waarschijnlijk vlooien en luizen,' zegt ze, 'meer niet! Maar als je nu je hut in gaat, raak je ze nooit meer kwijt!'

Ze raadt me vanwege de vlooien aan een duik in zee te nemen en daarna in een van de hotels te gaan douchen. Ze zegt dat zij zichzelf die luxe ook altijd gunt als ze in Mombasa is. Ik vraag aarzelend of dat niet opvalt, omdat ik geen hotelgast ben. Ze wuift mijn bezwaren weg: 'Tussen zo veel blanken kun je het altijd ongemerkt doen.' Zij gaat soms zelfs eten snaaien bij de buffetten, vertelt ze; natuurlijk niet steeds in hetzelfde hotel. Ik sta versteld van al die trucjes en bewonder Jutta. Ze belooft me later mee te gaan en verdwijnt in haar huisje.

Priscilla probeert de vlechtjes uit mijn haar te halen. Het doet vreselijk zeer. Mijn haar is vervilt en kleverig van alle rook en vuil. Ik ben van mijn leven nog niet zo smerig geweest en voel me een waardeloos vod. Na meer dan een uur, waarin mijn haar bij bosjes uitvalt, is de klus geklaard. Alle vlechtjes zijn eruit, en ik zie eruit alsof ik onder stroom heb gestaan. Uitgerust met shampoo, zeep en schone kleren klop ik bij Jutta aan, en we gaan eropuit. Zij neemt potloden en een tekenblok mee. Als ik vraag wat ze daarmee van plan is, legt ze uit: 'Geld verdienen! In Mombasa kan ik gemakkelijk aan geld komen, daarom ben ik hier ook een week of twee, drie.' 'Maar hoe dan?' houd ik aan. 'Ik teken in tien minuten à een kwartier karikaturen van toeristen en verdien daarmee een gulden of vijftien per tekening. Als ik vier of vijf mensen per dag teken, kan ik daar heel goed van rondkomen!' vertelt Jutta. Al vijf jaar houdt ze op die manier het hoofd boven water, ze maakt een zelfbewuste indruk en kent alle trucs. Ik bewonder haar.

We zijn ondertussen bij het strand gekomen, en ik stort me in het verfrissende zilte nat. Pas na een uur kom ik er weer uit, en Jutta laat me het geld zien dat ze in de tussentijd heeft verdiend. 'Zo, en nu gaan we douchen,' zegt ze lachend. 'Je moet heel nonchalant langs de bewaker lopen, alsof het de gewoonste zaak van de wereld is. We zijn blanken, vergeet dat niet!' Het werkt inderdaad. Ik douch eindeloos en was mijn haar wel vijfmaal voor ik me schoon genoeg voel. Daarna trek ik een lichte zomerjurk aan, en we gaan de traditionele middagthee gebruiken alsof het heel vanzelfsprekend is. Allemaal gratis!

Dan vraagt ze me waarom ik eigenlijk in het dorp ben. Ik vertel haar het hele verhaal, en ze luistert aandachtig. Dan geeft ze me een goede raad: 'Als je per se hier wilt blijven en je Masai wilt hebben, moet er nu iets gebeuren. Om te beginnen moet je een eigen huisje huren, dat kost bijna niks, en dan heb je eindelijk rust. Verder moet je zo weinig mogelijk uitgeven en zelf wat bijverdienen, bijvoorbeeld door klanten voor mij te werven die ik kan tekenen; we delen de opbrengst. Ten derde moet je hier aan de kust geen enkele zwarte vertrouwen. Het gaat ze uiteindelijk alleen maar om het geld. Om te kijken of jouw Lketinga al die ellende wel waard is, gaan we morgen naar het reisbureau om te kijken of je geld van destijds daar nog is. Zo ja, dan is hij nog niet bedorven door het toerisme. Dat meen ik serieus.' En, voegt ze eraan toe, als ik een foto van hem heb vinden we hem met een beetje geluk vast wel terug!

Het contact met Jutta doet me goed. Ze kent Suaheli, weet de weg hier en lijkt over een onuitputtelijke energie te beschikken. De volgende dag gaan we naar Mombasa, maar niet met de bus. Jutta zegt dat ze haar zuur verdiende geld niet over de balk wil smijten en steekt haar duim op. En waarachtig, de eerste de beste auto die voorbijkomt, stopt. Er zitten Indiërs in, die ons meenemen tot de veerboot. Alleen Indiërs en blanken hebben hier hun eigen auto's, zwarten nauwelijks. 'Nou, Corinne,' lacht Jutta tegen me, 'alweer wat geleerd!'

Na lang zoeken vinden we het reisbureau. Ik hoop hartstochtelijk dat het geld er na vijf maanden nog steeds is, niet zozeer vanwege het geld zelf als wel omdat ik wil worden bevestigd in mijn overtuiging dat ik me niet heb vergist in Lketinga en onze liefde. Bovendien wil Jutta me alleen naar Lketinga helpen zoeken als hij er niet met dat geld vandoor is. Het is duidelijk dat zij geen enkel vertrouwen in hem heeft.

Mijn hart klopt in mijn keel als ik de deur opendoe en over de drempel stap. De man achter het bureau kijkt op, en ik herken hem meteen. Voor ik de kans krijg om iets te zeggen komt hij stralend en met uitgestoken handen op me toe en zegt: 'Hello, how are you after such a long time? Waar is de Masai-man? Ik heb hem hier niet meer gezien.' Bij deze woorden word ik warm vanbinnen, en nadat ik zijn groet heb beantwoord, leg ik uit dat het met het paspoort niet is gelukt en dat ik daarom het geld weer kom ophalen.

Ik durf het nog steeds niet te geloven, maar de Indiër verdwijnt achter een gordijn. Ik werp een korte blik op Jutta; die haalt slechts haar schouders op. Daar is hij alweer, met in beide handen dikke bundels bankbiljetten. Bijna begin ik te huilen van geluk. Ik wíst het, ik wist dat het Lketinga niet om mijn geld te doen was. Op het moment dat ik al dat geld in ontvangst neem, voel ik me vanbinnen onverwachts heel sterk worden. Mijn zelfvertrouwen is terug. Ik kan al het geroddel en alle geruchten van me afschudden.

We gaan de straat op, nadat ik de Indiër heb beloond voor zijn eerlijkheid. Dan zegt Jutta eindelijk: 'Corinne, die Masai moet je echt zien te vinden. Nu geloof ik je hele verhaal, en nu ben ik er ook van overtuigd dat anderen zich ermee hebben bemoeid.' Dolblij val ik haar om de hals. 'Kom,' zeg ik, 'ik trakteer. We gaan uit eten als toeristen!'

Tijdens het eten maken we verdere plannen. Jutta stelt voor om over ongeveer een week op weg te gaan naar het Samburudistrict. Het is een heel eind naar Maralal, het districtsdorp waar ze wil uitkijken naar een Masai die ze misschien kent van de kust. Hem zal ze de foto's van Lketinga laten zien, en met een beetje geluk komen we er dan achter waar hij is, want daar kent iedereen iedereen. Met de minuut word ik hoopvoller. We kunnen logeren bij vrienden van haar die ze helpt met het bouwen van een huis. Ik ga akkoord met alles wat ze zegt, als er maar eindelijk iets gebeurt en ik niet langer hoef te wachten, tot nietsdoen gedoemd.

Het wordt een genoeglijke week met Jutta. Ik help haar aan diverse afspraken met mensen wier portret ze kan tekenen. De zaken gaan goed en we leren aardige mensen kennen. De avonden brengen we meestal in de Bush Baby-bar door, want Jutta blijkt erge behoefte te hebben aan wat muziek en ontspanning. Wel moet ze oppassen dat ze niet meteen al haar verdiende geld weer uitgeeft, anders zitten we hier over een maand nog.

Eindelijk pakken we onze spullen. Ik neem ongeveer de helft van mijn kleren mee in mijn reistas, de andere helft laat ik in het huisje bij Priscilla. Ze is niet blij met mijn vertrek en zegt dat het bijna onmogelijk is om een Masai-krijger te vinden. 'Ze trekken voortdurend van de ene plaats naar de andere en hebben geen vaste verblijfplaats zolang ze niet getrouwd zijn. Alleen zijn moeder weet misschien waar hij is.' Maar ik laat me niet meer van de wijs brengen. Ik weet zeker dat ik precies doe wat ik moet doen.

Eerst gaan we met de bus naar Nairobi. Dit keer vind ik de rit van acht uur helemaal niet vervelend. Ik ben benieuwd naar de streek waar mijn Masai vandaan komt, en ieder uur komen we dichter bij ons doel.

In Nairobi heeft Jutta weer het een en ander te doen, en daarom blijven we drie dagen in de Igbol Lodging, een low-budgethotel. Er komen hier rugzaktoeristen uit alle windstreken, een volstrekt ander slag dan de toeristen in Mombasa. Nairobi is trouwens sowieso anders. Alles is hier gestrester, en je ziet veel verminkte mensen en bedelaars. Aangezien het hotel zich midden in de rosse buurt bevindt, zie ik ook hoe welig de prostitutie hier tiert. 's Avonds klinkt uit talloze bars verlokkende Suaheli-muziek. Bijna alle vrouwen in de cafés verkopen hun lichaam, hetzij voor een paar biertjes, hetzij voor geld. De klandizie in deze buurt bestaat hoofdzakelijk uit autochtonen. Het is hier luidruchtig en op de een of andere manier toch fascinerend. Wij vallen hier als blanke vrouwen nogal op, en om de vijf minuten vraagt iemand ons of we een 'boyfriend' zoeken. Gelukkig kan Jutta zich uitstekend weren in het Suaheli. 's Nachts gaat ze in Nairobi nooit de straat op zonder knuppel, omdat het anders te gevaarlijk is.

Na drie dagen smeek ik Jutta of we verder kunnen reizen, en ze stemt toe. 's Middags stappen we in de volgende bus, naar Nyahururu. Deze bus is nog veel krakkemikkiger dan die uit Mombasa, toch ook bepaald geen luxe touringcar. Jutta lacht: 'Wacht maar af tot we de volgende bus nemen, dan sta je pas écht te kijken! Deze hier is oké.' We zitten een uur in de bus te wachten, want pas als hij helemaal volgepakt en tot de laatste plaats bezet is, vertrekt hij. We hebben weer een rit van zes uur voor de boeg; de hele rit gaat het licht bergopwaarts. Af en toe stopt de bus en stappen er een paar mensen in of uit. Natuurlijk heeft iedereen ladingen huisraad bij zich, die ook mee moeten.

Eindelijk hebben we ons doel voor vandaag bereikt: Nyahururu. We slepen onszelf naar een hotel en huren een kamer. We eten nog wat en gaan dan slapen, want zitten kan ik niet meer. Ik ben blij dat ik mijn moede leden eindelijk kan uitstrekken en slaap meteen in. 's Ochtends moeten we om zes uur op, want om zeven uur vertrekt de enige bus naar Maralal. Als we aan komen lopen, is hij al bijna vol. In de bus zie ik een paar Masai-krijgers, en ik voel me iets minder vreemd. We worden zeer aandachtig bestudeerd, want op alle ritten zijn wij de enige blanken.

Deze bus is werkelijk een ramp. Overal steken de veren uit de zittingen en puilt het vieze schuimrubber naar buiten; een paar ramen ontbreken. Bovendien is het een zootje aan boord. Je moet over diverse dozen met kippen heen klimmen. Daar staat tegenover dat dit de eerste bus is waarin de stemming er een beetje in zit. Er wordt veel gepraat en gelachen. Jutta gaat nog snel even naar buiten om bij een van de vele kraampjes iets te drinken te halen. Ze komt terug en geeft me een fles cola. 'Hier, voor jou. Wees er zuinig mee, want je zult verschrikkelijke dorst krijgen. Dit laatste stuk is stoffig, want we rijden over onverharde wegen. Tot Maralal is er niets dan oerwoud en woestenij.' De bus vertrekt; na ongeveer tien minuten verlaten we de geasfalteerde weg en hotsen nu over een rode zandweg vol gaten.

Meteen is het voertuig in een stofwolk gehuld. Wie voor een raam met glas erin zit doet dat dicht, de anderen trekken doeken of mutsen over hun hoofd. Ik hoest en knijp mijn ogen dicht. Nu begrijp ik waarom er alleen achter in de bus nog plaatsen vrij waren. De bus rijdt langzaam, maar toch moet ik me voortdurend vasthouden om niet van de bank te glijden, omdat hij duchtig schudt door de enorme kuilen in de weg. 'Hé Jutta, hoe lang gaat dit duren?' Ze lacht. 'Als we geen pech krijgen een uurtje of vier, vijf,' zegt ze, 'ook al is het maar honderdtwintig kilometer.' Ik ben ontzet, en uitsluitend door de gedachte aan Lketinga ervaar ik dit traject nog een beetje als romantisch.

Af en toe zien we dicht bij de weg een paar manyatta's staan, dan weer lange tijd niets dan woestenij, rode aarde en een enkele boom. Af en toe duiken er kinderen met een paar geiten en koeien op, die naar de bus zwaaien. Ze zijn met hun kudde op zoek naar voedsel.

Na ongeveer anderhalf uur stopt de bus voor de eerste keer. Links en rechts van de weg staan een paar planken hutjes. Ik zie ook twee winkeltjes, waar bananen, tomaten en andere kleinigheden te koop zijn. Kinderen en vrouwen verdringen zich voor de ramen en proberen tijdens het korte oponthoud iets te verkopen. Een paar passagiers slaan een flinke voorraad voedsel in, en dan schommelt de bus alweer verder. Er is niemand uitgestapt, maar er zijn wel drie met sieraden behangen krijgers bij gekomen. Elk van hen draagt twee lange speren. Als ik naar de drie mannen kijk, weet ik zeker dat ik Lketinga gauw terug zal zien. 'De volgende halte is Maralal,' zegt Jutta op vermoeide toon. Ook ik ben uitgeput door dat voortdurende gehobbel over de afschuwelijke weg. Jutta vertelt dat we tot nu toe geluk hebben gehad, want we hebben geen lekke band gekregen en ook geen motorpech, wat vaak voorkomt, en bovendien is de weg erg droog. Als het regent, verandert die rode aarde in één grote modderpoel.

Na nog eens anderhalf uur zijn we eindelijk in Maralal. De bus toetert luid en rijdt eerst een rondje door het dorp, dat maar uit één straat bestaat, voor hij stopt. Direct staan er tientallen nieuwsgierigen omheen. We stappen op de stoffige straat; zelf zitten we ook van top tot teen onder het gruis. Mensen van alle leeftijden verdringen zich rond de bus, het is een drukte van jewelste. We wachten op onze reistassen, die onder diverse kisten, matrassen en manden liggen. Bij de aanblik van dit dorp en de bewoners ervan krijg ik ineens zin in avontuur.

Op ongeveer vijftig meter van de halte is een kleine markt. Overal hangen kleurige doeken te wapperen in de wind. Op lange stukken plastic liggen kleren en schoenen. Ervoor zitten bijna uitsluitend vrouwen, die proberen iets te verkopen.

Na een hele tijd krijgen we onze tassen. Jutta stelt voor eerst maar eens thee te drinken en iets te eten voordat we naar haar huisje lopen, dat nog ongeveer een uur gaans verwijderd ligt. Honderden paren ogen volgen ons naar het hotel. Jutta wordt begroet door de eigenares, een Kikuyu-vrouw. Ze kennen Jutta hier omdat ze sinds drie maanden helpt bij het bouwen van een huis hier in de buurt, en omdat ze als blanke in deze omgeving niet over het hoofd te zien valt.

Het theehuis lijkt op dat in Ukunda. We zitten aan een tafel en krijgen het eten, uiteraard vlees met saus en chapati's, de koekachtige broden die ik al eerder heb gegeten, en thee geserveerd. Iets verder naar achteren zit een groepje Masai-krijgers. 'Jutta,' vraag ik, 'ken jij misschien een van die mannen? Ze zitten voortdurend naar ons te kijken!' 'Hier zit iedereen je aan te gapen,' zegt Jutta berustend. 'We beginnen pas morgen met het zoeken naar jouw Masai, want we hebben straks nog een flink stuk bergopwaarts voor de boeg.'

Na het eten, dat voor mijn begrippen bijna niets kost, gaan we op pad. In de verzengende hitte lopen we langs een stoffige, voortdurend stijgende weg. Al na een kilometer lijkt mijn reistas me oneindig zwaar toe. Jutta spreekt me moed in: 'Wacht maar, we snijden een stuk af naar een toeristenhotel. Misschien hebben we geluk en is daar iemand met een auto.'

Op een smal pad klinkt er naast ons in het struikgewas plotseling geritsel, en Jutta roept: 'Corinne, blijf staan! Als het buffels zijn, beweeg je dan niet!' Geschrokken probeer ik me iets voor te stellen bij het woord 'buffel'. We staan doodstil, als ik ongeveer vijftien meter van me af iets lichts met donkere strepen zie. Jutta heeft het ook gezien, en ze lacht opgelucht: 'O, het zijn maar zebra's!' Door ons opgeschrikt galopperen ze weg. Ik kijk Jutta vragend aan: 'Zei je buffels? Zitten die dan zo dicht bij het dorp?' 'Wacht maar af!' zegt ze. 'Als we bij het hotel zijn, zien we bij de drinkplaats met een beetje geluk buffels, zebra's, apen en gnoes.' 'Is het niet gevaarlijk voor de mensen die deze weg nemen?' vraag ik verbaasd. 'Ja, maar normaliter wordt deze weg alleen gebruikt door gewapende Samburu-krijgers. De vrouwen gaan meestal onder begeleiding. Andere mensen nemen de hoofdweg, daar is het minder gevaarlijk. Maar deze weg is de helft korter!'

Ik voel me pas weer op mijn gemak als we het hotel bereiken. Het is een echt mooi hotel, niet zo protserig als het hotel in Masai-Mara waar ik met Marco was. Dit hotel is bescheiden en past goed bij de omgeving. Als je het vergelijkt met het autochtonenhotel in Maralal, lijkt dit wel een luchtspiegeling. We betreden het gebouw. Het maakt een uitgestorven indruk. We gaan op de veranda zitten, en inderdaad zien we op honderd meter afstand, bij de drinkplaats, een heleboel zebra's. Iets verder naar rechts krioelt een grote troep bavianenwijfjes met hun jongen. Daartussen onderscheid ik een paar reusachtige mannetjes. Ze willen allemaal naar het water.

Na een poosje komt er een ober aangeslenterd, die informeert wat wij wensen. Jutta babbelt met hem in het Suaheli en bestelt twee cola. Terwijl we daarop wachten, vertelt ze opgetogen: 'De directeur van het hotel komt over ongeveer een uur. Die heeft een landrover en zal ons zeker naar boven willen brengen. Nu kunnen we ons gemak ervan nemen.' We verzinken allebei in onze eigen gedachten. Ik bestudeer de heuvels in de omtrek en zou er veel voor over hebben om te weten op of achter welke heuvel Lketinga zit. Zou hij voelen dat ik in zijn buurt ben?

Het duurt bijna twee uur voor de directeur eindelijk verschijnt. Hij is een innemende, eenvoudige man, zonder kapsones en met een pik-zwarte huid. Hij vraagt ons in te stappen, en na een kwartier door elkaar te zijn geschud in zijn auto bereiken we ons einddoel. Nadat we hem hebben bedankt, laat Jutta mij trots zien waar ze werkt. Het huis is een lange betonnen bak die is verdeeld in een aantal vertrekken, waarvan er twee zo goed als klaar zijn. In één daarvan logeren wij. Er staan alleen maar een bed en een stoel. Ramen zijn er niet, zodat je overdag de deur open moet laten als je wat wilt zien. Ik verbaas me erover dat Jutta zich in deze donkere ruimte goed kan voelen. We steken een kaars aan, zo-dat we in de vallende duisternis nog iets kunnen zien. Met zijn tweeën liggen we op bed en maken het ons zo gemakkelijk mogelijk. Van uit-putting slaap ik algauw in.

's Morgens zijn we al vroeg wakker, omdat een paar mensen met veel misbaar beginnen te werken. Wij willen ons eerst grondig wassen bij een wasbak met koud water, wat in de ochtendkoelte enige zelfover-winning vergt. Maar ik wil er wel mooi uitzien als ik eindelijk oog in oog sta met mijn Masai.

Opgewonden en vol dadendrang wil ik naar Maralal om het stadje beter te bekijken. Bij onze aankomst heb ik daar zo veel Masai-krijgers gezien dat er vast wel eentje bij is die Jutta van vroeger kent. Mijn eufo-rie werkt aanstekelijk op Jutta, en na de gebruikelijke thee gaan we er-opuit. Af en toe halen we vrouwen of jonge meisjes in, die in dezelfde richting lopen als wij om hun melk, die ze in kalebassen dragen, in het plaatsje te verkopen.

'Nu moeten we veel geduld en geluk hebben,' zegt Jutta. 'Om te be-ginnen moeten we wat rondlopen, zodat we gezien worden of ik zelf iemand herken.' Het dorp zijn we snel rond. De enige straat loopt in een soort rechthoek. Links en rechts ervan zien we de ene winkel na de andere. Ze hebben allemaal vrijwel hetzelfde assortiment en zijn bijna zonder uitzondering halfleeg. Tussen de winkels bevinden zich hier en daar hotels, waar in het voorste vertrek wordt gegeten of gedronken. Daarachter liggen de slaapvertrekken, in een rij achter elkaar zoals in een dierenasiel. Helemaal achteraan is de wc, die altijd blijkt te bestaan uit een ton. Met een beetje geluk is er ook een douche met een iel straaltje water. Het opvallendste gebouw is de Commercial Bank. Deze is geheel uit beton opgetrokken en pas geverfd. In de buurt van de bushalte staat één benzinepomp. Tot nu toe heb ik echter nog maar drie auto's gezien: twee landrovers en een pick-up.

Ons eerste rondje door het dorp lopen we op ons gemak, en ik bekijk alle winkels. Sommige winkeliers proberen ons in het Engels aan te spreken. We hebben voortdurend een zwerm opgewonden pratende en lachende kinderen achter ons aan. Het enige woord dat ik versta is 'mzungu, mzungu': blanke, blanke.

Tegen vier uur gaan we weer op huis aan. Het fijne gevoel dat ik had is verdwenen, hoewel mijn verstand me zegt dat ik Lketinga niet meteen de eerste dag kan vinden. Ook Jutta stelt me gerust: 'Morgen zijn er weer heel andere mensen in het dorp. Iedere dag komen er anderen, de meesten wonen hier niet, en degenen die er wel wonen zijn niet interessant voor ons. Morgen weten weer een paar mensen méér dat hier twee blanke vrouwen rondlopen, want de mensen van vandaag zullen dat in het oerwoud rondvertellen.' Volgens Jutta kunnen we op zijn vroegst met een dag of drie, vier succes hebben.

De dagen gaan voorbij, en het nieuwe is voor mij allang van Maralal af, want ik ken inmiddels iedere meter van dit gat. Jutta heeft een paar krijgers aangesproken en hun mijn foto's van Lketinga laten zien, maar meer dan achterdochtig gegrijns heeft dat niet opgeleverd. Nu is er een week voorbij, en er is nog steeds niets gebeurd, of het zou moeten zijn dat we ons dom gaan voelen en ons afvragen wat we fout doen. Jutta zegt dat ze nog één keer met me meegaat en dat ik het dan verder maar zelf moet proberen met de foto's. Die nacht bid ik dat we morgen succes hebben, want ik wil er niet aan dat die hele verre reis voor niets is geweest.

Als we ons derde rondje lopen, komt er een man op ons af die Jutta aanspreekt. Aan de grote gaten in zijn oorlellen zie ik dat dit een voormalige Samburu-krijger moet zijn. Er ontstaat een levendige discussie tussen die twee, en verheugd stel ik vast dat Jutta hem kent. De man heet Tom, en Jutta laat hem de foto's van Lketinga zien. Hij bekijkt ze en zegt dan langzaam: 'Yes, I know him.'

Het is alsof ik een elektrische schok krijg. Omdat ze Suaheli met elkaar spreken, versta ik bijna niets. Steeds weer vraag ik: 'Wat is er, Jutta, wat weet hij over Lketinga?' We gaan een restaurant binnen en Jutta vertaalt. Ja, hij kent hem, weliswaar niet erg goed, maar hij weet dat die man thuis woont bij zijn moeder en er elke dag met de koeien opuit gaat. 'Waar woont hij?' vraag ik gespannen. Het is erg ver, zegt hij, ongeveer zeven uur lopen voor een goedgetrainde man. Je moet door een dicht bos dat erg gevaarlijk is, omdat er olifanten en buffels zitten. Hij weet niet zeker of de moeder nog steeds in dezelfde plaats, Barsaloi, woont, want soms trekken de mensen met hun dieren verder; dat hangt ervan af waar ze water kunnen vinden.

Door dit nieuws, waardoor Lketinga ineens onbereikbaar voor mij wordt, ben ik helemaal van de kaart. 'Jutta,' vraag ik, 'vraag hem of er geen mogelijkheid is om hem een bericht te sturen; ik ben bereid er geld voor te betalen.' Tom denkt na en zegt dan dat hij overmorgennacht zou kunnen vertrekken met een brief van mij. Maar voor die tijd moet hij eerst zijn vrouw, met wie hij nog maar net getrouwd is, op de hoogte stellen, want zij is hier nog volstrekt vreemd. We komen een bedrag overeen. Hij krijgt nu de helft, en later, als hij met een bericht van Lketinga terugkomt, de rest. Ik dicteer Jutta een brief, die zij in het Suaheli opschrijft. Over vier dagen moeten we weer in Maralal zijn, zegt de Samburu, want als hij Lketinga aantreft en deze mee wil, zijn ze in de loop van die dag hier.

Het zijn vier lange dagen, en iedere avond prevel ik mijn schietgebedjes. De laatste dag ben ik óp van de zenuwen. Enerzijds ben ik vol gespannen verwachting, anderzijds besef ik dat ik, als het niks wordt, terug moet reizen naar Mombasa en mijn grote liefde moet vergeten. Mijn tas neem ik alvast mee, omdat ik niet meer in Jutta's huis, maar in Maralal wil overnachten. Met of zonder Lketinga, ik verlaat hoe dan ook morgen dit dorp.

Jutta en ik lopen onze rondjes weer. Na ongeveer drie uur gaan we uit elkaar en lopen beiden in tegengestelde richting, zodat we gezien worden. Ik bid aan één stuk door dat hij komt. Tijdens een van mijn rondjes kom ik Jutta niet zoals gebruikelijk halverwege tegen. Ik kijk rond maar zie geen blank gezicht. Toch slenter ik verder, als er plotseling een jongetje op me af komt rennen dat hijgend uitbrengt: 'Mzungu, mzungu, come, come!' Hij zwaait met zijn armen en trekt aan mijn rok. Eerst denk ik nog dat Jutta iets is overkomen. Het jongetje trekt me mee in de richting van het eerste hotel, waar ik mijn reistas heb achtergelaten. Hij praat geagiteerd tegen me in het Suaheli. Bij het hotel aangekomen gebaart hij naar de achterzijde van het gebouw.

Met kloppend hart loop ik in de aangewezen richting en kijk om de hoek. Daar staat hij! Daar staat mijn Masai gewoon naar me te lachen, met Tom naast zich. Ik ben sprakeloos. Nog steeds lachend steekt hij zijn armen naar me uit en zegt: 'Hey Corinne, no kiss for me?' Pas dan ontwaak ik uit mijn verstarring en snel op hem toe. We omarmen elkaar, en de wereld blijft even stilstaan. Hij houdt me een eindje van zich af, kijkt me stralend aan en zegt: 'No problem, Corinne.' Bij deze vertrouwde woorden kan ik wel janken van blijdschap.

Nu schraapt Jutta achter mij haar keel; ze is ook blij voor ons. 'Zo,' zegt ze, 'nu hebben jullie elkaar teruggevonden! Ik zag hem zonet en heb hem maar even hierheen gebracht, dan kunnen jullie elkaar tenminste begroeten zonder dat heel Maralal erbij is.' Ik bedank Tom hartelijk en stel voor dat we eerst samen thee gaan drinken en dat die twee daarna op mijn kosten zo veel vlees eten als ze op kunnen. We lopen naar mijn gehuurde kamer, gaan op het bed zitten en wachten op het vleesmenu. Jutta heeft met Lketinga gepraat en uitgelegd dat hij rustig samen met ons kan eten, omdat wij geen Samburu-vrouwen zijn. Daarop praat hij met de andere man, waarna hij toestemt.

Daar is hij dan. Ik kan mijn blik niet van hem afwenden, en ook hij kijkt steeds naar mij met zijn mooie ogen. Ik vraag hem waarom hij niet naar Mombasa is gekomen. Het blijkt dat hij inderdaad geen van mijn brieven heeft ontvangen. Hij heeft nog tweemaal naar zijn paspoort geïnformeerd, maar de ambtenaar lachte hem alleen maar uit en kleineerde hem. Toen gingen de andere krijgers raar tegen hem doen, en ze wilden hem niet meer mee laten dansen. Aangezien hij met dat dansen zijn inkomsten kwijtraakte, zag hij geen reden om nog langer aan de kust te blijven, en dus ging hij na ongeveer een maand naar huis. Hij geloofde niet meer dat ik terug zou komen. Nog één keer heeft hij het plan gehad mij vanuit de Africa Sea Lodge op te bellen, maar niemand hielp hem en de manager zei dat de telefoon alleen voor toeristen was.

Enerzijds ben ik ontroerd nu ik hoor wat hij allemaal heeft geprobeerd, anderzijds word ik woedend op zijn zogenaamde 'vrienden', die hem alleen maar van de wal in de sloot hebben geholpen. Als ik hem vertel dat ik in Kenia wil blijven en niet meer terug wil naar Zwitserland, zegt hij: 'It's okay. You stay now with me!' We zijn gelukkig. Nadat Jutta en de boodschapper ons alleen hebben gelaten, proberen we ons gesprek voort te zetten. Lketinga zegt dat we tot zijn spijt niet naar zijn huis kunnen, omdat het de droge tijd is en er hongersnood heerst.

Behalve wat melk is daar niets te eten of te drinken, en een huis is er ook niet. Ik antwoord dat ik alles best vind als we maar bij elkaar kunnen zijn. Daarop stelt hij voor samen naar Mombasa te gaan. Zijn huis en zijn moeder zie ik later weleens, maar zijn jongere broer James, die in Maralal op school zit, wil hij wel graag aan me voorstellen. Hij is de enige in de familie die naar school gaat. Tegen hem kan hij zeggen dat hij met mij in Mombasa is, en als James dan in de schoolvakantie naar huis gaat, kan hij hun moeder op de hoogte stellen.

De school staat ongeveer een kilometer buiten het dorp. Het gaat er streng aan toe. Op de speelplaats zijn jongens en meisjes van elkaar gescheiden. Ze hebben allemaal hetzelfde aan: de meisjes eenvoudige blauwe jurkjes, de jongens blauwe broeken en lichte overhemden. Ik houd me een beetje op de achtergrond, terwijl Lketinga langzaam op de jongens af loopt. Algauw staart iedereen naar hem en daarna naar mij. Hij praat met de jongens, en een van hen rent weg en komt met een andere jongen terug. Deze laatste loopt op Lketinga af en begroet hem met respect. Nadat ze even hebben gepraat, komen ze samen naar mij toe. James steekt zijn hand uit en begroet me vriendelijk. Ik schat hem op een jaar of zestien. Hij spreekt uitstekend Engels; hij zegt het jammer te vinden dat hij niet mee kan naar het dorp, want hij heeft nu maar een korte pauze en 's avonds mag hij niet weg, alleen zaterdags heeft hij twee uur vrijaf. De hoofdmeester is heel streng. Daar gaat de bel alweer, en iedereen gaat er als de wiedeweerga vandoor, ook James.

We gaan terug naar het dorp, en het liefst zou ik nu met hem naar mijn hotelkamer gaan. Maar Lketinga werpt lachend tegen: 'Dit is Maralal, niet Mombasa.' Kennelijk gaan een man en een vrouw hier niet samen een vertrek binnen voor het donker is, en ook dan nog zo onopvallend mogelijk. Niet dat ik nu zo vreselijk naar seks verlang, want ik weet immers hoe dat hier in zijn werk gaat, maar na al die maanden wil ik graag zo dicht mogelijk bij hem zijn.

We kuieren door Maralal, waarbij ik een beetje afstand houd, omdat dat kennelijk zo hoort. Af en toe wisselt hij een paar woorden met een andere krijger of met een meisje. De meisjes, stuk voor stuk piepjong en met schitterende sieraden behangen, werpen snel een nieuwsgierige blik op mij en giechelen dan verlegen, maar de krijgers staren me allemaal langdurig aan. Er wordt gepraat, waarschijnlijk voornamelijk over mij. Ik vind dat niet prettig, omdat ik niet begrijp waar het precies over gaat. Ik kan haast niet wachten tot het avond wordt.

Op de markt koopt Lketinga een plastic zakje met rode kleurstof. Hij wijst op zijn haar en zijn lichaamsbeschildering. Bij een ander kraampje verkoopt iemand groene stengels met blaadjes eraan. Ze zijn samengebonden tot bundeltjes van ongeveer twintig centimeter. Vijf of zes mannen staan driftig te kibbelen over de kwaliteit van het spul.

Ook Lketinga koerst op dat kraampje af. Als de verkoper hem ziet, pakt hij al krantenpapier en wikkelt er twee bundeltjes in. Lketinga betaalt hem er een fikse prijs voor en stopt het pakje snel weg onder zijn kanga. Op weg naar het hotel koopt hij minstens tien pakjes kauwgom. Pas op de kamer vraag ik hem naar het kruid. Hij kijkt me stralend aan: 'Miraa, it's very good. You eat this, no sleeping!' Hij pakt alles uit, steekt kauwgom in zijn mond en haalt de blaadjes van de stelen. Met zijn tanden schraapt hij de bast van de stengel af en kauwt er samen met de kauwgom op. Gefascineerd kijk ik naar de elegante bewegingen van zijn mooie, slanke handen als hij deze beweging herhaalt. Ik proef ook een beetje, maar spuug het direct weer uit, het smaakt me veel te bitter. Ik ga op het bed liggen, kijk naar hem, houd zijn hand vast en ben gelukkig. Ik heb vrede met de hele wereld, want ik heb mijn doel bereikt: ik heb hém, mijn grote liefde, teruggevonden. Morgenochtend vertrekken we naar Mombasa, en daar zullen we samen gelukkig zijn.

Ik moet in slaap zijn gevallen. Als ik weer wakker word, zit Lketinga nog steeds op dezelfde plaats te kauwen. De grond ziet er intussen uit als een slagveld. Overal liggen blaadjes, afgeschraapte stengels en groene, uitgekauwde stukjes kauwgom. Hij kijkt me met een enigszins starende blik aan en aait over mijn hoofd: 'No problem, Corinne, you tired, you sleep. Tomorrow safari.' 'And you,' vraag ik, 'you not tired?' Nee, antwoordt hij, voor zo'n grote reis kan hij niet slapen, daarom eet hij dan miraa.

Nu hij dat zegt, krijg ik het vermoeden dat die miraa net zoiets moet zijn als jezelf moed indrinken bij ons, want krijgers mogen geen alcohol drinken. Ik begrijp dat hij moed moet verzamelen omdat hij niet weet wat ons te wachten staat en omdat hij in Mombasa slechte ervaringen heeft gehad. Dit hier is zijn wereld, en Mombasa ligt dan wel in Kenia, maar niet in het gebied waar zijn stam vandaan komt. Ik zal hem wel helpen, denk ik, en ik slaap weer in.

De volgende morgen moeten we vroeg op pad om nog een plaatsje te krijgen in de enige bus die naar Nyahururu gaat. Omdat Lketinga niet heeft geslapen, is dat geen probleem. Ik sta er versteld van hoe fit hij is en hoe hij zomaar, zonder enige bagage, slechts gehuld in zijn sieraden en zijn lendendoek, met zijn knuppel in zijn hand, aan zo'n lange reis kan beginnen.

De eerste etappe ligt voor ons. Lketinga kauwt aan één stuk door op zijn laatste stuk kauwgom. Hij zegt weinig. Ook de overige passagiers zijn bij lange na niet zo opgewekt als op de heenweg, toen ik hier met Jutta naartoe reed.

Opnieuw hobbelt de bus door de ontelbare kuilen. Lketinga heeft zijn tweede kanga over zijn hoofd getrokken; alleen zijn ogen zijn nog te zien. Zo is zijn mooie haar beschermd tegen het stof. Ik houd een zakdoek voor mijn neus en mijn mond om nog een beetje te kunnen ademhalen. Ongeveer halverwege stoot Lketinga me aan en wijst op een langwerpige, grijze heuvel. Pas als ik beter kijk, zie ik dat het een kudde van honderden olifanten is. Wat een indrukwekkend gezicht. Zover het oog reikt sjokken de kolossen gemoedelijk voort; tussen de grote dieren zijn ook jongen te zien. In de bus kwebbelt iedereen opgewonden door elkaar. Alle ogen zijn gericht op de olifanten. Ik begrijp dat je zoiets hier maar zelden te zien krijgt.

Eindelijk is de eerste etappe voorbij: rond het middaguur zijn we in Nyahururu. We gaan thee drinken en eten een chapati. Een halfuur later vertrekt de volgende bus naar Nairobi alweer, waar we tegen de avond arriveren. Ik stel Lketinga voor hier te overnachten en de volgende morgen de bus naar Mombasa te nemen. Hij wil echter niet in Nairobi blijven, omdat de hotels hier volgens hem veel te duur zijn. Aangezien ik alles financier, ben ik ontroerd, en ik verzeker hem dat dat geen probleem is. Maar hij zegt dat het gevaarlijk is in Nairobi en dat er veel politie is. Hoewel we al vanaf zeven uur vanochtend aan één stuk door in de bus zitten, wil hij de lange reis zonder onderbreking voortzetten. Omdat ik merk hoe onzeker hij zich in Nairobi beweegt, stem ik toe.

We gaan even wat eten en drinken. Ik ben blij dat hij nu in ieder geval met mij wil eten, hoewel hij zijn kanga ver over zijn gezicht trekt, zodat niemand hem zal herkennen. Het busstation is vlakbij, en we leggen de paar honderd meter te voet af. Hier in Nairobi kijken zelfs de autochtonen Lketinga verwonderd na, ten dele geamuseerd, ten dele eerbiedig. Hij past niet in deze hectische, moderne stad. Als dat tot me doordringt, ben ik blij dat het met dat paspoort niets is geworden.

Na een tijdje zitten we in een van de felbegeerde nachtbussen te wachten tot we vertrekken. Lketinga haalt zijn miraa weer te voorschijn en kauwt. Ik probeer me te ontspannen, want mijn hele lijf doet pijn. Alleen met mijn hart is alles prima. Na een rit van vier uur – ik heb gedurende die tijd wat zitten dommelen – stopt de bus in Voi. De meeste passagiers, onder wie ik, stappen uit om hun behoefte te doen. Maar als ik het met poep besmeurde wc-gat zie, besluit ik liever nog eens vier uur te wachten. Met twee flessen cola stap ik weer in de bus. Na een halfuur gaat de reis verder. Nu lukt het me niet meer in te slapen. We zoeven over een kaarsrechte weg door de nacht. Af en toe komen we een bus tegen die de andere kant op gaat. Auto's zien we nauwelijks.

Tweemaal passeren we een politieversperring. De bus moet stoppen, omdat er houten balken met spijkers dwars over de weg liggen. Aan weerskanten van de bus loopt een politieman met een machinegeweer van voor naar achter en schijnt iedereen met een zaklantaren in het gezicht. Na vijf minuten gaat de rit door de nacht verder. Ik weet algauw niet meer hoe ik moet zitten, maar dan zie ik op een bord dat het nog tweehonderdvijfenveertig kilometer is naar Mombasa. Godzijdank, nu is het niet ver meer. Lketinga heeft nog steeds niet geslapen. Blijkbaar blijf je werkelijk wakker van die miraa. Alleen is zijn blik onnatuurlijk starend en schijnt hij geen enkele behoefte te hebben aan een gesprek. Ik word steeds onrustiger. Ik ruik al dat de lucht zilt wordt en voel dat de temperatuur stijgt. We hebben de vochtige kou van Nairobi achter ons gelaten.

Terug in Mombasa

Even na vijf uur in de ochtend rijden we eindelijk Mombasa binnen. Een paar mensen stappen uit bij het busstation. Ik wil er ook uit, maar Lketinga houdt me tegen en zegt dat er voor zes uur geen bus naar de kust vertrekt en dat we hier moeten wachten, omdat het anders te gevaarlijk is. Nu zijn we er eindelijk, en nu kan ik nog steeds niet uitstappen! Mijn blaas knapt zowat. Dit probeer ik Lketinga duidelijk te maken. 'Come!' zegt hij en hij staat op. We stappen uit en gaan tussen twee lege bussen staan. Aangezien er behalve een paar zwerfkatten en -honden in geen velden of wegen iemand te bekennen is, leeg ik in de beschutting van de bussen mijn blaas. Lketinga moet lachen als hij de 'bergbeek' ziet.

De lucht is heerlijk aan de kust, en ik vraag hem of we niet rustig naar het dichtstbijzijnde matatu-station kunnen lopen. Hij haalt mijn tas en we beginnen in de ochtendschemer te lopen. Van een bewaker die voor een winkel op wacht staat en thee verwarmt op een kolenkacheltje, krijgen we zelfs een kop thee bij wijze van ontbijt. Lketinga geeft hem in ruil daarvoor wat miraa. Af en toe sluipen er haveloze gedaanten voorbij, sommigen stil, anderen lallend. Hier en daar liggen mensen op stukken karton en kranten op de grond te slapen. Het is het spookuur voordat al het bedrijvige gedoe losbarst, maar ik voel me volkomen veilig in het gezelschap van mijn krijger.

Kort voor zes uur toeteren de eerste matatu's, en een minuut of tien later komt de hele omgeving tot leven. Wij zitten weer in een bus, op weg naar de veerboot. Op die veerboot word ik opnieuw overspoeld door een groot geluksgevoel. Nu nog één uurtje met de bus naar de zuidkust. Lketinga lijkt zenuwachtig te worden, en ik vraag hem: 'Darling, you are okay?' 'Yes,' antwoordt hij, en dan begint hij tegen me te praten. Ik begrijp niet alles, maar wel dat hij van plan is om uit te zoeken welke Masai mijn brieven heeft gestolen en wie mij heeft proberen wijs te maken dat hij getrouwd zou zijn. Daarbij kijkt hij zo vijandig dat het me vreemd te moede wordt. Ik probeer hem te kalmeren: dat is toch allemaal niet belangrijk meer, ik heb hem toch gevonden. Hij zegt niets terug en kijkt ongedurig uit het raam.

We gaan rechtstreeks naar het dorp. Priscilla is verrast als we aankomen. Ze begroet ons blij en zet meteen thee. Esther is er niet meer. Mijn kleren hangen netjes over een lijn achter de deur. Priscilla en Lketinga praten met elkaar, eerst vriendelijk, maar al snel heftig discussiërend. Ik probeer erachter te komen waar het over gaat. Priscilla zegt dat hij haar verwijten maakt. Zij moet toch hebben geweten dat ik had geschreven. Na een poos kalmeert Lketinga en legt zich eindelijk op ons grote bed te slapen.

Priscilla en ik blijven buiten en zoeken een oplossing voor het slaapprobleem, want met zijn drieën in een huisje, met een Masai-vrouw erbij, dat gaat niet. Een andere Masai, die naar de noordkust wil, biedt ons zijn hut aan. Even later maken we die hut schoon en slepen mijn spullen en het grote bed naar ons nieuwe thuis. Nadat ik alles zo gezellig mogelijk heb ingericht, ben ik tevreden. De huur bedraagt omgerekend veertien gulden.

We beleven twee mooie weken. Overdag leer ik Lketinga lezen en schrijven. Hij is enthousiast en heeft echt plezier in het leren. De Engelse boeken met de plaatjes komen ons nu goed van pas, en hij is trots op iedere nieuwe letter die hij herkent. 's Nachts gaan we soms naar Masai-voorstellingen en verkopen daar sieraden. Die sieraden maken we voor een deel zelf. Lketinga en ik maken mooie armbanden, Priscilla borduurt riemen.

Op een keer worden er in de Robinson Club een hele dag lang sieraden, schilden en speren verkocht. Daarvoor komen een heleboel Masai van de noordkust, ook vrouwen. Lketinga is naar Mombasa gegaan en heeft allerlei dingen van handelaars gekocht, zodat we meer hebben om uit te stallen. De zaken lopen fantastisch. Alle blanken verdringen zich om onze kraam en bestoken mij met vragen. Als we bijna alles hebben verkocht, help ik ook de anderen hun spullen kwijt te raken. Lketinga vindt dat maar niks, want dit zijn tenslotte de Masai die onze lange scheiding op hun geweten hebben. Maar ik wil liever geen wrijvingen, en zij zijn toch maar zo ruimhartig geweest om ons te laten meedoen.

We worden steeds weer door toeristen uitgenodigd om in de bar wat te drinken. Een paar keer ga ik mee, maar dan heb ik er genoeg van. Ik heb veel meer aardigheid in het verkopen. Lketinga zit met twee Duitsers aan de bar. Ik kijk af en toe die kant op, maar zie alleen hun ruggen. Na een poosje ga ik even naar hen toe, en ik schrik als ik zie dat Lketinga bier drinkt. Als krijger mag hij immers geen alcohol. En al doen de Masai hier aan de kust dat af en toe wel, Lketinga komt net uit het Samburudistrict en is beslist geen alcohol gewend. Bezorgd vraag ik: 'Darling, why you drink beer?' Maar hij lacht: 'Deze vrienden hebben me getrakteerd.' Ik zeg tegen de Duitsers dat ze geen bier meer voor hem mogen kopen, omdat hij geen alcohol gewend is. Ze verontschuldigen zich en proberen me gerust te stellen door te zeggen dat hij nog maar drie glazen op heeft. Als dat maar goed gaat!

Het grootste deel van de spullen is verkocht, en wat er over is pakken we bij elkaar. Voor het hotel verdelen de Masai het geld onder elkaar. Ik heb honger, ben uitgeput van de hitte en het lange staan en wil alleen nog maar naar huis. Lketinga, een beetje aangeschoten maar nog steeds vrolijk, besluit met een paar anderen in Ukunda te gaan eten. Tenslotte was het een groot succes en heeft iedereen geld. Ik wimpel af en ga teleurgesteld alleen naar het dorp.

Dat had ik beter niet kunnen doen, zoals ik later zal merken. Over vijf dagen loopt mijn visum af. Dat schiet me op weg naar huis opeens te binnen. Lketinga en ik hebben besloten om samen naar Nairobi te gaan. Ik zie erg tegen de lange rit op, maar nog meer tegen de Keniaanse instanties! Het zal wel goed komen, spreek ik mezelf moed in, en ik ga ons huisje binnen. Ik kook wat rijst met tomaten, meer is er niet voorradig in de keuken. Het is stil in het dorp.

Het is me al enige tijd opgevallen dat er sinds mijn terugkeer met Lketinga bijna nooit meer bezoek komt. Nu mis ik dat een beetje, want die avonden waren altijd gezellig. Priscilla is ook niet thuis, en dus ga ik maar op bed liggen en schrijf een brief aan mijn moeder. Ik schrijf haar dat Lketinga en ik een vredig leven leiden en dat ik gelukkig ben.

Het is al tien uur en Lketinga is nog steeds niet terug. Ik word een beetje onrustig, maar door de sjirpende krekels kom ik weer tot bedaren. Kort voor middernacht vliegt de deur krakend open, en Lketinga staat in de opening. Eerst staart hij mij aan, dan overziet hij met één blik het interieur. Zijn gelaatstrekken zijn hoekig, van zijn vrolijkheid is niets meer over. Hij kauwt miraa, en als ik hem begroet, vraagt hij: 'Wie was hier?' 'Niemand,' antwoord ik. Op hetzelfde moment voel ik dat mijn hart begint te bonzen. Hij vraagt nog eens wie er zojuist het huis uitging. Geërgerd bezweer ik hem dat er echt niemand is geweest, maar hij, nog steeds in de deuropening staande, houdt vol: hij weet dat ik een vriend heb. Dat is tegen mijn zere been! Ik ga rechtop in bed zitten en kijk hem kwaad aan. 'Hoe kom je op dat idiote idee?' Hij wéét het, in Ukunda heeft hij gehoord dat ik iedere avond een andere Masai op bezoek had. Die bleven steeds tot laat in de nacht bij mij en Priscilla. Alle vrouwen zijn toch ook hetzelfde, ik heb elke nacht met iemand geslapen!

Ik ben geschokt door zijn harde woorden en begrijp er helemaal niets van. Nu heb ik hem eindelijk gevonden, we hebben samen twee mooie weken gehad, en nu dit. Door dat bier en al die miraa is hij waarschijnlijk helemaal uit zijn doen. Ik barst bijna in tranen uit, maar ik verman me en vraag of hij geen zin heeft in thee. Eindelijk komt hij uit die deuropening en gaat op het bed zitten. Met bevende handen maak ik vuur; ik probeer zo gewoon mogelijk te doen. Hij vraagt waar Priscilla is. Dat weet ik ook niet, in haar huisje is alles donker. Lketinga lacht boosaardig en zegt: 'Misschien is ze in de Bush Baby-disco om een blanke man aan de haak te slaan!' Ik moet hier bijna om lachen, want daar kan ik me met haar tailleomvang weinig bij voorstellen. Maar ik houd me in.

We drinken thee en ik vraag voorzichtig of alles goed met hem is. Hij zegt dat zijn hart erg klopt en zijn bloed ruist, maar dat verder alles oké is. Ik probeer deze woorden te interpreteren, maar ik kom er niet uit. Hij loopt voortdurend om het huisje heen en rondjes door het dorp. Dan staat hij ineens weer voor me en kauwt op zijn kruid. Hij maakt een onevenwichtige en rusteloze indruk. Wat zou ik voor hem kunnen doen? Natuurlijk, al die miraa is niet goed voor hem, maar die kan ik hem toch niet zomaar afpakken?

Na twee uur heeft hij eindelijk alles opgegeten, en ik hoop dat hij nu komt slapen en dat alles er dan morgen weer beter uitziet. Hij gaat inderdaad in bed liggen, maar kan zijn draai niet vinden. Ik durf hem niet aan te raken, maar druk me tegen de muur en ben blij dat het bed zo groot is. Na korte tijd springt hij op en zegt dat hij niet met mij in één bed kan slapen. Zijn bloed ruist heel hard en hij is bang dat zijn hoofd uit elkaar barst. Hij wil naar buiten. Wanhopig vraag ik hem: 'Darling, where you will go?' Hij zegt dat hij bij de andere Masai gaat slapen, en met die woorden is hij verdwenen. Ik ben tegelijkertijd verslagen en woedend. Wat hebben ze met hem gedaan in Ukunda? vraag ik me af. De nacht kruipt traag voorbij. Lketinga komt niet meer terug. Ik weet niet waar hij slaapt.

Een storing in het hoofd

Bij de eerste zonnestralen sta ik totaal geradbraakt op en was mijn opgezwollen gezicht. Dan ga ik naar Priscilla's huisje. Het is niet op slot, dus ze is thuis. Ik klop en roep zachtjes: 'Ik ben het, Corinne. Please open the door, I have a big problem!' Priscilla komt zeer slaperig naar buiten en kijkt geschrokken naar me. 'Where is Lketinga?' vraagt ze. Krampachtig houd ik de tranen tegen die ik voel opkomen, en ik vertel haar alles. Ze luistert aandachtig, zich onderwijl aankledend, en dan zegt ze dat ik moet wachten, zij zal naar de Masai gaan om poolshoogte te nemen. Na tien minuten is ze terug met de boodschap dat we geduld moeten hebben. Hij is er niet, hij heeft daar ook niet geslapen, maar is het oerwoud in gelopen. Hij zal zeker terugkomen, en zo niet, dan zullen ze hem wel gaan zoeken. 'Wat wil hij in het oerwoud?' vraag ik wanhopig. Tja, zegt ze, waarschijnlijk heeft hij door het bier en de miraa een storing in zijn hoofd. Rustig afwachten maar.

Hij komt niet opdagen. Ik ga terug naar ons huisje en wacht. Dan, tegen tien uur, verschijnen er twee krijgers met een volledig uitgeputte Lketinga tussen zich in; zijn armen hangen over hun schouders. Ze slepen hem het huis in en leggen hem op bed. Daarbij wordt heftig heen en weer gepraat, en ik word razend omdat ik er niets van versta. Hij ligt er apathisch bij en staart naar de zoldering. Ik praat op hem in, maar hij herkent me kennelijk niet. Hij kijkt dwars door me heen; zijn hele lichaam baadt in het zweet. Ik ben in opperste paniek, want ik heb voor dit alles geen verklaring. Ook de anderen weten zich geen raad. Ze hebben hem in het oerwoud onder een boom gevonden en vertellen dat hij door razernij bevangen was en daarom zo uitgeput is. Ik vraag Priscilla of ik een dokter moet roepen, maar ze antwoordt dat er alleen een dokter is in Diani Beach en dat die hier niet komt. Je moet zelf naar hem toe. Maar dat is voor iemand in deze toestand uitgesloten.

Lketinga slaapt weer en fantaseert verward iets over leeuwen die hem aanvallen. Hij slaat wild om zich heen en de twee krijgers moeten hem vasthouden. Bij die aanblik breekt mijn hart bijna. Waar is mijn trotse, vrolijke Masai gebleven? Ik kan mijn tranen niet meer bedwingen. Priscilla zegt verwijtend: 'Dat moet je niet doen! Huilen doe je alleen als er iemand overleden is.'

Pas in de loop van de middag komt Lketinga tot zichzelf. Hij kijkt me verwonderd aan. Ik lach blij tegen hem en vraag voorzichtig: 'Hello, darling, you remember me?' 'Why not, Corinne?' zegt hij zwakjes; dan kijkt hij naar Priscilla en vraagt wat er aan de hand is. Ze praten met elkaar. Hij schudt zijn hoofd en kan niet geloven wat hij hoort. Ik blijf bij hem, terwijl de anderen weer aan hun werk gaan. Hij zegt dat hij honger heeft, maar ook buikpijn. Op mijn vraag of ik wat vlees moet halen, antwoordt hij: 'Oh yes, it's okay.' Haastig ga ik op weg naar het vleeskraampje en vlieg terug naar het dorp. Lketinga ligt in bed te slapen. Na ongeveer een uur, als het eten klaar is, probeer ik hem te wekken. Hij slaat zijn ogen op en kijkt me opnieuw verward aan. Hij vaart op barse toon uit: wat ik van hem wil, wie ik eigenlijk ben. 'I'm Corinne, your girlfriend,' antwoord ik. Steeds opnieuw vraagt hij me wie ik ben. Ik word steeds wanhopiger, mede omdat Priscilla, die kanga's is gaan verkopen aan het strand, nog niet terug is. Ik vraag hem iets te eten. Maar hij lacht honend, van dat 'eten' neemt hij niets, ik wil hem vast en zeker vergiftigen.

Weer kan ik mijn tranen niet bedwingen. Hij ziet dat ik huil en vraagt wie er overleden is. Om rustig te blijven bid ik hardop voor mezelf. Eindelijk komt Priscilla terug, en ik haal haar er meteen bij. Ook zij probeert met hem te praten, maar komt niet veel verder. Na een poosje zegt ze: 'He's crazy!' Veel van de morans (de jonge krijgers) die naar de kust komen, krijgen de Mombasa-kolder, vertelt ze. Maar dit is wel een heel ernstig geval. Misschien heeft iemand hem 'crazy' gemáákt. 'Wat, hoe dan, wat voor iemand?' stamel ik, eraan toevoegend dat ik niet in dat soort dingen geloof. Priscilla zegt op moraliserende toon dat er hier in Afrika nog veel is wat ik moet leren. 'We moeten hem helpen!' zeg ik dringend tegen haar. 'Okay!' zegt ze, en ze belooft iemand naar de noordkust te sturen om hulp te halen. Daar is het grote centrum van alle Masai van de kust. Alle krijgers zijn uiteindelijk onderworpen aan de Masai-hoofdman, en die moet maar zeggen wat er verder moet gebeuren.

Om ongeveer negen uur 's avonds komen er twee krijgers van de noordkust bij ons. Hoewel ik ze niet erg sympathiek vind, ben ik blij dat er tenminste iets gebeurt. Ze praten op Lketinga in en wrijven zijn voorhoofd in met een sterk geurende, gedroogde bloem. Tijdens dit gesprek geeft Lketinga hun heel normaal antwoord. Ik kan het haast niet geloven. Net was hij nog zo in de war, en nu praat hij heel rustig. Om ook iets om handen te hebben maak ik voor iedereen thee. Ik versta niets van wat er gezegd wordt en voel me hulpeloos en overbodig.

Tussen de drie mannen heerst zo veel vertrouwdheid dat ze mijn aanwezigheid lijken te vergeten. Maar ze nemen de thee dankbaar aan, en ik vraag hoe het ermee staat. Een van hen spreekt een beetje Engels en legt me uit dat het niet goed gaat met Lketinga, hij is ziek in zijn hoofd. Misschien gaat het snel over. Hij heeft rust en veel ruimte nodig; daarom gaan ze hier vlakbij met zijn drieën in het oerwoud slapen. Morgen gaan ze met hem naar de noordkust om alles te regelen. 'Maar waarom kan hij niet hier bij mij slapen?' vraag ik geïrriteerd, want ondertussen geloof ik niemand meer, hoewel het op dit moment zichtbaar beter met hem gaat. Nee, zeggen ze, mijn nabijheid is nu niet goed voor zijn bloed. Zelfs Lketinga valt hun bij, omdat dit de eerste keer is dat hij zo'n ziekte heeft. Het moet dus wel aan mij liggen! Ik ben geschokt, maar er blijft me niets anders over dan hem met de twee mannen te laten vertrekken.

De volgende ochtend komen ze inderdaad terug om thee te drinken. Lketinga maakt het goed, hij is bijna weer de oude. De twee mannen staan er echter op dat hij meegaat naar de noordkust. Lachend stemt hij toe: 'Now I'm okay!' Als ik opmerk dat ik naar Nairobi moet om mijn visum te verlengen, zegt hij: 'No problem, we gaan eerst naar de noordkust en dan samen naar Nairobi.'

Als we aan de noordkust arriveren, wordt er eerst bij diverse hutten een praatje gemaakt voordat we naar de hut van de hoofdman worden gebracht. Deze is niet zo oud als ik had verwacht; hij ontvangt ons hartelijk, hoewel hij ons niet kan zien, want hij is blind. Geduldig praat hij op Lketinga in. Ik zit het tafereel gade te slaan zonder dat ik er ook maar één woord van versta, maar ik durf de dialoog op dit moment niet te onderbreken. Ik zit op hete kolen. Hoewel ik pas met de nachtbus wil gaan, moet ik mijn kaartje wel drie à vier uur voor vertrek kopen, anders krijg ik geen plaats meer.

Na een uur zegt de hoofdman tegen me dat ik zonder Lketinga moet gaan, want het is in zijn toestand en met zijn overgevoelige geest niet verstandig om naar Nairobi te gaan. Ze zullen hier op hem passen, en ik moet zo snel mogelijk terugkomen. Ik ben het met hem eens, want als er in Nairobi weer zoiets gebeurt, sta ik volkomen machteloos. Dus beloof ik Lketinga dat ik, als alles naar wens gaat, al morgenavond de bus terug zal nemen en hier overmorgenvroeg terug zal zijn. Als ik in de bus stap, is Lketinga heel verdrietig. Hij houdt mijn hand vast en vraagt of ik echt wel terugkom. Ik verzeker hem dat hij zich geen zorgen hoeft te maken, ik kom terug en dan zien we wel verder. Als het niet goed met hem gaat, kunnen we naar een dokter gaan. Hij belooft me te wachten en alles te doen om te voorkomen dat hij een terugval krijgt. De matatu rijdt weg en het wordt mij zwaar te moede. Als alles maar goed gaat!

In Mombasa koop ik mijn kaartje; daarna moet ik nog vijf uur wachten tot het vertrek. Na een rit van acht uur ben ik uiteindelijk vroeg in de ochtend in Nairobi. Weer moet ik tot een uur of zeven in de bus wachten voor ik uit kan stappen. Eerst drink ik thee, dan neem ik een taxi naar het Nyayo-gebouw, omdat ik de weg daarheen niet weet. Als ik daar arriveer, heerst er een groot tumult. Blanken en zwarten verdringen zich voor de verschillende loketten, iedereen vindt zijn eigen geval het belangrijkst. Ik worstel me door diverse formulieren heen die ik moet invullen, natuurlijk in het Engels! Dan geef ik ze af en wacht. Er verstrijken drie volle uren voor eindelijk mijn naam wordt omgeroepen. Ik hoop vurig dat ik mijn stempel krijg. De vrouw achter het loket neemt mij op en vraagt me waarom ik mijn visum nog eens drie maanden wil verlengen. Zo nonchalant mogelijk antwoord ik: 'Omdat ik nog lang niet alles in dit prachtige land heb gezien en geld genoeg heb om nog drie maanden te blijven.' Ze slaat mijn paspoort open, bladert er wat in en zet er dan met een klap een groot stempel in. Ik heb mijn visum, ik ben weer een stap verder! Dolgelukkig betaal ik het gevraagde tarief en verlaat het afschuwelijke gebouw. Op dit moment kan ik nog niet vermoeden dat ik dit gebouw nog zo vaak binnen zal moeten gaan dat ik het op den duur zal haten.

Met een kaartje voor de avondbus op zak ga ik eten. Het is vroeg in de middag, en ik wandel wat rond in Nairobi om niet in slaap te vallen. Ik heb al meer dan dertig uur geen oog dichtgedaan. Ik slenter niet verder weg dan twee straten, omdat ik bang ben dat ik anders verdwaal. Om zeven uur 's avonds is het donker, de winkels gaan dicht en langzaam ontwaakt het nachtleven in de cafés. Ik wil me niet meer op straat vertonen, de gedaanten worden met de minuut onheilspellender. Een café betreden is uitgesloten, en daarom ga ik maar een McDonald's binnen om daar de laatste twee uur uit te zitten.

Eindelijk zit ik weer in de bus naar Mombasa. De chauffeur kauwt miraa. Hij scheurt als een gek over de weg, en in een recordtijd zijn we 's morgens om vier uur op onze eindbestemming. Wederom moet ik wachten tot de eerste matatu naar de noordkust vertrekt. Ik ben benieuwd hoe het met Lketinga gaat.

Tegen zeven uur ben ik alweer in het Masai-dorp. Omdat hier diepe rust heerst en het theehuis nog dicht is, ga ik daar maar voor zitten wachten, omdat ik niet weet in welke hut Lketinga is. Om halfacht komt de eigenaar van het theehuis zijn zaak openen. Ik ga binnen zitten en wacht op de eerste thee. Hij brengt mij een kop en verdwijnt meteen weer in de keuken. Eén voor één verschijnen er krijgers, die aan andere tafeltjes gaan zitten. Er hangt een bedrukte sfeer en niemand zegt wat. Waarschijnlijk komt dat doordat het nog zo vroeg in de ochtend is, denk ik.

Kort na acht uur houd ik het niet meer uit en vraag aan de eigenaar of hij weet waar Lketinga is. Hij schudt zijn hoofd en verdwijnt weer. Na een halfuur komt hij aan mijn tafeltje zitten en zegt dat ik maar naar de zuidkust moet gaan en niet langer moet wachten. Ik kijk hem verbluft aan en vraag waarom. 'Hij is niet meer hier. Hij is vannacht teruggegaan naar huis,' legt de man uit. Mijn hart slaat een slag over. 'Naar huis, naar de zuidkust?' vraag ik naïef. 'No, home to Samburu-Maralal.'

Ik schreeuw het uit van ontzetting: 'Nee, dat is niet waar! Hij is hier, zeg me waar!' Twee mannen van een ander tafeltje komen op me af en spreken me kalmerend toe. Ik mep hun handen weg en schreeuw en krijs zo hard ik kan in het Duits tegen dat tuig: 'Stelletje verdomde klootzakken, achterbaks tuig! Jullie hebben dit allemaal van tevoren bekonkeld!' Tranen van woede stromen over mijn gezicht, maar nu kan het me niets meer schelen.

Het liefst zou ik de eerste die ik in handen krijg in elkaar slaan, zo razend ben ik. Ze hebben hem gewoon op de bus gezet, terwijl ze wisten dat ik met dezelfde bus, alleen in de andere richting, terug zou komen, precies om die tijd, zodat we elkaar ergens onderweg zijn gepasseerd. Ik kan er met mijn verstand niet bij. Wat een gemene streek! Alsof die paar uur zoveel uitmaken. Ik vlucht weg uit het theehuis, omdat er steeds meer kijklustigen toestromen en ik mezelf nauwelijks meer in de hand heb. Ik weet nu zeker dat ze allemaal onder één hoedje spelen. Verdrietig en vol woede ga ik terug naar de zuidkust.

You come to my home

Ik weet nu even niet meer hoe het verder moet. Mijn visum heb ik, maar Lketinga is foetsie. Priscilla zit met twee krijgers in haar huisje. Ik doe mijn verhaal, en Priscilla vertaalt het voor de twee anderen. Priscilla geeft mij na afloop de raad Lketinga, hoe lief hij ook is, te vergeten. Ofwel hij is echt ziek, ofwel de anderen hebben hem iets slechts toegewenst, waardoor hij gedwongen was naar zijn moeder terug te gaan, want in Mombasa zou hij dan verloren zijn geweest. Hij moet nu naar een medicijnman. Ik kan niets voor hem doen. Bovendien is het voor mij als blanke gevaarlijk om in opstand te komen tegen alle anderen.

Ik ben ten einde raad en weet niet meer wat, en vooral wie ik moet geloven. Mijn intuïtie zegt me dat ze Lketinga tegen zijn zin hebben weggebracht voordat ik terug was. Nog diezelfde avond komen de eerste krijgers in mijn huisje om mij het hof te maken. Als de tweede erg concreet wordt en meedeelt dat ik hem nodig heb als 'boyfriend' omdat Lketinga 'crazy' is en toch niet meer terugkomt, gooi ik iedereen de deur uit, boos over zo veel onbeschaamdheid. Als ik Priscilla hierover vertel, zegt ze lachend dat dat normaal is en dat ik niet zo bekrompen moet denken. Kennelijk heeft ook zij nog niet begrepen dat ik niet zomaar iemand wil, maar mijn hele leven in Zwitserland heb opgegeven voor Lketinga.

Meteen de volgende dag schrijf ik een brief aan zijn broer James in Maralal. Misschien weet die meer. Nu zal het zeker twee weken duren voor ik antwoord krijg. Twee hele weken waarin ik niet aan de weet zal komen wat er aan de hand is – ik word gek bij het idee! Na drie dagen houd ik het niet meer uit. Ik besluit om in het diepste geheim te vertrekken en alleen de verre reis naar Maralal te ondernemen. Daar zie ik dan wel weer verder, maar ik geef het niet op. Mij krijgen ze er niet zo gauw onder! Zelfs tegen Priscilla zeg ik niets over mijn plannen, want ik vertrouw niemand meer. Als zij naar het strand gaat om kanga's te verkopen, pak ik mijn reistas en vertrek richting Mombasa.

Ik reis wederom ruim veertienhonderd kilometer; na twee dagen arriveer ik in Maralal. Ik betrek voor ruim vijf gulden een kamer in hetzelfde hotel, en de eigenares is stomverbaasd dat ik er al wéér ben. In de eenvoudige kamer ga ik op de brits liggen en denk erover na wat ik verder zal doen.

De volgende dag ga ik naar Lketinga's broer. Ik moet een tijdje flink op de hoofdmeester inpraten voor hij bereid is James te halen. Ik vertel hem het hele verhaal, en hij zegt dat hij mij wel naar zijn moeder wil brengen als hij daarvoor vrijaf kan krijgen. De meester vindt het na veel heen-en-weergepraat goed, op voorwaarde dat ik een auto kan charteren die James en mij naar Barsaloi zal brengen. Tevreden dat ik zoveel heb kunnen bereiken met mijn gebrekkige Engels loop ik door Maralal en informeer wie er een auto heeft. Dat zijn maar een paar mensen, bijna allemaal Somaliërs. Maar als ik vertel waar ik heen wil, word ik ofwel uitgelachen, ofwel ze vragen bedragen die me astronomisch voorkomen.

Op de tweede dag van mijn zoektocht kom ik mijn voormalige redder Tom tegen, die Lketinga de eerste keer voor me heeft gezocht en gevonden. Ook hij wil graag weten waar Lketinga is. Hij heeft ook ditmaal begrip voor mijn situatie en gaat kijken of hij een auto kan regelen, want als ik het als blanke probeer is de prijs vijfmaal zo hoog. En waarachtig zitten we kort na het middaguur met zijn tweeën in een landrover, die hij compleet met chauffeur voor een kleine driehonderd gulden heeft kunnen regelen. Ik meld me af bij James, want Tom wil wel met me mee.

De landrover rijdt door Maralal en dan over een verlaten weg van rode klei. Korte tijd later komen we door een dicht bos met gigantische bomen, die overwoekerd zijn door lianen. Je kunt nog geen twee meter het oerwoud in kijken. Ook het weggetje is al snel alleen nog te herkennen aan de bandensporen die de auto maakt. De rest is dichtgegroeid. Achter in de landrover kan ik sowieso niet veel zien. Alleen omdat we af en toe scheefhangen, weet ik dat de weg steil en schuin moet zijn. Als we na een uur het bos uit rijden, staan we voor enorme rotsblokken. Hier kunnen we met geen mogelijkheid langs! Maar mijn twee begeleiders stappen uit en schuiven een paar stenen aan de kant. Dan hobbelt het voertuig langzaam over de puinhelling. Mocht ik nog gedacht hebben dat de bedongen prijs te hoog was, dan ben ik nu wel genezen van dat idee. Op grond van het weinige wat ik zie en alles wat ik voel zou ik nu bereid zijn méér te betalen. Het zou een wonder zijn als de auto hier ongeschonden uitkomt. Maar het lukt, de chauffeur verstaat zijn vak.

Af en toe passeren we manyatta's en kinderen met kuddes geiten of koeien. Ik ben opgewonden. Wanneer zijn we er nou eindelijk? Verblijft mijn geliefde hier ergens, of is alle moeite voor niets geweest? Krijg ik nog een kans? Stilletjes bid ik voor mezelf. Mijn redder is daarentegen de rust zelve. Na een hele poos steken we een brede rivierbedding over, en na nog een paar bochten krijg ik een paar eenvoudige blokhutten in het oog, en verder naar boven, op een verhoging, zie ik een enorm gebouw dat als een mooie, groene oase afsteekt tegen het landschap. 'Waar zijn we nu?' vraag ik mijn begeleider. 'Dit is Barsaloi, en dat daarboven is de nieuwe, pasgebouwde missiepost. Maar we gaan eerst naar de manyatta's en kijken of Lketinga thuis is bij zijn moeder,' legt hij uit. We rijden vlak langs de missiepost, en ik verwonder me over het vele groen, want het is hier kurkdroog, een soort woestijn of steppe.

Na driehonderd meter slaan we af en hobbelen over de steppe. Twee minuten later stopt de auto. Tom stapt uit, vraagt de chauffeur te wachten en zegt tegen mij dat ik hem op enige afstand moet volgen. Onder een grote, platte boom zitten diverse volwassenen en kinderen. Mijn begeleider loopt naar hen toe, terwijl ik op gepaste afstand wacht. Iedereen kijkt naar mij. Nadat hij een hele poos met een oude vrouw heeft staan kletsen, komt hij terug en zegt: 'Corinne, come, his mama tells me Lketinga is here.' We lopen door hoog stekelig struikgewas en komen bij drie uiterst eenvoudige manyatta's, die op ongeveer vijf meter afstand van elkaar staan. Voor de middelste staan twee lange speren in de grond. Tom wijst daarop en zegt: 'Here he is inside.' Ik durf me niet te verroeren, en dus bukt hij zich en gaat naar binnen. Omdat ik vlak achter hem sta, ga ik schuil achter zijn rug. Dan hoor ik Toms stem en vlak daarna die van Lketinga. Nu houd ik het niet meer uit, en ik wurm me langs Tom heen. Ik zal mijn hele leven niet meer vergeten hoe verrast en verheugd, ja ongelovig Lketinga mij op dit moment aankijkt. Hij ligt op een koeienhuid in de smalle ruimte achter de stookplaats in het rokerige halfdonker, en plotseling barst hij in lachen uit. Tom maakt zich zo klein mogelijk, en ik kruip in Lketinga's uitgestrekte armen. We houden elkaar lang vast. 'I know always, if you love me, you come to my home.'

Dit weerzien, dit weervinden is mooier dan alles wat hiervoor is gebeurd. Op dit moment weet ik dat ik hier wil blijven, al hebben we niets anders dan elkaar. Lketinga zegt: 'Now you are my wife, you stay with me like a Samburu-wife.' De woorden zijn mij uit het hart gegrepen. Ik ben dolgelukkig.

Mijn begeleider kijkt me sceptisch aan en vraagt of ik werkelijk wil dat hij alleen met de landrover teruggaat naar Maralal. Hij zegt dat ik het hier zwaar zal krijgen. Er is bijna niets te eten en ik zal op de grond moeten slapen. Het is niet mogelijk Maralal te voet te bereiken. Het kan mij allemaal niets schelen, en ik zeg: 'Waar Lketinga woont, daar kan ik ook wonen.'

Heel even wordt het donker in de hut: Lketinga's moeder komt binnen door het smalle gat dat als ingang dient. Ze gaat aan de andere kant van de stookplaats zitten en kijkt me lange tijd zwijgend en met duistere blik aan. Ik besef dat dit beslissende minuten zijn en zeg niets. We zitten met gloeiende gezichten naast elkaar en houden elkaars hand vast. Als onze huid licht zou geven, dan zou de hut felverlicht zijn.

Lketinga wisselt een paar woorden met haar, en af en toe versta ik iets: 'mzungu' of 'Mombasa'. Zijn moeder kijkt onophoudelijk naar me. Ze is helemaal zwart. Haar kaalgeschoren hoofd heeft een fraaie vorm. Om haar hals en in haar oren draagt ze kleurige ringen van parels. Ze is vrij gezet, en aan haar naakte bovenlijf bungelen twee grote, langwerpige borsten. Om haar benen draagt ze een vieze rok.

Plotseling strekt ze haar hand naar me uit en zegt: 'Jambo.' Daarna volgt een stortvloed van woorden. Ik kijk naar Lketinga. Hij lacht: 'Moeder heeft haar zegen gegeven, we mogen met haar in dit hutje blijven.' Nu neemt Tom afscheid, en ik haal alleen nog mijn tas uit de landrover. Als ik terugkom, is er een groep mensen samengeschoold rond de manyatta.

Tegen de avond hoor ik het geluid van vele belletjes. We gaan naar buiten en ik zie een grote kudde geiten. De meeste trekken verder, maar sommige worden binnen de omheining van ons dorp gedreven. Ongeveer dertig dieren worden in het middelste gedeelte van de kraal opgesloten, dat nog eens apart met doornstruiken is gebarricadeerd. Dan gaat mama met een kalebas naar de geiten om ze te melken. De hoeveelheid melk is net genoeg voor de thee, zoals ik later zal vaststellen. De kudde staat onder de hoede van een jongen van een jaar of acht. Hij gaat bij de manyatta zitten en kijkt angstig naar mij, terwijl hij dorstig twee bekers water naar binnen slurpt. Hij is de zoon van Lketinga's oudere broer.

Een uur later is het donker. We zitten met zijn vieren in de kleine manyatta: mama naast de ingang, daarnaast het geschrokken meisje Saguna van een jaar of drie. Zij is het kleine zusje van de jongen. Ze drukt zich angstig tegen haar grootmoeder aan, die nu haar moeder is. Als de oudste dochter van de oudste zoon oud genoeg is, is ze van haar grootmoeder, als een soort oudedagsvoorziening om hout en water te halen, zo legt Lketinga mij uit.

Wij zitten getweeën op de koeienhuid. Mama pookt tussen de drie stenen van de stookplaats in de as en brengt de verborgen gloed aan het licht. Dan blaast ze langzaam maar gestaag over de vonken. Daardoor vult het vertrekje zich gedurende en paar minuten met een scherpe rook, waarvan ik tranen in mijn ogen krijg. Iedereen lacht. Als ik ook nog een hoestbui krijg, wurm ik me naar buiten. Lucht, lucht, is het enige wat ik kan denken.

Buiten het hutje is het stikdonker. Alleen de ontelbare sterren staan zo dichtbij dat je ze bijna uit de lucht kunt plukken. Ik geniet van de rust die ik in me voel. Overal zie je de vuren flakkeren in de manyatta's. Ook in onze hut brandt nu een gezellig vuur. Mama zet thee, ons avondeten. Na het theedrinken moet ik plassen. Lketinga lacht: 'Here no toilet, only bush. Come with me, Corinne!' Met soepele pas gaat hij me voor en buigt een doornstruik opzij waardoor er een doorgang ontstaat. De doornstruiken zijn de enige bescherming tegen wilde dieren. We verwijderen ons ongeveer driehonderd meter van de kraal, en hij wijst met zijn rungu op een struik; dit zal dus voortaan mijn wc zijn. Plassen kan ik 's nachts ook naast de manyatta, zegt hij, want het zand zuigt alle vocht op. Maar een grote boodschap mag ik nóóit daar in de buurt doen, anders moeten wij een geit aan de buren offeren en verhuizen, en dat betekent een grote schande.

Terug bij de manyatta wordt alles afgesloten met doornstruiken, en wij trekken ons terug op onze koeienhuid. Wassen kan hier niet, want er is maar net genoeg water om thee te zetten. Als ik Lketinga vraag naar de lichaamshygiëne, zegt hij: 'Tomorrow at the river, no problem!' Terwijl het in de hut door het vuur behoorlijk warm wordt, is het buiten kil. Het kleine meisje ligt al naakt naast haar grootmoeder te slapen, en wij drieën proberen het met elkaar gezellig te maken. Tussen acht en negen gaan de mensen hier slapen. Ook wij maken aanstalten, aangezien het vuur uitgaat en we elkaar bijna niet meer kunnen zien. Lketinga en ik kruipen lekker dicht tegen elkaar aan. Hoewel we allebei meer willen, gebeurt er natuurlijk niets met zijn moeder erbij en in die doodse stilte.

Die eerste nacht slaap ik slecht, omdat ik de harde grond niet gewend ben. Ik draai me van de ene kant op de andere en luister naar de geluiden buiten. Af en toe hoor ik het belletje van een geit, en voor mij klinkt dat in de doodstille nacht bijna als een kerkklok. In de verte huilt het een of andere dier. Nog later ritselt er iets in de doornstruiken. Ja, ik hoor het duidelijk: iemand zoekt de ingang van de kraal. Mijn hart klopt in mijn keel, terwijl ik ingespannen luister. Er komt iemand aan. Vanuit mijn liggende positie tuur ik door de smalle ingang en zie twee zwarte staken, nee benen, en twee speerpunten. Meteen daarna klinkt een mannenstem: 'Supa moran!' Ik por Lketinga in zijn zij en fluister: 'Darling, somebody is here.' Hij stoot geluiden uit die me onbekend zijn, een haast dierlijk gegrom, en kijkt me een fractie van een seconde boos aan. 'Outside is somebody,' leg ik opgewonden uit. Weer klinkt de stem: 'Moran supa!' Dan worden er enkele zinnetjes over en weer gesproken, en de benen komen in beweging en verdwijnen. 'What's the problem?' vraag ik. Ik hoor dat het een andere krijger was, die hier wilde overnachten. Normaliter is dat ook geen probleem, maar nu gaat het niet omdat ik er ben. Hij probeert nu in een andere manyatta onderdak te krijgen. Ik moet weer gaan slapen.

's Morgens om zes uur gaat de zon op, en tegelijkertijd worden de mensen en dieren wakker. De geiten mekkeren luid, omdat ze eruit willen. Overal hoor ik stemmen, en mama's slaapplaats is al leeg. Een uur later staan ook wij op en drinken thee. Dit wordt haast een kwelling, want samen met de zon zijn ook de vliegen tot leven gekomen. Als ik de kop naast me op de grond zet, zitten er meteen tientallen op de rand. Onophoudelijk zoemen ze om mijn hoofd. Saguna lijkt het nauwelijks te merken, hoewel ze om haar ogen en zelfs in haar mondhoeken zitten. Ik vraag Lketinga waar al die vliegen vandaan komen. Hij wijst op de geitenmest, die zich tijdens de nacht heeft opgehoopt. Door de hitte droogt de mest in de loop van de dag op, en dan komen er minder vliegen; daarom heb ik er gisteravond niet zo veel last van gehad. Hij zegt lachend dat dit nog niets is: als de koeien terugkomen wordt het nog veel erger, want hun melk trekt duizenden vliegen aan. En de muskieten, die na regenbuien opduiken, die zijn nog veel vervelender. Na de thee wil ik naar de rivier om me eindelijk te wassen. Ik pak zeep, handdoeken en schone kleren en we gaan op weg. Lketinga draagt alleen een gele jerrycan voor het volgende theewater van mama. We lopen ongeveer een kilometer omlaag langs een smalle weg naar de brede rivierbedding, dezelfde die we de vorige dag met de landrover zijn overgestoken. Links en rechts van de bedding staan grote, weelderige bomen, maar water zie ik niet. We lopen langs de droge rivier, tot er na een bocht wat rotsen opduiken. En waarachtig, hier stroomt een klein beekje door het zand.

We zijn niet de enigen hier. Naast het stroompje hebben een paar meisjes een gat gegraven in het zand; met een beker scheppen ze geduldig hun jerrycans vol met drinkwater. Bij de aanblik van mijn krijger buigen ze verlegen hun hoofd en scheppen giechelend verder. Twintig meter verderop staat een groepje krijgers naakt bij de beek. Ze wassen elkaar. Hun lendendoeken liggen op de warme stenen te drogen. Als ze mij zien, verstommen de gesprekken, maar ze schamen zich kennelijk niet voor hun naaktheid. Lketinga blijft staan en praat met hen. Een paar kijken me recht aan, en algauw weet ik niet meer waar ik moet kijken. Zo veel naakte mannen die zich nergens van bewust zijn, heb ik nog nooit gezien. Hun slanke, sierlijke lijven glanzen prachtig in de ochtendzon.

Omdat ik niet goed weet hoe ik me in deze vreemde situatie moet gedragen, slenter ik verder en ga een paar meter verderop aan het karige stroompje zitten om mijn voeten te wassen. Lketinga komt naar me toe en zegt: 'Corinne, come, here is not good for lady!' We gaan een volgende bocht van de rivierbedding om, tot we uit ieders zicht zijn. Hier trekt hij alles uit en wast zich. Als ik ook aanstalten maak om mijn kleren uit te trekken, kijkt hij me geschrokken aan. 'No Corinne, this is not good!' 'Waarom niet?' vraag ik. 'Hoe moet ik me wassen als ik mijn T-shirt en mijn rok niet uit mag doen?' Hij legt me uit dat ik mijn benen niet mag ontbloten, dat is onfatsoenlijk. We discussiëren, en ten slotte kniel ik toch helemaal naakt bij het water en was me grondig. Lketinga zeept mijn rug en mijn haar in, waarbij hij voortdurend om zich heen kijkt of echt niemand ons ziet.

Het wasritueel duurt ongeveer twee uur, dan gaan we terug. Bij de rivier is het nu een drukte van belang. Diverse vrouwen zijn hun hoofd en voeten aan het wassen, anderen graven gaten om de geiten te laten drinken, en weer anderen scheppen geduldig hun jerrycans vol water. Ook Lketinga zet zijn kleine jerrycan neer, die meteen voor hem wordt gevuld door een meisje.

Dan kuieren we door het dorp, omdat ik de winkels wil bekijken. Er zijn drie rechthoekige lemen hutten waarin winkels zouden zijn gevestigd. Lketinga praat met de diverse eigenaren, allemaal Somaliërs, maar overal vangt hij bot. Er is niets te koop behalve wat losse thee en busjes Kimbo-vet. In de grootste winkel vinden we nog een kilo rijst. Als de eigenaar de rijst voor ons wil inpakken, ontdek ik dat hij wemelt van de kleine zwarte kevertjes. 'Oh no,' zeg ik, 'I don't want this!' Het spijt hem en hij neemt het spul terug. We hebben dus niets te eten.

Onder een boom zitten een paar vrouwen die koeienmelk te koop aanbieden in kalebassen. Melk hebben we dus in ieder geval wel. Voor een paar muntjes kunnen we twee gevulde kalebassen, ongeveer een liter, mee naar huis nemen. We zetten thee en Saguna krijgt een volle kop melk. Ze is erg blij.

Lketinga en zijn moeder bespreken de penibele situatie. Ik vraag me werkelijk af waar deze mensen zich mee voeden. Af en toe komt er een kilo maïsmeel van de missiepost voor de oude vrouwen, maar ook vandaar is voorlopig niets te verwachten. Lketinga besluit 's avonds zodra de kudde thuiskomt een geit te slachten. Ik ben overdonderd door alles wat nieuw voor me is en voel nog geen honger.

De rest van de middag brengen we door in de manyatta. Aangezien moeder onder de grote boom in gesprek is met andere vrouwen, kunnen we eindelijk vrijen. Voor de zekerheid houd ik mijn kleren aan, omdat het tenslotte dag is en er altijd iemand binnen kan komen. Die middag doen we het een paar keer achter elkaar, kort maar krachtig. Het is ongewoon voor mij dat het iedere keer zo snel voorbij is en dan na een korte onderbreking weer opnieuw begint. Maar het stoort me niet, ik mis niets. Ik ben gelukkig dat ik bij Lketinga ben.

's Avonds komen de geiten thuis, en tegelijkertijd ook Lketinga's oudere broer, de vader van Saguna. Tussen hem en zijn moeder ontpopt zich een heftige discussie, waarbij hij af en toe een verwilderde blik op mij werpt. Later vraag ik er Lketinga naar. Hij probeert me met veel omhaal van woorden uit te leggen dat zijn broer zich alleen maar grote zorgen maakt om mijn gezondheid. Het zal vast niet lang duren voor het districtshoofd hiernaartoe komt en wil weten waarom er een blanke vrouw in deze hut woont, omdat dat toch niet normaal is.

Over een paar dagen, zo gaat hij verder, weet iedereen in de hele streek dat ik hier woon en komen ze kijken. Als er iets met me gebeurt komt zelfs de politie, en dat is in de hele geschiedenis van de familie Leparmorijo (zo heten ze) nog nooit voorgekomen. Ik stel Lketinga gerust en verzeker hem dat met mij en mijn paspoort alles in orde is, voor het geval het districtshoofd komt. Ik ben mijn hele leven nog nooit ernstig ziek geweest. En we gaan nu toch geitenvlees eten; ik zal mijn best doen om flink veel te verstouwen.

Zodra het donker is gaan we met zijn drieën op weg: Lketinga, zijn broer en ik. Lketinga sleept een geit achter zich aan. We lopen het oerwoud in tot we ongeveer een kilometer buiten het dorp zijn, omdat Lketinga niet in zijn moeders hut mag eten als zij er ook is. Mijn aanwezigheid wordt, zij het niet van harte, geduld omdat ik blank ben. Ik vraag wat mama, haar schoondochter en Saguna eigenlijk eten. Lketinga lacht en vertelt dat bepaalde stukken voor de vrouwen bestemd zijn en niet door de mannen worden gegeten. Die stukken plus alles wat wij niet op kunnen, brengen we voor mama mee terug. Als er vlees te eten is blijft ze tot 's avonds laat op, en zelfs Saguna wordt dan weer gewekt. Ik ben gerustgesteld, hoewel ik nooit helemaal zeker weet of ik alles goed heb begrepen, want onze communicatie in het Engels, vermengd met Masai en handen- en voetenwerk, verloopt nog steeds niet erg soepel.

Na een tijdje bereiken we een geschikte plek. Er worden stukken hout gezocht en groene takken van een struik gehakt. Dit alles wordt op de zanderige bodem tot een soort bedje samengebonden. Dan pakt Lketinga de mekkerende geit bij zijn voor- en achterpoten en legt hem zijdelings op de groene ondergrond. Zijn broer houdt de kop vast en verstikt het arme dier door de neus en de bek dicht te drukken. Het beest spartelt nog even hevig en ligt dan stram en bewegingloos onder de heldere sterrenhemel. Ik zit er noodgedwongen met mijn neus bovenop, omdat ik in de duisternis niet weg kan lopen. Een beetje verontwaardigd vraag ik waarom ze de keel van de geit niet doorsnijden in plaats van hem zo wreed te wurgen. Het antwoord is kort: bij de Samburu's mag geen bloed vloeien voordat het dier dood is. Dat is altijd al zo geweest.

Nu maak ik voor het eerst mee hoe een dier wordt gevild. Er wordt een snee in zijn hals gemaakt, en terwijl de broer aan de huid trekt ontstaat er een soort kommetje, dat meteen vol bloed loopt. Kokhalzend kijk ik toe, en tot mijn stomme verbazing buigt Lketinga zich over de plas bloed heen en slurpt er een paar slokken uit op. Zijn broer doet hetzelfde. Ik ben ontzet, maar zeg geen woord. Lachend wijst Lketinga op de opening in de geitennek: 'Corinne, you like blood, make very strong!' Ik schud afwijzend mijn hoofd.

Daarna gaat alles heel snel. De huid van de geit wordt vakkundig afgestroopt. De kop en het onderste stuk van de poten worden op het bed van bladeren gegooid. Dan krijg ik de volgende schok. De buik wordt voorzichtig geopend, en een vreselijk stinkende, groene brij loopt op de grond. Dat is de volle maag. Mijn eetlust is volledig verdwenen. De broer snijdt de geit verder in stukken, terwijl mijn Masai geduldig het vuur aanblaast. Na een uur is het zover: we kunnen de hompen vlees op stokken prikken die in een soort piramidevorm zijn neergezet. Eerst worden de ribben aan de spiezen geprikt, omdat die sneller gaar zijn dan de achterpoten. De kop en het onderste deel van de poten liggen midden in het vuur.

Het ziet er allemaal tamelijk luguber uit, maar ik weet dat ik eraan zal moeten wennen. Na een poosje worden de ribben van het vuur gehaald, en één voor één worden de andere stukken van de geit gegrild. Lketinga snijdt met zijn hakmes de helft van een ribstuk af en steekt het mij toe. Ik pak het dapper aan en begin erop te kauwen. Met een beetje zout zou het waarschijnlijk lekkerder smaken. Ik heb moeite om het taaie vlees van de botten te scheiden, maar Lketinga en zijn broer eten snel en smakkend. De afgeknaagde botten gooien ze achter zich in het struikgewas, waar meteen daarna geritsel te horen is. Welk dier zich over de resten ontfermt, weet ik niet. Maar als Lketinga bij me is, ben ik niet bang.

De twee anderen werken zich nu laag voor laag door de eerste achterpoot heen, die ze telkens weer terugleggen op het vuur om hem door en door te grillen. De broer vraagt me of ik het lekker vind. Ik antwoord: 'Oh yes, it's very good!' en kluif verder. Ik moet tenslotte eens wat in mijn maag krijgen, anders ben ik binnen de kortste keren zélf een hoop botten. Eindelijk heb ik mijn stuk op; mijn tanden doen pijn. Lketinga grijpt in het vuur en reikt me een hele voorpoot aan. Ik kijk hem vragend aan: 'For me?' 'Yes, this is only for you.' Maar mijn maag is vol. Ik kán gewoon niet meer. Ze kunnen het haast niet geloven, en ze zeggen dat ik nog geen echte Samburu ben. 'You take home and eat tomorrow,' zegt Lketinga goedhartig. Dan zit ik erbij en kijk hoe zij de ene homp vlees na de andere naar binnen werken.

Als ze eindelijk genoeg hebben, stoppen ze de resten van de geit in de huid, inclusief ingewanden, kop en poten, en zo lopen we terug naar de manyatta. Ik draag zelf mijn 'ontbijt'. In de kraal heerst de nachtelijke stilte. Wij kruipen onze hut in, en mama komt meteen overeind van haar slaapplaats. De mannen geven haar het overgebleven vlees. Ik kan bijna niets zien, behalve een rode flakkerende gloed op de stookplaats.

De broer laat ons alleen en neemt wat vlees mee naar de manyatta van zijn vrouw. Mama pookt in de gloeiende as en blaast er voorzichtig op om het vuur opnieuw te laten opvlammen. Natuurlijk gaat dat niet zonder rookontwikkeling, en ik krijg weer een hoestbui. Dan schiet er een vlammetje op, en ineens is het licht en gezellig in de hut. Mama valt aan op een stuk gegrild vlees en wekt Saguna. Met verbazing zie ik hoe het kleine meisje, net uit een diepe slaap gerukt, gretig naar het vlees grijpt en er met een mes vlak bij haar mond kleine stukjes van afsnijdt.

Terwijl die twee eten, begint het theewater te koken. Lketinga en ik drinken samen thee. Mijn ontbijt-achterpoot hangt boven mijn hoofd aan de takken in het dak van de hut. De pot thee is nog maar nauwelijks leeg of mama gooit er klein gesneden stukjes vlees in, die ze knapperig bruin braadt. Daarna doet ze ze in lege kalebassen. Ik probeer erachter te komen wat ze doet. Lketinga legt uit dat ze zo een aantal dagen met het vlees kan doen. Alle resten zullen worden gekookt, want anders komen er morgen een heleboel vrouwen met wie ze moet delen, en dan hebben wij weer niks. Vooral de geitenkop, die helemaal zwart is van de as, moet een lekkernij zijn; die bewaart ze voor morgen.

Het vuur is uitgebrand en Lketinga en ik proberen te slapen. Hij legt zijn hoofd altijd op een klein bewerkt stukje hout met drie pootjes, dat ongeveer tien centimeter hoog is. Zo raakt zijn lange rode haar niet in de war en geeft het niet overal op af. In Mombasa had hij niet zo'n ding, en daarom bond hij daar zijn haar in een soort hoofddoek. Het is mij een raadsel hoe iemand met zijn hoofd op zoiets hards lekker kan slapen, maar het schijnt hem niet te deren, want hij slaapt al. Ikzelf heb, ook in deze tweede nacht, nog problemen om in slaap te komen. De grond is keihard, en mama is nog steeds met smaak aan het eten, wat duidelijk te horen is. Af en toe zoemen de muskieten hinderlijk om mijn hoofd.

's Morgens word ik wakker van het mekkeren van de geiten en een vreemd ruisend geluid. Ik tuur door de ingang en zie mama's rok. Van tussen haar benen stroomt een ruisende beek omlaag. Blijkbaar plassen de vrouwen staand, terwijl de mannen juist ontspannen neerhurken, zoals ik Lketinga heb zien doen. Als het ruisen voorbij is, kruip ik uit de hut, en doe eveneens mijn ochtendplas, achter onze hut en gehurkt. Dan ga ik naar de geiten en kijk hoe mama ze melkt. Na de ochtend-thee gaan we weer naar de rivier; we brengen vijf liter water mee terug.

Als we terugkomen, zitten er drie vrouwen in de manyatta, die de hut meteen verlaten als ze Lketinga en mij zien aankomen. Mama is geïrriteerd omdat er eerder ook al bezoek is geweest en ze nu geen thee, geen suiker en geen druppel water meer in huis heeft. De gastvrijheid gebiedt dat iedere bezoeker thee of minstens een kop water krijgt aan-geboden. Ze vragen haar allemaal uit over de blanke vrouw, zegt ze. Vroeger vond niemand haar interessant, dan moeten ze haar nu ook met rust laten. Ik stel Lketinga voor in ieder geval thee te gaan kopen in een van de winkeltjes. Als we terugkomen, zitten voor de manyatta een paar oude mensen gehurkt in de schaduw. Daarbij tonen ze over een oneindig geduld te beschikken. Urenlang zitten ze daar te wachten en te praten, in de wetenschap dat die mzungu ooit eens zal moeten eten en dat de gastvrijheid het niet toelaat dat oude mensen buiten worden gesloten.

Lketinga wil mij de omgeving laten zien, omdat hij zich als krijger niet op zijn gemak voelt in gezelschap van zo veel getrouwde vrouwen en oudere mannen. We lopen dwars door het oerwoud. Hij vertelt me hoe de dieren en planten heten die we zien. Het gebied is uitgedroogd, en de grond bestaat ofwel uit rode, steenharde aarde, ofwel uit zand. De aarde is gebarsten, en soms lopen we door grote kraters. In de hitte krijg ik al snel dorst. Maar Lketinga zegt dat ik alleen maar dorstiger word als ik meer water drink. Hij snijdt twee stukken hout van een struik af, steekt er een in zijn mond en geeft mij het andere. Zo poets je je tan-den, en bovendien verdwijnt je dorst.

Af en toe blijft mijn wijde katoenen rok aan doornstruiken haken. Na nog een uur lopen baad ik in mijn zweet; nu wil ik toch echt iets drinken. Dus we lopen naar de rivier, die al van verre te herkennen is omdat de bomen er hoger en groener zijn. In de uitgedroogde rivierbedding zoek ik tevergeefs naar water. We lopen een poosje door de bedding, tot we een eindje verderop een paar apen zien, die geschrokken vluchten over de rotsen. Precies bij die rotsen graaft Lketinga een gat in het zand. Algauw wordt het zand donker en vochtig. Weldra vormt zich het eerste plasje water, dat mettertijd steeds helderder wordt. We lessen onze dorst en aanvaarden de terugtocht.

De rest van de geitenpoot vormt mijn avondmaal. In het halfdonker praten we met elkaar, zo goed en zo kwaad als het gaat. Mama wil van alles weten over mijn land en mijn familie. Soms moeten we lachen om onze communicatieproblemen. Saguna slaapt zoals gewoonlijk dicht tegen mama aan. Ze is langzamerhand gewend geraakt aan mijn aanwezigheid, maar ze vindt het nog niet goed dat ik haar aanraak. Kort na negenen proberen we in slaap te komen. Mijn T-shirt houd ik aan, de rok gebruik ik als hoofdkussen. Als deken gebruik ik een dunne kanga, die echter niet voldoende bescherming biedt tegen de ochtendkou.

Op de vierde dag trek ik met Lketinga weg om de hele dag geiten te hoeden. Ik ben heel trots dat ik mee mag en verheug me erop. Het is niet eenvoudig om de hele troep bij elkaar te houden. Als we andere kuddes geiten tegenkomen ben ik stomverbaasd dat zelfs de kinderen iedere afzonderlijke geit kennen die bij hun kudde hoort. Het zijn tenslotte meestal vijftig dieren of meer. We leggen bedaard kilometer na kilometer af, en de geiten vreten aan de toch al bijna kale struiken. Rond de middag worden ze naar de rivier gebracht om water te drinken, daarna trekken we weer verder. Ook wij drinken van het water. Het is het enige wat we de hele dag binnenkrijgen. Tegen de avond gaan we terug naar huis. Ik ben volkomen uitgeput en verbrand door de verzengende zon en denk: dat was eens maar nooit weer! Ik heb bewondering voor de mensen die dit hun hele leven lang, dag in dag uit, doen. Bij de manyatta word ik met vreugde begroet door mama, de oudere broer en zijn vrouw. Aan de gesprekken tussen hen merk ik dat ik in hun achting ben gestegen. Ze zijn trots dat ik het heb volgehouden. Voor het eerst slaap ik diep en vast, tot ver in de ochtend.

Met een schone katoenen rok aan kruip ik uit de manyatta. Mama is stomverbaasd en vraagt hoeveel van die dingen ik heb. Ik steek vier vingers omhoog, en ze vindt dat ik er haar dan wel eentje kan geven. Zij heeft er maar één, die ze al jaren draagt. Dat laatste geloof ik graag, want hij zit vol gaten en is ontzettend smerig. Alleen zijn mijn rokken veel te lang en te strak voor haar. Ik beloof haar dat ik er op de volgende safari een voor haar mee zal brengen. Voor Zwitserse begrippen heb ik echt niet veel kleren meer, maar hier schaam je je bijna als je vier rokken en een stuk of tien T-shirts bezit.

Vandaag wil ik mijn vuile kleren wassen in het spaarzame rivierwater. Daarom gaan we naar een winkel en kopen Omo. Dit is het enige wasmiddel dat in Kenia verkrijgbaar is, en het wordt ook voor het wassen van het lichaam en het haar gebruikt. Het is niet eenvoudig om kleren te wassen met weinig water en veel zand. Lketinga helpt me zelfs, waarbij hij door de aanwezige meisjes en vrouwen giechelend wordt gadegeslagen. Ik houd nog meer van hem omdat hij zich vanwege mij aan de spot van de anderen blootstelt. Mannen doen hier nauwelijks iets, en zeker geen vrouwenwerk zoals water halen, brandhout zoeken en kleren wassen. Meestal is het enige wat ze wassen hun eigen kanga.

's Middags besluit ik om eens bij de protserige missiepost langs te gaan om me daar voor te stellen. Er komt een norse, verbaasde missiepater aan de deur: 'Yes?' In mijn beste Engels probeer ik uit te leggen dat ik hier in Barsaloi ben komen wonen en met een Samburu-man samenleef. Hij kijkt me een beetje afkeurend aan en vraagt dan met een Italiaans accent: 'Yes, and now?' Ik vraag hem of het mogelijk is af en toe met hem mee te rijden naar Maralal om etenswaren te halen. Koeltjes antwoordt hij dat hij van tevoren nooit precies weet wanneer hij naar Maralal gaat. Bovendien is het zijn taak om zieken te transporteren en niet om mijn inkoopmogelijkheden te verruimen. Hij steekt zijn hand uit en neemt op afstandelijke toon afscheid met de woorden: 'I'm pater Giuliano, arrivederci.'

Van mijn stuk gebracht door deze afwijzing sta ik voor de dichte deur en probeer mijn eerste kennismaking met een missionaris te verwerken. Ik voel woede in me opkomen, en ik schaam me voor mijn huidskleur. Langzaam loop ik terug naar de manyatta en naar de arme mensen die bereid zijn het weinige wat ze hebben met mij te delen, ook al ben ik een volkomen vreemde voor hen.

Ik vertel Lketinga over mijn wederwaardigheden. Hij lacht en zegt dat die twee missionarissen niet goed zijn. De andere, pater Roberto, is iets toeschietelijker. Maar hun voorgangers hebben hen beter geholpen; bij een hongersnood zoals nu kregen ze altijd maïsmeel zolang het nodig was. Deze twee wachten te lang. De afwijzing van de pater stemt me treurig. Kennelijk hoef ik er niet op te rekenen met hem mee te kunnen rijden. En ik ga ook niet op mijn knieën smeken.

De dagen verstrijken met grote regelmaat. De enige afleiding komt van de verschillende bezoekers in de manyatta. Soms zijn het oude mensen, soms krijgers van Lketinga's leeftijd. Ik moet vaak urenlang luisteren om één woord op te vangen dat ik versta.

De landrover

Na twee weken is het me duidelijk dat ik niet genoeg heb aan de eenzijdige voeding die ik krijg, ondanks het feit dat ik elke dag een Europese vitaminepil slik. Ik ben al een paar kilo afgevallen, wat ik merk aan mijn rokken die steeds ruimer gaan zitten. Ik wil blijven, dat staat vast, maar niet verhongeren. Verder mis ik toiletpapier, en ook mijn papieren zakdoekjes raken op. Ik kan met de beste wil van de wereld niet leren me af te vegen aan stenen zoals de Samburu's, al is dat milieuvriendelijker dan mijn witte papiertjes achter de struiken.

Weldra staat mijn besluit vast. Ik moet een auto hebben. Natuurlijk moet het een landrover zijn, iets anders is hier onbruikbaar. Ik bespreek het met Lketinga, en die praat op zijn beurt met mama; ze vindt het een absurde gedachte. Een auto, dan ben je iemand van een andere planeet, met veel, heel veel geld. Zij heeft nog nooit in een auto gezeten. En de mensen, wat zullen de mensen wel niet zeggen? Nee, enthousiast is mama niet bepaald, maar ze heeft wel begrip voor mijn en ons aller probleem: het eten.

Het idee een landrover te hebben en onafhankelijk te zijn, geeft me vleugels. Maar omdat mijn geld in Mombasa is, betekent dat dat ik nog een keer die lange reis moet maken. Ik moet mijn moeder vragen geld over te maken van mijn Zwitserse rekening naar de Mombasa Barclays Bank. Ik denk er lang en breed over na en hoop dat Lketinga mee wil, omdat ik geen idee heb waar ik een auto vandaan moet halen. Ik heb nog nergens autobedrijven gezien zoals in Zwitserland. Evenmin heb ik enig idee hoe je hier aan papieren en een kenteken komt. Maar één ding weet ik zeker: ik kom hier met een auto terug.

Wederom maak ik de onaangename gang naar de missiepost. Deze keer is het pater Roberto die opendoet. Ik vertel hem van mijn plannen en vraag of ik de eerstvolgende keer mee kan rijden naar Maralal. Beleefd antwoordt hij dat ik over twee dagen maar terug moet komen, dan gaat hij misschien die kant op.

De dag voor mijn vertrek zegt Lketinga dat hij niet meegaat. Hij wil niet meer naar Mombasa. Ik ben teleurgesteld, maar na alles wat er is gebeurd, begrijp ik hem wel. We praten de halve nacht, en ik merk hoe bang hij is dat ik niet meer terugkom. Ook mama is daar bang voor.

Telkens opnieuw beloof ik hooguit een week weg te blijven. 's Ochtends is de stemming bedrukt. Het kost me moeite om opgewekt te zijn.

Een uur later zit ik naast pater Roberto, en we rijden langs een mij onbekende nieuwe weg naar Baragoi in het Turkanagebied, en pas daarna naar Maralal. Deze weg is veel minder bergachtig, en we hebben de vierwielaandrijving bijna niet nodig. Wel is de weg bezaaid met kleine, scherpe steentjes, waarvan je makkelijk een lekke band kunt krijgen, en de afstand is bijna tweemaal zo lang: bijna vier uur tot Maralal. Kort na tweeën zijn we er. Ik bedank pater Roberto beleefd en ga naar het hotel om daar mijn tas neer te zetten. Ik zal er overnachten, omdat de bus pas om zes uur 's ochtends gaat. Om de tijd te doden slenter ik door Maralal, als ik opeens mijn naam hoor. Verrast draai ik me om, en tot mijn vreugde zie ik mijn redder Tom staan. Het doet me goed een bekend gezicht te zien tussen al die gezichten die voortdurend naar me kijken.

Ik vertel hem wat ik van plan ben. Hij vertelt me dat het moeilijk zal zijn, omdat er in Kenia niet veel tweedehands auto's worden verkocht. Maar hij zal voor mij informeren. Twee maanden geleden heeft iemand in Maralal geprobeerd zijn landrover te verkopen. Misschien is die nog steeds te koop. We spreken om zeven uur 's avonds af op mijn hotelkamer.

Dit is het beste wat me had kunnen overkomen! Tom komt inderdaad op tijd, zelfs een halfuur te vroeg, en zegt dat we nu meteen naar die landrover kunnen gaan kijken. Vol verwachting loop ik achter hem aan. De landrover is weliswaar al behoorlijk oud, maar wel precies wat ik zoek. Ik onderhandel met de dikke eigenaar, die tot de Kikuyu-stam behoort. Na veel heen-en-weergepraat worden we het eens op drieënhalfduizend gulden. Ik kan het haast niet geloven, maar probeer mijn gezicht in de plooi te houden als we de zaak met een handdruk bezegelen. Ik leg hem uit dat mijn geld in Mombasa is en dat ik over vier dagen terugkom om de auto te betalen. Hij mag hem onder geen beding aan iemand anders verkopen, ik reken erop dat hij voor me klaarstaat. Een aanbetaling doe ik niet, want ik vind dat de verkoper geen erg betrouwbare indruk maakt. Met een grijns verzekert hij me dat hij bereid is nog vier dagen te wachten. Mijn redder en ik verlaten de Kikuyu en gaan eten. Ik ben blij dat ik weer een paar zorgen minder heb en beloof hem dat ik hem en zijn vrouw een keer mee zal nemen op safari.

De reis naar Mombasa verloopt zonder problemen. Priscilla is ontzettend blij als ik weer in het dorp verschijn. We hebben elkaar veel te vertellen. Als ik haar echter vertel dat ik mijn huisje hier wil opgeven en voorgoed bij de Samburu's wil gaan wonen, is ze verdrietig en ook een beetje bezorgd. Alles wat ik niet mee kan nemen doe ik haar cadeau, zelfs het prachtige bed.

Reeds de volgende ochtend ga ik naar Mombasa. Daar neem ik het benodigde bedrag op van de bank, wat niet eenvoudig is. Voor zo'n banktransactie moet je veel geduld opbrengen. Maar na bijna twee uur ben ik in het bezit van een grote hoeveelheid bankbiljetten, die ik onopvallend tussen mijn kleren probeer op te bergen. De bankemployé ziet het en zegt dat ik erg voorzichtig moet zijn: wat ik bij me heb is een vermogen, en voor zo veel geld plegen ze hier zomaar een moord. Ik voel me niet op mijn gemak als ik de bank uitloop, omdat een heleboel wachtende mensen mij hebben gezien. Over mijn ene schouder draag ik de zware reistas, gevuld met de rest van mijn kleren uit Mombasa. In mijn rechterhand houd ik een knuppel, zoals ik dat van de stoere Jutta heb geleerd. In geval van nood zal ik niet aarzelen die te gebruiken.

Ik steek voortdurend de straat over om te zien of iemand me vanuit de bank achtervolgt. Pas na ongeveer een uur durf ik me naar het busstation te begeven om mijn kaartje te kopen voor de nachtbus naar Nairobi. Daarna ga ik terug naar het centrum en ga in hotel Castel zitten. Het heeft een Zwitserse bedrijfsleiding en is het duurste hotel in Mombasa. Eindelijk kan ik weer eens Europees eten, zij het voor een astronomisch bedrag. Maar wat maakt het uit, wie weet wanneer ik weer sla en patat zal krijgen?

De bus vertrekt stipt op tijd, en ik verheug me erop dat ik gauw weer thuis zal zijn en dat Lketinga zal zien dat ik te vertrouwen ben. Na ruim anderhalf uur maakt de bus een schuiver en staat daarna compleet stil. Er breekt een tumult los, iedereen praat door elkaar. De chauffeur constateert dat de bus een lekke band heeft aan een achterwiel. Iedereen moet eruit. Sommigen gaan aan de rand van de weg zitten op doeken of wollen dekens. Het is stikdonker, in de wijde omtrek zijn geen nederzettingen. Ik spreek een man met een bril in het Engels aan, want ik ga ervan uit dat iemand met een bril met een gouden montuur die taal machtig is. Hij verstaat me inderdaad, en vertelt me dat het lang kan gaan duren, want het reservewiel is ook kapot, dus nu moeten we wachten tot er een auto van de andere kant komt zodat er iemand mee terug kan naar Mombasa. Die moet er dan weer voor zorgen dat er een nieuwe band deze kant op komt.

Het kan toch niet waar zijn, dat een stampvolle bus 's nachts aan zo'n lange rit begint zonder goede reserveband! De meeste mensen schijnen zich er niet erg druk om te maken. Ze zijn gewoon langs de kant van de weg gaan zitten of liggen. Ik krijg het koud, de nacht is kil. Na drie kwartier komt er eindelijk een auto van de andere kant. De chauffeur gaat op de weg staan en zwaait wild met zijn armen. De auto stopt en een van onze passagiers stapt in. En nu maar weer wachten, minstens drie uur, want we waren al anderhalf uur onderweg.

Bij de gedachte aan de vertraging die ik hierdoor oploop, word ik door paniek bevangen. Ik pak mijn tas en ga op de rijbaan staan, vastbesloten om de eerstvolgende auto aan te houden. Het duurt niet lang voor ik in de verte twee felle lichtbundels zie. Ik zwaai als een gek met mijn armen. Een man geeft me een zaklantaren en zegt dat ik het anders niet overleef. Aan het lichtschijnsel kan hij namelijk zien dat er een bus aankomt. Inderdaad komt een bus van de Maraika-safari vlak voor me met piepende banden tot stilstand. Ik leg uit dat ik zo snel mogelijk naar Nairobi moet en vraag of ik mee mag rijden. Het is blijkbaar een Indiaas busbedrijf, want de meesten van de inzittenden zijn Indiërs. Nadat ik nog eens dezelfde ritprijs heb betaald, mag ik instappen.

Godzijdank zit ik nu niet meer met al dat geld midden in de nacht op een donkere autoweg. Ik dommel een beetje weg, en waarschijnlijk ben ik al in slaap gevallen als het ook in deze bus onrustig wordt. Slaperig kijk ik naar de duisternis buiten en stel vast dat deze bus nu eveneens langs de kant van de weg staat. Veel passagiers zijn al uitgestapt en staan naast de bus. Ik klim er ook uit en kijk naar de banden. Die zijn allemaal goed. Pas dan zie ik dat de motorkap openstaat, en ik krijg te horen dat de v-snaar is geknapt. 'En nu?' vraag ik iemand. Tja, moeilijk, we zijn nog ruim twee uur van Nairobi verwijderd, en de werkplaatsen gaan pas om zeven uur open. En alleen daar kunnen we een nieuwe v-snaar opduikelen. Ik wend me af om te voorkomen dat hij ziet dat de tranen in mijn ogen springen.

In één nacht blijf ik met twee verschillende bussen steken op deze verdomde weg! Vandaag is al de derde dag van mijn reis, en ik móét om zeven uur 's ochtends in Nairobi de bus naar Nyahururu halen, anders mis ik op de vierde dag de enige bus naar Maralal en moet ik er rekening mee houden dat die Kikuyu de door mij gereserveerde auto aan iemand anders verkoopt. Ik ben wanhopig over zo veel pech, uitgerekend op dit moment, nu ieder uur telt. Aan één stuk door dreint het in mijn hoofd: ik moet voor de ochtend in Nairobi zijn!

Er rijden twee personenauto's voorbij, maar ik ben te bang om mee te liften met een privé-auto. Na ruim tweeënhalf uur zie ik in de verte opnieuw de lichten van een bus. Met twee brandende aanstekers ga ik op de weg staan in de hoop dat de chauffeur mij ziet. Hij stopt, en het is mijn eerste bus! Lachend doet de chauffeur de deur voor mij open, en ik stap beschaamd in. In Nairobi heb ik nog net tijd om snel een kop thee en wat koek naar binnen te werken. Dan zit ik alweer in de volgende bus, naar Nyahururu. Ik heb pijn in rug, nek en benen, maar ik troost me door mezelf voor te houden dat ik, ondanks het vele geld dat ik bij me heb, nog steeds leef én op schema lig.

In Maralal ga ik met kloppend hart de winkel van de Kikuyu binnen. Er staat een vrouw achter de toonbank die geen Engels verstaat. Uit haar Suaheli kan ik met moeite opmaken dat haar man er niet is en dat ik morgen terug moet komen. Wat vreselijk, dat de stress en onzekerheid nu nog niet voorbij zijn!

Pas de volgende dag tegen de middag krijg ik eindelijk de dikke autohandelaar in het oog. Ook de landrover staat, helemaal volgepakt, nog voor de winkel. Hij groet me kortaf en begint dan ijverig de auto uit te laden. Ik sta er wat beteuterd bij. Als hij de laatste zak uit de auto heeft gehaald, wil ik de transactie afhandelen. Hij wrijft verlegen in zijn handen en zegt ten slotte dat hij nog zo'n vijftienhonderd gulden méér wil hebben, omdat ook nog iemand anders een bod heeft gedaan.

Mezelf met moeite beheersend zeg ik dat ik het overeengekomen bedrag bij me heb en meer niet. Hij haalt zijn schouders op en zegt dat hij wel wil wachten tot ik de rest van het geld heb. Uitgesloten, denk ik, het duurt dagen en nog eens dagen voordat het geld vanuit Zwitserland is overgemaakt, en ik wil niet nog eens naar Mombasa. Hij laat me staan waar ik sta en gaat andere mensen helpen, en ik ren de winkel uit naar mijn hotelkamer. Die vuile smeerlap! Ik zou hem iets kunnen aandoen.

Voor mijn hotel staat de landrover van de directeur van het toeristenhotel geparkeerd. Ik moet door de bar om de binnenplaats te bereiken waar de slaapvertrekken liggen. De directeur herkent me meteen en biedt me een biertje aan. Hij stelt me voor aan een man van het bevolkingsbureau in Maralal die bij hem is. Eerst praten we wat over koetjes en kalfjes; dan vraag ik natuurlijk of Jutta hier nog in de buurt is. Nee, helaas niet, ze is voor een poosje naar Nairobi gegaan om daar weer geld te verdienen met tekenen.

Uiteindelijk vertel ik over mijn tegenslagen met de landrover. De directeur lacht en zegt dat die vast nog geen tweeënhalfduizend gulden waard is, anders was hij allang verkocht. Er zijn hier zo weinig auto's dat iedereen ze kent. Ik ben echter bereid om drieënhalfduizend te betalen, als ik die auto maar krijg. Hij biedt me aan te bemiddelen, en we rijden in zijn auto nog een keer naar de Kikuyu. Er wordt heftig gediscussieerd, en uiteindelijk heb ik toch mijn auto. Van de directeur hoor ik dat de Kikuyu mij het logboek moet geven en dat we samen naar het bevolkingsbureau moeten om de auto op mijn naam te laten zetten, aangezien auto's hier compleet met kentekenbewijs en verzekering worden verkocht. De directeur staat erop dat we de koop schriftelijk vastleggen met hem als getuige en meteen daarna naar het bureau gaan. Vlak voor sluitingstijd krijg ik het op mijn naam gestelde logboek in handen en ben ik nog eens honderdveertig gulden lichter, maar wel gelukkig. De Kikuyu geeft me de sleutels en wenst me veel geluk met de auto.

Omdat ik nog nooit zo'n ding heb bestuurd, laat ik me alles uitleggen en breng hem daarna terug naar zijn winkel. De weg zit vol kuilen, en al na een paar meter merk ik dat er veel speling in het stuur zit; het schakelen gaat stroef en je moet de rem ver intrappen voor hij reageert. Ik hobbel dwars door de eerste de beste kuil, en mijn passagier grijpt zich geschrokken vast aan het dashboard. 'You have a driver's license?' vraagt hij achterdochtig. 'Yes,' antwoord ik kortaf, en ik probeer weer te schakelen, wat na enig gestuntel lukt. Maar weer verstoort hij mijn concentratie, ditmaal door te zeggen dat ik aan de verkeerde kant rijd. O shit, dat is waar ook, ze rijden hier links! Voor zijn winkel stapt de Kikuyu opgelucht uit. Ik rijd door in de richting van de school om zonder pottenkijkers een beetje vertrouwd te raken met de landrover. Na een paar rondjes heb ik het ding aardig onder controle.

Vervolgens rijd ik naar de benzinepomp, want de meter staat nog maar op een kwart. De Somaliër die de pomp bedient, kan me tot zijn spijt op dit moment niet aan benzine helpen. 'En wanneer komt er weer benzine?' vraag ik optimistisch. Vanavond of morgen, het is al lang geleden toegezegd, maar je weet nooit wanneer ze precies komen. En zo zit ik alweer met een nieuw probleem: ik heb wel een auto, maar geen benzine.

Dit is toch om dol van te worden! Ik ga terug naar de Kikuyu en vraag om benzine. Die heeft hij niet, maar hij weet wel een adresje waar je zwart benzine kunt kopen, twintig liter voor dertig gulden. Maar dat is niet eens genoeg om naar Barsaloi en weer terug te rijden. Ik rijd naar de directeur van het toeristenhotel en krijg zowaar twintig liter benzine. Nu ben ik tevreden, en ik neem me voor om de volgende dag eerst inkopen te doen en dan rechtstreeks naar Barsaloi te rijden.

Gevaren in het oerwoud

De volgende dag ga ik in alle vroegte naar de plaatselijke bank en open een rekening, wat niet van een leien dakje gaat omdat ik noch een adres, noch een postbusnummer heb. Als ik zeg dat ik in een manyatta in Barsaloi woon, winden de mensen van de bank zich hevig op. Hoe ik daar dan wel denk te komen, willen ze weten. Ik vertel ze dat ik een auto heb gekocht en krijg dan eindelijk mijn rekening. Ik schrijf mijn moeder dat ze geld naar Maralal moet overmaken.

Met de auto vol etenswaren begeef ik me op weg. Natuurlijk neem ik de kortste weg door het oerwoud, omdat ik anders niet genoeg benzine heb om heen en later weer terug te rijden. In gedachten verheug ik me al op het gezicht dat Lketinga zal zetten als ik met de auto het dorp in kom rijden.

De landrover zwoegt tegen de steile, slingerende, rode weg op. Vlak voor het bos moet ik de vierwielaandrijving al inschakelen om niet te blijven steken. Ik ben trots dat ik het voertuig zo goed onder controle heb. De bomen lijken me reusachtig groot, en aan het dichtgegroeide spoor zie je dat dit stuk weg al een hele tijd niet gebruikt is. Dan gaat het bergafwaarts, en ik kachel vrolijk voort. Plotseling zie ik een grote kudde op de weg voor me. Ik rem meteen af en ben erg verbaasd. Heeft Lketinga me eigenlijk verteld dat hier kuddes koeien grazen? Maar als ik de dieren tot op vijftig meter ben genaderd, besef ik dat het geen koeien zijn, maar volwassen buffels.

Wat heeft Lketinga gezegd? Het gevaarlijkste dier is niet de leeuw, maar de buffel. En nu staan er hier minstens dertig voor mijn neus, zelfs met jongen. Het zijn enorme kolossen, met vervaarlijke hoorns en brede neuzen. Sommige grazen vredig verder, andere kijken naar mijn auto. Tussen de beesten in dampt het. Of is dat stof? Gebiologeerd staar ik naar de dieren. Moet ik toeteren of niet? Hebben ze weleens auto's gezien? Als ze na een tijdje nog geen aanstalten maken om opzij te gaan, toeter ik toch maar. Meteen kijken alle dieren op. Voor de zekerheid zet ik de auto in de achteruit en blijf met korte tussenpozen toeteren. Nu is het gedaan met het vredige gegraas. Een paar van de kolossen beginnen te bokken: ze trappen met hun kop naar beneden om zich heen. Gebiologeerd kijk ik toe. Hopelijk verdwijnen ze in het dichte bos en komen ze niet op mij af! Maar voordat ik alles goed en wel in me heb kunnen opnemen, staat er geen enkel dier meer op de weg. De dreiging is voorbij. Het enige wat overblijft is een stofwolk.

Voor de zekerheid wacht ik nog een paar minuten, dan stuif ik in volle vaart verder. De landrover rammelt alsof hij dadelijk uit elkaar zal vallen. Weg, weg, weg, is het enige wat ik denk. Op de plek waar de buffels gestaan hebben werp ik een snelle blik in het bos, maar ik kan nauwelijks een meter ver kijken. Ik ruik de verse mest. Ik moet het stuur met al mijn kracht omklemmen om te voorkomen dat het uit mijn handen trilt. Na vijf minuten ga ik weer langzamer rijden, omdat de weg steeds steiler wordt. Ik stop en schakel de vierwielaandrijving in. Daarmee hoop ik dit steile stuk af te leggen zonder om te kieperen, want de weg zit vol scheuren en kuilen. Koortsachtig bid ik dat de auto op zijn wielen blijft. Nu in geen geval de koppeling intrappen, want dan trekt de versnelling 't niet meer! Er schiet van alles door mijn hoofd terwijl ik meter voor meter voortkruip. Het zweet loopt me in de ogen, maar ik kan het niet wegvegen, want ik moet het stuur met beide handen stevig vasthouden. Na twee- à driehonderd meter is de hindernis genomen. De bomen staan langzamerhand verder uit elkaar, en ik ben blij dat het lichter wordt om me heen. Vlak daarna sta ik voor de puinhelling. Ook deze plek is heel anders dan ik me herinner. Toen ik hier de eerste keer langskwam, zat ik achterin en dacht ik alleen maar aan Lketinga.

Ik stop en stap uit om te kijken of de weg echt wel verdergaat. Op sommige plaatsen liggen stenen die half zo groot zijn als de wielen van de landrover. Nu ben ik toch hevig ontdaan, en ik voel me alleen en niet opgewassen tegen de situatie, ondanks mijn beheersing van de auto. Om de helling gelijkmatiger te maken leg ik de stenen in lagen over elkaar heen. De tijd tikt door, over twee uur is het donker. Hoe ver is het nog naar Barsaloi? In mijn zenuwen kan ik me niets meer herinneren. Ik schakel de vierwielaandrijving in en weet dat ik nu niet mag remmen of koppelen. Ik moet hem er in één keer overheen rijden, hoewel het daarna steil omlaag gaat. De auto neemt de eerste steenklomp, waarbij het stuur me bijna uit handen wordt gerukt. Ik zet me met mijn hele bovenlijf schrap en hoop dat het goed afloopt. De auto rammelt en piept. Omdat hij zo lang is, staat de achterste helft meestal nog op het vorige rotsblok als de voorwielen al aan het volgende zijn begonnen. Midden op de helling gebeurt het: de motor maakt een borrelend geluid en slaat dan abrupt af. Ik hang scheef over een rotsblok en de motor heeft de geest gegeven. Hoe krijg ik hem ooit weer aan de praat? Ik trap heel even op de koppeling, en meteen schuif ik krakend een halve meter vooruit. Onmiddellijk laat ik het pedaal weer los; dat is dus niet de manier. Ik stap uit en zie dat één achterwiel in de lucht zweeft. Ik schuif een grote steen voor het andere achterwiel. Intussen ben ik de hysterie nabij.

Als ik weer instap, zie ik op een rots vlakbij twee krijgers staan die me geïnteresseerd gadeslaan. Het komt blijkbaar niet in ze op me te helpen, maar toch voel ik me beter, omdat ik nu niet meer helemaal alleen ben. Nu probeer ik de motor te starten. Hij stottert even en geeft het dan meteen weer op. Ik probeer het nog eens, en nog eens. Ik wil hier weg. De twee krijgers staan zwijgend op de rots. Hoe zouden ze me ook kunnen helpen, ze weten waarschijnlijk helemaal niets van auto's.

Als ik er al niet meer in geloof slaat de motor plotseling aan alsof er niets is gebeurd. Heel, heel langzaam laat ik de koppeling los in de hoop dat de wielen grip krijgen op de steen die ik ertussen heb gelegd. Na een poosje stationair draaien en wat geduld met de koppeling haalt hij het, en de auto wiebelt verder van steen naar steen. Na een meter of twintig is het ergste voorbij en kan ik mijn armen een beetje ontspannen. Pas nu barst ik uitgeput in tranen uit en word ik me ervan bewust in welk gevaar ik heb verkeerd.

De weg is verder vrij regelmatig. Langs de kant zie ik een paar many-atta's en kinderen, die opgewonden zwaaien. Ik vertraag het tempo om in godsnaam niet een van de geiten te overrijden waarvan er hier zoveel rondlopen. Na ongeveer een halfuur bereik ik de grote Barsaloirivier. Het oversteken daarvan is ook niet zonder gevaar, want al staat hij op dit moment droog, er is ook drijfzand. Opnieuw schakel ik de vierwiel-aandrijving in en jakker in hoog tempo door de ongeveer honderd meter brede bedding. De auto neemt de laatste helling voor Barsaloi, en langzaam en trots rijd ik door het dorpje. Overal blijven de mensen staan, zelfs de Somaliërs komen uit hun winkels. 'Mzungu, mzungu!' hoor ik van alle kanten.

Plotseling staat Lketinga midden op de weg, samen met twee andere krijgers. Hij zit in de auto voordat ik goed en wel ben gestopt en kijkt me stralend en dolgelukkig aan: 'Corinne, you come back and with this car!' Ongelovig kijkt hij naar me, hij is zo blij als een kind. Ik zou hem het liefst willen omhelzen. De twee krijgers stappen op zijn uitnodiging in, en we rijden naar de manyatta. Mama vlucht, en ook Saguna kiest krijsend het hazenpad. In een mum van tijd drommen jong en oud om de geparkeerde auto. Mama wil niet dat de auto naast de boom blijft staan, want ze is bang dat iemand hem expres zal beschadigen. Lketinga maakt een pad vrij door de doornstruiken en ik zet de auto naast de ma-nyatta, die ineen lijkt te krimpen naast dat enorme ding. De tegenstelling is werkelijk grotesk.

We laden alle etenswaren uit en brengen ze de hut binnen. Ik heb zin in mama's thee. Ze is blij met de suiker die ik heb meegebracht. In de winkels is namelijk wel weer maïsmeel te krijgen, hoor ik, maar nog geen suiker. Lketinga staat met de twee anderen de auto te bewonderen. Mama praat aan één stuk door tegen me. Ik versta er weliswaar niets van, maar ze lijkt gelukkig, want als ik hulpeloos lach, lacht ze mee.

Die avond gaan we pas laat slapen, want ik moet alles uitgebreid vertellen. Bij de buffels kijkt iedereen heel ernstig, en mama prevelt steeds 'Enkai, Enkai', wat 'God' betekent. Als de oudere broer met de geiten thuiskomt, staat ook hij vreemd te kijken. Er wordt van alles besproken. Men besluit de auto te bewaken, zodat er niets wordt gestolen en hij niet moedwillig wordt beschadigd. Lketinga wil de eerste nacht in de landrover slapen. Ik had me het weerzien anders voorgesteld, maar zeg niets, want ik zie dat zijn ogen glimmen van trots.

De volgende dag wil hij meteen een uitstapje maken en op bezoek gaan bij zijn halfbroer, die koeien houdt in Sitedi. Ik probeer hem uit te leggen dat we geen trips kunnen maken omdat ik geen reservebenzine heb. De meter staat net op halfvol, dus er is nog precies genoeg om weer terug te rijden naar Maralal. Hij wil het slechts met tegenzin inzien. Ik vind het zelf ook jammer dat ik niet trots met hem rond kan rijden door de buurt, maar ik moet hard zijn.

Drie dagen later staat het adjunct-districtshoofd voor onze manyatta. Hij praat met Lketinga en mama. Ik versta alleen 'mzungu' en 'car'. Het gaat over mij. In zijn slecht zittende groene uniform ziet hij er grappig uit. Alleen het grote geweer verleent hem enige autoriteit. Engels spreekt hij niet. Later wil hij mijn paspoort zien. Ik laat het hem zien en vraag wat er aan de hand is. Lketinga vertaalt het voor me: ik moet me bij het bevolkingsbureau in Maralal laten registreren, aangezien Europeanen niet in manyatta's mogen wonen.

Toekomstplannen

Die middag besluiten Lketinga en ik samen met mama dat we willen trouwen. Volgens het adjunct-districtshoofd moeten we dat in Maralal op het bevolkingsbureau regelen, omdat een traditionele bruiloft in het oerwoud niet voldoende is. Als alles is besproken, wil de functionaris naar huis worden gebracht. Voor Lketinga spreekt dat vanzelf, we hebben immers een 'gerespecteerd man' in ons midden. Ik heb meteen

96

door dat de man daar schaamteloos misbruik van maakt. Als ik start, kijk ik toevallig naar de benzinemeter en stel geschrokken vast dat er minder benzine in zit, hoewel de auto niet heeft gereden. Ik snap niet hoe dat kan.

We rijden weg. Het adjunct-districtshoofd is naast mij gaan zitten en Lketinga zit achterin. Ik vind dat nogal brutaal, het is tenslotte ónze auto, maar ik zeg niets omdat het Lketinga niet schijnt te deren. Als we er zijn, deelt het hoofd gewichtig mee dat hij over twee dagen naar Maralal moet, en aangezien ik toch naar het bevolkingsbureau moet, kan ik hem wel een lift geven. En het is een feit: over een maand loopt mijn visum af.

Als we terug zijn bij de manyatta, zie ik dat er niet genoeg benzine meer is om naar Maralal te rijden; bovendien wil ik dit keer de langere, maar betere weg nemen. Ik ga naar de missiepost. Pater Giuliano doet open en vraagt, ditmaal ietsje beleefder: 'Yes?' Ik leg hem mijn probleem met de benzine uit. Op zijn vraag langs welke weg ik dan hier ben gekomen, antwoord ik: 'Die door het bos.' Voor het eerst heb ik het gevoel dat hij me wat nauwkeuriger en met een beetje respect bekijkt. 'This road is very dangerous, don't go there again.' Dan zegt hij dat ik maar even langs moet komen met de auto, dan kijkt hij wel even naar de tank. Inderdaad hangt die aan één kant ongeveer vijf centimeter scheef, waardoor er benzine verdampt. Nu snap ik ook waarom ik op die puinhelling bleef steken.

Binnen een paar dagen last de pater de tank weer goed vast. Ik ben hem zeer dankbaar. Langs zijn neus weg vraagt hij met welke moran ik samenleef en wenst me veel kracht en sterke zenuwen toe. Verder hoor ik van hem dat het altijd afwachten is of er benzine is in Maralal en dat ik er verstandig aan zou doen een of twee reservetanks van tweehonderd liter op de kop te tikken en die bij de missiepost neer te zetten, want hij zal me niet altijd benzine kunnen verkopen. Ik ben blij met dit aanbod, vooral als hij ook nog zegt dat ik mijn landrover bij de missiepost mag parkeren, omdat die ook 's nachts wordt bewaakt. Lketinga is er maar moeilijk van te overtuigen dat de auto daar beter staat, want zelfs de missionarissen vertrouwt hij niet.

De daaropvolgende dagen is alles rustig, afgezien van het feit dat er elke dag nieuwe mensen langskomen die vragen wanneer we naar Maralal gaan. Iedereen wil meerijden. Eindelijk heeft een Samburu een auto, en iedereen beschouwt die nu als gemeenschappelijk bezit. Keer op keer moet ik uitleggen dat ik niet van plan ben met twintig passagiers over die slechte wegen te gaan rijden.

Uiteindelijk vertrekken we, uiteraard met het adjunct-districtshoofd, dat graag zou bepalen wie er mee mag rijden en wie niet. Natuurlijk alleen mannen, de vrouwen moeten thuisblijven en wachten. Als ik een vrouw zie die in haar kanga een kind draagt met dichtzittende, etterende ogen, vraag ik waarom zij naar Maralal wil. Naar het ziekenhuis, antwoordt ze, verlegen naar de grond kijkend, want hier zijn geen medicijnen voor de ogen van het kind. Daarop zeg ik dat ze in moet stappen.

Als het hoofd naast mij plaats wil nemen, raap ik al mijn moed bij elkaar en zeg: 'No, this place is for Lketinga,' waarbij ik hem recht in de ogen kijk. Hij gehoorzaamt me, maar ik weet dat ik mijn krediet bij hem nu heb verspeeld. De rit verloopt voorspoedig; in de auto wordt veel gepraat en gezongen. Voor de meesten is het de eerste keer van hun leven dat ze in een auto zitten.

Driemaal kruisen we een rivier, waarbij ik de vierwielaandrijving nodig heb; verder kan ik het zonder af. Desondanks moet ik goed op de weg letten, want die zit vol kuilen en scheuren. De tocht komt me eindeloos lang voor, en de benzinemeter loopt snel terug.

In de loop van de middag bereiken we Maralal. De passagiers verspreiden zich, en wij rijden meteen naar de benzinepomp. Tot mijn grote teleurstelling is er nog steeds geen benzine. Sinds ik de auto heb gekocht, heeft Maralal blijkbaar helemaal zonder benzine gezeten. De Somaliër bezweert me dat er vandaag of morgen benzine komt. Ik geloof er niets meer van. Lketinga en ik trekken in het hotel en brengen daar de eerste nacht door.

In de tussentijd heeft het in Maralal geregend. Alles is groen, het lijkt bijna een ander land. Daar staat tegenover dat het 's nachts een stuk kouder is. Voor het eerst ervaar ik aan den lijve wat een verschrikking muskieten kunnen zijn. Al tijdens het avondeten, dat we op onze koude kamer gebruiken om maar door niemand gezien te worden, word ik aan de lopende band door muggen gestoken. Mijn enkels en handen zijn binnen de kortste keren opgezwollen. Aan één stuk door sla ik muggen dood, terwijl er onder het dak door nieuwe naar binnen zoemen. Het gekke is dat ze de voorkeur lijken te geven aan blank bloed, want mijn Masai krijgt nog niet half zo veel steken als ik. Als we in bed liggen, houdt het gezoem om mijn hoofd niet meer op. Lketinga trekt de deken helemaal over zijn gezicht en heeft er daardoor geen last van.

Na een poosje knip ik, óp van de zenuwen, het licht aan en wek ik hem. 'I can't sleep with these mosquitoes,' zeg ik wanhopig. Hij staat op en verdwijnt. Na tien minuten komt hij terug met een groen, gebogen geval in de vorm van een slak, dat hij op de grond zet: een muskie-

98

tenstok, die hij aan één uiteinde aansteekt. Inderdaad verdwijnen de nare beestjes na korte tijd, zij het dat het nu gruwelijk gaat stinken. Ik val in slaap en word pas 's ochtends om vijf uur weer wakker, opnieuw belaagd door muskieten. De stok is helemaal opgebrand; kennelijk doe je maar zes uur met zo'n ding.

Na vier dagen wachten is er nog steeds geen benzine. Uit verveling kauwt Lketinga weer miraa. Daarbij slaat hij stiekem ook nog twee of drie biertjes achterover. Ik ben daarop tegen, maar wat moet ik zeggen? Het lange wachten werkt ook mij op de zenuwen. In de tussentijd zijn we bij het bevolkingsbureau geweest om onze huwelijksplannen bekend te maken. We worden van de ene ambtenaar naar de andere gestuurd, tot er iemand wordt gevonden die verstand heeft van trouwen voor de burgerlijke stand. Dat komt hier uiterst zelden voor, omdat de meeste Samburu's op de traditionele manier trouwen en dan meerdere vrouwen kunnen hebben. Geld voor een officieel huwelijk hebben ze niet, maar niemand wil ook op die manier trouwen omdat je dan maar één vrouw mag hebben. Als we dit horen zijn we allebei overstuur, maar Lketinga om een andere reden dan ik, zoals ik weldra zal merken.

Maar op dit moment komen we er niet toe om veel na te denken, want als de ambtenaar vraagt om Lketinga's identiteitskaart en mijn paspoort om de gegevens daaruit over te nemen, komt aan het licht dat Lketinga geen kaart meer heeft. Die is in Mombasa gestolen. De ambtenaar trekt een bedenkelijk gezicht en zegt dat hij dan in Nairobi een nieuwe moet aanvragen, wat echter zeker twee maanden zal duren. Pas als hij over alle gegevens beschikt kan hij ons inschrijven en na zes weken het huwelijk voltrekken, als er geen bezwaren zijn. Dat betekent voor mij dat ik Kenia over uiterlijk drie weken moet verlaten, omdat mijn verlengde visum dan afloopt.

Terwijl Lketinga weer op zijn miraa kauwt, vraag ik hem naar het trouwen met meerdere vrouwen. Hij zegt dat hij het een probleem zou vinden als dat voor hem na ons trouwen niet meer mogelijk zou zijn. Dat is een zware klap voor me, maar ik probeer kalm te blijven, omdat het voor hem de normaalste zaak van de wereld is en hij er geen kwade bedoelingen mee heeft. Maar voor mij als westerse vrouw is het ondenkbaar. Ik probeer me voor te stellen dat hij met mij en nog één of twee vrouwen leeft. Bij deze gedachte beneemt de jaloezie me zowat de adem.

Terwijl ik hier nog over na zit te denken, zegt hij tegen me dat hij niet in dit bureau met me zal kunnen trouwen als ik hem later niet toesta op de traditionele manier met een Samburu-vrouw te trouwen. Dat is me nu even te veel, en ik barst in tranen uit. Geschrokken kijkt hij me aan en vraagt: 'Corinne, what's the problem?' Ik probeer hem uit te leggen dat wij blanken zoiets niet kennen en ik me niet kan voorstellen zo met iemand samen te leven. Hij lacht, neemt me in zijn armen en zoent me snel op mijn mond. 'No problem, Corinne, now you will get my first wife, pole, pole.' Hij wil een heleboel kinderen, minstens acht. Nu moet ik toch glimlachen, en ik zeg dat ik er niet meer dan twee wil. Nou, antwoordt mijn krijger, dan is het beter als er nóg een vrouw is die kinderen kan krijgen. En trouwens, hij weet nog niet eens of ik hem wel kinderen kan geven, en zonder kinderen stelt een man niets voor. Dat laatste argument accepteer ik, omdat ik zelf ook niet weet of ik kinderen kan krijgen. Vóór Kenia was dat niet belangrijk voor me. We praten nog een poosje door, tot ik tot het volgende compromis bereid ben: als ik over twee jaar nog geen kind heb, mag hij nog eens trouwen, in het andere geval moet hij minstens vijf jaar wachten. Hij gaat akkoord met mijn voorstel, en ik troost mezelf met de gedachte dat vijf jaar een lange tijd is.

We verlaten onze slaapkamer en wandelen door Maralal in de hoop dat er nu eindelijk benzine is, maar helaas. Wel komen we mijn eeuwige redder Tom en zijn jonge vrouw tegen. Ze is nog bijna een kind en kijkt verlegen naar de grond. Ze ziet er niet gelukkig uit. We vertellen dat we al vier dagen op benzine wachten. Onze vriend vraagt waarom we niet naar het Baringomeer gaan, dat is maar ongeveer twee uur hiervandaan en daar is altijd benzine.

Ik ben enthousiast over deze tip, want het rondhangen hier hangt me de keel uit. Ik stel Tom voor dat hij en zijn vrouw met ons meegaan, omdat hij immers nog een safari van me te goed heeft. Hij overlegt even met haar, maar ze is bang voor de auto. Lketinga lacht en weet haar over te halen. We spreken af de volgende ochtend vroeg te vertrekken.

Vervolgens gaan we naar de plaatselijke garage, waarvan de eigenaar eveneens een Somaliër is. Bij hem kan ik twee lege reservetanks kopen die achter in de landrover kunnen staan. Als we ze met touwen vast hebben gemaakt, voel ik me uitstekend toegerust voor toekomstige ritten, en we zijn blij dat we eindelijk weg kunnen. Alleen het meisje is nog kleiner en zwijgzamer geworden. Angstig houdt ze zich vast aan de tanks.

Lange tijd rijden we over de stoffige, hobbelige weg zonder iemand tegen te komen. Af en toe zien we kuddes zebra's of giraffes, maar nergens is een wegwijzer of een teken van menselijk leven te bespeuren.

100

Plotseling zakt de landrover aan de voorkant scheef en wordt het sturen heel zwaar: we hebben een lekke band. Van banden verwisselen heb ik geen verstand. Ik heb in de tien jaar dat ik rijd nog nooit een lekke band gehad. 'No problem,' zegt Tom. We halen de reserveband, de kruissleutel en de stokoude krik te voorschijn. Tom kruipt onder de landrover om de krik op de goede plaats te krijgen. Dan wil hij met de kruissleutel de moeren van het wiel losdraaien, maar de randen van het gereedschap zijn afgesleten, zodat de sleutel niet meer om de moer past. Daarom proberen we de sleutel meer grip te geven met zand, houtjes en doeken. Bij drie moeren lukt het, maar de andere zitten vast. We moeten het opgeven. Toms vrouw begint te huilen en rent de steppe op.

Tom stelt ons gerust – laat haar maar, ze komt wel weer terug – maar Lketinga haalt haar toch terug, want we zijn nu in een ander district, Baringo. We zijn bezweet en vies en hebben erge dorst. We hebben wel genoeg benzine bij ons, maar niets te drinken, omdat we er niet op gerekend hadden lang onderweg te zijn. We gaan in de schaduw zitten en hopen dat er gauw een auto langskomt. Gelukkig wordt deze weg zo te zien meer bereden dan die naar Barsaloi.

Als er na uren wachten nog niets is gebeurd en Lketinga van een verkenningstocht terugkomt zonder het Baringomeer of hutten te hebben gevonden, besluiten we de nacht in de landrover door te brengen. Die nacht lijkt eindeloos lang te duren. We slapen nauwelijks van honger, dorst en kou. 's Ochtends proberen de mannen het nog eens, maar tevergeefs. We zullen nog tot de middag wachten of er hulp komt opdagen. Mijn keel is uitgedroogd en mijn lippen zijn gesprongen. Het meisje huilt alweer, en Toms geduld raakt langzamerhand op.

Plotseling luistert Lketinga scherp, hij meent een auto te horen. Het duurt nog minutenlang voordat ook ik het motorgeronk hoor. Tot onze grote opluchting zien we een safaribus. De Afrikaanse chauffeur stopt en draait zijn raam naar beneden. De Italiaanse toeristen nemen ons nieuwsgierig op. Tom legt de chauffeur ons probleem uit, maar deze mag tot zijn spijt geen vreemden meenemen. Wel leent hij ons zijn kruissleutel. Helaas past die niet, hij is te klein. Dan probeer ik de chauffeur te vermurwen; ik bied hem zelfs geld aan. Maar hij draait zijn raam omhoog en rijdt gewoon weg. De Italianen zeggen al die tijd niets, maar staren me tamelijk hooghartig aan. Kennelijk vinden ze mij te vies en de anderen te wild. Woedend schreeuw ik de wegrijdende bus de meest verschrikkelijke verwensingen na. Ik schaam me voor de blanken, van wie er niet één heeft geprobeerd de chauffeur te overreden.

Tom is ervan overtuigd dat we in ieder geval wel op de goede weg zijn, en hij wil net te voet vertrekken als we opnieuw motorgeronk horen. Ditmaal ben ik vastbesloten het voertuig niet te laten vertrekken zonder een van ons erin. Het is weer zo'n safaribus vol Italianen.

Terwijl Tom en Lketinga onderhandelen met de afwerende chauffeur en wederom niets anders bereiken dan hoofdschudden, ruk ik de achterste deur van de bus open en roep wanhopig naar binnen: 'Do you speak English?' 'No, solo italiano,' klinkt het antwoord. Alleen één vrij jonge man zegt: 'Yes, just a little bit, what's your problem?' Ik leg uit dat we hier al sinds gisterochtend zonder eten en drinken staan en dringend hulp nodig hebben. De chauffeur zegt: 'It's not allowed,' en wil de deur weer dichtdoen, maar godzijdank kiest de jonge Italiaan partij voor ons. Hij zegt dat zíj de bus betalen en dus ook mogen bepalen wie er mee mag rijden. Tom stapt voorin bij de chauffeur, of die dat nu leuk vindt of niet. Opgelucht bedank ik de toeristen.

We moeten het nog bijna drie uur volhouden totdat we in de verte een stofwolk zien. Daar is Tom eindelijk weer, in een landrover, samen met de eigenaar. Tot onze grote blijdschap heeft hij cola en brood bij zich. Ik wil me meteen op de koele drank storten, maar hij waarschuwt me dat ik kleine slokjes moet nemen omdat ik anders ziek word. Ik voel me als herboren en zweer een dure eed dat ik nooit meer met de auto op weg zal gaan zonder drinkwater.

Tom krijgt de laatste wielmoer alleen los door hem met hamer en beitel stuk te slaan. Daarna verloopt het verwisselen van de band vlot, en algauw vervolgen we met één wielmoer minder onze reis. Na ruim anderhalf uur bereiken we eindelijk het Baringomeer. Het tankstation bevindt zich pal naast een protserig openluchtrestaurant voor toeristen. Na alles wat we hebben doorgemaakt besluit ik iedereen op een etentje te trakteren. Het meisje kijkt haar ogen uit in deze nieuwe wereld, maar voelt zich er niet op haar gemak. We gaan aan een mooie tafel zitten met uitzicht op het meer, waarin duizenden roze flamingo's een bad nemen. Als ik de stomverbaasde gezichten van mijn begeleiders zie, ben ik trots dat ik ze behalve ellende ook nog een bijzondere ervaring heb bezorgd.

Er komen twee obers naar onze tafel toe, niet om de bestelling op te nemen, maar om ons mee te delen dat we niets krijgen omdat dit een restaurant voor toeristen is. Verontwaardigd antwoord ik: 'Ik bén een toeriste, en deze vrienden zijn hier op mijn uitnodiging.' De zwarte ober stelt me gerust: ik mag blijven, maar de Masai moeten van het terras af. We staan op en gaan weg. Ik voel bijna fysiek hoe vernederd deze anders zo trotse mensen zich moeten voelen.

We kunnen nu in ieder geval benzine kopen. Maar als de eigenaar van het tankstation ziet dat ik de twee reservetanks ook wil vullen, moet ik hem eerst mijn geld laten zien. Lketinga stopt de slang in de eerste tank, en ik loop een paar meter weg om na alle ergernis een sigaretje te roken. Plotseling schreeuwt hij het uit, en ontsteld zie ik dat de benzine als een fontein alle kanten op spuit. Met één sprong ben ik bij de auto, raap de slang op, die op de grond ligt, en draai de kraan dicht. Hij was vastgezet, daarom stroomde de benzine door toen de tank al vol was. Er is een paar liter op de grond gemorst, en een ander deel is in de auto terechtgekomen. Als ik zie hoezeer Lketinga zich schaamt, probeer ik me te beheersen; Tom staat met zijn vrouw ter zijde en zou het liefst van schaamte in de grond zakken. De tweede tank mogen we niet meer vullen, we moeten betalen en wegwezen. Ik zou het liefst thuis in de manyatta zijn, zonder auto welteverstaan. Tot nu toe heb ik niets dan ellende met dat ding gehad.

We drinken zwijgend thee in het dorp en aanvaarden dan de terugtocht. In de auto hangt een doordringende benzinelucht, en het duurt niet lang of het meisje moet overgeven. Daarna wil ze niet meer instappen, maar lopend verder naar huis. Tom wordt woedend en dreigt haar in Maralal terug te sturen naar haar ouders en een andere vrouw te nemen. Dat is kennelijk een grote schande, want ze stapt weer in. Lketinga heeft nog niets gezegd. Ik heb met hem te doen en probeer hem te troosten. Het is donker als we Maralal bereiken.

De twee anderen nemen vrij snel afscheid, en wij gaan weer naar ons hotel. Hoewel het fris is, ga ik nog even onder de spaarzame waterstraal van de douche, want ik plak helemaal van het vuil en het stof. Ook Lketinga gaat zich wassen. Dan verorberen we op onze kamer nog een grote portie vlees. Deze keer smaakt het zelfs mij uitstekend; we spoelen het eten weg met een biertje. Daarna voel ik me echt behaaglijk, en we schenken elkaar een mooie liefdesnacht, waarbij ik voor het eerst een orgasme bij hem krijg. Dat gaat niet helemaal geruisloos in zijn werk, en hij legt geschrokken zijn hand op mijn mond en vraagt: 'Corinne, what's the problem?' Als ik weer op adem ben gekomen, probeer ik hem uit te leggen dat ik ben klaargekomen. Hij begrijpt er niets van en lacht alleen maar ongelovig. Hij komt tot de slotsom dat dit iets is wat alleen bij blanken voorkomt. Gelukkig en vermoeid val ik ten slotte in slaap.

De volgende ochtend doen we allerlei inkopen: rijst, aardappelen, groente, vruchten, zelfs ananas. Ook de tweede reservetank kunnen we vullen, want er is opeens weer benzine in Maralal; alsof ze het erom doen. Zwaar beladen beginnen we aan de terugtocht. We nemen ook twee Samburu-mannen mee.

Lketinga wil de kortste weg door het bos nemen. Ik heb mijn twijfels, maar die verdwijnen snel omdat hij bij me is. De tocht verloopt voorspoedig tot we bij het steile stuk aankomen. Aangezien de auto door de gevulde reservetanks nog meer schommelt, vraag ik de twee passagiers uit te stappen en met alle inkopen even aan de kant te gaan zitten, want ik ben bang dat de auto anders omkiept. Niemand zegt een woord als ik aan de tweehonderd meter begin. Het lukt, en het gekwebbel in de auto gaat verder. Bij de puinhelling moet iedereen eruit, en Lketinga loodst me veilig over de grote rotsblokken. Als ook dit goed is doorstaan, voel ik me opgelucht en trots. Zonder incidenten bereiken we Barsaloi.

Het dagelijks leven

Van de dagen die volgen kunnen we echt genieten. Er is genoeg te eten en geen gebrek aan benzine. Elke dag gaan we met de auto bij familie op bezoek, of we gaan brandhout hakken, dat we met de auto naar huis brengen. Af en toe rijden we naar de rivier voor ons wasritueel en nemen voor half Barsaloi water mee terug, soms wel twintig jerrycans vol. Aan deze kleine uitstapjes gaat veel van onze kostbare benzine verloren, zodat ik soms protesteer. Telkens ontstaat dan een heftige discussie.

Een moran vertelt dat vanochtend een van zijn koeien heeft gekalfd. Dat moeten we zien. We rijden naar Sitedi. Omdat er geen echte weg loopt, moet ik voortdurend opletten dat we niet over doornstruiken rijden. We brengen in de kraal een bezoek aan Lketinga's halfbroer. Hier worden de koeien 's avonds bijeengedreven. Daarom waden we door bergen koeienvlaaien, die duizenden vliegen aantrekken. Lketinga's broer laat ons het pasgeboren kalfje zien. De moederkoe blijft de eerste dag thuis. Lketinga straalt, terwijl ik in gevecht ben met de vliegen. Mijn plastic sandalen zakken weg in de koeienmest. Nu zie ik wat het verschil is tussen onze kraal, zonder koeien, en deze hier. Nee, hier wil ik niet lang blijven.

We worden op de thee genodigd, en Lketinga begeleidt me naar de hut van zijn halfbroer en diens jonge vrouw, die net twee weken geleden een baby heeft gekregen. Ze lijkt ingenomen met ons bezoek. Er wordt veel gekletst, maar ik versta er niets van. Door de horden vliegen ben ik totaal uitgeput. Tijdens het theedrinken houd ik voortdurend mijn hand boven mijn hete beker, zodat ik in ieder geval geen vliegen binnenkrijg. De baby hangt naakt in een kanga aan zijn moeder. Als ik naar de kanga wijs omdat de baby ongemerkt zijn behoefte heeft gedaan, lacht de vrouw, haalt het kind eruit en maakt het schoon door op zijn bips te spugen en 'm af te vegen. De kanga en de rok worden uitgeschud en drooggewreven met zand. Ik gruw bij de gedachte dat dit een paar maal per dag gebeurt en dat dit is wat ze onder verschonen verstaan. Ik vraag Lketinga ernaar, maar die zegt dat het normaal is. In ieder geval helpen de vliegen bij het opruimen van de poepresten.

Als ik na een hele tijd naar huis wil, zegt Lketinga: 'Dat kan niet, we slapen vandaag hier!' Hij wil bij de koe blijven, en zijn halfbroer wil een geit voor ons slachten, omdat zijn vrouw na de geboorte ook nodig vlees moet eten. Bij het idee hier te moeten overnachten raak ik bijna in paniek. Enerzijds mag ik hun gastvrijheid niet weigeren, anderzijds voel ik me hier totaal niet thuis.

Lketinga is meestentijds met andere krijgers bij de koeien, en ik zit ondertussen met drie vrouwen in de donkere hut en kan geen woord met ze wisselen. Ze hebben het duidelijk over mij; soms giechelen ze op een rare manier. Een van hen voelt aan de blanke huid van mijn arm, een ander trekt aan mijn haar. Het lange, blonde haar brengt hen in grote verwarring. Ze hebben allemaal kaalgeschoren schedels, maar zijn getooid met hoofdbanden van kleurige parels en langwerpige oorringen.

De vrouw geeft haar kind weer de borst en geeft het daarna aan mij. Ik neem het op mijn arm, maar ben bang het tegen me aan te drukken, omdat ik vrees dat het dadelijk weer gaat poepen, net als zo-even. Ik heb al wel begrepen dat er hier geen luiers zijn, maar ik ben daar nu nog even niet aan gewend. Nadat ik het kind een tijdje heb bewonderd, geef ik het opgelucht terug aan zijn mama.

Lketinga komt even bij de hut. Ik vraag hem waar hij al die tijd is geweest. Hij zegt lachend dat hij melk drinkt met de andere krijgers. Zo meteen gaan ze de geit doden en brengen ze ons een paar goede stukken. Hij moet weer in het oerwoud eten. Ik wil mee, maar dat kan nu niet. De kraal is groot en er zijn hier te veel vrouwen en krijgers. Dus moeten we nog zo'n twee uur wachten, dan krijgen we ons deel van het vlees.

Inmiddels is het donker geworden. De vrouw kookt ons vlees. We delen met drie vrouwen en vier kinderen een halve geit. De andere helft heeft Lketinga met zijn halfbroer opgegeten. Als ik genoeg heb gegeten, kruip ik de hut uit en ga naar mijn Masai en de andere krijgers, die bij de koeien zitten. Ik vraag Lketinga wanneer hij komt slapen. Hij lacht: 'Oh no, Corinne, here I cannot sleep in this house together with ladies. I sleep here with friends and the cows.' Er blijft me niets anders over dan terug te gaan naar de andere vrouwen. Het is mijn eerste nacht zonder Lketinga, en ik mis zijn warmte. In de hut zijn vlak bij mijn hoofd drie kleine pasgeboren geitjes vastgebonden, die voortdurend mekkeren. Die nacht doe ik geen oog dicht.

Vroeg in de ochtend heerst er hier veel meer drukte dan bij ons in Barsaloi. Hier moeten niet alleen de geiten, maar ook de koeien worden gemolken. Het is een gemekker en geloei van jewelste. Het melken wordt door de vrouwen en meisjes gedaan. Na de thee gaan we eindelijk weg. Ik raak haast in extase als ik aan onze eigen schone manyatta met al dat eten en aan de rivier denk. Onze hele landrover zit vol vrouwen, die hun melk in Barsaloi willen verkopen. Ze zijn blij dat ze de lange weg vandaag niet te voet hoeven af te leggen. Het duurt niet lang of Lketinga zegt dat hij ook eens wil sturen. Ik probeer hem er op alle mogelijke manieren van te weerhouden. Maar al snel ben ik door mijn argumenten heen, en de vrouwen hitsen Lketinga blijkbaar op. Hij grijpt steeds naar mijn stuur, tot ik verslagen stop. Trots neemt hij plaats op de bestuurdersstoel, en alle vrouwen klappen. Ik voel me ellendig en probeer hem in ieder geval nog het gas- en rempedaal uit te leggen. Hij zegt afwerend: 'I know, I know,' en daar rammelen we er al op los. Hij stráált gewoon. Ik kan niet in zijn vreugde delen, en al na een paar seconden roep ik: 'Slowly, slowly!' Lketinga rijdt echter sneller in plaats van langzamer en stuurt recht op een boom af. Hij schijnt in de war te zijn met de pedalen. Ik schreeuw: 'Langzaam, meer naar links!' In mijn paniek geef ik vlak voor de boom het stuur een ruk naar links. Zo wordt een frontale botsing weliswaar vermeden, maar de auto schampt met een spatbord langs de boom en de motor slaat af.

Nu kan ik me niet meer beheersen. Ik stap uit, kijk naar de schade en koel mijn woede op de auto. De vrouwen krijsen, niet vanwege het ongeluk, maar omdat ik tegen een man tekeerga. Lketinga staat naast me en heeft niets meer te zeggen. Dit wilde hij niet. Geërgerd pakt hij zijn speren en wil te voet verder naar huis. Nooit zal hij meer in die auto stappen. Als ik hem zo zie, terwijl hij twee minuten geleden nog zo vrolijk was, heb ik met hem te doen. Ik rijd de landrover achteruit, en omdat alles nog werkt, weet ik Lketinga zover te krijgen dat hij weer instapt. De rest van de rit verloopt in stilte, en ik bereid me al voor op de blamage in Maralal, als de mzungu aan komt rijden met een deuk in haar auto.

In Barsaloi wacht mama ons vrolijk op. Zelfs Saguna begroet me blij. Lketinga gaat in onze hut liggen. Hij voelt zich slecht en maakt zich zorgen vanwege de politie, omdat hij immers niet mag rijden. Hij is er zo erg aan toe dat ik bang ben dat hij weer gek wordt. Ik stel hem gerust en beloof tegen niemand iets te zeggen. Als iemand wat vraagt is die deuk mijn eigen schuld, en ik zal hem in Maralal laten repareren.

Ik wil naar de rivier om me te wassen. Lketinga gaat niet mee, hij weigert de hut te verlaten, dus ik ga alleen, hoewel mama daartegen protesteert. Ze wil me niet zonder begeleiding naar de rivier laten gaan. Zij is daar zelf al in geen jaren geweest. Desondanks ga ik op weg; ik neem de jerrycan mee. Ik was me op de plaats waar we dat altijd doen. Maar in mijn eentje voel ik me niet op mijn gemak, en ik durf me niet helemaal uit te kleden. Ik haast me. Als ik terugkom en de hut weer binnenkruip, vraagt Lketinga nieuwsgierig wat ik zo lang bij de rivier heb gedaan en wie ik ben tegengekomen. Verbaasd antwoord ik dat ik geen mensen heb gezien die ik ken en erg heb voortgemaakt. Hij zegt niets terug.

Ik bespreek mijn reis naar Zwitserland met hem en zijn moeder, want mijn visum loopt binnenkort af en ik moet Kenia over twee weken verlaten. Ze zijn er niet bepaald gelukkig mee. Lketinga vraagt angstig wat hij nu moet als ik niet terugkom, want we hebben immers op het bevolkingsbureau al te kennen gegeven dat we willen trouwen. 'I come back, no problem!' antwoord ik. Omdat ik geen geldig ticket heb en geen vlucht heb gereserveerd, besluit ik over een week te vertrekken. De dagen vliegen voorbij. Afgezien van onze dagelijkse wasceremonie blijven we thuis en praten over onze toekomst.

Op de voorlaatste dag liggen we in de hut te luieren, als buiten plotseling vrouwen luid beginnen te schreeuwen. 'What's that?' vraag ik verbluft. Lketinga luistert ingespannen naar de geluiden, en zijn gezicht betrekt. 'What's the problem?' vraag ik nog eens; ik voel dat er iets niet in de haak is. Even later verschijnt mama hevig opgewonden in de hut. Ze kijkt Lketinga geërgerd aan en wisselt een paar woorden met hem. Hij gaat naar buiten en ik hoor een luid twistgesprek. Ik wil buiten gaan kijken, maar mama houdt me hoofdschuddend tegen. Ik ga weer zitten en voel dat mijn hart in mijn keel klopt. Er moet iets ergs aan de hand zijn. Na een hele tijd komt Lketinga terug en gaat naast me zitten. Hij is behoorlijk aangeslagen. Buiten wordt het weer rustiger. Nu wil ik weten wat er gebeurd is. Na een lange stilte krijg ik te horen dat de moeder van Lketinga's vriendin, die hij al vele jaren heeft, met twee andere vrouwen voor de hut staat.

Ik krijg het benauwd van angst. Ik hoor nu voor het eerst van het bestaan van die vriendin, en over twee dagen vertrek ik. Ik wil duidelijkheid, en wel nu meteen: 'Lketinga, you have a girlfriend, maybe you must marry this girl?' Lketinga lacht gekweld en zegt: 'Yes, many years I have a little girlfriend, but I cannot marry this girl!' Ik begrijp er niets van. 'Why?' Nu krijg ik te horen dat bijna alle krijgers vriendinnetjes hebben. Ze geven ze parels en kopen in de loop der jaren zo veel mogelijk sieraden voor hen, zodat ze er op hun trouwdag zo mooi mogelijk uitzien. Maar ze mogen zelf nooit met die vriendinnetjes trouwen. Deze meisjes mogen tot één dag voor hun huwelijk naar bed gaan met wie ze maar willen, maar dan worden ze door hun ouders aan een andere man verkocht. Pas op de huwelijksdag horen ze wie hun echtgenoot is.

Geschokt door wat ik zojuist heb gehoord, zeg ik dat dat vreselijk moet zijn. 'Why?' vraagt Lketinga. 'This is normal for everybody!' Hij vertelt me dat zijn vriendin zich al haar sieraden van de hals heeft gerukt toen ze hoorde dat hij met mij samenleeft voordat zij is uitgehuwelijkt. Dat is heel erg voor haar. Langzaam voel ik hoe de jaloezie me besluipt, en ik vraag hem wanneer hij voor het laatst bij haar is geweest en waar ze eigenlijk woont. Ver hiervandaan, in de richting van Baragoi, en sinds ik er ben heeft hij haar niet meer gezien, antwoordt hij. Ik denk een poosje na en stel hem dan voor dat hij tijdens mijn afwezigheid naar haar toe gaat om de zaak af te handelen. Zo nodig moet hij sieraden voor haar kopen, maar als ik terug ben, moet alles in kannen en kruiken zijn. Hij geeft geen antwoord, en dus weet ik ook op de dag dat ik vertrek niet wat hij zal doen. Maar ik vertrouw op hem en op onze liefde.

Ik neem afscheid van mama en Saguna, die kennelijk op me gesteld zijn geraakt. 'Hakuna matata, no problem,' zeg ik lachend tegen hen, en dan vertrekken we met onze landrover naar Maralal, omdat ik hem daar naar de garage wil brengen om hem tijdens mijn afwezigheid te laten repareren. Lketinga zal te voet teruggaan. In het oerwoud komen we een kleine groep buffels tegen, die echter meteen het hazenpad kiezen als ze de motor horen. Desondanks pakt Lketinga onmiddellijk zijn speren en stoot hij een grommend geluid uit. Lachend kijk ik hem aan, en hij kalmeert weer.

We zetten de auto meteen in de garage, zodat niet nog meer mensen het gedeukte spatbord zien. De Somalische eigenaar komt de schade in ogenschouw nemen. Een gulden of achthonderd gaat het wel kosten, zegt hij. Ik ben verbijsterd dat de reparatie een vierde van de aankoop-prijs moet kosten. Verbeten onderhandel ik, en uiteindelijk wordt het een kleine vijfhonderd gulden, nog steeds veel te veel. De nacht bren-gen we door in ons vaste hotel. We slapen nauwelijks, ten eerste van-wege mijn vertrek, ten tweede door de vele muskieten. Het afscheid is moeilijk, en Lketinga staat wat verloren naast de wegrijdende bus. Ik bescherm mijn gezicht om niet onder een dikke laag stof in Nairobi te arriveren.

Het vreemde Zwitserland

In het Igbol-hotel vind ik een kamer, en daarna ga ik eerst eens flink schransen. Ik loop alle vliegtuigmaatschappijen af en vind ten slotte bij Alitalia een vlucht waar nog plaats is. Voor het eerst sinds een aantal maanden bel ik naar huis. Grote opwinding als ik tegen mijn moeder zeg dat ik voor korte tijd naar huis kom. De twee dagen dat ik nog in Nairobi moet wachten voor mijn vlucht vertrekt, ervaar ik als een kwelling. Ik zwerf maar wat door de straten om de tijd te doden. Op ie-dere straathoek staan invaliden en bedelaars, aan wie ik mijn kleingeld geef. 's Avonds in het Igbol-hotel praat ik met rugzaktoeristen, en ik houd met moeite Indiërs en Afrikanen op een afstand die me hun dien-sten als 'boyfriend' aanbieden.

Eindelijk zit ik in de taxi naar het vliegveld. Als het vliegtuig opstijgt, kan ik me er niet echt op verheugen straks 'thuis' te komen, omdat ik weet hoe erg Lketinga en de rest van de familie naar mijn terugkeer verlangen.

In Meiringen in het Berner Oberland, waar mijn moeder met haar man woont, voel ik me na de eerste vreugde van het weerzien niet pret-tig. Alles gaat hier weer in het Europese tempo; tijd is geld. In de super-markten word ik haast onpasselijk van de overvloed, en ook het diep-vriesvoedsel bekomt me nu slecht. Ik heb voortdurend maagklachten.

Bij de gemeente haal ik een schriftelijke verklaring in het Duits en Engels dat ik ongetrouwd ben. Mijn papieren zijn nu in ieder geval in orde. Mijn moeder koopt voor 'mijn krijger' als huwelijksgeschenk een prachtige koebel. Zelf koop ik een paar kleinere belletjes voor mijn gei-ten. Want ik heb er inmiddels al vier van mezelf. Voor mama en Saguna naai ik twee nieuwe rokken, en verder koop ik voor Lketinga en me-zelf twee mooie wollen dekens, een knalrode voor hem en een ge-streepte om samen onder te slapen.

Het pakken blijkt niet eenvoudig. Helemaal onder in mijn reistas stop ik mijn lange witte bruidsjurk, die ik bij mijn afscheid als zaken-vrouw van een leverancier cadeau heb gekregen. Ik heb hem moeten beloven de jurk te dragen als ik ooit mocht trouwen, dus hij moet per se mee, inclusief de bijbehorende hoofdtooi. Daarbovenop komen pakjes instantpudding, saus en soep. Daar weer bovenop leg ik de cadeaus. De tussenruimten vul ik op met medicijnen, pleisters, verband, zalfjes en vitaminepillen. Helemaal bovenop komen de dekens. Allebei mijn tas-sen zitten propvol.

De terugreis nadert. Mijn hele familie spreekt voor ons trouwen een cassette voor Lketinga in. Daarom moet ik ook nog een kleine cassette-recorder in de tas proppen. Met tweeëndertig kilo bagage sta ik op het vliegveld van Zürich klaar om te vertrekken. Ik verheug me er enorm op om thuis te komen. Ja, als ik goed naar de stem van mijn hart luister, weet ik waar mijn echte thuis nu is. Natuurlijk valt het afscheid van mijn moeder me zwaar, maar mijn hart is al in Afrika. Ik weet niet wan-neer ik terugkom.

Het vertrouwde Afrika

In Nairobi ga ik met een taxi naar het Igbol-hotel. De chauffeur ziet de Masai-sieraden aan mijn armen en vraagt of ik de Masai goed ken. 'Yes, I'm going to marry a Samburu man,' antwoord ik. De chauffeur schudt zijn hoofd en snapt kennelijk niet waarom een blanke vrouw nu uitge-rekend wil trouwen met een man uit die, zoals hij het noemt, primitie-ve bevolkingsgroep. Ik zie af van een verdere gedachtewisseling en ben blij als ik eindelijk in het hotel ben. Vandaag heb ik geen geluk: alle ka-mers zijn bezet. Ik zoek naar een ander goedkoop hotel en vind er twee straten verderop een.

Het sjouwen van mijn tas kost me, ondanks de korte afstand, enorm veel moeite. Dan moet ik nog drie trappen op voor ik in mijn hokje ben. Het kan niet tippen aan de kamers in het Igbol, en ik ben hier de enige blanke gast. Het bed is doorgezakt, en eronder liggen twee ge-bruikte condooms. De lakens zijn wel schoon, dat is tenminste iets. Ik loop nog gauw even naar het Igbol-hotel, omdat ik naar de missiepost in Maralal wil bellen. Vandaar kunnen ze morgen bij het dagelijkse ra-diocontact met de missiepost in Barsaloi doorgeven dat ik over twee dagen in Maralal zal zijn. Dan weet Lketinga dat ik eraan kom. Ik ben in het vliegtuig op dat idee gekomen, en ik wil kijken of het werkt, ook al ken ik de missionarissen in Maralal niet. Na het gesprek weet ik niet zeker of het is gelukt. Mijn Engels is beter geworden, maar toch waren er tijdens het gesprek een paar misverstanden, want de aardige missionaris begreep niet precies wat ik wilde.

Die nacht slaap ik slecht. Blijkbaar ben ik in een rendez-voushotel voor autochtonen terechtgekomen, want in alle kamers om me heen piepen de bedden en hoor ik gekreun en gelach. De hele nacht gaan er deuren open en dicht. Maar ook deze nacht gaat voorbij.

De busrit naar Nyahururu verloopt zonder incidenten. Ik kijk uit het raam en geniet van het landschap. Mijn thuis komt steeds dichterbij. In Nyahururu regent het, en het is koud. Ik moet hier overnachten voor ik morgenvroeg de gammele bus naar Maralal kan nemen. We vertrekken uiteindelijk met anderhalf uur vertraging, omdat de bagage op het dak van de bus met stukken plastic moet worden afgedekt. Ook mijn grote zwarte reistas zit daar ergens tussen. De kleine tas houd ik bij me.

Na het korte stukje asfaltweg rijden we de landweg in. Het rode stof is veranderd in roodbruine modder. De bus rijdt nog langzamer dan anders om vooral maar niet in de grote kuilen te rijden, die nu met water zijn gevuld. Hij kruipt voort, voortdurend kuilen ontwijkend, staat soms bijna dwars op de weg en glijdt dan weer verder. We zullen er tweemaal zo lang over doen. De weg wordt steeds slechter. Af en toe blijft er een auto steken in de modder; met vereende krachten probeert men hem er dan weer uit te duwen. Soms liggen de bandensporen dertig centimeter dieper dan de modder ernaast. Door de ramen is nauwelijks iets te zien, ze zijn helemaal ondergespat.

Ongeveer halverwege raakt de bus uit de koers en slipt het achterstuk weg, zodat hij dwars over de weg komt te staan. De achterwielen zitten in een sloot. We zitten muurvast, de wielen draaien door. Eerst moeten alle mannen eruit. De bus glijdt twee meter zijwaarts en zit weer vast. Nu moet iedereen eruit. Ik ben de bus nog niet uit of ik zak tot mijn enkels in de modder. We staan op een hogergelegen weiland en slaan de vergeefse pogingen gade. Veel mensen, onder wie ik, breken takken van de struiken en schuiven ze voor de wielen. Maar het helpt allemaal niets. De bus staat nog steeds overdwars. Een paar mensen pakken hun eigendommen en gaan te voet verder. Ik vraag de chauffeur hoe het nu verder moet. Hij haalt zijn schouders op en zegt dat we tot morgen moeten wachten. Misschien houdt het op met regenen, dan is de weg snel weer droog. Daar sta ik dan voor de zoveelste keer, midden in de wildernis, zonder eten en drinken, alleen met instantpudding waar ik niets aan heb. Het wordt snel koud, ik ril in mijn natte kleren. Ik ga weer naar mijn plaats. Ik heb in ieder geval een warme wollen deken bij me. Mocht Lketinga mijn boodschap hebben gekregen, dan wacht hij nu voor niets op me in Maralal.

Een paar mensen pakken etenswaren uit. Iedereen die iets heeft, deelt het met de anderen. Ook ik krijg brood en vruchten aangeboden. Ik neem het dankbaar maar beschaamd aan, want ik kan zelf niets aanbieden, terwijl ik de meeste bagage bij me heb. Iedereen probeert zo goed en zo kwaad als het gaat in zijn stoel te slapen. De paar vrije plaatsen zijn voor de vrouwen met kinderen. 's Nachts komt er alleen een landrover voorbij, die echter niet stopt.

Om ongeveer vier uur 's ochtends is het zo koud dat de chauffeur de motor ongeveer een uur laat draaien voor de verwarming. De tijd kruipt voort. Langzaam kleurt de hemel zich rood, en de zon komt aarzelend boven de horizon uit. Het is even na zessen. De eerste mensen stappen uit om hun behoefte te doen achter de bosjes. Ook ik stap uit om mijn stijve benen even te strekken. Voor de bus is het nog net zo modderig als de vorige dag. We moeten wachten tot de zon echt schijnt, dan zullen we het nog eens proberen. Vanaf tien uur tot na de middag wordt er met vereende krachten geprobeerd de bus uit de sloot te krijgen, maar verder dan dertig meter komen we niet vooruit. Zouden we hier dan nóg zo'n verschrikkelijke nacht moeten doorbrengen?

Plotseling zie ik een witte landrover, die een kronkelende route door het moeras volgt en deels naast de weg rijdt. In mijn wanhoop ren ik op de auto af en houd hem aan. Er zit een ouder Engels echtpaar in. Ik leg in het kort mijn situatie uit en smeek ze me mee te nemen. De vrouw stemt meteen toe. Verheugd hol ik naar de bus en laat mijn tas uit het bagagerek halen. In de landrover luistert de vrouw ontsteld naar mijn wederwaardigheden. Medelijdend geeft ze me een sandwich, die ik gulzig verslind.

We hebben nog geen kilometer gereden als er een grijze landrover van de andere kant komt. Nu moeten de beide chauffeurs verduiveld oppassen dat ze niet slingeren, want de weg is maar heel smal. We minderen vaart, maar de andere auto komt snel naderbij. Als hij nog twintig meter van ons af is, denk ik dat ik hallucineer. 'Stop, please, stop your car, this is my boyfriend!' Aan het stuur van de andere auto zit Lketinga; op deze gruwelijke weg rijdt hij in onze landrover.

Als een gek zwaai ik uit het raampje om zijn aandacht te trekken, want hij kijkt alleen maar strak naar de weg. Ik weet niet wat groter is: mijn enorme blijdschap en trots of mijn angst dat hij de auto niet op tijd zal laten stoppen. Nu heeft hij me gezien, en hij lacht trots tegen ons vanachter zijn raam. Een meter of twintig verderop stopt de auto. Ik spring naar buiten en ren naar Lketinga. Wat een fantastisch weerzien. Hij heeft zich voor de gelegenheid extra mooi beschilderd en versierd. Ik huil bijna van vreugde. Hij heeft twee andere mannen bij zich en geeft mij uit zichzelf de sleutels en zegt dat ik maar terug moet rijden. We halen mijn bagage en leggen die in onze eigen auto. Ik bedank de Engelsen, en de man zegt dat hij nu begrijpt waarom ik hier ben: zo'n mooie man!

Op de terugweg vertelt Lketinga dat hij op de bus heeft gewacht. Hij had mijn boodschap gekregen van pater Giuliano en was meteen naar Maralal gegaan. Pas rond tien uur 's avonds kreeg hij te horen dat de bus was blijven steken en dat er een blanke vrouw in zat. Toen de bus er 's morgens nog niet was, ging hij naar de garage, haalde onze gerepareerde auto op en vertrok om zijn vrouw te redden. Ik snap niet hoe hij 't 'm gelapt heeft. De weg is weliswaar vrij recht, maar het is één grote modderpoel. Hij heeft voortdurend in de tweede versnelling gereden en moest af en toe de afgeslagen motor opnieuw starten, maar verder 'hakuna matata, no problem'.

We bereiken Maralal en betrekken ons hotel. Zij zitten met zijn drieën op het ene bed, ik tegenover hen op het andere. Lketinga wil natuurlijk weten wat ik heb meegenomen, en ook de twee krijgers kijken verwachtingsvol. Ik maak de tassen open en haal er eerst de dekens uit. Bij het zien van de zachte, knalrode deken straalt Lketinga, dat is in de roos. De gestreepte wil hij meteen aan zijn vriend geven, maar daar protesteer ik tegen: ik wil hem zelf in de manyatta hebben, omdat de Keniaanse dekens zo prikken. Ik heb immers ook nog drie kanga-doeken voor Lketinga genaaid, die mag hij wat mij betreft aan de anderen geven, als die het allemaal zo prachtig vinden. De cassetterecorder met de boodschap van mijn familie maakt Lketinga sprakeloos, vooral als hij de stemmen van Eric en Jelly herkent. Zijn vreugde is grenzeloos, en ik ben ook blij, want zo veel verbazing en opgetogenheid over doodgewone Europese dingen heb ik nog nooit meegemaakt. Mijn geliefde doorzoekt de reistas om te zien wat er nog meer komt. Als hij de koebel ziet, het huwelijksgeschenk van mijn moeder, is hij enthousiast. De twee anderen worden ook helemaal vrolijk, en ze luiden om beurten de bel, die hier in mijn oren veel harder en mooier klinkt. De twee anderen willen er ook een, maar dit is de enige die ik heb, en daarom geef ik hun ieder een geitenbelletje. Daar zijn ze ook blij mee. Als ik meedeel dat dat alles is, bekijkt mijn lief toch de rest van de inhoud van de tas en staat versteld van de zakjes instantpudding en de medicijnen.

Dan komen we er eindelijk toe elkaar het laatste nieuws te vertellen. Thuis is alles goed, de regentijd is gekomen, alleen zijn er veel muskieten. Saguna, mama's meisje, is ziek en eet niets meer sinds ik weg ben. Ach, wat verheug ik me erop morgen naar huis te gaan.

Eerst gaan we met zijn allen eten. Taai vlees natuurlijk, de bekende broodkoeken en een soort bladspinazie. Na korte tijd ligt de grond bezaaid met botten. De wereld ziet er weer heel anders uit dan drie dagen geleden, hier voel ik me thuis. 's Avonds laat nemen de twee anderen afscheid, en wij zijn eindelijk alleen in het hotel. Door de voortdurende regenval is het koud in Maralal, het douchen buiten kan ik wel vergeten. Lketinga bezorgt me een grote waskom met heet water, zodat ik me tenminste in de kamer kan wassen. Ik ben gelukkig dat ik weer zo dicht bij mijn geliefde ben. Slapen lukt nauwelijks, het bed is zo smal en doorgezakt dat ik daar eerst weer aan moet wennen.

De volgende ochtend gaan we eerst naar het bevolkingsbureau en vragen hoe het staat met de nieuwe identiteitskaart van Lketinga. Nog geen vorderingen helaas, de zaak is vertraagd omdat we het nummer van de oude kaart niet weten, zegt de ambtenaar. Dit bericht ontmoedigt me, want ik heb dit keer een visum voor slechts twee maanden gekregen. Ik heb geen idee hoe ik onder deze omstandigheden binnen die tijd getrouwd kan zijn.

We besluiten eerst maar eens naar huis te gaan. Vanwege de regen is de weg door het oerwoud uitgesloten en moeten we de omweg nemen. Deze weg is ingrijpend veranderd. Overal liggen grote stenen en takken, en er lopen geulen dwars over de weg. Toch schieten we aardig op. De planten staan in bloei, en hier en daar is zelfs gras opgeschoten. Wat gaat dat hier ongelofelijk snel. Af en toe zien we grazende zebra's, of hele families struisvogels die op topsnelheid vluchten voor het lawaai van de motor. We moeten een kleine, en even later ook de vrij grote rivier oversteken. In beide stroomt nu water, maar godzijdank trekt de vierwielaandrijving ons erdoorheen zonder dat we in het drijfzand blijven steken.

We zijn nog ruim een uur van Barsaloi verwijderd als ik een zacht gesis hoor; even daarna hangt de auto scheef. Ik kijk en ja hoor: een lekke band! Eerst moeten we alles uitladen om bij de reserveband te komen, dan kruip ik onder de auto, die onder de modder zit, om hem op de krik te krijgen. Lketinga helpt mee, en na een halfuur is het ons gelukt en kunnen we verder. Dan, eindelijk, bereiken we de manyatta's.

Mama staat lachend voor het huisje. Saguna vliegt in mijn armen. Het is een hartelijk weerzien, zelfs mama geef ik een kus op haar wang.

We slepen alles de manyatta in, die daardoor zo goed als vol is. Mama zet thee, en ik geef haar en Saguna de zelfgenaaide rokken. Iedereen is blij. Lketinga draait het bandje af op de cassetterecorder, wat aanleiding is tot veel gekwebbel. Als ik Saguna de bruine pop geef die mijn moeder voor haar heeft gekocht, vallen alle monden open, en Saguna vliegt schreeuwend de hut uit. Ik begrijp niets van al die consternatie. Ook mama bekijkt de pop van een veilige afstand, en Lketinga vraagt me werkelijk waar of het een dood kind is! Ik ben eerst verbijsterd, dan moet ik lachen: 'No, this is only plastic.' Maar het duurt een tijdje voor ze deze pop vertrouwen, met dat haar en vooral met die ogen die open en dicht gaan. Er verschijnen steeds meer stomverbaasde kinderen, en pas als een ander meisje de pop wil oppakken, springt Saguna ertussen en drukt hem tegen zich aan. Vanaf dat moment mag niemand de pop meer aanraken, zelfs mama niet. Saguna slaapt alleen nog maar met haar 'baby'.

Bij zonsondergang gaan de muggen ons te lijf. Aangezien alles vochtig is, voelen ze zich hier echt thuis. Hoewel het vuur in de hut brandt, zoemen ze dicht om onze hoofden. Voortdurend wapper ik met mijn handen voor mijn gezicht. Zo kan ik niet slapen! Ik word zelfs door mijn sokken heen gestoken. Dit alles vergalt mijn blijdschap dat ik weer thuis ben. Ik slaap in mijn kleren en trek de nieuwe deken over me heen. Maar met mijn hoofd onder de deken slapen, zoals de anderen, kan ik niet. Bijna hysterisch val ik pas laat in de nacht in slaap. 's Ochtends vroeg krijg ik één oog niet open, zo erg ben ik gestoken. Ik wil geen malaria oplopen. Daarom wil ik een muskietennet kopen, hoewel dat in de manyatta met het open vuur niet ongevaarlijk is.

Ik ga naar de missiepost en vraag de pater of hij de lekke band zou kunnen repareren. Hij heeft geen tijd, maar geeft me wel een andere band en raadt me aan een tweede reserveband te kopen, omdat het weleens voorkomt dat je tweemaal op één rit pech hebt. Nu ik hem toch spreek, vraag ik hem meteen wat hij tegen de muskieten doet. Hij heeft er in dit solide gebouw niet veel last van en behelpt zich met een spuitbus. Ik kan het beste zo snel mogelijk een huis bouwen, zegt hij, dat kost hier niet veel. Het districtshoofd kan ons daarvoor een perceel toewijzen, dat we in Maralal moeten laten registreren.

Het idee een huis te bouwen laat me niet meer los. Wat geweldig zou het zijn om een echte blokhut te hebben! Helemaal opgemonterd ga ik terug naar de manyatta en vertel alles aan Lketinga. Hij is niet erg enthousiast en weet niet of hij zich in een huis wel prettig voelt. Nou ja, we kunnen er nog over nadenken. Maar ik wil toch naar Maralal, want ik slaap hier geen nacht meer zonder muskietennet.

Binnen de kortste keren staat er weer een groepje mensen rond de landrover. Ze willen allemaal naar Maralal. Sommigen ken ik van gezicht, anderen heb ik nog nooit eerder gezien. Lketinga bepaalt wie er meerijden. Het duurt bijna vijf uur voor we, laat in de middag, ons doel bereiken, zonder pech onderweg dit keer. Eerst laten we de band plakken, wat een moeizame onderneming blijkt te zijn. Ondertussen bekijk ik de andere banden van mijn auto eens wat beter en zie dat ze bijna geen profiel meer hebben. Bij de garage vraag ik naar nieuwe banden. Ik val zowat flauw als ik de exorbitant hoge prijzen hoor. Omgerekend willen ze voor vier banden zo'n dertienhonderd gulden! Dat zijn West-Europese prijzen! Hier komt dat bedrag overeen met drie maandsalarissen. Maar ik heb die banden nodig, anders blijf ik onderweg steeds steken.

In een van de winkels heb ik in de tussentijd een muskietennet gevonden; ook sla ik nog een grote voorraad muskietenstokken in. 's Avonds ontmoet ik in de bar van het hotel het opperhoofd van het Samburudistrict. Hij is een innemende man en spreekt goed Engels. Hij heeft reeds van mijn bestaan gehoord en was toch al van plan ons binnenkort te bezoeken. Hij feliciteert mijn Masai met zo'n dappere vrouw. Ik vertel hem over het plan om een huis te bouwen, onze trouwplannen en de problemen met de identiteitskaart. Hij belooft ons te helpen waar hij kan, maar dat bouwen wordt volgens hem moeilijk omdat er bijna geen hout meer is.

Hij zal ons in ieder geval helpen met de identiteitskaart. Meteen de volgende ochtend gaat hij mee naar het bevolkingsbureau. Er wordt veel gepraat, er worden formulieren ingevuld en namen genoemd. Aangezien hij alles weet van Lketinga's familie, kan de kaart over twee à drie weken hier in Maralal worden afgehaald. We vullen ook meteen het aanvraagformulier voor ons huwelijk in. Als de komende drie weken niemand bezwaar maakt, kunnen we trouwen. We hoeven alleen maar twee getuigen mee te brengen die kunnen schrijven. Ik weet niet hoe ik het districtshoofd moet bedanken, zo blij ben ik. Ik moet nog een paar keer iets betalen, maar na een paar uur staat alles op de rails. We moeten over twee weken weer langskomen en de papieren meenemen. In een uitstekende stemming nodigen we het districtshoofd uit voor het eten. Hij is de eerste die ons recht uit het hart geholpen heeft. Lketinga schuift hem met een gul gebaar ook nog wat geld toe.

Na een nacht in Maralal willen we weer terug. Vlak voor we zullen opbreken, kom ik Jutta tegen. Natuurlijk moeten we even een kop thee drinken en bijpraten. Ze wil graag bij ons trouwen aanwezig zijn. Momenteel woont ze bij Sophia, een andere blanke vrouw die kort geleden met haar rastavriend in Maralal is komen wonen. Ze nodigt me uit eens langs te komen. Wij blanken moeten steun bij elkaar zoeken, zegt ze lachend. Lketinga kijkt somber, hij begrijpt niet waar het over gaat omdat we steeds Duits spreken en veel lachen. Hij wil naar huis, dus nemen we afscheid. We wagen de gok en nemen de weg door het oerwoud. De weg is miserabel, en bij de glibberige steile helling durf ik nauwelijks adem te halen. Maar mijn schietgebedjes worden verhoord, en we bereiken Barsaloi zonder problemen.

De volgende dagen verlopen rustig, het leven gaat zijn gewone gang. De mensen hebben genoeg melk, en in de half vervallen winkeltjes is maïsmeel en rijst te koop. Mama is druk met de voorbereidingen voor het grootste Samburu-feest. Binnenkort zal het einde van de krijgertijd van een groepje mannen, onder wie mijn geliefde, worden gevierd. Na het feest, dat over ruim een maand gehouden zal worden, mogen de krijgers officieel een bruid gaan zoeken en trouwen. Een jaar later krijgt de volgende generatie, de jongens van nu, de status van krijger, wat gevierd wordt met een groot besnijdenisfeest.

Het aanstaande feest, dat op een speciale plaats wordt gevierd waar alle moeders van krijgers naartoe gaan, is erg belangrijk voor Lketinga. Al over twee of drie weken zullen mama en wij onze manyatta verlaten en naar de betreffende plek gaan, waar de vrouwen uitsluitend voor dit feest nieuwe hutten zullen bouwen. De exacte datum van dit drie dagen durende feest wordt pas vlak ervoor bekendgemaakt, want de maan speelt daarbij een grote rol. Ik reken uit dat we ongeveer veertien dagen daarvoor naar de burgerlijke stand moeten. Als er iets misgaat, heb ik nog maar een paar dagen voor mijn visum afloopt.

Lketinga is nu veel weg, omdat hij een zwarte stier van een bepaalde grootte moet vinden. Daarvoor zijn veel bezoeken aan familie nodig om de noodzakelijke ruiltransacties voor te stellen. Soms ga ik mee, maar ik slaap altijd thuis onder het muskietennet, dat me goed beschermt. Overdag verricht ik de gewone werkzaamheden. 's Morgens ga ik met of zonder Lketinga naar de rivier. Soms neem ik Saguna mee, die er vreselijk veel plezier in heeft als ze mag zwemmen. Het is voor het eerst dat ze dat doet. Ondertussen was ik onze doorrookte kleren; mijn knokkels kunnen nog steeds niet goed tegen het zeepwater. Dan slepen we water naar huis, en daarna is het brandhout zoeken geblazen.

Problemen met de autoriteiten

De tijd verstrijkt, en we moeten naar Maralal om te trouwen. Mama is boos dat Lketinga zo kort voor de ceremonie weggaat. Maar wij denken dat we meer dan genoeg zullen hebben aan één week. De dag van ons vertrek breekt mama alles af, en ze vertrekt met de andere moeders en de volgepakte ezels. Ze wil onder geen beding met ons mee. Ze heeft nog nooit in een auto gezeten en wil dat ook niet proberen. En zo laad ik alleen mijn tassen in de auto; voor de rest zorgt mama.

Lketinga neemt Jomo mee, een oudere man die een beetje Engels kent. Ik vind hem onsympathiek; onderweg dringt hij zich voortdurend op als getuige bij ons huwelijk, en hij wil er in ieder geval bij betrokken zijn. Dan krijgen de twee het over het aanstaande feest. Van alle kanten komen de moeders daarvoor bij elkaar. Er worden zeker veertig à vijftig manyatta's gebouwd en er zal veel gedanst worden. Ik verheug me erg op dat grote feest waar ik bij zal mogen zijn. Aan de maanstand te zien duurt het nog ongeveer twee weken, denkt onze passagier.

In Maralal gaan we eerst naar het bevolkingsbureau. De dienstdoende ambtenaar is er niet, we moeten de volgende middag nog maar eens langskomen. Zonder identiteitsbewijs kunnen we geen trouwdag reserveren. We lopen door Maralal om twee getuigen te vinden. Dat blijkt nog niet mee te vallen. Degenen die Lketinga kent, kunnen niet schrijven of verstaan geen Suaheli of Engels. Zijn broer is te jong, en weer anderen zijn bang om het bureau binnen te gaan omdat ze niet snappen waar dat goed voor is. Pas de volgende dag komen we twee morans tegen die weleens in Mombasa zijn geweest en die allebei een identiteitskaart hebben. Ze beloven de komende dagen in Maralal te blijven.

Als we ons 's middags weer op het bureau melden, ligt Lketinga's identiteitskaart inderdaad klaar. Hij hoeft alleen nog maar zijn vingerafdruk erop te zetten. Dan gaan we naar de 'burgerlijke stand' om een trouwdag af te spreken. De ambtenaar bekijkt mijn paspoort en de verklaring dat ik ongetrouwd ben. Af en toe stelt hij Lketinga een paar vragen in het Suaheli, die deze kennelijk niet altijd begrijpt. Hij wordt zenuwachtig. Ik vraag wanneer de trouwdag nu is en geef meteen de namen van de beide getuigen door. De ambtenaar zegt dat we dat alleen met het districtshoofd kunnen regelen, want alleen die mag huwelijken sluiten.

We sluiten achteraan in de rij wachtenden die allemaal die belangrijke man willen spreken. Na ruim twee uur mogen we naar binnen. Achter een chic bureau zit een volumineuze man. Ik leg onze papieren op het bureau en leg uit dat we een huwelijksdatum willen aanvragen. Hij bladert door mijn paspoort en vraagt waarom ik met een Masai wil trouwen en waar we gaan wonen. In mijn opwinding ben ik nauwelijks in staat goede Engelse zinnen te maken. 'Omdat ik van hem houd, we gaan in Barsaloi samen een huis bouwen.' Hij laat zijn blik een poosje heen en weer dwalen tussen Lketinga en mij. Ten slotte zegt hij dat we moeten zorgen dat we over twee dagen om twee uur 's middags met de getuigen hier zijn. We bedanken hem verheugd en gaan naar buiten.

Ik geloofde eigenlijk al niet meer dat alles zo gesmeerd zou lopen. Lketinga koopt miraa en gaat met een biertje in het hotel zitten. Ik ben daarop tegen, maar hij zegt dat hij dit nu nodig heeft. Om een uur of negen wordt er op de deur geklopt: het is onze begeleider. Ook hij kauwt miraa. We nemen alles nog eens door, maar hoe langer de avond duurt, hoe onrustiger Lketinga wordt. Hij betwijfelt of het goed is om op deze manier te trouwen. Hij kent niemand anders die op het bevolkingsbureau is getrouwd. Gelukkig legt de ander hem alles nog eens uit. Lketinga knikt alleen maar. Als we die twee dagen nu maar doorkomen zonder dat hij over z'n toeren raakt. Hij kan zo slecht tegen die bezoeken aan het bureau.

De volgende dag ga ik naar Jutta en Sophia en tref hen beiden thuis. Sophia woont echt deftig, in een huis met twee kamers, elektriciteit, stromend water en zelfs een koelkast. Ze vinden het allebei leuk dat we gaan trouwen en beloven morgenmiddag om twee uur bij het bureau te zijn. Van Sophia krijg ik een mooie haarspeld en een prachtige blouse te leen. Voor Lketinga kopen we twee mooie kanga's. We zijn er klaar voor.

Op de ochtend van onze trouwdag word ik toch een beetje zenuwachtig. Onze getuigen zijn er om twaalf uur nog steeds niet en weten niet eens dat hun aanwezigheid om twee uur gewenst is. Daarom moeten we snel twee anderen vinden. Nu komt Jomo toch nog in beeld, maar het kan me ondertussen niks meer schelen, als we maar op tijd een tweede persoon vinden. In mijn wanhoop vraag ik de beheerster van ons hotel, die meteen enthousiast toezegt. Om twee uur staan we voor het bureau. Sophia en Jutta zijn ter plaatse, zelfs met fototoestellen. We zitten op de bank te wachten, samen met een paar andere mensen. De stemming is een beetje gespannen, en Jutta plaagt me de hele tijd. Tja, ik had me de minuten voorafgaand aan mijn trouwerij inderdaad wat feestelijker voorgesteld.

Er is al een halfuur verstreken en we zijn nog niet opgeroepen. Er lopen steeds mensen in en uit. Een van hen valt me speciaal op, omdat hij al voor de derde keer naar binnen gaat. De tijd verstrijkt en Lketinga wordt onrustig. Hij is bang dat hij naar de gevangenis moet als er iets niet in orde is met de papieren. Ik probeer hem zo goed ik kan te kalmeren. Vanwege het miraa-kauwen heeft hij nauwelijks geslapen. 'Hakuna matata, we zijn hier in Afrika, pole, pole,' zegt Jutta, maar dan gaat plotseling de deur open en worden we opgeroepen. De getuigen moeten buiten wachten. Nu voel ik me toch ook een beetje rot.

Het districtshoofd zit weer achter zijn protserige bureau, en aan de lange tafel vóór hem zitten twee andere mannen. Een van hen is degene die steeds in en uit liep. We moeten tegenover hen gaan zitten. De twee mannen stellen zich voor als politiemannen in burger en vragen om mijn paspoort en de identiteitskaart van Lketinga.

Ik voel mijn hart in mijn slapen kloppen. Wat is hier aan de hand? Ik ben bang dat ik in mijn opwinding het ambtelijke Engels niet meer zal kunnen volgen. Talloze vragen worden op mij afgevuurd. Hoe lang ik al in het Samburugebied woon, waar ik Lketinga heb leren kennen, sinds wanneer we hier leven, hoe en waarvan, wat mijn beroep is, welke taal we met elkaar spreken, enzovoort. Er komt geen eind aan het gevraag.

Lketinga wil voortdurend weten waar we het over hebben, maar ik kan het hem hier niet vertellen op de manier die we samen gewend zijn. Bij de vraag of ik al eens getrouwd ben geweest, heb ik er genoeg van. Opgewonden antwoord ik dat in mijn geboorteakte en mijn paspoort dezelfde naam staat en dat ik bovendien beschik over een in het Engels gestelde verklaring van mijn Zwitserse gemeente. Die verklaring is ongeldig omdat er geen bevestiging van de ambassade in Nairobi in staat, zegt de ene politieman. 'Maar mijn paspoort dan?' roep ik boos. Maar verder kom ik niet. Dat kan toch ook een vervalsing zijn, zegt het districtshoofd. Ik spring uit mijn vel van woede. Het districtshoofd vraagt Lketinga of hij al getrouwd is met een Samburu-vrouw. Hij antwoordt naar waarheid van niet. Kan hij dat bewijzen? Ja, in Barsaloi weet iedereen dat. Tja, is het antwoord, maar we zijn hier in Maralal. En in welke taal moet de ceremonie worden voltrokken? Ik vind in het Engels, en getolkt in het Masai. Het hoofd lacht vuil en zegt dat hij voor zulke bijzondere gevallen geen tijd heeft en trouwens de Masai-taal niet verstaat. We moeten maar terugkomen als we dezelfde taal spreken, Engels of Suaheli, ik in Nairobi mijn verklaring heb laten afstempelen en Lketinga een brief van zijn opperhoofd heeft waarin staat dat hij nog niet getrouwd is.

Ik ben razend over deze pesterij, verlies mijn zelfbeheersing en schreeuw tegen het districtshoofd dat hij dat allemaal weleens had mogen zeggen toen we hier voor de eerste keer waren. Uit de hoogte deelt hij me mee dat hij altijd nog zelf bepaalt wanneer hij wat zegt, en als mij dat niet zint, kan hij er wel voor zorgen dat ik morgen het land uit moet. Die zit! 'Come, darling, we go, they don't want to give the marriage.' Woedend en jankend verlaat ik het bureau met Lketinga in mijn kielzog. Buiten klikken de camera's van Sophia en Jutta, die denken dat we nu getrouwd zijn.

In de tussentijd hebben zich hier minstens twintig mensen verzameld. Ik zou het liefst in de grond zakken. Jutta merkt het als eerste: 'Wat is er, Corinne, Lketinga, what's the problem?' 'I don't know,' antwoordt hij verward. Ik vlieg naar mijn landrover en race naar het hotel. Ik wil alleen zijn. Ik laat me op bed vallen en kan alleen nog maar huilen, mijn hele lichaam schokt ervan. Die vervloekte schoften! denk ik.

Op een bepaald moment zit Lketinga naast me en probeert me te kalmeren. Hoewel ik weet dat hij zich niet goed raad weet met een huilende vrouw, kan ik niet stoppen. Jutta komt ook binnen en brengt me een Keniaanse borrel. Met tegenzin sla ik hem achterover, en langzamerhand drijft de huilbui over. Ik voel me moe en verdoofd. Jutta vertrekt weer, Lketinga drinkt bier en kauwt miraa.

Een tijdje later wordt er op de deur geklopt. Ik lig op bed en staar naar het plafond. Lketinga doet open, en de twee politiemannen in burger komen besmuikt binnen. Ze verontschuldigen zich beleefd en bieden aan ons te helpen. Omdat ik niet reageer, praat de ene, een Samburu, met Lketinga. Als het tot mij doordringt dat die schoften alleen maar een heleboel geld willen om ons te laten trouwen, verlies ik opnieuw mijn zelfbeheersing. Ik schreeuw tegen ze dat ze moeten opdonderen. Ik zal met deze man trouwen, in Nairobi of waar dan ook, en wel zonder hun vuile gesjoemel. Beteuterd verlaten ze onze kamer.

Morgen gaan we naar Nairobi om mijn formulier te laten afstempelen en voor de zekerheid mijn visum te verlengen. Nu we het aanvraagformulier voor ons huwelijk hebben, kan dat geen probleem zijn. Dan hebben we weer drie maanden de tijd om de brief van het opperhoofd los te krijgen. Het zou toch belachelijk zijn als dat niet zonder smeergeld zou kunnen! De onsympathieke Jomo komt langs, net als ik wil gaan slapen. Lketinga vertelt hem ons plan, en hij wil mee omdat hij, zoals hij ons verzekert, Nairobi heel goed kent. Omdat de weg naar

121

Nyahururu nog steeds in zeer slechte staat verkeert, besluiten we via Wamba naar Isiolo te rijden en vandaar met de bus verder te gaan naar Nairobi. Vanwege het aanstaande feest hebben we maar een dag of vier, vijf de tijd.

Dit traject is nieuw voor mij, maar alles verloopt probleemloos. Na ongeveer vijf uur zijn we in Isiolo. Ik vraag de weg naar de missiepost, in de hoop dat we onze auto daar kunnen parkeren. De missionaris geeft me gelukkig toestemming. Als we de auto zomaar ergens zouden parkeren, zou hij niet lang blijven staan.

Omdat het van hier naar Nairobi nog drie à vier uur rijden is, besluiten we een hotel te zoeken en de volgende ochtend vroeg te vertrekken. We kunnen dan 's middags naar de ambassade. Nu bekent onze begeleider mij dat hij geen geld meer heeft. Er zit niets anders op dan dat ik zijn kamer en zijn eten en drinken betaal. Ik doe het met tegenzin, omdat ik hem nog steeds niet mag. Op de kamer val ik in mijn bed en slaap in voor het donker is. De twee mannen drinken bier en praten. 's Ochtends heb ik een vreselijke dorst. We ontbijten en stappen in een bus naar Nairobi. Na meer dan een uur is hij eindelijk vol, zodat we kunnen vertrekken. Kort voor de middag bereiken we Nairobi.

Eerst gaan we naar de Zwitserse ambassade om mijn verklaring te laten stempelen. Maar dat blijkt daar niet te kunnen; ik word naar de Duitse ambassade verwezen omdat ik een Duits paspoort heb. Ik betwijfel of de Duitsers de Zwitserse gemeentestempels kennen, maar men laat zich niet vermurwen. De Duitse ambassade ligt in een ander deel van de stad. Ik sleep me vermoeid door het drukkende, plakkerige Nairobi. Bij de Duitse ambassade is het druk, we moeten in de rij staan. Als ik eindelijk aan de beurt ben, schudt de medewerker zijn hoofd en wil me terugverwijzen naar de Zwitserse ambassade. Als ik hem dodelijk vermoeid meedeel dat we daar net vandaan komen, gaat hij naar de telefoon en informeert bij de Zwitsers. Hij komt hoofdschuddend terug en zegt dat hij nu iets volkomen zinloos doet. Maar voor Maralal is het voldoende als er zo veel mogelijk stempels en handtekeningen op een papier staan. Ik bedank hem en verlaat de ambassade.

Lketinga wil weten waarom niemand tevreden is met mijn papieren. Ik kan geen goed antwoord verzinnen, en ik voel zijn wantrouwen jegens mij groeien. Nu moeten we naar weer een andere wijk, naar het Nyayo-gebouw, voor mijn visum dat over tien dagen afloopt. Het voelt alsof er lood in mijn benen zit, maar ik wil per se mijn visum hebben in de anderhalf uur die ons nog rest. In het Nyayo-gebouw is het weer formulieren invullen geblazen. Nu ben ik blij dat we iemand bij ons hebben, want het duizelt me inmiddels en ik snap maar ongeveer de helft van de vragen. Lketinga wordt van alle kanten aangestaard vanwege zijn outfit en heeft zijn kanga diep over zijn ogen getrokken. We wachten tot ik word opgeroepen. De tijd verstrijkt. We zitten al meer dan een uur in de benauwde hal. Ik kan het lawaai van de mensenmenigte om me heen nauwelijks meer verdragen. Ik kijk op de klok. Over een kwartier sluiten ze hier, en dan kunnen we morgen wéér wachten.

Maar eindelijk wordt dan toch mijn paspoort omhooggehouden: 'Miss Hofmann!' roept een resolute vrouwenstem. Ik sleep me naar de balie. De vrouw kijkt me aan en vraagt of ik met een Afrikaan wil trouwen. 'Yes!' antwoord ik kort. 'Where is your husband?' Ik wijs naar de plek waar Lketinga staat. De vrouw vraagt geamuseerd of ik werkelijk de echtgenote van een Masai wil worden. 'Yes, why not?' Ze verdwijnt en komt terug met twee vrouwelijke collega's, die eveneens naar Lketinga staren, en dan naar mij. Ze lachen alle drie. Ik blijf trots staan en laat me niet kwetsen door hun onbeschofte gedrag. Dan daalt eindelijk het stempel met een klap op een pagina van mijn paspoort neer en heb ik mijn visum. Ik bedank de vrouw beleefd, en we verlaten het gebouw.

Malaria

Buiten is het benauwd, en de uitlaatgassen van de auto's hebben me nog nooit zo gehinderd als vandaag. Het is vier uur en al mijn papieren zijn in orde. Ik zou zo graag blij willen zijn, maar ik ben te uitgeput. We moeten terug naar de buurt waar we een hotel kunnen vinden. Al na een paar honderd meter word ik duizelig. Ik zak bijna door mijn benen. 'Darling, help me!' Lketinga vraagt: 'Corinne, what's the problem?' Alles begint te draaien. Ik moet zitten, maar er is geen restaurant in de buurt. Ik leun tegen een etalagestijl, voel me ellendig en heb een verschrikkelijke dorst. Lketinga is gegeneerd, want de eerste voorbijgangers blijven staan. Hij wil me verder trekken, maar ik kan niet lopen zonder ondersteund te worden. Ze slepen me voort.

Plotseling krijg ik straatvrees. De mensen die ons tegemoetkomen, worden wazig voor mijn ogen. En die geuren! Op iedere hoek braadt iemand vis, maïskolven of vlees. Ik word misselijk. Als ik deze straat niet meteen verlaat, moet ik ter plekke overgeven. Vlakbij is een bier-café. We gaan naar binnen. Ik wil een bed. Eerst willen ze mij er geen geven, maar als onze begeleider zegt dat ik niet meer kan lopen, brengen ze ons naar een kamer op de bovenste verdieping.

Het is een typisch rendez-voushotel. Het gejengel van de Kikuyu-muziek klinkt hier op de kamer bijna net zo hard als beneden in de bar. Ik laat me op het bed vallen, en meteen word ik weer misselijk. Ik beduid Lketinga dat ik moet overgeven, en hij ondersteunt me terwijl ik me naar de wc sleep. Maar ik haal het niet; al op de gang komt de eerste golf uit mijn mond. Op de wc gaat het verder. Ik kokhals tot er alleen nog gele gal uitkomt. Met knikkende knieën ga ik terug naar de kamer. Ik schaam me voor de rotzooi die ik heb gemaakt. Ik ga in bed liggen en heb het gevoel alsof ik van dorst omkom. Lketinga haalt Schweppes voor me. Ik ledig de fles in één teug, en nog een, en nog een. Dan heb ik het ineens koud. Het voelt alsof ik in een koelkast zit. Het wordt steeds erger. Mijn tanden klapperen zo hard dat mijn kaak er pijn van doet, maar ik kan er niet mee ophouden. 'Lketinga, I feel so cold, please give me blankets!' Lketinga reikt me een deken aan, maar het helpt niets. Jomo gaat weg en komt met nog twee dekens terug. Ondanks al die dekens lig ik verstijfd te schudden en te klappertanden in mijn bed. Ik wil thee, heel erg hete thee. Voor mijn gevoel duurt het uren voor die eindelijk komt. Omdat ik zo tril, kan ik er haast niet van drinken. Na twee, drie slokken draait mijn maag zich alweer om. Maar ik kom mijn bed niet meer uit. Lketinga haalt in allerijl een van de waskommen die overal in de douches staan. Ik kots alles weer uit wat ik heb gedronken.

Lketinga is wanhopig. Hij vraagt me voortdurend wat er aan de hand is, maar ik weet het ook niet. Ik ben bang. De koortsrillingen houden op en ik val als een lappenpop in de kussens. Mijn hele lijf doet pijn. Ik ben uitgeput, alsof ik urenlang voor mijn leven heb gerend. Nu voel ik dat ik heet word. Na korte tijd is mijn hele lichaam kletsnat. Mijn haar plakt aan mijn hoofd. Ik heb het gevoel alsof ik wegsmelt. Nu wil ik koude cola. Weer sla ik de drank in één keer achterover. Ik moet naar de wc. Lketinga brengt me erheen, en dan begint de diarree. Ik ben blij dat Lketinga bij me is, ook al is hij dan wanhopig. Als ik weer in bed lig, wil ik alleen nog maar slapen. Spreken kan ik ook niet meer. Ik doezel weg en luister naar de stemmen van de twee mannen, die zachter klinken dan het muziekgejengel uit de bar beneden.

De volgende koortsaanval komt eraan. De kou sluipt weer in mijn lijf, en even daarna klappertand ik alweer. In opperste paniek houd ik me zo goed en zo kwaad als het gaat aan het bed vast. 'Darling, help me!' smeek ik. Lketinga gaat half over me heen liggen en ik bibber verder. Onze begeleider staat naast het bed en zegt dat ik waarschijnlijk malaria heb en naar het ziekenhuis moet. Het dreunt na in mijn hoofd:

malaria, malaria, malaria! Van het ene moment op het andere houd ik op met trillen en begin uit al mijn poriën te zweten. De lakens zijn doornat. Dorst, dorst! Ik moet drinken. De kamerverhuurster steekt haar hoofd om de hoek van de deur. Als ze mij ziet, hoor ik: 'Mzungu, malaria, hospital.' Maar ik schud mijn hoofd. Hier in Nairobi wil ik niet naar het ziekenhuis. Ik heb zo veel akelige verhalen gehoord. En dan Lketinga! Hij is verloren, alleen in Nairobi.

De verhuurster gaat weg en komt terug met malariapoeder. Ik neem het met water in en voel me moe. Als ik weer wakker word, is alles donker. In mijn hoofd zoemt het. Ik roep Lketinga, maar er is niemand. Na een paar minuten of een paar uur, ik weet het niet, komt Lketinga de kamer binnen. Hij was beneden in de bar. Ik ruik zijn bierkegel, en meteen draait mijn maag zich om. Die nacht heb ik de ene koortsaanval na de andere.

Als ik 's ochtends wakker word, hoor ik de twee mannen discussiëren. Het gaat over het feest thuis. Jomo komt naar mijn bed en informeert hoe het gaat. Slecht, zeg ik. Zouden we vandaag terug kunnen? Nee, voor mij is dat uitgesloten. Ik moet naar de wc. Mijn knieën knikken, ik kan nauwelijks staan. Ik moet wat eten, flitst het door mijn hoofd.

Lketinga gaat naar beneden en komt terug met een bord vol stukken vlees. Als ik het eten ruik, trekt mijn maag zich samen; het doet vreselijk zeer. Ik geef al weer over. Behalve een beetje gal komt er niets meer uit, maar dan doet overgeven juist het meeste pijn. Door mijn gekronkel loopt de diarree er ook nog uit. Ik voel me miserabel en heb het gevoel dat mijn laatste uur geslagen heeft.

De avond van de tweede dag slaap ik tijdens de hitteaanvallen steeds in en raak ieder gevoel voor tijd kwijt. Het gejengel van beneden werkt zo op mijn zenuwen dat ik moet huilen en mijn handen tegen mijn oren houd. Jomo kan het allemaal niet meer aan en zegt dat hij bij familie op bezoek gaat maar over drie uur terug zal zijn. Lketinga telt ons contante geld, en het komt me voor dat er wat ontbreekt. Maar het kan me niks schelen, want ik begin te begrijpen dat ik iets moet doen, omdat ik anders Nairobi en dit verschrikkelijke hotel niet zal overleven.

Lketinga gaat weg om vitaminepillen en het plaatselijke middel tegen malaria te halen. De pillen werk ik met moeite naar binnen. Als ik moet braken, slik ik er meteen daarna weer een. Intussen is het middernacht, en Jomo is nog steeds niet terug. We maken ons zorgen, want dit deel van Nairobi is gevaarlijk. Lketinga slaapt nauwelijks en verzorgt me met veel liefde.

Mijn aanvallen zijn door het medicijn niet meer zo heftig, maar ik ben zo verzwakt dat ik zelfs mijn armen niet kan optillen. Lketinga is wanhopig. Hij wil onze begeleider gaan zoeken, maar dat is waanzin in deze stad waar hij de weg niet kent. Ik smeek hem bij me te blijven, anders ben ik helemaal alleen. We moeten zo snel mogelijk weg uit Nairobi. Ik verslind de vitaminepillen alsof het bonbons zijn. Langzaam wordt mijn hoofd weer wat helderder. Als ik hier niet wil creperen, moet ik mijn laatste krachten bijeenrapen. Ik stuur mijn liefste eropuit om vruchten en brood te kopen; in godsnaam niets wat te erg naar eten ruikt! Ik dwing mezelf alles stukje voor stukje op te eten. Mijn gebarsten lippen doen vreselijk zeer bij het eten van de vruchten, maar ik moet kracht opdoen om weg te kunnen. Jomo heeft ons in de steek gelaten.

Uit pure angst dat Lketinga weer over z'n toeren raakt sterk ik aan. Ik wil proberen me te wassen om me beter te voelen. Mijn liefste brengt me naar de douche, en met pijn en moeite slaag ik erin me te wassen. Dan vraag ik, na drie dagen, eindelijk om schoon beddengoed. Terwijl ze het bed opnieuw opmaken, wil ik een klein eindje lopen. Op straat word ik duizelig, maar ik wil het volhouden. We lopen misschien vijftig meter, maar voor mij lijkt het wel vijf kilometer. Ik moet terug, want door de stank van de straat begint mijn maag zich weer te roeren. Toch ben ik trots op deze prestatie. Ik beloof Lketinga dat we morgen weggaan uit Nairobi. Als ik uitgeput weer in bed lig, wens ik dat ik thuis ben, bij mijn moeder, in Zwitserland.

's Morgens gaan we met een taxi naar het busstation. Lketinga is ongerust omdat hij vindt dat we Jomo in de steek laten, maar na twee dagen wachten mogen we toch waarachtig wel vertrekken, temeer daar ook Lketinga's feest steeds dichterbij komt.

De rit naar Isiolo duurt eindeloos. Lketinga moet me tegenhouden, anders val ik in de bochten van de bank, zo krachteloos ben ik. In Isiolo stelt Lketinga voor hier te overnachten, maar ik wil naar huis, in ieder geval naar Maralal; misschien zie ik Jutta of Sophia daar nog. Ik sleep mezelf naar de missiepost en stap in de auto, terwijl Lketinga afscheid neemt van de missionarissen. Hij wil rijden, maar dat kan ik niet toestaan. Isiolo is een klein stadje waar het wemelt van de agenten.

Ik trek op. Ik slaag er nauwelijks in de koppeling in te trappen. De eerste paar kilometer is de weg nog geasfalteerd, dan begint de landweg. Onderweg stoppen we om drie Samburu's mee te nemen die naar Wamba willen. Bij het rijden denk ik nergens meer aan en concentreer me uitsluitend op de weg. De kuilen zie ik al van verre. Wat er in de auto gebeurt, registreer ik niet. Pas als iemand een sigaret opsteekt, eis ik dat die onmiddellijk wordt uitgemaakt, anders moet ik overgeven. Ik voel hoe mijn maag protesteert. Maar in godsnaam niet stoppen en overgeven, dat kost te veel energie. Het zweet loopt in straaltjes langs mijn lijf. Voortdurend wrijf ik met de rug van mijn hand over mijn voorhoofd, zodat het zweet niet in mijn ogen loopt. Ik rijd maar en rijd maar, en wend mijn blik geen moment van de weg af.

De avond valt en er duiken lichtjes op: we zijn in Maralal. Ik kan het haast niet geloven, want ik ben alle gevoel voor tijd kwijt. Ik zet de auto bij ons hotel, zet de motor af en kijk Lketinga aan. Daarbij merk ik dat mijn lichaam heel licht wordt... en dan is alles donker.

In het ziekenhuis

Ik doe mijn ogen open en meen uit een boze droom te ontwaken, maar als ik om me heen kijk, merk ik dat het geschreeuw en gekreun echt is. Ik lig in het ziekenhuis in een enorme zaal waarin de bedden dicht op elkaar staan. Links van me ligt een oude, uitgemergelde Samburu-vrouw, rechts staat een paars bedje met spijlen. Er ligt een kind in dat aan één stuk door tegen het hout beukt en schreeuwt. Waar ik ook kijk: niets dan ellende. Waarom lig ik in het ziekenhuis? Ik begrijp niet hoe ik hier ben gekomen. Waar is Lketinga? Ik raak in paniek. Hoe lang ben ik hier al? Buiten is het licht, de zon schijnt. Mijn bed is van ijzer, met een dunne matras en smerige, grauwe lakens.

Er lopen twee jonge dokters in witte jassen voorbij. 'Hello!' Ik zwaai. Mijn stem is niet hard genoeg. Het gekreun overstemt me, en overeind komen kan ik niet. Mijn hoofd is te zwaar. De tranen springen in mijn ogen. Wat doe ik hier? Waar is Lketinga?

De Samburu-vrouw zegt iets tegen me, maar ik versta haar niet. Dan zie ik eindelijk Lketinga op me afkomen. Als ik hem zie, word ik rustig en zelfs een beetje blij. 'Hello Corinne, how you feel now?' Ik probeer te glimlachen en zeg dat ik me redelijk voel. Hij vertelt dat ik vlak na onze aankomst ben flauwgevallen. De beheerster van ons hotel heeft meteen de ziekenwagen laten komen. En nu lig ik hier, sinds gister-avond. Hij is de hele nacht bij me geweest, maar ik ben niet wakker ge-worden. Ik kan haast niet geloven dat ik er allemaal niets van heb ge-merkt. De dokter heeft me een spuitje gegeven.

Een tijdje later staan de twee plaatselijke dokters aan mijn bed. Ik heb acute malaria, maar ze kunnen niet veel doen omdat er een tekort is aan medicijnen. Ik krijg alleen pillen. Verder moet ik veel eten en slapen. Bij het wóórd eten word ik al onpasselijk, en slapen lijkt me ook uitgesloten met al dat geschreeuw en gekreun. Lketinga zit naast mijn bed en kijkt me hulpeloos aan.

Plotseling krijg ik een doordringende koollucht in mijn neus. Mijn maag steigert. Ik moet snel iets hebben om in te kotsen. In mijn wanhoop grijp ik naar de waterkruik en geef over. Lketinga houdt de kruik vast en ondersteunt me, in mijn eentje zou het me niet lukken. Meteen staat er een zwarte verpleegster naast ons, die de kruik weggrist en me er een emmer voor in de plaats geeft. 'Why you take this? This is for drinking water!' snauwt ze me toe. Ik voel me ellendig. De lucht is afkomstig van de etenswagen. Er staan metalen kommen op, die worden volgeschept met een smurrie van rijst en kool. Bij ieder bed wordt een kom neergezet.

Volkomen uitgeput van het braken lig ik op bed en houd mijn neus angstvallig dichtgeknepen. Ik kan met geen mogelijkheid eten. Ongeveer een uur geleden heb ik de eerste medicijnen gekregen, en nu krijg ik geleidelijk jeuk over mijn hele lichaam. Ik krab me overal waar ik bij kan. Lketinga ontdekt in mijn gezicht vlekken en pukkels. Ik doe mijn rok omhoog, en dan blijkt dat ook mijn benen bezaaid zijn met puistjes. Hij haalt een dokter. Kennelijk ben ik allergisch voor dit medicijn. Maar hij kan me op dit moment niets anders geven, want alles is op en er wordt met smart gewacht op nieuwe voorraden uit Nairobi.

Tegen de avond gaat Lketinga weg. Hij wil wat gaan eten en kijken of hij iemand van thuis ziet om te vragen wanneer zijn grote feest begint. Ik ben doodmoe en wil alleen nog maar slapen. Mijn hele lichaam baadt in het zweet, en de koortsthermometer geeft eenenveertig graden aan. Door het vele water dat ik heb gedronken moet ik nu naar de wc, maar hoe kom ik daar? Het wc-hokje bevindt zich op ongeveer dertig meter van de uitgang. Hoe moet ik die afstand overbruggen? Behoedzaam zet ik mijn benen op de grond en schuif mijn voeten in de plastic sandalen. Dan trek ik mezelf overeind aan het frame van het bed. Mijn benen trillen, ik kan nauwelijks staan. Ik verzamel al mijn krachten, want ik wil nu in geen geval in elkaar zakken. Ik schuifel richting uitgang, me aan alle bedden vasthoudend. De afstand van dertig meter lijkt eindeloos lang, en bijna leg ik de laatste meters kruipend af, want daar kan ik me nergens meer vasthouden. Ik zet mijn tanden op elkaar en bereik met mijn laatste krachten de wc. Maar zitten kan hier niet, integendeel, ik moet gehurkt mijn behoefte doen. Zo goed en zo kwaad als het gaat houd ik me vast aan de stenen muren.

Lketinga

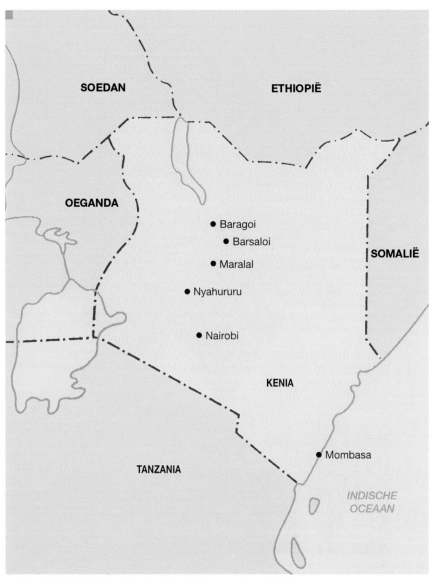

De belangrijkste plaatsen waar ik geweest ben in Kenia

Lketinga met hoofdsieraden en pasgeverfd rood haar

Water halen bij de rivier

In deze manyatta woonde ik meer dan een jaar samen met Lketinga en zijn moeder

Voor onze nieuwe manyatta

Mijn Samburu-bruiloft in het wit

Onze dochter Napirai met haar trotse ouders

Bij de kudde

Bij het slachten van een koe in het oerwoud; in het midden Lketinga's zus

Lketinga's moeder met Saguna en drie andere kinderen

Hoe erg malaria is, dringt pas tot me door als ik besef hoe zwak ik ben, ik, die nog nooit echt ziek ben geweest. Voor de deur staat een hoogzwangere Masai-vrouw. Als ze merkt dat ik de deur niet loslaat omdat ik anders omval, ondersteunt ze me zwijgend tot bij de ingang van de zaal. Ik ben haar zo dankbaar dat de tranen me over het gezicht lopen. Met moeite hijs ik me weer in bed en begin een potje te huilen. De zuster komt vragen of ik pijn heb. Ik schud mijn hoofd en voel me nog beroerder. Op een gegeven moment val ik toch in slaap.

Midden in de nacht word ik wakker. Het kind in het bedje met de spijlen schreeuwt keihard en slaat met zijn hoofdje tegen het hout. Er komt niemand, en ik word zowat gek van het gekrijs. Ik ben hier nu al vier dagen, en nog steeds voel ik me ellendig. Lketinga komt vaak op bezoek. Ook hij ziet er slecht uit; hij wil naar huis, maar niet zonder mij, want hij is bang dat ik doodga. Behalve vitaminepillen heb ik nog steeds niets gegeten. De zusters schelden steeds op me, maar zodra ik iets tot me neem, kots ik het er meteen weer uit. Mijn buik doet verschrikkelijk pijn. Eén keer komt Lketinga met een hele geitenpoot aanzetten, gebraden en al, en hij smeekt me wanhopig die op te eten, dan word ik wel weer gezond. Maar ik kan niet. Teleurgesteld vertrekt hij weer.

De vijfde dag komt Jutta. Ze heeft gehoord dat er een blanke vrouw in het ziekenhuis ligt. Ze schrikt hevig als ze me ziet en zegt dat ik hier meteen weg moet, naar het missieziekenhuis in Wamba. Maar ik snap niet waarom ik naar een ander ziekenhuis zou moeten, het is toch overal hetzelfde. En een autorit van vierenhalf uur houd ik niet vol. 'Als je jezelf zou zien, zou je wel snappen waarom je weg moet. Vijf dagen, en ze hebben je niks gegeven? Dan ben je minder waard dan een geit buiten. Misschien wíllen ze je wel helemaal niet helpen,' zegt ze. 'Jutta, breng me naar een hotel. Hier wil ik niet doodgaan, en naar Wamba red ik het niet met die wegen hier, ik kan mezelf immers niet eens goed vasthouden!' Jutta praat met de dokters. Ze willen me niet laten gaan. Pas als ik een verklaring onderteken dat ik alle verantwoordelijkheid op me neem, maken ze mijn ontslagformulieren in orde.

Ondertussen gaat Jutta op zoek naar Lketinga, dan kan die haar helpen me naar het hotel te brengen. Ze nemen me tussen zich in, en zo lopen we langzaam het dorp in. Overal blijven de mensen staan om ons aan te gapen. Ik schaam me dat ik zo hulpeloos door dit dorp word gesleept.

Maar ik wil vechten om te overleven. Daarom vraag ik de twee me naar het restaurant van de Somaliër te brengen. Daar zal ik proberen een portie lever te eten. Het restaurant is minstens tweehonderd meter ver, en ik zak door mijn benen. Aan één stuk door praat ik op mezelf in: 'Corinne, je kunt het! Je móét het klaarspelen!' Uitgeput maar trots ga ik zitten. De Somaliër schrikt ook als hij me ziet. We bestellen lever. Mijn maag komt in opstand als ik naar het bord kijk. Met al mijn kracht overwin ik mezelf en begin langzaam te eten. Na twee uur is mijn bord bijna leeg, en ik maak mezelf wijs dat ik me fantastisch voel. Lketinga is tevreden. We gaan gedrieën naar het hotel, waar Jutta afscheid neemt. Morgen of overmorgen zal ze nog eens komen kijken. De rest van de middag zit ik voor het hotel in de zon. Het is goed om de warmte te voelen.

's Avonds lig ik in bed, eet langzaam een wortel en ben trots dat ik vooruitga. Mijn maag is tot rust gekomen en ik heb alles binnengehouden. Nu gaat het de goede kant op! denk ik vol vertrouwen voor ik inslaap.

De volgende ochtend hoort Lketinga dat de ceremonie al is begonnen. Hij is kwaad en wil meteen naar huis, naar de plaats van het feest. Maar ik kan beslist nog niet zo ver rijden, en als hij te voet gaat doet hij er een dag over.

Hij denkt veel aan zijn moeder, die wanhopig wacht en niet weet wat er is gebeurd. Morgen gaan we terug, beloof ik mijn geliefde. Dan heb ik nog een hele dag om aan te sterken, zodat ik in ieder geval het stuur kan vasthouden. Als we eenmaal buiten Maralal zijn kan Lketinga verder rijden, maar hier is het te gevaarlijk met al die politie.

We gaan opnieuw naar de Somaliër, en ik bestel hetzelfde eten als gisteren. Vandaag heb ik de hele afstand al bijna zonder hulp gelopen. Het eten gaat al veel gemakkelijker. Langzaam voel ik mijn lichaam weer tot leven komen. Mijn buik is plat en niet meer hol en ingevallen. In het hotel bekijk ik mezelf voor het eerst weer in een spiegel. Mijn gezicht is erg veranderd. De ogen lijken veel te groot, en mijn jukbeenderen tekenen zich scherp af. Voor we vertrekken heeft Lketinga nog een kilo pruimtabak en suiker gekocht; ik koop rijst en vruchten. De eerste kilometers kosten me enorm veel moeite, omdat ik voortdurend heen en weer moet schakelen tussen de één en de twee en veel kracht nodig heb voor het induwen van de koppeling. Lketinga, die naast me zit, zorgt voor extra kracht door met zijn arm mijn bovenbeen omlaag te drukken. Ik rijd weer als in trance, en na een paar uur bereiken we de plaats van het feest.

De ceremonie

Hoewel ik aan het einde van mijn krachten ben, ben ik toch diep onder de indruk bij de aanblik van de enorme kraal. De vrouwen hebben een compleet nieuw dorp uit de grond gestampt. Er staan minstens vijftig manyatta's. Overal is leven. Uit iedere hut kringelt rook. Lketinga zoekt eerst de hut van mama op, terwijl ik bij de landrover wacht. Mijn benen trillen en mijn dunne armen doen pijn. In een mum van tijd ben ik omringd door kinderen, vrouwen en oude mensen, die me aanstaren. Ik hoop dat Lketinga gauw terugkomt. Daar is hij inderdaad, gevolgd door mama. Ze zet een somber gezicht als ze me ziet. 'Corinne, jambo... wewe malaria?' Ik knik en slik de opkomende tranen weg.

We pakken alle spullen uit, sluiten de auto af en laten hem voor de kraal staan. We moeten langs ongeveer vijftien manyatta's lopen voor we bij mama's hut zijn. De grond ligt bezaaid met koeienvlaaien. Iedereen heeft natuurlijk zijn dieren meegenomen; ze zijn nu buiten, maar komen vanavond terug. We drinken thee en mama praat opgewonden met Lketinga. Later hoor ik dat we twee van de drie feestdagen hebben gemist. Mijn liefste reageert teleurgesteld en geërgerd. Het spijt me. De raad van oudsten zal nu beraadslagen of hij nog kan worden toegelaten en hoe het verder moet. Mama, die zelf ook tot die raad behoort, is veel weg om met de belangrijkste mannen te overleggen.

De feestelijkheden beginnen pas als het donker wordt en de dieren terug zijn. Ik zit voor de manyatta en kijk naar alle activiteiten. Lketinga wordt door twee krijgers bijgepraat terwijl ze hem versierselen omhangen en hem kunstig beschilderen. Er hangt een enorme spanning over de kraal. Ik voel me buitengesloten en vergeten; al urenlang heeft niemand een woord tegen me gezegd. Weldra zullen de koeien en geiten thuiskomen, en kort daarna zal de nacht vallen. Mama komt terug en bespreekt de situatie met Lketinga. Ze lijkt een beetje dronken. Alle ouderen drinken grote hoeveelheden van het zelfgebrouwen bier.

Ik wil nu weleens weten wat er verder gaat gebeuren. Lketinga legt me uit dat hij een grote os of vijf geiten voor de ouden moet slachten. Dan zijn ze bereid hem toe te laten tot de ceremonie. Vannacht zullen ze de zegen uitspreken voor mama's manyatta en mag hij de krijgersdans leiden, wat voor iedereen het officiële teken is dat zijn veel te late verschijnen, waarvoor hij normaliter zou worden uitgesloten van de ceremonie, hem wordt vergeven. Ik ben opgelucht. Maar hij zegt dat hij momenteel niet beschikt over vijf grote geiten. Hoogstens twee, de andere zijn zwanger en dan mag je ze niet doden. Ik stel voor er een paar te kopen van zijn familie, waarbij ik een buidel geld te voorschijn haal en die aan hem geef. Eerst wil hij niet, omdat hij weet dat de geiten vandaag tweemaal zoveel kosten als normaal. Maar mama praat heftig op hem in. Hij steekt het geld bij zich en verlaat de hut zodra het eerste klingelen van de geitenbelletjes de terugkeer van de dieren aankondigt.

Onze manyatta stroomt geleidelijk vol met steeds meer vrouwen. Mama kookt ugali, een maïsgerecht, en er wordt veel gepraat. De hut wordt slechts spaarzaam verlicht door het vuur. Af en toe probeert een van de vrouwen een gesprek met me aan te knopen. Naast me zit een nog jonge vrouw met een klein kind; eerst bewondert ze mijn armen, die zijn behangen met Masai-versierselen, later durft ze het ook aan om mijn lange gladde haar aan te raken. Er wordt gelachen en ze wijst op haar eigen kale schedel, die slechts is getooid met een parelketting. Ik schud mijn hoofd. Ik zie mezelf nog niet met een kale kop rondlopen.

Het is al stikdonker als ik buiten gegrom hoor. Het is het kenmerkende geluid dat Masai-mannen maken als ze opgewonden zijn, of het nu van gevaar is of voor het vrijen. Onmiddellijk is het stil in de hut. Mijn krijger steekt zijn hoofd naar binnen, maar verdwijnt meteen weer als hij al die vrouwen ziet. Ik hoor stemmen die steeds harder worden. Plotseling klinkt er een schreeuw, en meteen vallen diverse mensen in met een soort gezoem of gekoer. Nieuwsgierig kruip ik naar buiten; ik sta versteld van het aantal krijgers en jonge meisjes dat voor onze hut is verzameld voor de dans. De krijgers zijn fraai beschilderd en dragen een rode lendendoek. Hun bovenlijven zijn bloot en versierd met gekruiste parelkettingen. Ze zijn rood beschilderd met een patroon dat in een punt toeloopt van hun hals tot het midden van hun borst. Een stuk of veertig krijgers bewegen hun lichamen in hetzelfde ritme. De meisjes, van wie sommigen erg jong zijn, zo'n negen tot vijftien jaar, dansen in een rij, naar de mannen toe gekeerd, terwijl ze hun hoofden op de maat bewegen. Heel langzaam wordt het tempo opgevoerd. Na ruim een uur springen de eerste krijgers in de lucht, met de typische Masai-sprongen.

Mijn krijger ziet er prachtig uit. Hij springt als een veer, hoger en hoger. Zijn lange haar vliegt op bij elke sprong. De naakte bovenlijven glimmen van het zweet. Alles is maar vaag zichtbaar in de heldere sterrennacht, maar de erotiek die door het urenlange dansen wordt opgewekt, is bijna tastbaar. De gezichten staan ernstig en de ogen strak. Af en toe klinkt er een wilde schreeuw, of een voorzanger begint met een lied en de anderen vallen in. Het is fantastisch, en een paar uur lang vergeet ik hoe ziek en vermoeid ik ben.

De meisjes gaan voor telkens andere krijgers met hun blote borsten en hun weelderige halssieraden op en neer staan wippen. Bij het zien daarvan word ik verdrietig. Ik besef dat ik hier met mijn zevenentwintig jaar al een oudje ben. Misschien neemt Lketinga later wel zo'n jong meisje als tweede vrouw. Ik word gekweld door jaloezie en voel me misplaatst en buitengesloten.

De groep doet nu een soort polonaise, en Lketinga loopt trots voorop. Hij ziet er wild en ongenaakbaar uit. Langzaam komt er een eind aan de dans. De meisjes gaan giechelend een beetje ter zijde staan. De ouden zitten, gehuld in wollen dekens, in een kring op de grond. Ook de morans maken een kring. Nu wordt de zegen door de ouden uitgesproken. Een van hen zegt een zin, en dan zegt iedereen 'Enkai', het Masai-woord voor God. Dit herhaalt zich een halfuur lang, en dan is het gemeenschappelijke feest voor vandaag voorbij. Lketinga komt op me af en zegt dat ik nu het beste kan gaan slapen in mama's hut. Hij gaat nog met de andere krijgers het oerwoud in om een geit te slachten. Ze zullen niet slapen, maar praten over de voorbije en de komende tijd. Daar kan ik me iets bij voorstellen, en ik wens hem een prachtige nacht toe.

In de manyatta zoek ik een plaatsje tussen de andere vrouwen, zo goed en zo kwaad als het gaat. Ik lig nog lang wakker, omdat ik overal stemmen hoor. In de verte brullen leeuwen, af en toe mekkeren er geiten. Ik bid dat ik snel weer op krachten mag komen.

's Morgens om zes uur is iedereen wakker. Zo veel dieren in zo'n kleine ruimte maken een hels kabaal. Mama gaat naar buiten om onze koeien en geiten te melken. We zetten thee. Ik zit met mijn deken om me heen geslagen, omdat het fris is. Ik wacht ongeduldig op Lketinga, omdat ik al een hele tijd naar de wc moet, maar met al die mensen durf ik niet alleen de kraal te verlaten. Iedereen zou me nastaren, vooral de kinderen, die voortdurend achter me aan lopen als ik zonder Lketinga een eindje ga wandelen.

Eindelijk komt hij opdagen. Hij steekt stralend zijn gezicht naar binnen: 'Hello, Corinne, how are you?' Daarbij rolt hij zijn tweede kanga open en geeft me een in bladeren gewikkelde gebraden schapenpoot: 'Corinne, now you eat slowly, after malaria this is very good.' Het is fijn dat hij aan me gedacht heeft, want het is niet gebruikelijk dat een krijger zijn verloofde vers gebraden vlees brengt. Als ik de poot besluiteloos in mijn hand houd, komt hij naast me zitten en snijdt er met een groot kapmes kleine, hapklare stukjes van af. Ik heb absoluut geen zin in vlees, maar er is niets anders en ik moet eten om weer op krachten te komen. Ik verman me en eet een paar stukjes; Lketinga is tevreden. Ik vraag waar we ons kunnen wassen. Hij lacht en zegt dat de rivier heel ver weg is en met de auto niet bereikbaar. De vrouwen halen alleen het theewater dat nodig is, voor iets anders is er niet genoeg. We zullen dus een paar dagen moeten wachten voor we ons kunnen wassen. Dit idee staat mij tegen. Er zijn hier weliswaar nauwelijks muskieten, maar des te meer vliegen. Bij het tandenpoetsen voor de manyatta word ik nieuwsgierig gadegeslagen. Als ik het schuim uitspuug, breekt er een groot spektakel los. Zelf moet ik nu ook lachen.

Vandaag wordt er een os geslacht, midden in de kraal. Het is een gruwelijk gezicht. Zes mannen proberen de os zijwaarts tegen de grond te werken. Dat valt niet mee, want het dier slaat in doodsangst wild met zijn kop naar alle kanten. Pas na diverse pogingen lukt het twee krijgers de os bij zijn horens te pakken en de kop opzij te duwen. De os zakt langzaam op de grond. Meteen worden zijn poten vastgebonden. Drie mannen zijn bezig hem te verstikken terwijl de anderen de poten vasthouden. Het is weerzinwekkend, maar voor de Masai is dit de enige manier waarop ze een dier mogen doden. Als het beest niet meer beweegt, wordt de slagader opengesneden, en alle mannen die eromheen staan, willen van het bloed slurpen. Dat geldt kennelijk als een lekkernij, want de mannen verdringen elkaar. Dan begint het villen en uitnemen. Oude mannen, vrouwen en kinderen staan al in de rij om hun deel te ontvangen. De beste stukken zijn voor de oude mannen, pas daarna komen de vrouwen en kinderen aan de beurt. Na vier uur is er niets meer van de os over dan een plas bloed en de opgespannen huid. De vrouwen hebben zich in hun hutten teruggetrokken om te koken. De oude mannen zitten in de schaduw onder de bomen bier te drinken en te wachten op het gekookte vlees.

Laat in de middag hoor ik motorgeronk, en kort daarop verschijnt pater Giuliano op zijn motorfiets. Ik begroet hem blij. Hij heeft gehoord dat ik hier ben en malaria heb, en nu komt hij kijken hoe het met me gaat. Hij heeft zelfgebakken brood en bananen meegebracht. Ik ben blij en voel me de koningin te rijk. Ik vertel hem over mijn misère, van de mislukte huwelijkssluiting tot en met de malaria. Hij raadt me dringend aan naar Wamba te gaan of terug te gaan naar Zwitserland tot ik weer de oude ben. Met malaria valt niet te spotten. Bij deze woorden kijkt hij me doordringend aan, en ik besef dat ik nog een lange weg te gaan heb. Dan stapt hij op zijn motorfiets en davert weer weg.

Ik denk aan thuis, aan mijn moeder en aan een warm bad. Ja, daar zou ik nu geen nee tegen zeggen, ook al is het nog maar kort geleden dat ik in Zwitserland ben geweest. Het lijkt wel een eeuwigheid. Bij de aanblik van mijn liefste vergeet ik de gedachten aan Zwitserland. Hij vraagt hoe ik me voel, en ik vertel hem van het bezoek van de pater. Van hem heb ik gehoord dat de scholieren uit Maralal vandaag thuiskomen. Pater Roberto neemt een aantal van hen in zijn auto mee. Als mama dat hoort, hoopt ze vurig dat James bij hen is. Ook ik verheug me op de mogelijkheid twee weken lang Engels met iemand te kunnen praten.

Af en toe eet ik een paar stukken vlees, nadat ik ze eerst heb ontdaan van een hele zwerm vliegen. Het drinkwater ziet er niet uit als water; het lijkt meer op cacao. Ik heb geen keus: ik moet ervan drinken of van dorst omkomen. Melk krijg ik niet, want volgens mama is dat na malaria te gevaarlijk; melk drinken kan een terugval veroorzaken.

De eerste jongens van de school arriveren, en James en twee van zijn vrienden zijn erbij. Ze hebben allemaal hetzelfde aan: een korte grijze broek, een lichtblauw overhemd en een donkerblauwe trui. Hij begroet mij blij en zijn moeder met respect. Bij het gezamenlijk theedrinken kijk ik naar de jongens, en het valt me op hoezeer deze generatie verschilt van Lketinga en zijn leeftijdgenoten. Ze lijken niet op hun plek in deze manyatta's. James kijkt me aan en zegt dat hij in Maralal heeft gehoord dat ik malaria heb. Hij bewondert mij dat ik als blanke in mama's manyatta kan leven. Het valt hem als Samburu in het begin altijd erg zwaar als hij in de vakantie thuiskomt. Alles is zo smerig en benauwd.

De jongens zorgen voor afleiding, de dag vliegt om. De koeien en geiten komen alweer naar huis. 's Avonds is er een groot dansfeest. Vandaag dansen zelfs de oude vrouwen, zij het apart. Ook de jongens dansen buiten de kraal, sommigen in hun schooluniform. Het ziet er grappig uit. Later in de nacht verzamelen de krijgers, de koningen van het feest, zich opnieuw. James staat ernaast en neemt hun gezang op met onze cassetterecorder. Op dat idee was ik nog helemaal niet gekomen. Na twee uur is de cassette vol.

De krijgers dansen steeds wilder. Een van de morans raakt plotseling in een soort roes. Hij schudt zijn lichaam in extase, tot hij op de grond zakt en luid brullend om zich heen slaat. Twee krijgers maken zich los uit het dansritueel en houden hem met geweld tegen de grond gedrukt. Ongerust stap ik op James af en vraag wat er aan de hand is. Deze moran heeft waarschijnlijk te veel bloed gedronken en is door het dansen in trance geraakt. Nu verkeert hij in de waan met een leeuw te vechten. Het is volgens James niet zo erg, want hij wordt bewaakt en zal op den duur wel weer normaal gaan doen. De man kronkelt schreeuwend over de grond. Zijn ogen zijn strak op de hemel gericht, het schuim staat op zijn mond. Het ziet er akelig uit. Ik hoop maar dat zoiets Lketinga niet overkomt. Behalve de twee bewakers bekommert niemand zich om de man, het feest gaat gewoon door. Ook ik kijk al snel weer naar Lketinga, die elegante luchtsprongen maakt. Nog één keer geniet ik van deze aanblik, want officieel is dit de laatste nacht van het feest.

Mama zit aangeschoten in de manyatta. De jongens spelen de bandopname af, en iedereen is in opperste opwinding. Nieuwsgierig groepen de krijgers samen rond de recorder, die James op de grond heeft gezet. Lketinga heeft het als eerste door en straalt over zijn hele gezicht als hij de verschillende morans herkent aan hun geschreeuw of gezang. Sommigen staren roerloos met wijd opengesperde ogen naar het apparaat, anderen betasten het voorzichtig. Lketinga zet de recorder trots op zijn schouders en een paar morans beginnen opnieuw te dansen.

Het begint fris te worden en ik ga terug naar de manyatta. James zal bij een vriend slapen, en mijn liefste gaat met de anderen het oerwoud in. Weer hoor ik overal geluiden. De ingang van de hut is niet afgesloten, zodat ik af en toe benen voorbij zie komen. Ik verheug me erop weer naar Barsaloi te verkassen. Mijn kleren zijn doorrookt en vies. Ook mijn lichaam snakt naar een wasbeurt, om nog maar te zwijgen van mijn haar.

De jongens zijn 's ochtends vóór Lketinga in de manyatta. Mama zet net thee als Lketinga zijn hoofd naar binnen steekt. Als hij de jongens ziet, spreekt hij ze op boze toon toe. Mama zegt ook iets, en de jongens verlaten onze manyatta zonder thee te hebben gedronken. In plaats daarvan gaat Lketinga met een andere moran in de hut zitten. 'What's the problem, darling?' vraag ik een beetje ontsteld. Hij zwijgt een poosje en legt dan uit dat dit een krijgershut is en dat onbesneden jongens hier niets te zoeken hebben. James moet in een andere hut eten en drinken, waar een moeder is die geen zoon van de moran-leeftijd, maar van zijn eigen leeftijd heeft. Mama doet er nadrukkelijk het zwijgen toe. Ik vind het jammer dat ik niet in het Engels kan converseren en heb ook medelijden met de weggejaagde jongens. Maar ik moet deze wetten accepteren.

Ik vraag hoe lang we hier nog blijven. Nog twee à drie dagen, is het antwoord, dan gaan alle families naar hun eigen stek terug. Ik vind het vreselijk dat ik het hier nog zo lang moet uithouden, zonder water en met al die koeienvlaaien en vliegen. Opnieuw komen gedachten aan Zwitserland bij me op. Ik voel me nog steeds erg zwak. Ik loop nooit verder dan een paar meter het oerwoud in om mijn behoefte te doen.

En verder wil ik het liefst weer een normaal leven leiden met mijn vriend.

's Middags komt pater Giuliano langs met een paar bananen en een brief van mijn moeder. Die brief beurt me op, hoewel mijn moeder zich grote zorgen maakt omdat ze al heel lang niets meer van me gehoord heeft. Ik wissel een paar woorden met de pater, dan is hij alweer weg. Ik gebruik de tijd om een antwoordbrief te schrijven. Ik schrijf maar heel kort over mijn ziekte en doe er luchtig over om mijn moeder niet ongerust te maken. Wel laat ik doorschemeren dat ik misschien binnenkort naar Zwitserland kom. De brief zal ik bij de missiepost afgeven als we teruggaan. Mijn moeder zal er dan nog drie weken op moeten wachten.

Eindelijk breken we op. Alles is snel ingepakt. We stouwen zo veel mogelijk spullen in de landrover, de rest sjort mama op de twee ezels. We zijn natuurlijk lang voor mama in Barsaloi, en ik rijd meteen door naar de rivier. Omdat Lketinga de auto niet onbewaakt wil achterlaten, rijden we door de uitgedroogde bedding verder tot een plek waar we alleen kunnen zijn. Ik trek mijn doorrookte kleren uit en we wassen ons uitgebreid. Het schuim dat van mijn lijf druipt is zwart; er had zich een dikke laag roet op mijn huid vastgezet. Lketinga wast geduldig mijn haar, een paar keer achter elkaar.

Ik heb mezelf al lang niet meer naakt gezien, en het valt me des te meer op hoe dun mijn benen zijn. Na het wassen voel ik me als herboren. Ik wikkel mezelf in een kanga en begin de kleren te wassen. Het uitwassen van het vuil gaat zoals altijd moeilijk in het koude water, maar met flink veel Omo lukt het redelijk. Lketinga helpt me en bewijst daarmee hoeveel hij van me houdt: hij wast mijn rokken, mijn T-shirts en zelfs mijn ondergoed. Geen enkele andere man zou erover piekeren de kleren van een vrouw te wassen.

Ik geniet van ons samenzijn. We hangen de natte kleren over struiken of leggen ze op de warme rotsen. We gaan in de zon zitten, ik in mijn kanga en Lketinga helemaal naakt. Hij pakt zijn kleine zakspiegeltje en begint met een klein stukje hout zijn gewassen gezicht kunstig te beschilderen met oranjekleurige oker. Hij beweegt zijn lange, elegante vingers met zo'n precisie dat het voor mij een genot is om naar te kijken. Het ziet er fantastisch uit. Na lange tijd voel ik voor het eerst weer begeerte in me opkomen. Hij kijkt naar me en lacht: 'Why you look always to me, Corinne?' 'Beautiful, it's very nice,' zeg ik. Maar Lketinga schudt zijn hoofd en vindt dat je zoiets niet mag zeggen; dat brengt ongeluk.

137

De kleren drogen snel, en we pakken alles bij elkaar en gaan terug. In het dorp stoppen we om een bezoek te brengen aan het theehuis, waar je behalve thee ook mandazi, maïskoekjes, kunt krijgen. Het gebouw is een kruising tussen een barak en een grote manyatta. Op de grond zijn twee stookplaatsen met kokende thee, langs de muren planken die als zitplaatsen dienen. Er zitten drie oude mannen en twee morans. Er klinkt een groet: 'Supa moran!' en het antwoord: 'Supa!' We bestellen thee, en terwijl de twee krijgers me opnemen, begint Lketinga het gesprek met de beginzinnen die altijd hetzelfde zijn en die ik inmiddels kan verstaan. Je vraagt iedere onbekende naar zijn familienaam en zijn woongebied, hoe het met zijn familie en zijn dieren gaat, waar hij vandaan komt en waar hij naartoe gaat. Daarna bespreek je de laatste nieuwtjes. Zo hebben gesprekken hier in het oerwoud de functie die in de stad door de krant en de telefoon wordt vervuld. Als we te voet onderweg zijn, wordt er met iedereen die we tegenkomen op deze manier gepraat. De twee morans willen ook nog weten wie die mzungu is. Dan is het gesprek beëindigd, en we verlaten het theehuis.

Mama is inmiddels gearriveerd. Ze is bezig onze oude manyatta te herstellen en op te lappen. Het dak wordt weer dichtgemaakt met kartonnen dozen of sisalmatten. Koeienmest is momenteel niet voorradig. Lketinga gaat met James het oerwoud in om meer doornstruiken te rooien. Ze willen de omheining verbeteren en hoger maken. De mensen die in Barsaloi waren achtergebleven, hebben een paar dagen geleden bezoek gehad van twee leeuwen, die geiten hebben doodgebeten. Ze sprongen 's nachts over de omheining van doornstruiken, grepen de geiten en verdwenen spoorloos in de duisternis. Aangezien er geen krijgers waren, werd de achtervolging niet ingezet. Maar de hekken zijn wel verhoogd. De hele buurt heeft het erover. De mensen moeten op hun hoede zijn, want de leeuwen zullen terugkomen. In onze kraal zullen ze het moeilijker hebben, want we besluiten de landrover naast onze hut te parkeren, dan is de helft van de doorgang al versperd.

Tegen de avond komen onze dieren terug. Vanwege de Zwitserse koebel horen we ze al van verre, en Lketinga en ik lopen ze tegemoet. Het is een mooi gezicht de dieren naar huis te zien drommen, de geiten voorop, daarachter de koeien.

Ons avondeten bestaat uit ugali, dat Lketinga pas laat in de nacht eet, als iedereen slaapt. Eindelijk kunnen we vrijen. We moeten wel zachtjes doen, want mama en Saguna liggen op anderhalve meter afstand te slapen. Maar het is fijn zijn zijdezachte huid en zijn begeerte te voelen. Na het liefdesspel fluistert Lketinga: 'Now you get a baby.' Ik moet lachen om de overtuiging in zijn stem. Tegelijkertijd besef ik dat ik al een hele poos niet meer ongesteld ben geweest. Maar ik wijt dat eerder aan mijn verzwakte lichaam dan aan een zwangerschap. Ik slaap gelukkig in met de gedachte aan een baby.

Midden in de nacht word ik wakker met een zeurend gevoel in mijn maag. Het volgende ogenblik merk ik dat ik diarree krijg. Ik raak in paniek. Voorzichtig stoot ik Lketinga aan, maar die slaapt diep. Mijn god, die opening in de omheining vind ik nooit! En bovendien zijn die leeuwen misschien in de buurt. Zonder geluid te maken kruip ik de manyatta uit en loer om me heen of er niemand in de buurt is. Dan hurk ik achter de landrover, en daar komt het er al uit. Het houdt niet meer op. Ik schaam me diep, want ik weet dat het een ernstig vergrijp is om binnen de kraal je behoefte te doen. Papier mag ik in geen geval gebruiken, en dus veeg ik me af met mijn ondergoed, dat ik onder de landrover in het chassis verstop. Wat ik heb uitgepoept verberg ik onder een laag zand, hopend dat er 's ochtends niets meer van deze nachtmerrie te zien zal zijn. Angstig kruip ik de hut weer in. Niemand wordt wakker, alleen Lketinga gromt even.

Als er nou maar niet méér komt! Tot de ochtend gaat het goed, dan moet ik snel het oerwoud in schieten. De diarree houdt aan en mijn benen beginnen weer te trillen. Weer terug in de kraal werp ik onopvallend een blik naast de landrover en stel opgelucht vast dat er niets meer te zien is van mijn nachtelijke actie. Waarschijnlijk het werk van een rondstruinende hond. Ik vertel Lketinga dat ik problemen heb en van plan ben bij de missiepost om medicijnen te vragen. Maar ondanks de pillen houdt de diarree de hele dag aan. Mama brengt me zelfgemaakt bier, waarvan ik een liter moet drinken. Het ziet er afschuwelijk uit, en zo smaakt het ook. Na twee koppen begint de alcohol in ieder geval te werken: ik zit de rest van de dag maar wat te suffen.

Op een bepaald moment komen de jongens langs. Lketinga is in het dorp, en ik kan onbekommerd met hen kletsen. We praten over van alles en nog wat, over Zwitserland, over mijn familie en over onze bruiloft die we hopelijk binnenkort kunnen vieren. James bewondert me en is er trots op dat zijn broer, in zijn ogen geen gemakkelijk iemand, zo'n goede, blanke vrouw krijgt. Ze vertellen van alles over de strenge school, en hoe erg je leven verandert als je naar school kunt. Veel dingen van thuis begrijpen ze nu niet meer. Ze geven voorbeelden, waar we samen om lachen.

Tijdens dit gesprek vraagt James waarom ik geen zaken doe met mijn auto. Ik zou voor de Somaliërs maïs en suiker kunnen bezorgen, als taxi kunnen fungeren, enzovoort. Vanwege de toestand van de wegen trekt dit idee me niet erg aan, maar ik zeg wel dat ik na mijn trouwen iets wil doen om geld te verdienen. Het liefst zou ik een winkel willen drijven waarin alle mogelijke etenswaren te koop zijn. Dit blijft voorlopig echter een droom. Op dit moment ben ik te zwak, en het huwelijk moet eerst rond zijn voor ik mag werken. De jongens zijn gefascineerd door het idee van een winkel. James bezweert me dat hij me over een klein jaar, als hij zijn school heeft afgemaakt, zal komen helpen. Het aanbod is aanlokkelijk, maar een jaar duurt lang.

Lketinga komt terug, en kort daarop trekken de jongens zich uit respect voor hem terug. Hij vraagt waar we het over gehad hebben. Ik vertel hem van mijn vage winkelplannen. Tot mijn verrassing laat ook hij zich door deze fantasie meeslepen. Het zou de enige Masai-winkel in de wijde omtrek zijn, en de Somaliërs zouden geen klanten meer krijgen, want iedereen koopt het liefst bij iemand van zijn eigen stam. Dan kijkt hij me aan en zegt dat het veel geld zal kosten. Heb ik wel zoveel? Ik stel hem gerust: in Zwitserland is nog wel wat. Maar we moeten van tevoren goed over alles nadenken.

Pole, pole

De laatste tijd heb ik me veel beziggehouden met mensen die gewond zijn. Sinds ik een keer de baby van een buurvrouw met een etterende zweer aan zijn been met trekzalf heb genezen, komen er dagelijks moeders bij me met kinderen, soms met gruwelijke abcessen. Ik maak ze schoon, doe er zalf op en verbind ze zo goed en zo kwaad als het gaat, en laat de mensen steeds na twee dagen terugkomen. Maar de aanloop wordt zo groot dat ik algauw geen zalf meer heb en niet meer kan helpen. Ik stuur ze naar het ziekenhuis of naar de missiepost, maar de vrouwen vertrekken zwijgend zonder mijn raad op te volgen.

Over twee dagen gaan de jongens terug naar school. Ik vind dat jammer, want ze waren goed gezelschap. Het idee van de winkel is inmiddels een vast voornemen geworden, en op een dag besluit ik toch naar Zwitserland te gaan om krachten op te doen en een paar kilo aan te komen. Een van de paters kan me samen met de jongens meenemen naar Maralal, ik zie het ineens voor me. Ik kan de landrover dan hier laten, dan hoef ik in mijn verzwakte toestand niet dat hele eind te rijden. Ik vertel Lketinga zonder omwegen van mijn besluit. Hij is zeer geïrriteerd omdat ik al over twee dagen wil vertrekken. Ik beloof hem over de winkel na te denken en geld mee te nemen. Hij kan ondertussen informeren waar en hoe we een gebouw neer kunnen zetten. Terwijl ik hier met hem over praat, wordt het idee van een winkel samen met hem concreter voor me. Ik heb alleen nog wat tijd nodig om alles voor te bereiden en weer op krachten te komen.

Natuurlijk is Lketinga weer bang dat ik bij hem weg wil, maar deze keer schieten de jongens mij te hulp: ze kunnen mijn belofte om over drie à vier weken gezond terug te komen woord voor woord voor hem vertalen. De exacte dag zal ik hem meedelen zodra ik mijn ticket heb gekocht. Ik reis op de bonnefooi naar Nairobi en hoop dat ik op korte termijn naar Zwitserland kan vliegen. Met een bezwaard gemoed stemt hij toe. Ik laat wat geld voor hem achter, ongeveer vierhonderd gulden.

Met wat lichte bagage sta ik, samen met een groepje scholieren, voor de missiepost te wachten. Wanneer we vertrekken weten we niet, maar wie er dan niet is, moet lopen. Mama en mijn liefste zijn er eveneens. Terwijl mama James de laatste goede raad meegeeft, troost ik Lketinga. Een maand zonder mij vindt hij erg, erg lang. Dan komt pater Giuliano. Ik kan naast hem zitten, de jongens wurmen zich achterin. Lketinga zwaait en roept ten afscheid: 'Take care of our baby!' Ik moet glimlachen omdat hij er zo rotsvast van overtuigd is dat ik zwanger ben.

Pater Giuliano schéúrt gewoon over de weg; ik moet me stevig vasthouden. We praten niet veel, maar als ik vertel dat ik over een maand terug zal zijn, zegt hij dat ik minstens drie maanden nodig zal hebben om weer bij te komen. Maar zo lang wegblijven is voor mij onvoorstelbaar.

In Maralal is het een chaos. Het stadje krioelt van de vertrekkende scholieren. Ze worden uitgezonden naar heel Kenia, zodat ze ook in aanraking komen met andere stammen. James heeft geluk, omdat hij in Maralal kan blijven. Eén jongen uit ons dorp moet naar Nakuru, zodat we een gedeelte van de reis samen kunnen maken. Maar eerst moeten we een buskaartje zien te krijgen. Voor de eerste twee dagen lijkt dat hopeloos. Alle plaatsen zijn al bezet. Een paar vreemdelingen zijn met pick-ups naar Maralal gekomen om goed geld te verdienen met extra dure taxiritten. Maar zelfs bij hen is geen plaats meer. Misschien morgenochtend om vijf uur, denkt iemand. We reserveren, maar geven nog geen geld.

De jongen staat er wanhopig bij, omdat hij niet weet waar hij zonder geld moet overnachten. Hij is verlegen en erg hulpvaardig. Hij draagt voortdurend mijn reistas. Ik stel voor om naar het hotel te gaan dat ik ken om wat te drinken en te vragen of ze kamers hebben. De eigenares begroet me blij, maar op mijn vraag naar twee kamers schudt ze spijtig haar hoofd. Eén kamer kan ze voor vannacht wel vrijmaken, omdat ik vaste gast ben. We drinken thee en lopen de andere hotels af. Ik ben bereid de overnachting van de jongen te betalen; voor mij is het geen groot bedrag. Maar alles is vol. Ondertussen wordt het donker en koud. Ik vraag me af of ik de jongen het tweede bed in mijn kamer moet aanbieden of niet. Voor mij zou het geen probleem zijn, maar ik weet niet hoe de mensen erop reageren. Ik vraag hem wat hij van plan is. Hij legt uit dat hij buiten Maralal een aantal manyatta's langs zal gaan. Als hij een moeder vindt met een zoon van zijn leeftijd, moet die hem onderdak bieden.

Dat lijkt me wel erg omslachtig, want we moeten immers om vijf uur weg. Zonder er verder bij na te denken bied ik hem het tweede bed in mijn kamer aan, dat tegen de andere muur staat. Hij kijkt me even verlegen aan en wijst het aanbod dan af. Volgens hem kan hij onmogelijk op één kamer slapen met de vrouw van een krijger, dat zou problemen geven. Ik lach, zeg dat het geen probleem is en dat hij het gewoon tegen niemand moet zeggen. Ik ga als eerste naar het hotel. Ik geef de portier wat kleingeld en vraag hem me om halfvijf te wekken. De jongen komt een halfuur later. Ik lig al met al mijn kleren aan in bed, hoewel het nog maar acht uur is. Maar na het donker is er buiten niets meer te doen, behalve in een paar bars, waar ik niet kom.

Het kale peertje verlicht het lelijke vertrek genadeloos. De blauwe verf bladdert van de muren af, en overal zitten vieze bruine vlekken, waaruit dunne leksporen naar beneden lopen. Dit zijn de resten van uitgespuugde pruimtabak. Thuis in de manyatta deden mama en andere oudere bezoekers dat eerst ook, tot ik er wat van heb gezegd. Nu spuugt mama haar tabak onder een van de vuurstenen. Ik vind deze kamer weerzinwekkend. De jongen gaat aangekleed in bed liggen en draait zich onmiddellijk naar de muur toe. We doen het felle peertje uit en praten niet meer.

Er wordt aan de deur gerammeld. Ik schrik op uit een diepe slaap en vraag wat er aan de hand is. Voordat er antwoord komt, zegt de jongen dat het al bijna vijf uur is en dat we weg moeten. Als de pick-up vol is, rijdt hij gewoon weg. We grissen onze spullen bij elkaar en haasten ons naar de afgesproken plaats. Overal staan kleine groepjes scholieren. Een paar stappen in een auto, de rest staat net als wij in de kou en de duisternis te wachten. Ik heb het vreselijk koud. Rond deze tijd is het in Maralal nog koud en vochtig van de dauw. We kunnen zelfs geen thee krijgen, want in de hotels zijn de keukens nog niet open.

Om zes uur rijdt de gewone lijnbus overvol en toeterend voorbij. Onze chauffeur is nog niet komen opdagen. Hij schijnt geen haast te hebben, want hij weet dat we hem nodig hebben. Het wordt licht en we staan nog steeds te wachten. Nu word ik woedend. Ik wil hier weg, ik wil vandaag nog naar Nairobi. De jongen zoekt wanhopig een auto waarin we mee kunnen rijden, maar de paar auto's die vertrekken zitten mudvol; de enige mogelijkheid is meerijden met een vrachtwagen vol kool. Ik stem meteen toe, want we hebben geen keus. Al na een paar honderd meter vraag ik me af of dit een goede beslissing is geweest. Het is een kwelling om op die harde kroppen te zitten die alle kanten op rollen. Ik kan me alleen vasthouden aan de opstaande rand, en die slaat voortdurend tegen mijn ribbenkas. Bij iedere kuil vliegen we de lucht in om vervolgens met een klap weer op de kroppen kool te belanden. Praten is onmogelijk. Het is te lawaaiig en te gevaarlijk, want met die enorme hobbels kun je gemakkelijk op je lippen bijten. Op de een of andere manier overleef ik de rit van vierenhalf uur naar Nyahururu.

Volledig geradbraakt klim ik uit de vrachtwagen en neem afscheid van mijn jeugdige begeleider, want ik wil naar een restaurant om naar de wc te kunnen gaan. Als ik mijn spijkerbroek naar beneden trek, zie ik dat ik grote paarse vlekken op mijn dijen heb. Mijn god, nu kom ik niet alleen vermagerd, maar ook nog vol blauwe plekken in Zwitserland aan! Mijn moeder zal zich doodschrikken, want sinds mijn vorige bezoek, twee maanden geleden, ben ik er heel anders uit gaan zien. Ze weet trouwens nog niet eens dat ik weer naar huis kom, ongetrouwd en zwaar aangeslagen.

In het restaurant bestel ik een cola en een echte maaltijd. Er is kip, en ik verorber een halve kippenbout met papperige patat. Het is nog te vroeg om hier te gaan overnachten. Daarom sleep ik me met tas en al naar het busstation, waar het zoals altijd erg druk is. Ik heb geluk: er staat een bus naar Nairobi op het punt van vertrekken. We rijden over een geasfalteerde weg, wat een verademing is, en ik val in mijn busstoel in slaap. Als ik voor het eerst weer uit het raam kijk, zijn we nog maar ongeveer een uur van mijn reisdoel verwijderd. Als ik geluk heb, bereiken we de grote stad voor donker. Het Igbol-hotel ligt in een vrij gevaarlijke buurt. Het schemert al als we de buitenwijken van de stad bereiken.

Overal stappen nu mensen uit, beladen met hun spullen; ik druk mijn gezicht krampachtig tegen de ruit om me te oriënteren in de zee van lichtjes. Tot nu toe zie ik niets wat me bekend voorkomt. Er zitten nog vijf mensen in de bus, en ik overweeg om maar gewoon ergens uit te stappen, want ik wil in geen geval meerijden tot het busstation; daar is het me om deze tijd te gevaarlijk. De chauffeur kijkt steeds in zijn achteruitkijkspiegel naar me en verbaast zich erover dat die mzungu maar niet uitstapt. Na een poosje vraagt hij waar ik heen wil. Ik antwoord: 'To Igbol hotel.' Hij haalt zijn schouders op. Dan schiet me de naam van een enorme bioscoop te binnen die vlak bij het Igbol ligt. 'Mister, you know Odeon cinema?' vraag ik hoopvol. 'Odeon cinema? This place is no good for mzungu lady!' zegt hij belerend. 'It's no problem for me,' antwoord ik. 'I only go into the Igbol hotel. There are some more white people.' Hij wisselt een paar keer van rijbaan, slaat een paar maal links- en rechtsaf en stopt pal voor het hotel. Dankbaar voor deze service geef ik hem wat kleingeld. In mijn uitgeputte toestand ben ik blij met iedere meter die ik niet hoef te lopen.

Er heerst een grote drukte in het Igbol. Alle tafels zijn bezet en overal staan grote rugzakken. De man van de receptie kent me inmiddels en begroet me met: 'Jambo, Masai lady!' Hij heeft alleen nog een bed in een kamer voor drie personen. In de kamer tref ik twee Engelse vrouwen aan die een reisgids bestuderen. Onmiddellijk begeef ik me de gang op om te gaan douchen; mijn tasje met geld en paspoort neem ik mee. Ik kleed me uit en zie met ontsteltenis hoe geradbraakt mijn lijf eruitziet. Mijn benen, een van mijn billen en mijn onderarmen zijn bezaaid met blauwe plekken. Maar van het douchen kikker ik toch weer een beetje op. Daarna ga ik in het restaurant zitten om eindelijk iets te eten en naar de aanwezige toeristen te kijken. Hoe langer ik naar de Europeanen kijk, vooral naar de mannen, hoe meer ik ga verlangen naar mijn mooie krijger. Meteen na het eten ga ik naar de kamer om mijn moede ledematen uit te strekken.

Na het ontbijt is mijn eerste gang naar de vestiging van Swissair. Tot mijn grote teleurstelling is er pas over vijf dagen een plaats vrij. Dat duurt me te lang. Bij Kenya Airways is de wachttijd nog langer. Vijf dagen Nairobi, daar word ik gegarandeerd depressief van. Daarom loop ik andere luchtvaartmaatschappijen af, tot ik bij Alitalia een vlucht voor over twee dagen kan boeken, zij het met vier uur wachttijd in Rome. Ik vraag wat het kost en reserveer het ticket. Vervolgens haast ik me naar de Kenya Commercial Bank om geld op te nemen.

In de bank staan lange rijen. De ingang wordt bewaakt door twee politiemannen met machinegeweren. Ik sluit achteraan in een van de rijen en ben na ruim een halfuur aan de beurt. Ik heb een cheque uitgeschreven voor het bedrag dat ik nodig heb. Het zal een enorme buidel geld zijn, die ik dwars door Nairobi naar Alitalia moet brengen. De man achter de balie bekijkt de cheque van alle kanten en vraagt me waar Maralal ligt. Hij gaat weg en komt na een paar minuten terug. Weet ik zeker dat ik zo veel contant geld mee wil nemen? 'Yes,' antwoord ik, óp van de zenuwen; ik voel me zelf ook niet op mijn gemak bij die gedachte. Nadat ik diverse papieren heb ondertekend, krijg ik vele stapels bankbiljetten, die ik direct in mijn rugzak laat verdwijnen. Gelukkig zijn er bijna geen mensen meer aanwezig. De bankemployé vraagt langs zijn neus weg wat ik met al dat geld moet en of ik een 'boyfriend' nodig heb. Ik wimpel hem beleefd af en ga de straat op.

Zonder ongelukken bereik ik de vestiging van Alitalia. Weer moet ik formulieren invullen, en ook wordt mijn paspoort gecontroleerd. Een medewerkster vraagt waarom ik geen retourticket naar Zwitserland heb. Ik leg haar uit dat ik in Kenia woon en tweeënhalve maand geleden alleen maar voor een korte vakantie in Zwitserland ben geweest. De vrouw werpt beleefd tegen dat ik officieel toeriste ben, omdat nergens staat vermeld dat ik in Kenia woon. Al dat gevraag brengt me in de war. Ik wil gewoon een vliegticket, en ik betaal het contant! Maar dat is nu juist het probleem. Ik heb een reçu dat bewijst dat ik dit geld van een Keniaanse bankrekening heb gehaald. Maar als toeriste mag ik geen rekening in Kenia hebben, en bovendien moet ik kunnen bewijzen dat het geld vanuit Zwitserland is ingevoerd. Kan ik dat niet, dan moet ze ervan uitgaan dat het om zwart geld gaat, want toeristen mogen niet in Kenia werken. Ik ben met stomheid geslagen. Het geld is door mijn moeder overgemaakt, en de bewijsstukken daarvan liggen in Barsaloi. Verbijsterd sta ik voor de vrouw met al dat geld dat ze niet van me wil aannemen. De Afrikaanse achter de balie zegt dat het haar spijt, maar dat ze me geen ticket kan verkopen zonder bewijs waar het geld vandaan komt. Ik ben aan het einde van mijn Latijn en barst in tranen uit. Ik stamel dat ik weiger met al dat geld over straat te gaan; ik ben toch niet levensmoe!

De Afrikaanse kijkt me geschrokken aan en laat bij het zien van mijn tranen ogenblikkelijk haar arrogante houding varen. 'Wait a moment,' zegt ze op sussende toon, en ze verdwijnt. Kort daarop verschijnt er een tweede vrouw, die me het probleem nog eens uitlegt en zegt dat ze alleen maar hun plicht doen. Ik zeg dat ze in Maralal bij de bank kunnen informeren; de directeur kent me goed. De twee overleggen over de kwestie. Dan maken ze alleen nog kopieën van het reçu en mijn paspoort. Tien minuten later sta ik buiten, mét mijn ticket. Nu moet ik nog een internationale telefoon zien te vinden om mijn moeder op de hoogte te stellen van het onverwachte bezoek.

Tijdens de vlucht word ik heen en weer geslingerd tussen blijdschap over de beschaving waarnaar ik op weg ben en heimwee naar mijn Afrikaanse familie. Op het vliegveld van Zürich kan mijn moeder haar ontzetting nauwelijks verbergen als ze me ziet. Ik ben haar dankbaar dat ze er niet ook nog iets over zegt. Honger heb ik niet, want ik heb me de maaltijd in het vliegtuig goed laten smaken, maar ik heb ontzettende zin in een echte Zwitserse kop koffie voor we op weg gaan naar het Berner Oberland. In de dagen die volgen verwent mijn moeder me met haar kookkunsten, en langzaam word ik weer wat toonbaarder. We praten veel over mijn toekomst, en ik vertel van mijn winkelplannen. Ze begrijpt dat ik iets wil verdienen en iets om handen moet hebben.

Na tien dagen kan ik eindelijk naar een gynaecoloog om me te laten onderzoeken. Helaas is de test negatief: ik ben niet zwanger. Ik krijg wel te horen dat ik ernstige bloedarmoede heb en sterk ondervoed ben. Na het bezoek aan de dokter zie ik al voor me hoe teleurgesteld Lketinga zal zijn. Maar ik troost me met de gedachte dat we nog veel tijd hebben om kinderen te krijgen. Elke dag ga ik wandelen in de natuur, maar in gedachten ben ik in Afrika. Na twee weken besluit ik alweer wanneer ik zal vertrekken, en ik boek mijn terugvlucht voor over tien dagen. Ook dit keer koop ik een heleboel medicijnen, diverse kruiden en een grote voorraad deegwaren. Ik stel Lketinga op de hoogte van mijn aankomst via een telegram naar de missiepost.

De resterende negen dagen verstrijken in saaiheid. De enige afwisseling is de bruiloft van mijn broer Eric en Jelly. Ik beleef het feest als in trance, en de luxe en het overvloedige eten staan me tegen. Iedereen wil weten hoe het leven in Kenia is, en allemaal proberen ze me over te halen om hier te blijven. Maar ik kan aan niets anders denken dan aan Kenia, mijn grote liefde en het eenvoudige leven daar. Ik kan haast niet wachten tot ik weer terug kan.

Afscheid en weerzien

Zwaar beladen arriveer ik op het vliegveld. Het afscheid van mijn moeder valt me ditmaal bijzonder zwaar, omdat ik niet weet wanneer ik terug zal komen. Op 1 juni 1988 land ik in Nairobi en neem een taxi naar het Igbol-hotel.

Twee dagen later ben ik in Maralal, sleep mijn bagage naar het hotel en bedenk hoe ik in Barsaloi kan komen. Elke dag doorkruis ik de plaats in de hoop een auto te charteren. Verder wil ik bij Sophia op bezoek, maar ik krijg te horen dat ze met vakantie is naar Italië. Op de derde dag hoor ik dat er die middag een vrachtwagen met maïsmeel en suiker voor de missiepost op weg gaat naar Barsaloi. Gespannen sta ik 's morgens te wachten bij de groothandel waar de zakken zullen worden afgehaald. Inderdaad verschijnt er tegen de middag een vrachtwagen. Ik onderhandel met de chauffeur over de prijs waarvoor ik voorin mee mag rijden. 's Middags gaan we eindelijk op weg. We rijden via Baragoi, dus we hebben zes uur nodig en zullen pas 's nachts in Barsaloi aankomen. Er rijden minstens vijftien mensen mee met de vrachtwagen. De chauffeur verdient er zo een aardig centje bij.

De rit duurt eindeloos. Het is voor het eerst dat ik dit stuk met een vrachtwagen afleg. In de diepe duisternis steken we de eerste rivier over. Alleen de lichtbundel van de koplampen priemt door de nacht. Tegen tienen zijn we er. De vrachtauto stopt voor het magazijn van de missiepost. Een heleboel mensen staan te wachten op de lori, zoals hij hier heet. Ze hebben de lichten al van verre gezien, en daarna is het onrustig geworden in het anders zo stille Barsaloi. Een paar mannen willen geld verdienen met het uitladen van de zware zakken.

Vermoeid maar vol blijde verwachting klim ik uit de vrachtwagen. Ik ben thuis, al is het nog een paar honderd meter naar de manyatta's. Een paar mensen begroeten mij vriendelijk. Pater Giuliano verschijnt met een zaklantaren en geeft aanwijzingen. Ook hij groet me kort en is dan alweer verdwenen. Met mijn zware tassen sta ik er hulpeloos bij, ik kan ze niet in mijn eentje helemaal tot mama's manyatta slepen in het donker. Twee jongens, die aan hun traditionele kleding te zien kennelijk niet naar school gaan, bieden me hun hulp aan. Halverwege komt iemand ons met een zaklantaren tegemoet. Het is mijn lieveling. 'Hello!' zegt hij stralend tegen me. Blij neem ik hem in mijn armen en geef hem een zoen op zijn mond. Ik kan niet meer spreken van opwinding. Zwijgend lopen we naar de manyatta.

Ook mama is erg blij. Meteen stookt ze het vuur op voor de onvermijdelijke thee. Ik deel mijn cadeaus uit. Later klopt Lketinga liefdevol op mijn buik en vraagt: 'How is our baby?' Ik voel me rot als ik hem zeg dat er helaas geen baby in mijn buik zit. Zijn gezicht betrekt: 'Why? I know you have baby before!' Ik probeer hem zo rustig mogelijk uit te leggen dat het door de malaria kwam dat ik niet meer menstrueerde. Lketinga is erg teleurgesteld als hij dit hoort. Maar toch vrijen we die nacht heerlijk met elkaar.

In de weken die volgen, zijn we gelukkig samen. Het leven gaat zijn

147

gewone gang, tot we naar Maralal gaan om opnieuw te informeren wanneer we kunnen trouwen. Lketinga's broer gaat ook mee. Dit keer hebben we geluk. Als we ons melden met mijn gestempelde papieren en de brief van het opperhoofd, die Lketinga inmiddels heeft ontvangen, zijn er blijkbaar geen problemen meer.

Huwelijk voor de burgerlijke stand en huwelijksreis

Op 26 juli 1988 trouwen we officieel met elkaar. Twee nieuwe getuigen, Lketinga's oudere broer en nog een paar mensen die ik niet ken zijn bij het huwelijk aanwezig. De ceremonie wordt eerst in het Engels en daarna in het Suaheli voltrokken door een aardige beambte. Alles verloopt gladjes, alleen spreekt mijn liefste op het cruciale moment zijn 'Yes' pas uit nadat ik hem krachtig tegen zijn been heb geschopt. Dan wordt de akte ondertekend. Lketinga pakt mijn paspoort en zegt dat ik nu eigenlijk een Keniaans paspoort moet hebben, want ik heet nu immers Leparmorijo. De beambte zegt dat dat in Nairobi moet gebeuren, waar Lketinga toch heen moet om een permanente verblijfsvergunning voor mij aan te vragen. Nu begrijp ik er niets meer van. Ik dacht dat alles nu in orde was en het gevecht met de bureaucratie definitief tot het verleden behoorde. Maar nee, ondanks het huwelijk blijf ik toeriste tot ik die verblijfsvergunning in mijn paspoort heb staan. Mijn goede humeur ebt weg, en ook Lketinga begrijpt er niets meer van. In het hotel besluiten we dan maar meteen naar Nairobi te gaan.

Met de getuigen en de oudere broer, die nog nooit een lange reis heeft gemaakt, vertrekken we de volgende dag. Tot Nyahururu rijden we met onze landrover, daarna nemen we de bus naar Nairobi. De broer valt van de ene verbazing in de andere. Ik vind het prachtig iemand te zien die op zijn veertigste voor het eerst een stad bezoekt. Hij is sprakeloos en nog hulpelozer dan Lketinga. Zonder onze hulp kan hij zelfs geen straat oversteken. Als ik hem niet bij de hand zou nemen, zou hij vast tot vanavond als aan de grond genageld blijven staan, omdat het verkeer en de vele auto's hem angst aanjagen. Bij het zien van de enorme woonblokken begrijpt hij niet hoe mensen boven elkaar kunnen leven.

Ten slotte bereiken we het Nyayo-gebouw. Ik sluit achteraan in de rij wachtenden om weer eens formulieren in te vullen. Als me dat eindelijk is gelukt, zegt de vrouw achter de balie dat we over ongeveer drie weken nog maar eens moeten informeren. Ik protesteer en probeer haar duidelijk te maken dat we van heel ver komen en dat ik niet van plan ben hier zonder stempel in mijn paspoort de deur uit te gaan. Ik smeek haar bijna, maar ze zegt beleefd dat alles nu eenmaal tijd kost, maar dat ze zal proberen het binnen een week te regelen. Ik begrijp dat dit het uiterste is waartoe ze bereid is en vertrek.

Buiten bespreken we de toestand. We zijn met zijn vieren en moeten een week wachten. Ik zie dat helemaal niet zitten met die drie mannen uit het oerwoud, en daarom stel ik voor naar Mombasa te gaan, zodat de broer de zee ook eens kan zien. Lketinga vindt het goed, want hij voelt zich veilig omdat wij bij hem zijn. En zo beginnen we aan de reis van acht uur, die voor ons een soort huwelijksreis is.

In Mombasa zoeken we allereerst Priscilla op. Ze vindt het geweldig dat we getrouwd zijn en denkt dat de rest nu ook wel goed zal komen. Lketinga's broer wil nu snel naar zee, maar als hij voor het enorme wateroppervlak staat, grijpt hij zich aan ons vast. Dichterbij dan tien meter durft hij niet te komen, en na tien minuten moeten we het strand verlaten, zo bang is hij. Ik laat hem ook een toeristenhotel zien. Hij gelooft zijn ogen niet. Op een gegeven moment vraagt hij mijn man of dit echt nog steeds Kenia is. Het is een prettig gevoel om dit alles te laten zien aan iemand die overal nog oprecht verbaasd over is. Later gaan we eten en drinken. Hij drinkt voor het eerst van zijn leven bier, wat hem niet goed bekomt. In Ukunda vinden we een morsig hotelletje.

De dagen in Mombasa kosten me een hoop geld. De mannen drinken bier en ik zit erbij, want ik heb geen zin om alleen naar het strand te gaan. Het begint me de keel uit te hangen voortdurend voor drie personen bier te betalen, en de eerste kleine ruzies steken de kop op. Lketinga, die nu officieel mijn man is, begrijpt me niet en vindt dat het mijn schuld is dat we zo lang moeten wachten voor we naar Nairobi terug kunnen. Hij begrijpt trouwens helemaal niet waarom ik nog een stempel nodig heb. Hij is tenslotte met me getrouwd, en daardoor ben ik een Leparmorijo en een Keniaanse geworden. De anderen geven hem gelijk. Ik zit erbij en weet ook niet hoe ik hun dat hele bureaucratische gedoe moet uitleggen.

Na vier dagen aanvaarden we wrevelig de terugtocht. Met pijn en moeite weet ik Lketinga nog één keer, voor de laatste keer, zoals hij verklaart, dat gebouw in Nairobi in te krijgen. Ik hoop vurig dat ik dat stempel vandaag nog krijg. Ik leg opnieuw de situatie uit en vraag hoe het ermee staat. We moeten weer wachten. De drie anderen werken elkaar op de zenuwen, en mij ook. De mensen staren ons toch al verbijsterd aan. Een blanke vrouw met drie Masai, dat zie je in dit kantoor niet elke dag.

Na een hele tijd worden mijn man en ik opgeroepen; we moeten met een vrouw meelopen. Als we voor een lift blijven wachten, voorzie ik al wat er zal gebeuren als Lketinga daarin moet. De liftdeur gaat open en er komt een stroom mensen naar buiten. Lketinga staart geschrokken naar de lege cabine en vraagt: 'Corinne, what's that?' Ik probeer hem uit te leggen dat we in deze doos naar de twaalfde verdieping worden getild. De vrouw staat al ongeduldig in de lift te wachten. Lketinga wil niet. Hij is bang om op deze manier naar boven te gaan. 'Darling, please, this is no problem, if we are on the twelfth floor you go around like now. Please, please come!' Ik smeek hem de lift in te komen, bang dat de vrouw ons niet meer zal willen helpen als het te lang duurt. En waarachtig, hij stapt in, met ogen op steeltjes.

We worden een kantoor binnengeleid waar een strenge Afrikaanse ons zit op te wachten. Ze vraagt me of ik werkelijk met deze Samburu getrouwd ben. En Lketinga moet haar vertellen of hij in staat is voor mij te zorgen met een huis en eten. Hij kijkt me met grote ogen aan: 'Corinne, please, which house must I have?' Mijn god, denk ik, zeg toch gewoon ja! De vrouw kijkt ons om beurten aan. Ik ben zo hypernerveus dat het zweet met straaltjes langs mijn lijf loopt. Ze kijkt me streng aan en vraagt: 'You want to have children?' 'Oh yes, two,' antwoord ik zonder aarzelen. Er valt een stilte. Dan loopt ze eindelijk naar een lessenaar en zoekt zorgvuldig een stempel uit. Ik betaal tweehonderd shilling (ongeveer vijfentwintig gulden) en krijg mijn paspoort gestempeld terug. Ik kan in mijn geliefde Kenia blijven. Nu gauw weg hier en naar Barsaloi, naar huis!

Onze eigen manyatta

Mama is blij dat het allemaal gelukt is en zegt dat het nu tijd is om te gaan nadenken over de traditionele Samburu-bruiloft. Verder moeten we een eigen manyatta hebben, want na het huwelijk mogen we niet meer in haar hut wonen. Omdat ik mijn buik vol heb van de eeuwige bezoeken aan overheidskantoren, laat ik het idee van een echt huis varen en vraag ik Lketinga uit te kijken naar vrouwen die een mooie, grote manyatta voor ons kunnen bouwen. Ik zal takken halen met de landrover, maar een hut bouwen kan ik niet. Als beloning loven we een geit uit. Na korte tijd hebben we vier vrouwen gevonden, onder wie zijn twee zussen, die de hut voor ons bouwen. Hij moet tweemaal zo groot worden als die van mama en ook hoger, zodat ik er bijna in zal kunnen staan.

De vrouwen werken nu al tien dagen, en ik kan haast niet wachten tot we in onze hut kunnen. Hij wordt vijf bij drieënhalve meter. De omtrek wordt eerst afgezet met dikke palen, waar vervolgens wilgentakken doorheen worden gevlochten. Vanbinnen verdelen we hem in drie ruimtes. Meteen bij de ingang is de stookplaats. Daarboven hangt een rek voor koppen en pannen. Na anderhalve meter volgt een gevlochten scheidingsmuur. Van de ruimte daarachter is één helft uitsluitend voor mijn lieveling en mij bestemd. Op de grond komt een koeienhuid, daarop een strooien mat en daarop weer mijn gestreepte wollen deken uit Zwitserland. Boven onze slaapplaats komt het muskietennet te hangen. Daartegenover is een tweede slaapplaats gepland voor twee à drie bezoekers. Helemaal achteraan bij het hoofdeinde komt een rek voor mijn kleren.

Globaal is onze superhut al klaar, alleen moet hij nog worden dichtgemaakt met een 'pleisterlaag' van koeienmest. Aangezien er echter in Barsaloi geen koeien zijn, rijden we naar Sitedi, naar Lketinga's halfbroer, en laden onze landrover vol koeienvlaaien. We moeten driemaal op en neer rijden voor we genoeg hebben.

Twee derde van de hut wordt vanbinnen dichtgesmeerd met de mest, die in de grote hitte snel droogt. De rest en het dak smeren ze vanbuiten dicht, zodat de rook gemakkelijk kan ontsnappen. Het is spannend om het bouwproces van nabij te volgen. De vrouwen smeren de mest met hun blote handen op de wanden en lachen omdat ik mijn neus optrek. Als alles klaar is, moeten we nog een week wachten, dan is alles keihard opgedroogd en stinkt het niet meer.

Samburu-bruiloft

De laatste dagen in mama's hut. We leven naar onze Samburu-bruiloft toe. Iedere dag krijgt mama bezoek van oudere mannen en vrouwen; er wordt een geschikt tijdstip gekozen. We leven zonder datum of weekdag, de tijdrekening richt zich naar de maan. Ik zou het feest graag met Kerstmis vieren, maar dat kennen de Masai niet, en ze weten ook niet hoe de maan dan staat. Voorlopig houden we toch die dag aan. Omdat hier nog nooit eerder een zwarte en een blanke zijn getrouwd, weten we niet hoeveel mensen er zullen komen. Het nieuws zal van dorp tot dorp gaan, en pas op de dag zelf zullen we zien wie ons met een bezoek komen vereren. Hoe meer mensen, vooral ouderen, er komen, hoe hoger ons aanzien zal zijn.

Op een avond komt de jachtopziener voorbij, een rustige, rijzige man, die ik meteen sympathiek vind. Helaas spreekt ook hij niet erg best Engels. Hij praat lang met Lketinga. Na een tijdje word ik nieuwsgierig en vraag waar ze het over hebben. Mijn man vertelt me dat de jachtopziener ons zijn pasgebouwde winkel wil verhuren, die nog leeg staat, afgezien van een gedeelte dat dient als opslagplaats voor pater Giuliano's maïs. Blij verrast vraag ik hoeveel hij ervoor vraagt. Hij stelt voor de winkel morgen samen te gaan bekijken en dan over de prijs te onderhandelen. Die nacht slaap ik onrustig, want Lketinga en ik hebben al plannen gemaakt.

Na het ochtendlijke wasritueel bij de rivier kuieren we door het dorp naar de winkel. Mijn man praat met iedereen die we tegenkomen. Het gaat over onze bruiloft. Zelfs de Somaliërs komen hun winkels uit en vragen wanneer de grote dag is. Maar wij hebben dat van de oudjes nog steeds niet precies gehoord. Op dit moment wil ik alleen maar de winkel zien, en ik duw Lketinga met zachte drang die kant op.

De deur is open en de jachtopziener staat ons al op te wachten in het lege huis. Ik ben sprakeloos. Het is een gemetseld gebouw vlak bij de missiepost, waarvan ik altijd heb gedacht dat het van pater Giuliano was. De winkel is enorm groot, met een deur die naar buiten opengaat. Aan weerszijden daarvan zijn ramen. In het midden is iets wat op een toonbank lijkt, en tegen de achterwand staan houten stellingen. Achter een tussendeur is precies zo'n groot vertrek, dat dienst zou kunnen doen als magazijn of woonruimte. Met een beetje geluk maak ik hier de mooiste winkel in Barsaloi en de wijde omgeving van! Maar ik moet mijn enthousiasme verbergen, anders rijst de huurprijs natuurlijk de pan uit. We worden het eens op omgerekend zeventig gulden, op voorwaarde dat Lketinga de vergunning voor de winkel krijgt. Vóór die tijd wil ik me niet vastleggen, daarvoor heb ik hier te slechte ervaringen opgedaan met ambtenaren.

De jachtopziener gaat akkoord, en wij gaan terug naar mama. Lketinga vertelt haar alles en er ontstaat een meningsverschil. Hij vertaalt lachend voor mij: 'Mama is bang voor problemen met de Somaliërs, omdat de mensen niet meer naar hun winkels zullen gaan. De Somaliërs zijn gevaarlijk en zouden ons iets kwaads kunnen toewensen. De bruiloft moet daarom eerst achter de rug zijn.'

Daarop kijkt mama me lang, heel lang aan en zegt dan dat ik mijn bovenlichaam beter moet bedekken, zodat niet iedereen ziet dat ik een baby in mijn buik heb. Als Lketinga dit aarzelend voor me vertaalt, ben ik sprakeloos. Ik, zwanger? Maar als ik er een poosje over nadenk, dringt het tot me door dat ik al bijna drie weken over tijd ben; ik had er nog geen aandacht aan besteed. Maar zwanger? Dat zou ik toch wel merken!

Ik vraag Lketinga waarom mama dat denkt. Ze komt naar me toe en volgt met haar vingers de lijnen van de bloedvaten die naar mijn borsten lopen. Desondanks kan ik het nog niet echt geloven, en ik weet ook nog niet of het wel zo goed uitkomt met de winkelplannen. Afgezien daarvan wil ik natuurlijk graag kinderen van mijn man, het liefst een dochter. Mama is ervan overtuigd dat ze het goed gezien heeft en maant Lketinga mij nu met rust te laten. Verbaasd vraag ik: 'Why?' Met moeite legt hij het me uit: als een zwangere vrouw gemeenschap heeft met een man, krijgen de kinderen later een verstopte neus. Hoewel hij het kennelijk serieus bedoelt, moet ik lachen. Zolang ik het zelf niet zeker weet, wil ik niet zonder seks leven.

Als we twee dagen later terugkomen van de rivier, zitten er een paar mensen onder mama's boom te kletsen. Wij blijven in mama's hut. Onze eigen hut kunnen we over drie dagen betrekken, en dan zal ik zelf vuur moeten maken en voor brandhout moeten zorgen. Water kan ik met de auto bij de rivier halen als niemand bereid is dit voor een zakcentje te doen. Maar omdat ik aan vijf liter nauwelijks genoeg heb, wil ik graag een jerrycan van twintig liter hebben.

Mama komt de manyatta in en praat met Lketinga. Hij lijkt aangedaan, en ik vraag wat er aan de hand is. 'Corinne, we have to make the ceremony in five days, because the moon is good.' Wat, over vijf dagen is de bruiloft al? Dan moeten we meteen naar Maralal om rijst, tabak, thee, snoep, drank en andere spullen te kopen!

Lketinga is uit zijn hum omdat hij zijn haar niet meer opnieuw kan laten vlechten. Dat duurt namelijk dagenlang, van 's morgens vroeg tot 's avonds laat. Zelfs mama heeft het druk, want ze moet een enorme hoeveelheid maïsbier brouwen, wat ook bijna een week gaat kosten. Eigenlijk wil ze ons niet meer laten gaan, maar er is geen suiker en geen rijst meer in het dorp, alleen nog maïsmeel. Ik geef haar geld, zodat ze kan beginnen met het bierbrouwen. Lketinga en ik gaan op weg met de auto.

In Maralal kopen we vijf kilo pruimtabak (de ouderen kunnen niet zonder), honderd kilo suiker (thee zonder suiker is ondenkbaar) en twintig liter houdbare melk (eigenlijk horen de vrouwen melk mee te brengen, maar ik weet niet hoeveel er komen). Ik wil geen enkel risico nemen, het moet een mooi feest worden, zelfs als er maar weinig mensen komen. Verder hebben we nog rijst nodig, maar die is op dit moment niet voorradig. Ik raap mijn moed bij elkaar en vraag erom bij de missiepost in Maralal. Gelukkig is de missionaris bereid ons zijn laatste zak van twintig kilo te verkopen. Ten slotte moeten we naar de school om James op de hoogte te stellen. De hoofdmeester zegt dat de kinderen vanaf 15 december vrij zijn, en aangezien ons feest op 17 december wordt gehouden, kan hij er dus bij zijn. Ik verheug me op zijn aanwezigheid. Tot slot besluit ik een oude benzinetank te kopen om thuis schoon te maken en als watertank te gebruiken. Als we ook nog snoepgoed voor de kinderen in de auto hebben geladen, is het al na vijven.

Desondanks besluiten we om meteen terug te gaan, dan kunnen we nog net voor het donker voorbij het gevaarlijke stuk door het bos zijn. Mama is opgelucht als we heelhuids terugkomen. De buren komen meteen om suiker bedelen, maar Lketinga laat zich deze keer niet vermurwen. Hij slaapt in de auto, zodat er niets gestolen kan worden.

De volgende dag gaat hij op weg om een paar geiten te kopen om te slachten. Ik wil niet dat onze eigen geiten worden gedood, want ze zijn me te vertrouwd geworden. Er moet ook voor een os worden gezorgd. Bij de rivier probeer ik de benzinelucht uit de oude tank te spoelen, wat niet meevalt. De hele morgen rol ik de tank gevuld met Omo en zand heen en weer, tot hij enigszins schoon is. Drie kinderen helpen me de tank vol te scheppen met blikjes. Mama is de hele dag in het oerwoud om bier te brouwen, omdat dat in het dorp niet mag.

Tegen de avond ga ik naar de missiepost, vertel dat we onze bruiloft zullen vieren en vraag of ik kerkbanken en eetgerei mag lenen. Pater Giuliano is niet verbaasd, want hij had het al van zijn personeel gehoord, en belooft me dat ik op de dag van de bruiloft de spullen die ik nodig heb af mag halen. Aangezien ik een tijdje geleden, toen ik hier mijn benzinetanks neer mocht zetten, ook mijn bruidsjurk naar de missiepost heb gebracht omdat die in de manyatta vuil zou worden, vraag ik hem ook of ik me in de missiepost mag verkleden. Het verbaast hem dat ik van plan ben om hier in het wit te trouwen, maar hij vindt het goed.

Nog maar twee dagen, en Lketinga is nog steeds niet terug van zijn 'geitenjacht'. Ik begin de zenuwen te krijgen; ik kan met niemand echt praten en iedereen is bedrijvig in de weer. Tegen de avond verschijnen in ieder geval de schooljongens, wat me erg opmontert. James is vreselijk opgewonden vanwege het aanstaande feest, en ik laat me door hem uitleggen hoe het er bij een Samburu-bruiloft aan toegaat.

Gewoonlijk begint het feest 's morgens, en wel met het besnijden van de bruid. Oef! Dat komt hard aan. 'Why?' vraag ik. Anders is ze geen echte vrouw en krijgt ze geen gezonde kinderen, antwoordt James, die anders altijd zo goed op de hoogte is, in volle ernst. Voor ik goed en wel van de schrik bekomen ben, komt Lketinga de hut binnen. Hij kijkt me stralend aan, en ik ben blij dat hij er weer is. Hij heeft vier grote geiten bij zich; de tocht viel niet mee, omdat de dieren steeds weer terug wilden naar hun kudde.

Na de gebruikelijke thee gaan de jongens weg, en dan kan ik Lketinga vragen hoe dat zit met die besnijdenis; ik zeg er meteen gedecideerd bij dat ik overal aan meedoe, maar dááraan onder geen beding. Hij kijkt me rustig aan. 'Why not, Corinne? All ladies here make this.' Ik verstijf helemaal, en net als ik tegen hem wil zeggen dat ik in dat geval niet met hem kan trouwen, hoeveel ik ook van hem houd, neemt hij me in zijn armen en stelt me gerust: 'No problem, my wife, I have told to everybody, white people have this' – hij wijst tussen mijn benen – 'cut when they are babies.' Ik kijk hem vragend aan, maar als hij liefdevol op mijn buik klopt en vraagt: 'How is my baby?' val ik hem opgelucht om de hals. Later hoor ik dat hij dat verhaal zelfs aan zijn moeder heeft verteld. Ik vind het geweldig van hem dat hij dat heeft verzonnen om me te beschermen tegen dat Afrikaanse gebruik.

De dag voor de bruiloft arriveren de eerste gasten, die van ver komen en onderdak vinden in de naburige manyatta's. Mijn liefste gaat naar zijn halfbroer om de os te halen, waarmee hij de hele dag zoet zal zijn. Ik rijd met de jongens het oerwoud in om voldoende brandhout te hakken. We moeten heel wat rondrijden voor we de auto vol hebben. De jongens werken hard. Tegen de avond rijden we naar de rivier en vullen de grote tank en alle kleine tankjes die we kunnen vinden met water. Op de terugweg vraag ik James om in het theerestaurant mandazi, de kleine maïskoekjes, voor morgen te bestellen. Terwijl ik in de auto wacht, komt de jongste winkelier, een sympathieke Somaliër, naar me toe en feliciteert me met mijn bruiloft.

De nacht voor onze bruiloft slapen we voor het laatst in mama's hut. Onze manyatta is weliswaar al klaar, maar ik wilde pas op de dag van de bruiloft verhuizen, omdat Lketinga de afgelopen dagen veel weg was en ik niet alleen in de nieuwe hut wilde slapen.

We worden vroeg wakker; ik ben erg zenuwachtig. Ik ga naar de rivier om mezelf en mijn haar te wassen. Lketinga rijdt met de jongens naar de missiepost en haalt de banken en het eetgerei op. Als ik terugkom, is het al een drukte van belang. De banken staan in de schaduw onder de boom. Lketinga's oudere broer zet thee in een enorme pot. Nu gaat Lketinga ook naar de rivier om zich te beschilderen. We spreken een uur later bij de missiepost af. Binnen trek ik mijn bruidsjurk aan en doe de bijpassende juwelen om. De huishoudster van pater Giuliano helpt me daarbij. De nauwe jurk past me nog net, en nu geloof ik toch zelf ook dat ik zwanger ben. De jurk spant een beetje om mijn borsten en mijn buik. Nadat ik me ook nog heb opgemaakt, staat pater Giuliano sprakeloos in de deuropening. Voor het eerst sinds lange tijd krijg ik weer eens een compliment. Hij zegt lachend dat die lange witte sleepjurk niet bepaald geschikt is voor manyatta's, en al helemaal niet voor de doornstruiken. Dan is mijn liefste er ook al om me op te halen, prachtig beschilderd. Enigszins geërgerd vraagt hij me waarom ik zo'n jurk aanheb. Een beetje verlegen lach ik: 'Om er mooi uit te zien.' Godzijdank draag ik gewone witte plastic sandalen en geen westerse schoenen met hoge hakken. We nodigen pater Giuliano uit, die graag komt.

Als ik uit de auto stap, gapen kinderen en volwassenen me aan. Zo'n jurk hebben ze nog nooit gezien. Ik voel me onzeker en weet niet wat ik verder moet doen. Er wordt overal gekookt, en er worden geiten gevild en in stukken gesneden. Het is nog maar even na tienen, en toch zijn er al meer dan vijftig mensen. De oude mannen zitten op de banken en drinken thee, de vrouwen zitten onder een andere boom een eindje verderop. Er springen kinderen om mij heen. Ik deel kauwgom uit, terwijl de oude mensen in de rij staan voor James, die tabak weggeeft. Van alle kanten stromen mensen toe. Vrouwen geven hun melkkalebassen af bij mama, anderen binden geiten aan bomen. Boven een enorm vuur hangt een grote pan, waarin rijst en vlees worden gestoofd. Het water raakt bedenkelijk snel op, omdat er aan de lopende band thee wordt gezet. Tegen de middag is het eerste eten klaar, en ik begin ervan rond te delen, terwijl de inmiddels gearriveerde pater Giuliano staat te filmen.

Geleidelijk raak ik het overzicht kwijt. Er zijn ondertussen zo'n tweehonderdvijftig mensen aanwezig, de kinderen niet meegerekend. Telkens opnieuw hoor ik dat dit het grootste feest is dat ooit in Barsaloi heeft plaatsgevonden. Ik vind dat vooral erg fijn voor mijn lieveling, die het risico heeft genomen met een blanke vrouw te trouwen terwijl lang niet iedereen daar enthousiast over was. James komt met de mededeling dat de rijst op is, terwijl veel vrouwen en vooral kinderen nog niets hebben gehad. Ik vertel pater Giuliano van deze 'tegenslag'. Hij rijdt meteen weg en komt terug met een zak van twintig kilo, die hij ons voor onze bruiloft cadeau doet. Terwijl de krijgers een beetje ter zijde beginnen te dansen, wordt er voor de anderen verder gekookt. Lketinga brengt de meeste tijd bij de andere krijgers door, die pas 's nachts aan hun eten toe zullen komen. Af en toe voel ik me behoorlijk eenzaam. Het is tenslotte mijn eigen bruiloft, maar er is niemand van mijn familie en mijn man is meer bij de andere krijgers dan bij mij.

De gasten dansen. Iedere groep danst apart, de vrouwen onder hun boom, de jongens in een apart groepje en de krijgers een heel eind verderop. Een paar Turkana-vrouwen dansen voor mij. Ik moet met de vrouwen meedoen, maar na een paar dansen neemt mama me apart en vermaant me niet zo op en neer te springen vanwege de baby. Een eindje verderop is de os inmiddels geslacht en in stukken verdeeld. Tevreden stel ik vast dat er voor iedereen genoeg te eten en te drinken is.

Voor het donker wordt, worden ons de cadeaus overhandigd of toegezegd. Iedereen die iets wil geven, hetzij aan mij, hetzij aan mijn man, staat op en deelt dat officieel mee. De betreffende persoon moet er speciaal bij zeggen voor wie het cadeau bestemd is, want bij de Samburu's hebben de mannen en de vrouwen ieder hun eigen bezittingen, dat wil zeggen dieren. Ik ben overweldigd door de hoeveelheid cadeaus die ik krijg: veertien geiten, twee schapen, een haan, een kip, twee jonge kalveren en een kleine kameel, allemaal voor mij. Mijn man krijgt ongeveer hetzelfde. Niet iedereen heeft zijn cadeaus bij zich; sommige zal Lketinga later zelf moeten ophalen.

Het feest is bijna voorbij, en ik trek me voor het eerst terug in mijn nieuwe manyatta. Mama heeft alles voor me ingericht. Eindelijk kan ik die knellende jurk uitdoen. Ik zit bij het vuur en wacht op mijn echtgenoot, die nog in het oerwoud is. Het is een prachtige nacht, en ik ben voor het eerst alleen in onze grote manyatta. Nu begint er een nieuw leven voor mij, als zelfstandige huisvrouw.

De winkel

Een week na de bruiloft rijden we naar Maralal om te informeren naar een winkelvergunning voor Lketinga. Deze keer zal het snel voor elkaar zijn, verzekert een aardige beambte ons. We vullen formulieren in en moeten over drie dagen weer langskomen. Omdat we voor de winkel dringend een weegschaal nodig hebben, gaan we op weg naar Nyahururu. Verder wil ik kippengaas kopen om de waren beter in de

schappen te kunnen uitstallen, want ik wil aardappelen, wortelen, sinaasappels, kool, bananen en nog veel meer te koop aanbieden.

In Nyahururu vinden we geen weegschaal. Volgens de enige ijzer-
handelaar zijn weegschalen erg duur en daarom alleen in Nairobi verkrijgbaar. Lketinga is daar niet blij mee, maar we hebben de weegschaal
echt nodig, dus stappen we in de bus naar die vermaledijde stad. Daar
zijn overal weegschalen te koop, voor zeer verschillende prijzen. Uiteindelijk kopen we bij de goedkoopste zaak voor een kleine vijfhonderd gulden een zware weegschaal met de bijbehorende gewichten en
gaan terug naar Maralal. Daar lopen we alle groothandels en markten af
op zoek naar de laagste prijzen voor de verschillende waren. Mijn man
vindt alles te duur, maar ik ben ervan overtuigd dat ik met slim onderhandelen dezelfde prijzen kan krijgen als de Somaliërs. De grootste
handelaar biedt me aan een vrachtwagen te regelen om de etenswaren
naar Barsaloi te brengen.

Opgewekt gaan we de derde dag terug naar het bevolkingsbureau.
De vriendelijke beambte vertelt ons dat er één klein probleempje is.
We moeten een verklaring overleggen van de dierenarts in Barsaloi dat
de winkel schoon is, en als we dan ook nog het portret van de Keniaanse president kunnen laten zien, dat in iedere winkel moet hangen, krijgen we de vergunning. Lketinga wil gaan schelden, maar ik weerhoud
hem ervan. Ik wilde toch al eerst naar huis om het contract voor de
winkel op schrift te stellen en de winkel zo in te richten dat de waren
goed uitgestald kunnen worden. Bovendien moet ik een hulp zien te
vinden, omdat ik zelf de taal niet goed genoeg spreek en mijn man niet
kan rekenen.

's Avonds gaan we op bezoek bij Sophia en haar vriend. Ze is net terug uit Italië en er valt heel wat bij te praten. Tussen neus en lippen vertrouwt ze me toe dat ze drie maanden zwanger is. Dat vind ik een erg
leuk bericht, omdat ik er inmiddels van overtuigd ben dat ik zelf ook in
verwachting ben. Alleen weet ik het niet honderd procent zeker zoals
zij. Anders dan ik is Sophia iedere ochtend misselijk. Ze is stomverbaasd
over mijn zakelijke plannen. Maar met die auto moet ik nu toch weleens iets gaan verdienen; ik kan het geld niet met duizenden guldens tegelijk blijven uitgeven.

In Barsaloi wordt het contract opgesteld; wij worden de trotse eige-
naars van de winkel. Dagenlang schrob ik de stoffige schappen en spij-
ker het gaas tegen de toonbank. In het achterste gedeelte ruim ik oude
planken op. Plotseling hoor ik gesis, en ik zie nog net een groene slang
onder het resterende hout verdwijnen. In paniek ren ik naar buiten en

schreeuw: 'Snake! Snake!' Een paar mannen komen naderbij geslenterd, maar als duidelijk wordt wat er aan de hand is, durft niemand naar binnen.

In een mum van tijd staan er zes mensen om me heen, maar niemand doet iets, tot er een grote Turkana-man met een lange stok aankomt. Behoedzaam gaat hij naar binnen en port met de stok in de stapel hout. Het ene na het andere stuk hout duwt hij opzij, totdat de slang, van ongeveer een meter lang, te voorschijn schiet. Met wilde slagen probeert de Turkana hem te doden, maar ondanks de slagen kronkelt hij snel via de uitgang op ons af. Bliksemsnel doorsteekt een Samburu-jongen het gevaarlijke beest met zijn speer. Pas als ik hoor hoe gevaarlijk de situatie was, beginnen mijn knieën te knikken.

Mijn man komt ongeveer een uur later terug. Hij is bij de dierenarts geweest. Deze heeft de verlangde verklaring afgegeven, maar onder de voorwaarde dat er binnen een maand een ton-wc buiten de winkel is aangelegd. Ook dat nog! Er melden zich een paar vrijwilligers, voornamelijk Turkana's, die bereid zijn het gat van drie meter te graven en de overige werkzaamheden te verrichten. Inclusief materiaal kost het zo'n achthonderd gulden. Voorlopig geef ik alleen maar geld uit; ik hoop dat er binnenkort ook eens wat binnenkomt.

Ik vertel de paters van mijn plan om een winkel te openen. Ze zijn enthousiast, omdat hier de helft van de tijd geen maïs te krijgen is. Over mijn zwangerschap zeg ik geen woord, ook niet in brieven naar Zwitserland. Hoewel ik er erg blij mee ben, weet ik hoe snel je hier ziek kunt worden, en ik wil niemand ongerust maken.

Eindelijk is dan de grote dag aangebroken. We rijden weg, van plan om terug te komen met een volgeladen vrachtwagen. We hebben inmiddels ook een goede hulp gevonden: Anna, de vrouw van de politieman in Barsaloi. Ze heeft ooit al in Maralal gewerkt; het is een sterke vrouw. Met een beetje goede wil verstaat ze zelfs een beetje Engels.

In Maralal gaan we naar de Commercial Bank om te informeren of het geld dat ik uit Zwitserland heb laten komen er al is. Dat blijkt het geval, en ik neem omgerekend ruim zesenhalfduizend gulden op voor de inkoop van de waren. We krijgen dikke bundels Keniaanse shillingbiljetten. Lketinga heeft van zijn leven nog nooit zo veel geld bij elkaar gezien. Bij de Somalische eigenaar van de groothandel informeren we wanneer er een vrachtwagen beschikbaar is voor de rit naar Barsaloi. Op dit moment staan alle rivieren droog, en daarom kunnen de zware lori's het traject zonder problemen afleggen. Over twee dagen is er een vrij.

Dan beginnen we in te slaan. De huur van de vrachtwagen bedraagt vierhonderd gulden, en daarom moeten we van het volledige laadgewicht van tien ton profiteren. Ik bestel tachtig maal honderd kilo maïsmeel en vijftien maal honderd kilo suiker, wat hier gelijkstaat aan een vermogen. Als ik contant betaal, neemt Lketinga me de bundels bankbiljetten af omdat hij vindt dat ik die Somaliërs veel te veel geld geef. Hij wil alles natellen. Ik schaam me dood, want hij beledigt die mensen en kan zelf niet eens met zulke bedragen rekenen. Hij maakt een heleboel stapeltjes, en geen mens snapt wat hij nu met dat geld aan het doen is. Met grote overredingskracht praat ik op mijn man in, tot hij bereid is me het geld weer terug te geven. Voor zijn ogen tel ik het geld uit. Er blijft meer dan vierduizend gulden over, maar hij zegt kwaad: 'Zie je wel, het was veel te veel!' Ik stel hem gerust met de woorden dat de huur voor de vrachtwagen er ook bij zit. Een beetje geërgerd kijken de drie Somaliërs elkaar aan. Ten slotte zijn de waren besteld en worden ze voor ons apart gehouden tot de vrachtwagen komt. Vervolgens rijd ik door het dorp en koop hier honderd kilo rijst, daar honderd kilo aardappelen en weer ergens anders kool en uien.

Laat in de middag is de vrachtwagen eindelijk volgeladen. Het zal wel elf uur worden voor hij in Barsaloi is. De breekbare flessen met mineraalwater, cola en Fanta laad ik in mijn landrover, samen met tomaten, bananen, brood, Omo, margarine, thee en andere artikelen. De auto is mudvol. Ik wil niet de omweg nemen maar door het bos rijden, dan ben ik binnen twee uur in Barsaloi. Lketinga rijdt met de vrachtwagen mee, want hij vreest, niet geheel onterecht, dat er anders spullen zullen verdwijnen.

De jachtopziener en twee vrouwen rijden met mij mee. Omdat de auto zo zwaar beladen is, moet ik al snel de vierwielaandrijving inschakelen om de helling in het bos te kunnen nemen. Ik moet nog wennen aan het rijden met zo veel ballast; het is al met al zo'n zevenhonderd kilo. Af en toe rijden we door waterpoelen, die hier in de schaduw zelden helemaal opdrogen.

Het weiland waar ik ooit de buffels zag, ligt er nu verlaten bij. Ik praat moeizaam in het Suaheli met mijn bijrijder over onze winkel. Kort voor de steile 'helling des doods' is een steile s-bocht. Als ik de holle weg indraai, rijst er voor ons een grote grijze muur op. Ik ga meteen vol op de rem staan, maar door het zware gewicht glijdt de auto langzaam op de olifant af. 'Stop, stop the car!' schreeuwt de jachtopziener. Ik probeer alles, zelfs de handrem, maar die werkt niet goed meer. Ongeveer drie meter voor het enorme achterste staan we ten slotte stil. Het dier probeert zich op de smalle weg langzaam om te draaien. Snel schakel ik de achteruit in. De vrouwen krijsen achter in de auto en willen eruit. Het olifantenmannetje heeft zich omgedraaid en kijkt ons met zijn kleine oogjes aan. Hij gooit zijn slurf in de lucht en trompettert. Met zijn enorme slagtanden ziet hij er nog vervaarlijker uit. Onze auto kruipt langzaam achteruit, de afstand bedraagt alweer zes meter. Maar de jachtopziener zegt dat we pas buiten levensgevaar zijn als we de bocht om zijn en de olifant ons niet meer kan zien. Omdat de auto helemaal volgepakt is en geen achteruitkijkspiegel heeft, kan ik niet zien wat er achter me is. De jachtopziener moet me aanwijzingen geven, en ik hoop maar dat ik alles goed begrijp.

Na een poos is de afstand zo groot dat we de olifant nog wel horen, maar niet meer zien. Pas nu voel ik hoe mijn knieën knikken. Ik moet er niet aan denken wat er zou zijn gebeurd als de auto tegen de kolos aan was gereden, of als bij het achteruitrijden de motor was afgeslagen.

De jachtopziener ruikt de olifant nog. Alsof de duvel ermee speelt, heeft hij vandaag zijn geweer niet bij zich. We zijn nu zeker tachtig meter van de olifant verwijderd, maar horen hem nog steeds bomen omver duwen. Als we een tijdje niets meer horen, sluipt de jachtopziener voorzichtig naar de bocht. Hij komt terug met de mededeling dat de olifant zijn territorium verdedigt. Hij zit kalmpjes midden op de weg, tussen allemaal afgeknapte bomen.

De duisternis begint te vallen. We worden belaagd door steekvliegen, die ons flink toetakelen. Behalve de jachtopziener stapt niemand uit. Een uur later zit de olifant nog steeds op de weg. Ik krijg de zenuwen, omdat we nog een heel eind moeten rijden en ik die nare helling nu, met al die ballast, in het donker moet nemen. Als er na een tijdje nog niets is veranderd aan de situatie, verzamelt de man grote stenen en sluipt weer naar de bocht. Van daaruit gooit hij ze het dichte struikgewas in, wat veel geritsel en gerommel veroorzaakt. En warempel, het duurt niet lang of de olifant gaat van de weg af.

In Barsaloi rijd ik rechtstreeks naar de winkel en laad de auto uit bij het licht van de koplampen. Godzijdank word ik door een paar mensen geholpen. Daarna ga ik naar onze manyatta. Na een poosje komt de buurjongen me melden dat hij in de verte twee lichten heeft gezien. Ook de oudere broer gaat kijken. Nu zit iedereen in spanning. Onze vrachtauto komt eraan... een Samburu-vrachtauto!

Ik ga met de broer naar de winkel om daar te wachten. De dierenarts verschijnt ook; hij heeft een petroleumlamp meegenomen uit zijn blokhut. We zetten hem op de toonbank, en de winkel is meteen gezellig verlicht. Ik bedenk wat we waar moeten neerzetten en uitstallen. Steeds meer mensen sluipen rond de winkel en wachten op de lori.

Eindelijk komt die met veel misbaar voorrijden. Dit is voor mij een overweldigend moment, en tegelijkertijd doorstroomt mij een geluksgevoel bij de gedachte dat er nu een winkel in Barsaloi is waar je altijd iets eetbaars kunt krijgen. Nu hoeft niemand meer honger te lijden, omdat er altijd genoeg te koop is. Lketinga stapt trots uit de vrachtwagen en begroet een paar mensen, onder wie de jachtopziener. Geschrokken luistert hij naar wat die te vertellen heeft, maar daarna komt hij lachend naar me toe en vraagt: 'Hello wife, really, you have seen an elephant?' 'Yes, sure!' Hij grijpt naar zijn hoofd: 'Crazy, this is very dangerous, Corinne, very dangerous!' 'Yes, I know, but now we are okay,' antwoord ik, en daarna ga ik kijken of er iemand wil helpen met uitladen.

Er wordt onderhandeld, en we kiezen drie mannen die ook bij de Somaliërs af en toe geld verdienen met lossen. Eerst worden de zakken met aardappelen en rijst naar binnen gebracht, daarna wordt het achterste vertrek, dat als magazijn dienst zal doen, volgepakt met zakken maïs en suiker. De overige waren worden in de winkel opgestapeld.

Het is een drukte van belang. Na een halfuur is de vrachtwagen leeg; hij aanvaardt in de stikdonkere nacht meteen de terugtocht naar Maralal. We staan te midden van een enorme chaos tussen pakken Omo en dozen met theezakjes. De eerste klanten komen opdagen om suiker te kopen. Maar ik verkoop nog niets, want ik vind het veel te laat en wil eerst alles netjes inruimen. We sluiten de winkel af en gaan naar onze manyatta.

We staan op de gewone tijd op, en we zitten net bij de dieren in de zon als er een paar vrouwen op onze manyatta afkomen. Lketinga vraagt wat er aan de hand is. Ze willen weten wanneer de winkel opengaat. Wat Lketinga betreft gebeurt dat nu meteen, maar ik zeg dat hij tegen hen moet zeggen dat er voor de middag niets wordt verkocht, omdat ik eerst wil uitpakken en omdat Anna er nog niet is.

Anna heeft er kijk op hoe de koopwaar het beste uitgestald kan worden. Na twee uur ziet de winkel er haast perfect uit. Voor het pand staan zeker vijftig mannen en vrouwen te wachten tot we opengaan. Het gaas bewijst goede diensten. Onder de toonbank heb ik aardappelen, kool, wortelen, uien, sinaasappels en mango's liggen. Trossen bananen hangen aan touwen aan het plafond. Op de schappen staan pakken Omo van verschillende formaten, blikken Kimbo-vet, thee, toiletpapier (waarvoor later verrassend grote afzetmogelijkheden zullen blijken te bestaan), diverse soorten zeep, allerlei snoepgoed en lucifers. Naast de weegschaal staan drie zakken met respectievelijk suiker, maïs-meel en rijst. We schrobben de vloer nog eens en openen dan onze deuren.

Eén moment zijn we verblind door het naar binnen stromende zon-licht, dan stormen de vrouwen naar binnen. Als een vloedgolf spoelt de met veelkleurige versieringen behangen mensenmassa me tegemoet. De winkel is mudvol. Iedereen houdt zijn kanga of met de hand ge-naaide zakken op. Anna begint met het afwegen van maïsmeel. Om zo weinig mogelijk te morsen hebben we een soort schepmaat gemaakt van karton. Ik begin ook suiker en maïsmeel te scheppen. De meeste mensen leggen gewoon geld op de toonbank en willen daar verschil-lende artikelen voor. Dan moet je snel kunnen rekenen.

Binnen een uur is de eerste grote zak maïs helemaal leeg en de eerste zak suiker voor de helft. Ik ben blij dat ik van tevoren alle prijzen op de artikelen heb geschreven. Desondanks heerst er een grote chaos. De doos die we als kassa gebruiken puilt uit als we 's avonds bijna zeshon-derd kilo maïsmeel, tweehonderd kilo suiker en diverse andere artike-len hebben verkocht. Als de schemering valt willen we sluiten, maar er komen nog af en toe kinderen om suiker of maïs te kopen voor het avondeten. Om zeven uur sluiten we eindelijk. Ik kan haast niet meer op mijn benen staan en mijn armen zijn loodzwaar. Ook Anna gaat moe en geradbraakt naar huis.

Aan de ene kant was de opening vandaag een enorm succes, maar aan de andere kant maak ik me zorgen over de enorme toeloop. Morgen zal het weer net zo gaan, van vroeg tot laat. Ik moet me toch ook af en toe wassen in de rivier. Maar wanneer?

Om acht uur zijn we weer in de winkel; Anna staat al te wachten. In het begin loopt het nog geen storm, maar vanaf negen uur tot de mid-dag is de winkel propvol. De dozen met flessen mineraalwater, cola, Fanta en Sprite raken snel leeg. Het is te lang geleden dat de mensen die dingen hier konden kopen.

Veel van de krijgers en jongens staan urenlang in of voor de winkel en doen niet veel meer dan wat met mensen babbelen. De vrouwen en meisjes zitten in de schaduw van de winkel. Ook de vrouw van de die-renarts, de dokter en de leraar uit het oerwoud komen aardappelen en vruchten kopen, met kilo's tegelijk. Iedereen is blij met de prachtige winkel. Uiteraard stel ik nu al vast dat er een tekort is aan allerlei dingen.

Lketinga is het grootste deel van de tijd bij ons en praat met mensen of verkoopt de simpele dingen, zoals zeep en Omo. Hij helpt zo goed hij kan. Mama komt vandaag voor het eerst sinds lange tijd naar het dorp om onze winkel te bekijken.

Aan het eind van de tweede dag ken ik alle telwoorden in de Maa-taal al. Ik heb een tabel gemaakt waarin we de prijs voor verschillende hoeveelheden maïs en suiker direct kunnen opzoeken, wat aanzienlijk scheelt in het rekenwerk. Ook deze tweede dag werken we aan één stuk door en slepen ons vermoeid naar huis. Weer hebben we geen tijd gehad voor een warme maaltijd, wat in mijn toestand onverstandig is. Mijn rug doet pijn van het voortdurende bukken. Alleen al vandaag hebben we acht zakken maïs en bijna driehonderd kilo suiker afgewo-gen en verkocht.

Mama maakt maïsmeel met wat vlees voor mij klaar, en ik bespreek de onhoudbare situatie met Lketinga. Anna en ik hebben beslist een rustpauze nodig om te eten en ons te wassen. We besluiten de winkel vanaf morgen tussen twaalf en twee te sluiten. Ook Anna is blij met de-ze nieuwe regeling. We brengen veertig liter water naar de winkel, zo-dat ik me in elk geval in het achterste vertrek kan wassen.

De vruchten en de groente raken langzamerhand op. Zelfs van de dure rijst is bijna niets meer over. Ik heb voor onszelf maar drie kilo mee naar huis genomen. De paters komen vandaag voor het eerst langs en spreken hun bewondering uit, wat me goed doet. Ik vraag of ik het binnengekomen geld bij hen mag deponeren, want ik kan niet beden-ken waar ik anders zo veel geld zou kunnen bewaren. Pater Giuliano vindt het goed, en zo ga ik iedere avond langs de missiepost om een met geld gevulde envelop af te geven.

De mensen hebben problemen met de nieuwe openingstijden, want de meesten van hen hebben geen horloge. We moeten ofwel de deur bijna met geweld sluiten, ofwel er zijn zo veel mensen dat we toch doorwerken. Na negen dagen is onze winkel bijna leeg; er zijn nog vijf zakken maïs over, en de suiker is al twee dagen op. We moeten dus weer naar Maralal. Met een beetje geluk zijn we over drie dagen weer terug met een vrachtauto. Anna blijft op de winkel passen; dat kan, om-dat het zonder suiker meteen een stuk minder druk is.

Ook in Maralal is er een tekort aan suiker. Er worden geen zakken van honderd kilo verkocht, want de nieuwe voorraad is nog niet aange-komen. Het is niet de moeite om zonder suiker naar Barsaloi terug te rijden. Als de nieuwe suiker na drie dagen eindelijk arriveert, worden de zakken gerantsoeneerd. In plaats van twintig zakken krijgen we er maar acht. Op de vijfde dag kunnen we weer vertrekken met een vrachtauto.

De dagen dat we in Maralal zijn geweest heb ik wat nieuwe spullen gekocht: de geliefde kanga's, pruimtabak voor de oude mensen en zelfs twintig paar sandalen van oude autobanden, in alle maten. Helaas is het geld dat we hebben verdiend niet voldoende voor de nieuwe aankopen. Ik moet geld van de bank halen en neem me voor de kiloprijs van maïs en suiker iets te verhogen, hoewel die van staatswege voorgeschreven is. Maar met onze hoge transportkosten kunnen we onmogelijk dezelfde prijzen hanteren als in Maralal. We moeten ook nog de tank van tweehonderd liter met benzine vullen.

Ditmaal wil Lketinga mij niet alleen met de landrover laten gaan, omdat hij bang is dat ik weer olifanten of buffels zal tegenkomen. Maar wie moet er dan met de lori mee? Lketinga chartert een kennis die volgens hem te vertrouwen is. Tegen de middag vertrekken we, en we bereiken Barsaloi zonder problemen. Het is toch eigenaardig: als mijn man erbij is, verloopt alles altijd vlekkeloos.

In de winkel is helemaal niets te doen. Anna komt ons verveeld tegemoet. In die vijf dagen is ook de rest van het maïsmeel verkocht. Er komt nog maar af en toe iemand om thee of Omo te kopen. De kassa zit halfvol met biljetten, maar ik kan nauwelijks controleren of alles klopt, omdat er ook nog spullen in het magazijn liggen. Ik vertrouw Anna.

We gaan terug naar onze manyatta. Twee krijgers liggen er vredig te slapen. Ik ben niet erg enthousiast dat er mensen in mijn manyatta zijn, maar ik weet dat de gastvrijheid dit gebiedt. Alle mannen die tot dezelfde leeftijdsgroep behoren als Lketinga, hebben het recht om in onze hut uit te rusten of te overnachten. Ik moet hun ook thee aanbieden. Terwijl ik het vuur aanmaak, praten de drie mannen met elkaar. Lketinga vertaalt voor me: in Sitedi heeft een buffel het bovenbeen van een krijger opengereten. Hij moet er meteen met de auto heen om de man naar de dokter te brengen. Ik blijf achter, omdat de lori binnen één of twee uur zal arriveren. Met bezwaard gemoed geef ik mijn man de autosleutel. Het is hetzelfde stuk waarop hij een jaar geleden een deuk in de auto heeft gereden.

Ik ga naar de winkel en ruim die samen met Anna op, zodat we straks direct met uitladen kunnen beginnen. Tegen de avond steken we de twee nieuwe petroleumlampen aan. Ik heb ook een eenvoudig kookstel op houtskool gekocht, zodat ik in het achterste gedeelte van de winkel af en toe thee kan zetten of eten kan koken.

Eindelijk komt de lori. Algauw staan er weer een heleboel mensen om de winkel heen. Het uitladen is snel gebeurd. Deze keer tel ik de zakken die binnen worden gebracht om me ervan te vergewissen dat alles er is, maar mijn wantrouwen blijkt misplaatst. Als alles is uitgeladen, is het een chaos in de winkel. Overal staan stapels kartonnen dozen die we nog moeten uitpakken.

Plotseling staat mijn man in de winkel. Ik vraag hem of alles in orde is. 'No problem, Corinne, but this man has a big problem,' antwoordt hij. Hij heeft de gewonde man naar de dokter in het oerwoud gebracht, die de wond van twintig centimeter heeft schoongemaakt en zonder verdoving heeft gehecht. Nu is de gewonde in onze manyatta, omdat hij iedere dag voor controle naar de dokter moet.

Lketinga heeft in Maralal vele kilo's miraa ingekocht, die hij nu met een goede winst doorverkoopt. Uit het hele dorp komen mensen op het kauwkruid af; zelfs twee Somaliërs zetten voor het eerst een voet in onze winkel. Ze willen net als de rest dolgraag miraa hebben. Mijn man kijkt ze boos aan en vraagt minachtend wat ze komen doen. Ik schaam me voor zijn gedrag, want de twee zijn vriendelijk en lijden al genoeg doordat wij deze winkel hebben geopend. Ze krijgen hun miraa en vertrekken weer. Tegen negen uur 's avonds zijn we zover dat we de volgende dag op de gewone manier verder kunnen verkopen.

Als ik mijn hut binnenkruip, ligt daar een stevig gebouwde krijger met zijn been in een dik verband. Hij kreunt zachtjes. Ik vraag hoe het met hem gaat. 'Okay,' antwoordt hij, maar dat zegt hier niet veel. Een Samburu zal nooit toegeven dat het niet goed met hem gaat, ook al staat hij op het punt zijn laatste adem uit te blazen. Hij transpireert enorm en ruikt sterk naar een mengsel van zweet en jodium. Als Lketinga even later de hut binnenkomt, heeft hij twee bundeltjes miraa bij zich. Hij zegt iets tegen de gewonde, maar het antwoord komt haperend. Waarschijnlijk heeft de man hoge koorts. Na wat heen-en-weergepraat mag ik zijn temperatuur opnemen. De koortsthermometer wijst 40,5 graden aan. Ik geef de krijger koortsverlagende medicijnen, en korte tijd later slaapt hij in. Die nacht slaap ik slecht. Mijn man kauwt de hele nacht miraa en de gewonde krijger kreunt en schreeuwt af en toe.

Lketinga blijft de volgende ochtend bij zijn kameraad, ik ga naar de winkel. Het loopt weer storm, want het nieuws dat er nieuwe zakken suiker en maïsmeel zijn gebracht, heeft zich als een lopend vuurtje verspreid. Vandaag maakt Anna een slappe indruk. Ze gaat telkens zitten. Op een gegeven moment holt ze naar buiten en geeft over. Ongerust vraag ik wat er is. Maar Anna zegt dat het wel gaat en dat ze misschien een lichte vorm van malaria heeft. Ik stuur haar naar huis, en de man die met de vrachtwagen met onze aankopen mee is gereden biedt aan mij te helpen. Ik ben blij met dit aanbod, en het blijkt dat hij van aanpakken weet. Na een paar uur heb ik weer vreselijke pijn in mijn onderrug; ik weet niet of het van de zwangerschap komt of van dat eeuwige bukken. Ik vermoed dat ik aan het eind van de derde maand ben. Behalve een kleine bolling is er nog niets te zien. Mijn man betwijfelt inmiddels of ik wel moeder word en denkt dat ik misschien een zweer in mijn buik heb.

Na een poos komt Lketinga de winkel in. Hij staat een ogenblik raar te kijken en vraagt de man dan op barse toon wat hij achter de toonbank doet. Ik ga door met klanten helpen. De man vertelt dat Anna zich ziek voelde en daarom naar huis is gegaan. We gaan door met ons werk, en Lketinga gaat miraa zitten kauwen, waar ik me aan stoor. Ik stuur hem naar de dierenarts om te kijken of er vandaag een geit is geslacht, want ik wil een goed maal klaarmaken met vlees en aardappelen. Tussen de middag wil ik de winkel sluiten, zodat ik in het achterste gedeelte kan koken en mezelf kan wassen. Maar Lketinga en de hulp willen doorwerken. Op mijn nieuwe kookstel bereid ik een smakelijke eenpansmaaltijd. Eindelijk kan ik weer eens in alle rust eten. Ik bewaar de helft voor Lketinga. Met een volle maag kan ik beter werken.

Pas na zeven uur 's avonds zijn we thuis. De gewonde zit in onze hut. Hij lijkt er beter aan toe. Maar wat een rotzooi is het! Overal liggen afgekloven miraa-stengels en uitgespuugde stukken kauwgom. De kookpot staat met maïsresten er nog in naast de stookplaats en overal in het rond liggen etensresten, waaraan mieren zich te goed doen. Daar komt nog bij dat er een stank in de hut hangt die me zowat de adem beneemt. Ik kom moe van mijn werk en kan dan eerst nog de hut gaan schoonmaken, om nog maar te zwijgen van de pot, die ik met mijn nagels schoon moet krabben voordat ik er thee in kan zetten.

Als ik mijn misnoegen tegen mijn man uit, stuit ik op onbegrip. In zijn miraa-roes voelt hij zich aangevallen, en hij denkt dat ik zijn vriend, die het er op het nippertje levend van heeft afgebracht, niet wil helpen. Terwijl ik alles alleen maar een beetje schoner wil hebben. De krijger verlaat strompelend onze hut, gevolgd door mijn man, en ze gaan naar mama. Ik hoor een heftig twistgesprek en voel me buitengesloten en eenzaam. Om mijn zelfbeheersing niet te verliezen haal ik mijn cassetterecorder te voorschijn en luister naar Duitse muziek. Na een poosje steekt Lketinga zijn hoofd door de ingang naar binnen en kijkt me mismoedig aan. 'Corinne, what's the problem? Why you hear this music? What's the meaning?' Ach jee, hoe moet ik hem uitleggen dat ik me onbegrepen en gebruikt voel en troost zoek bij die muziek? Dat kan hij niet begrijpen.

Ik pak hem bij de hand en vraag hem naast me te komen zitten. We luisteren samen naar de muziek en kijken naar het vuur. Daarbij voel ik hoe er langzaam een erotische spanning ontstaat, en ik geniet ervan. In het schijnsel van het vuur ziet Lketinga er fantastisch uit. Ik leg mijn hand op zijn donkere, naakte dijbeen en voel dat ook hij opgewonden is. Hij kijkt me wild aan, en plotseling liggen we in elkaars armen. We zoenen elkaar. Voor het eerst heb ik het gevoel dat hij het ook prettig vindt. Hoewel ik het steeds weer heb geprobeerd, heeft Lketinga er tot nu toe nooit echt plezier aan beleefd, en daarom gaf ik het meestal maar snel op. Maar nu zoent hij me terug en wordt steeds onstuimiger. Ten slotte vrijen we weer met elkaar. Hij is prachtig. Als zijn opwinding zich ontlaadt, streelt hij me liefdevol over mijn kleine buikje en vraagt: 'Corinne, you are sure, you now have a baby?' Ik zeg 'Yes!' en lach gelukzalig. 'Corinne, if you have a baby, why you want love? Now it's okay, I have given you a baby, now I wait for it.' Uiteraard ben ik nogal ontnuchterd door dit standpunt, maar ik neem het niet meer zo serieus. Tevreden slapen we in.

De volgende dag is het zondag. Onze winkel is gesloten en we besluiten naar een mis van pater Giuliano te gaan. De kleine kerk zit propvol mensen, bijna allemaal vrouwen en kinderen. Een paar mannen, onder wie de dierenarts met zijn gezin, de dokter en de leraar uit het oerwoud, zitten aan één kant bij elkaar. Pater Giuliano leest de mis in het Suaheli, en de leraar vertaalt alles in het Samburu. Af en toe zingen en trommelen de vrouwen en kinderen. Al met al is het een vrolijke boel. Lketinga is de enige krijger, en dit is zijn eerste en meteen ook zijn laatste kerkbezoek.

Die middag gaan we samen naar de rivier. Ik was de kleren en hij onze auto. Eindelijk hebben we weer eens genoeg tijd voor ons wederzijdse wasritueel. Het is net als vroeger, de tijd waaraan ik nu met weemoed terugdenk. Natuurlijk, ik ben heel blij met de winkel, en we eten nu veel gevarieerder, maar we hebben niet meer zo veel tijd voor elkaar. Alles is hectischer geworden. Desondanks verheug ik me aan het eind van elke zondag weer op de winkel. Ik ben bevriend geraakt met de vrouwen en een deel van de mannen uit het dorp die een beetje Engels spreken. Langzamerhand weet ik een beetje wie bij wie hoort.

Anna is me inmiddels erg dierbaar geworden. Sinds een paar dagen zit haar man ook in de winkel, omdat hij vakantie heeft. Ik vind het niet erg, maar Lketinga wel. Bij ieder glaasje fris dat Anna's man drinkt, vraagt hij opnieuw of Anna het wel verrekent. Heel pijnlijk.

Het wordt tijd om nieuwe suiker te regelen. De zakken zijn sinds een paar dagen leeg en daarom komen er minder mensen. Bovendien is het bijna schoolvakantie. Ik kan dus in Maralal suiker gaan halen en tegelijk James mee terug nemen. Lketinga blijft in de winkel om Anna te helpen, want er zijn nog ongeveer twintig zakken maïsmeel, die we moeten verkopen om geld te hebben voor een volgende rit met de vrachtwagen.

Ik neem de man mee die ons al eerder heeft geholpen. Hij weet wat werken is en kan de zware zakken voor me naar de landrover sjouwen. Zoals gewoonlijk willen er nog twintig andere mensen mee. Omdat dat iedere keer weer problemen geeft, besluit ik er iets voor te vragen, zodat ik de benzinekosten niet alleen hoef te dragen. Dan zullen wel alleen de mensen meegaan die echt een goede reden hebben. Als ik mijn mededeling heb gedaan, druipen inderdaad de meeste mensen af die zich rond de auto hebben verdrongen; er blijven er een stuk of vijf over die het gevraagde bedrag betalen. Zodoende is de landrover niet overvol. We vertrekken vroeg, omdat ik dezelfde avond terug wil zijn. Ook de jachtopziener is weer van de partij, dit keer dus tegen betaling.

In Maralal stapt iedereen uit en ik rijd door naar de school. De hoofdmeester zegt dat de jongens pas om vier uur 's middags vrij zijn. Ik spreek met hem af dat ik drie of vier leerlingen mee zal nemen naar Barsaloi. Mijn helper en ik regelen in de tussentijd drie zakken suiker en wat vruchten en groente. Meer kan er niet in de auto als ik ook die jongens nog mee moet nemen. Dan heb ik nog twee uur over, en die tijd gebruik ik om Sophia op te zoeken.

Sophia is dolblij als ze me ziet. In tegenstelling tot mij is ze een paar kilo aangekomen, en het gaat goed met haar. Ze maakt spaghetti voor me, een feestmaal na zo'n lange tijd zonder pasta. Geen wonder dat ze zo snel aankomt! Haar rastavriend komt even kijken en verdwijnt weer met een paar vrienden. Sophia klaagt dat hij haar sinds ze zwanger is haast geen blik meer waardig keurt. Hij wil ook niet werken, maar geeft in plaats daarvan haar geld uit aan bier drinken met zijn vrienden. Ondanks het comfort waarmee ze zich heeft omringd benijd ik haar niet. Integendeel: na Sophia's bevindingen waardeer ik des te meer wat Lketinga allemaal doet.

Ik neem afscheid en beloof telkens als ik in Maralal ben even langs te komen. Dan pik ik mijn helper en de jachtopziener op de afgesproken plek op. We rijden naar de school, waar al drie jongens staan te wachten. James vindt het heerlijk dat hij met de auto wordt gehaald. We rijden meteen door, omdat we voor het donker thuis willen zijn.

Junglepaden

De auto kruipt omhoog langs de slingerende rode zandweg. Vlak voor de s-bocht beginnen de jachtopziener en ik te lachen, want we moeten allebei aan het voorval met de olifant denken. Achterin zitten de jongens te kletsen en te lachen. Kort voor de steile schuine helling wil ik de vierwielaandrijving inschakelen. Ik rem, en rem nog eens, maar de auto rijdt even hard door, recht op de helling des doods af. Doodsbang schreeuw ik: 'No brakes!' Op hetzelfde moment zie ik dat ik niet naar rechts kan, want pal naast de weg begint de afgrond, die schuilgaat achter de bomen. Dus gooi ik zonder er verder bij na te denken het stuur naar links, terwijl de jachtopziener aan het portier morrelt.

Als door een wonder schiet de auto over het begin van de steeds hoger wordende rotsmuur. Op de plek waar we hem raken, is hij ongeveer dertig centimeter hoog. Als we een klein eindje verder waren geweest, was mijn enige keus geweest om frontaal tegen de rotswand te knallen. Ik bid dat we in het struikgewas blijven hangen; we hebben niet meer dan een meter of vijf, zes ruimte, daarna gaat het steil naar beneden de jungle in.

De jongens zijn in rep en roer, en de jachtopziener is wit weggetrokken. Eindelijk blijven we hangen, ongeveer een meter van de steile helling verwijderd. Ik tril zo erg over mijn hele lijf dat ik niet direct in staat ben uit te stappen.

De jongens klimmen uit de ramen, omdat wij voorin roerloos blijven zitten, waardoor het achterportier niet opengaat. Met knikkende knieën stap ik nu toch maar uit om de schade in ogenschouw te nemen. Op dat moment komt de auto langzaam in beweging. Met grote tegenwoordigheid van geest grijp ik de eerste de beste steen en leg hem voor een wiel. De jongens ontdekken dat de remkabel is losgeschoten. Wanhopig en geschokt staan we om de auto heen, nog geen drie meter verwijderd van de helling des doods.

Volgens de jachtopziener kunnen we onmogelijk hier in het oerwoud blijven, ook al is hij ditmaal bewapend. Bovendien wordt het hartstikke koud zodra het donker is. En zonder rem doorrijden naar Barsaloi, daar kan helemaal geen sprake van zijn. De enige mogelijkheid is terug naar Maralal; dat red ik, desnoods met de vierwielaandrijving, ook wel zonder rem. Om te beginnen moeten we die lange auto zien te keren op dit smalle plateau. We zoeken grote stenen en ik start voorzichtig. Ik kan niet meer dan een halve meter naar voren, en daarom moeten de jongens me tegenhouden met stenen voor alle wielen.

Dan volgt dezelfde manoeuvre, maar nu achteruit, waarbij ik nauwelijks iets kan zien. Het zweet loopt over mijn gezicht, en ik bid God ons te helpen. Na deze gebeurtenis, waarbij we ternauwernood aan de dood zijn ontsnapt, ben ik er absoluut zeker van dat Hij bestaat. Na meer dan een uur is het tweede wonder volbracht: de auto is gekeerd.

Het is al donker in het oerwoud als we ons op weg begeven, in de eerste versnelling en met de vierwielaandrijving aan. Als het bergafwaarts gaat, gaan we veel te hard, en op vlakke gedeelten brult de motor verschrikkelijk, maar ik durf niet te schakelen. Op kritische momenten trap ik in een reflex op de niet-werkende rem. Na meer dan een uur rijden bereiken we, opgelucht, Maralal. Hier steken de mensen doodleuk de weg over, ervan uitgaande dat de paar auto's die hier rijden wel remmen. Ik kan alleen maar claxonneren, en de mensen springen scheldend opzij. Kort voor de garage zet ik de motor uit en laat de auto uitlopen. De Somalische eigenaar wil de zaak net sluiten. Ik leg hem mijn probleem uit en zeg erbij dat de auto vol spullen zit en ik hem daarom niet zonder toezicht kan achterlaten. Hij doet het ijzeren hek open en een paar mannen duwen het voertuig naar binnen.

We gaan met zijn allen theedrinken en overleggen, nog steeds diep onder de indruk, wat we verder moeten doen. Allereerst een plaats zoeken om te overnachten. De jachtopziener gaat voor zichzelf op zoek, ik neem natuurlijk mijn helper en de jongens onder mijn hoede. We nemen twee kamers. De jongens zeggen dat ze best met zijn tweeën in één bed kunnen slapen. Ik wil alleen zijn. Na het eten trek ik me terug. Als ik aan mijn man denk, voel ik me ellendig. Hij weet immers niet wat er is gebeurd en zal zich grote zorgen maken.

Al vroeg ga ik weer naar de garage. De arbeiders zijn net bezig onze auto te repareren. Ook de Somaliër is het een raadsel hoe dit heeft kunnen gebeuren. Om elf uur kunnen we vertrekken, maar deze keer durf ik niet meer de weg door het oerwoud te nemen. De schrik zit me nog te veel in de benen, bovendien ben ik in de vierde maand. We nemen de omweg over Baragoi, die ongeveer vierenhalf uur kost. De hele rit denk ik eraan hoe erg Lketinga om mij in de rats moet zitten.

We schieten lekker op. Deze weg is veel makkelijker, met als enig nadeel het vele steengruis. We zijn iets over de helft en zijn net een drooggevallen rivier overgestoken, als ik een sissend geluid hoor dat me inmiddels vertrouwd in de oren klinkt. Tot overmaat van ramp ook nog een lekke band! Iedereen stapt uit, en de jongens trekken het reservewiel te voorschijn vanonder de zakken suiker. Mijn helper hanteert de krik, en na een halfuur is de band verwisseld. Voor de verandering hoef ik eens niets te doen; ik zit in de felle zon en rook een sigaret. Dan vervolgen we onze weg. We bereiken Barsaloi in de loop van de middag.

We parkeren naast de winkel, en ik wil net uitstappen als mijn man met een boos gezicht op me afkomt. Hij gaat voor het portier staan en vraagt hoofdschuddend: 'Corinne, what is wrong with you? Why you come late?' Ik begin te vertellen, maar hij maakt zonder te luisteren een afwerend gebaar en vraagt op minachtende toon met wie ik de nacht in Maralal heb doorgebracht. Nu word ik woedend. We waren bijna dood geweest, en mijn man denkt dat ik vreemd ben gegaan! Ik had nooit verwacht dat hij zo zou reageren.

De jongens komen mij te hulp en vertellen wat er is gebeurd. Hij kruipt onder de auto en hecht zijn goedkeuring aan de nieuwe kabel. Als hij ook nog resten remvloeistof ontdekt, is hij tevreden. Maar de teleurstelling is bij mij hard aangekomen, en ik besluit naar mijn hut te gaan. Ze zoeken het verder zelf maar uit, James is er nu tenslotte ook. Ik begroet mama en Saguna even snel, dan trek ik me terug en huil van uitputting en teleurstelling.

Tegen de avond krijg ik het koud. Ik besteed daar verder geen aandacht aan en zet thee. Lketinga komt en schenkt zichzelf thee in. We praten weinig. 's Avonds laat gaat hij op weg naar een verafgelegen kraal om de geiten op te halen die we nog te goed hebben voor ons huwelijk. Over een dag of twee zal hij terug zijn. Hij slaat zijn rode deken om zijn schouders, pakt zijn twee speren en verlaat zonder veel te zeggen de manyatta. Ik hoor hem nog even met mama praten, dan wordt alles stil, afgezien van wat babygehuil in een naburige hut.

Mijn toestand wordt slechter. 's Nachts word ik bang. Is dit misschien weer een malaria-aanval? Ik haal snel mijn Fansidar-pillen te voorschijn en lees de begeleidende tekst helemaal door. Bij twijfel drie pillen tegelijk innemen, maar bij zwangerschap een dokter raadplegen. O god, ik wil in geen geval mijn baby kwijtraken, wat bij malaria tot in de zesde maand gemakkelijk kan gebeuren. Ik besluit de drie pillen toch in te nemen en leg wat hout op het vuur om iets warmer te worden.

's Ochtends word ik pas wakker als ik buiten stemmen hoor. Ik kruip uit de hut en word verblind door het felle zonlicht. Het is al bijna half-negen. Mama zit voor haar hut en kijkt me lachend aan. 'Supa Corinne,' roept ze me toe. 'Supa mama,' kaats ik terug. Dan loop ik het oerwoud in om mijn behoefte te doen.

Ik voel me slap en doodmoe. Als ik terugkom bij de manyatta, staan er al vier vrouwen die naar de winkel vragen. 'Corinne, duka,' hoor ik mama roepen: dat ik de winkel moet openen. 'Ndjo ja, later!' antwoord ik. Natuurlijk wil iedereen suiker hebben, nu ik die gisteren heb meegenomen. Een halfuur later sleep ik mezelf naar de winkel.

Er staan zeker twintig mensen te wachten, maar Anna is er niet bij. Ik open de zaak, en meteen begint de drukte. Iedereen wil de eerste zijn. Ik help de mensen werktuiglijk. Waar blijft Anna? Ook mijn helper is nergens te bekennen, en ik weet evenmin waar de jongens zijn. Terwijl ik klanten help, voel ik dat ik heel nodig naar de wc moet. Ik pak snel toiletpapier en hol naar het wc-huisje. Ik heb al diarree. Nu ben ik helemáál gestrest. De winkel staat vol mensen. De kassa is een doos zonder deksel, waar iedereen die achter de toonbank staat bij kan. Krachteloos loop ik terug naar de kletsende vrouwen. De diarree dwingt me nog diverse malen naar de wc te gaan.

Anna heeft me in de steek gelaten, ze is niet komen opdagen. Tot nu toe is er nog niet één bekende in de winkel geweest aan wie ik mijn toestand in het Engels kan uitleggen en die ik om hulp zou kunnen vragen. Na de middagpauze kan ik nauwelijks meer op mijn benen staan.

Eindelijk komt de vrouw van de leraar de winkel in. Ik stuur haar naar mama om te kijken of de jongens thuis zijn. Gelukkig verschijnt kort daarna James, samen met de jongen die ooit samen met mij in Maralal heeft overnacht. Ze zijn meteen bereid de bediening over te nemen, zodat ik naar huis kan. Mama kijkt me verwonderd aan en vraagt wat er aan de hand is. Wat moet ik haar zeggen? Ik haal mijn schouders op en zeg: 'Maybe malaria.' Ze kijkt me geschrokken aan en legt haar hand op haar buik. Ik begrijp wat ze wil zeggen, maar ben zelf wanhopig en verdrietig. Ze komt naar mijn hut en zet zwarte thee voor me, want melk is volgens haar niet goed. Terwijl ze wacht tot het water kookt, praat ze onophoudelijk met Enkai. Mama bidt op haar manier voor mij. Ik vind haar echt geweldig, zoals ze daar zit met haar hangende borsten en haar vieze rok. Op dit moment ben ik blij dat mijn man zo'n lieve, zorgzame moeder heeft, en ik wil haar niet teleurstellen.

Als onze geiten thuiskomen, komt Lketinga's oudere broer bezorgd bij me kijken en probeert in het Suaheli een gesprek aan te knopen. Maar ik ben te moe en val steeds in slaap. Midden in de nacht word ik badend in mijn zweet wakker, als ik voetstappen hoor en speren die naast onze hut in de grond worden gestoken. Mijn hart gaat wild tekeer als ik het bekende grommende geluid hoor; kort daarna komt een silhouet onze hut binnen. Het is zo donker dat ik niets kan zien. 'Darling?' vraag ik hoopvol in het donker. 'Yes, Corinne, no problem,' klinkt de vertrouwde stem van Lketinga. Er valt een steen van mijn hart. Ik vertel hem over mijn toestand en hij is erg bezorgd. Omdat ik tot nu toe nog geen koortsrillingen heb gehad, heb ik nog steeds de hoop dat de toestand zich zal normaliseren doordat ik direct Fansidar heb ingenomen.

De volgende dagen blijf ik thuis terwijl Lketinga en de jongens de winkel runnen. Langzaam word ik beter; ook de diarree is na drie dagen voorbij. Na een week in bed liggen ben ik het zat, en ik ga 's middags weer aan het werk. Maar de winkel ziet er niet best uit. Er is nauwelijks schoongemaakt en alles is bedekt met een fijn laagje maïsmeel. De schappen zijn bijna leeg. De vier zakken suiker zijn allang verkocht, en van de maïs is nog anderhalve zak over. Dat betekent dat we weer naar Maralal zullen moeten. We plannen de rit voor volgende week, omdat dan ook de korte vakantie van de jongens voorbij is, zodat ik een paar van hen mooi mee kan nemen naar Maralal.

Het is stil in de winkel. Zodra de basisvoedingsmiddelen op zijn, blijven de klanten die van ver komen weg. Ik ga Anna opzoeken. Als ik bij haar hut kom, blijkt ze op bed te liggen. Op mijn vraag wat er aan de hand is, wil ze eerst geen antwoord geven. Maar na een tijdje kom ik erachter dat zij ook zwanger is. Ze is pas in de derde maand, maar kort geleden heeft ze bloedingen gehad; daarom is ze niet op haar werk verschenen. We spreken af dat ze terugkomt als de jongens weg zijn.

De school begint al bijna weer, en we gaan op weg. Deze keer laten we de winkel gesloten. Na drie dagen kan er een volle vrachtwagen naar Barsaloi vertrekken; onze vaste helper zal meerijden. Lketinga rijdt met mij door het oerwoud terug. Gelukkig gebeurt er onderweg niets. We verwachten de vrachtauto kort voor het donker. Maar in plaats van de auto komen er twee krijgers, die ons vertellen dat de vrachtwagen in de laatste rivierbedding is blijven steken. We rijden het kleine stukje met onze eigen auto en nemen de toestand in ogenschouw. In de drooggevallen, brede bedding is de auto vlak voor de oever met één wiel in het zand weggezakt. Door langdurige pogingen om weg te komen heeft het wiel zich helemaal vastgegraven in het losse zand.

Er staan al een paar mensen op de plek des onheils, en er worden zelfs al stenen en takken onder de wielen gelegd. De vrachtwagen gaat door zijn grote gewicht steeds schever hangen, en de chauffeur zegt dat het allemaal geen zin meer heeft; we moeten hier maar uitladen. Ik ben niet erg enthousiast over dit voorstel en ga naar pater Giuliano om advies te vragen. Deze kijkt niet vrolijk als ik ten tonele verschijn, want hij heeft al gehoord wat er is gebeurd, maar hij stapt toch in zijn auto en komt kijken.

Hij probeert het met een lier, maar het lukt ondanks de vierwielaandrijving niet om de vrachtwagen met onze auto's los te trekken. Dus moeten de honderden loodzware zakken worden overgeladen in onze auto's. We kunnen telkens acht zakken vervoeren. Pater Giuliano rijdt vijfmaal op en neer en gaat dan gestrest terug naar de missiepost. Ik rijd nog zevenmaal heen en weer, dan ligt alles in de winkel. Inmiddels is de nacht gevallen, en ik ben aan het einde van mijn krachten. In de winkel is het een onvoorstelbare troep, maar wij vinden dat het genoeg is geweest voor één dag en pakken de spullen pas de volgende ochtend uit.

Vaak krijgen we geiten- of koeienhuiden aangeboden bij wijze van betaling. Tot nu toe heb ik dat altijd geweigerd, maar de vrouwen vinden dat niet leuk en verlaten soms scheldend de winkel om naar de Somaliërs te gaan, die de huiden wel aannemen. Zij kopen die huiden sinds kort alleen van mensen die hun maïs en suiker bij hen kopen. Iedere dag ontstaan hier weer discussies over, tot ik ten slotte besluit ook maar huiden te kopen. Ik sla ze op in het achterste gedeelte van onze winkel.

Er gaan nog geen twee dagen voorbij of het sluwe adjunct-districtshoofd staat in onze winkel en vraagt om onze vergunning om in dierenhuiden te handelen. Die hebben we dus niet, omdat ik helemaal niet wist dat we er een nodig hadden. Nog afgezien daarvan, zegt het hoofd, kan hij mijn winkel onmiddellijk sluiten, omdat het niet is toegestaan dierenhuiden in één gebouw op te slaan met levensmiddelen. Daartussen dient minstens vijftig meter afstand te bestaan. Al deze nieuwe voorschriften slaan me met stomheid, want bij de Somaliërs liggen de huiden óók in hetzelfde vertrek als de levensmiddelen, maar het hoofd ontkent dat glashard. Nu weet ik ook wie hem op ons afgestuurd heeft. Aangezien ik inmiddels bijna tachtig huiden heb, die ik wil doorverkopen als ik de volgende keer in Maralal ben, heb ik wat tijd nodig om een nieuwe afsluitbare opbergplaats te vinden. Ik bied het hoofd een paar glazen fris aan en vraag hem mij tot morgen de tijd te geven.

Na een lange tijd heen en weer praten met mijn man stemt hij ermee in dat de huiden uiterlijk morgen de winkel uit zijn. Maar waar moeten we ze laten? Ze vertegenwoordigen tenslotte aardig wat geld. Ik ga naar de missiepost om advies te vragen. Alleen pater Roberto is er, en die zegt dat hij er ook geen plaats voor heeft. We moeten op pater Giuliano wachten. 's Avonds komt die langs op zijn motorfiets. Tot mijn opluchting biedt hij mij een oud waterpomphuisje in de buurt aan, waar oude machines worden opgeslagen. Er is niet veel plaats, maar het is beter dan niets, want er zit een slot op de deur. Weer een probleem de wereld uit; langzaamaan wordt het me duidelijk dat we aan die pater Giuliano een hele goeie hebben.

De winkel draait goed, en Anna is stipt op tijd. Het gaat weer beter met haar. Op een doodgewone middag is er plotseling een hevige consternatie. De buurjongen stormt de winkel binnen en praat opgewonden met Lketinga. 'Darling, what happened?' vraag ik. Hij antwoordt dat twee geiten van onze kudde zijn afgedwaald en dat hij meteen weg moet om ze te zoeken, voor het donker wordt en de wilde dieren ze pakken. Hij wil net gewapend met zijn twee lange speren op pad gaan, als het dienstmeisje van de leraar uit het oerwoud met een bleek gezicht de winkel in komt lopen. Ook zij praat met Lketinga, en ik begrijp alleen dat het gaat over onze auto en Maralal. Ongerust vraag ik aan Anna: 'Anna, what's the problem?' Hakkelend vertelt ze dat de vrouw van de leraar thuis is en een kind verwacht. Ze moet meteen naar het ziekenhuis, maar bij de missiepost is niemand aanwezig.

De vrouw van de leraar

'Darling, we have to go with her to Maralal,' zeg ik geagiteerd tegen mijn man. Maar hij zegt dat dat niet zijn taak is; hij moet die geiten gaan zoeken. Op dit moment begrijp ik niets van hem, en ik vraag hem woedend of het leven van een mens voor hem soms minder waard is dan dat van een dier. Maar hij geeft niet toe; hij zegt dat het niet zijn vrouw is die ziek is en dat zijn geiten binnen twee uur zijn opgegeten als hij niets doet, en verlaat de winkel. Ik ben met stomheid geslagen en wanhopig dat uitgerekend mijn goedmoedige man zo harteloos kan zijn.

Ik zeg tegen Anna dat ik naar de vrouw ga kijken en dan een beslissing neem. Haar blokhut ligt op twee minuten lopen van de winkel. Bij het betreden van de hut ga ik zowat van mijn stokje. Overal liggen met bloed doordrenkte lappen. De jonge vrouw ligt als een hoopje ellende op de kale grond en kreunt luid. Ik spreek haar aan, omdat ik uit de winkel weet dat ze Engels spreekt. Met horten en stoten vertelt ze me dat de bloedingen al twee dagen geleden zijn begonnen, maar dat ze van haar man niet naar de dokter mocht. Hij is ontzettend jaloers en daarom tegen een lichamelijk onderzoek. Nu hij weg is gegaan, wil zij vluchten.

Ze kijkt me voor het eerst aan, en ik zie de hevige angst in haar ogen. 'Please, Corinne, help me, I am dying!' Daarbij doet ze haar jurk omhoog, en ik zie dat er een klein blauw armpje uit haar schede steekt. Met al mijn kracht verman ik me, en ik beloof meteen de landrover van huis te halen. Ik vlieg het huis uit en zeg tegen Anna dat ik direct naar Maralal ga en dat zij de winkel moet afsluiten als mijn man om zeven uur vanavond nog niet terug is.

De weg naar de manyatta leg ik rennend af; ik voel nauwelijks hoe ik mijn benen openhaal aan de doornstruiken. De tranen lopen over mijn gezicht, van ontzetting en ook van woede op mijn man. Als we nog maar op tijd in Maralal zijn! Thuis tref ik mama aan, die niet snapt waarom ik alle wollen dekens en zelfs onze koeienhuid de manyatta uit sleur en ze achter in de landrover uitspreid. Ik heb geen tijd om uitleg te geven; iedere minuut telt nu. Ik kan nauwelijks helder denken als ik inderhaast met de auto wegrijd. Na een blik op de missiepost weet ik dat daar niemand is, want allebei de auto's zijn weg. Bij de blokhut stop ik, en samen met het dienstmeisje help ik de vrouw in de auto.

Het gaat moeilijk, omdat ze niet meer kan staan. We leggen haar voorzichtig op de twee dekens, die haar alleen maar een beetje beschermen tegen de kou van het metaal en absoluut ontoereikend zijn om de grote schokken op te vangen. Het meisje stapt ook in, en we rijden weg. Bij het huisje van de dokter stop ik om te kijken of hij misschien ook meegaat, maar ook hij is er niet! Waar is iedereen toch, net nu ik zo dringend iemand nodig heb? Er is alleen iemand uit Maralal die ik niet ken, die wil meerijden. Geen Samburu.

Het is een kwestie van leven of dood, en toch kan ik niet te hard rijden, omdat anders de vrouw achter in de auto alle kanten op rolt. Bij iedere hobbel schreeuwt ze luid. Het meisje houdt haar hoofd op haar schoot vast en praat zachtjes op haar in. Ik baad in het zweet en moet de tranen uit mijn ogen vegen. Uit jaloezie laat die leraar zijn vrouw creperen! Hij die elke zondag in de kerk de mis vertaalt, hij die kan lezen en schrijven! Ik zou het haast niet geloven als ik niet zelf getuige was geweest van de reactie van mijn man. Voor hem weegt het leven van een vrouw kennelijk minder zwaar dan dat van een geit. Als er een krijger in nood zat, zoals degene die we een maand in onze hut hebben gehad, dan zou Lketinga waarschijnlijk heel anders reageren. Maar nu gaat het alleen maar om een vrouw, bovendien niet eens de zijne. Wat zal hij doen als er bij mijn bevalling complicaties optreden?

Al deze gedachten razen door mijn hoofd terwijl de auto langzaam voorthobbelt. De vrouw raakt telkens korte tijd buiten bewustzijn, en het kreunen houdt dan even op. We hebben nu de rotsblokken bereikt, en ik word misselijk als ik bedenk hoe erg we nu heen en weer zullen schudden. Hier helpt langzaam rijden niets meer. Ik zeg tegen het meisje dat ze de vrouw zo stevig mogelijk moet vasthouden. De man naast mij heeft nog geen stom woord gezegd. De auto klimt in de vier-wielaandrijving over de grote rotsblokken heen. De vrouw schreeuwt hartverscheurend. Zodra we eroverheen zijn, wordt ze weer rustig. Ik rijd zo hard ik kan door het oerwoud. Kort voor de helling des doods moet ik op een steil stuk de vierwielaandrijving weer inschakelen. De auto kruipt tegen de berg op. Midden op de helling begint de motor in-eens te haperen. Ik kijk meteen op de benzinemeter, maar er is nog ge-noeg. Hij rijdt een stukje normaal verder en hapert dan weer. De auto schudt en rammelt nog net tot bovenaan, maar dan valt hij helemaal stil, precies naast het plateau waar ik al eens eerder ben gestrand.

Wanhopig probeer ik de motor opnieuw te starten. Maar hij slaat niet aan. Nu komt de man naast mij tot leven. We stappen uit en con-troleren de motor. Ik haal alle bougies eruit, maar daar is niets mis mee. De accu is ook nog vol. Wat is er dán met die verdomde auto aan de hand? Ik trek aan alle kabels, ik kijk onder de auto, maar ik kan de oor-zaak niet vinden. Ik probeer het steeds opnieuw, maar niets werkt meer. Zelfs het licht doet het niet meer.

Intussen begint de duisternis te vallen, en de grote steekvliegen bela-gen ons. Ik word nu echt heel bang. Achter in de auto ligt de vrouw te kreunen. De wollen dekens zitten onder het bloed. Ik leg de vreemde-ling uit dat we verloren zijn omdat deze weg nauwelijks wordt ge-bruikt. De enige mogelijkheid is dat hij in Maralal hulp gaat halen. Hij kan er te voet in anderhalf uur zijn, schat ik. Hij weigert om er alleen en onbewapend op uit te gaan. Nu verlies ik mijn zelfbeheersing, en in ra-zernij scheld ik hem uit, omdat hij niet begrijpt dat het ook heel gevaar-lijk is als we niets doen. Bovendien: hoe langer hij wacht, hoe donker-der en kouder het wordt. Onze enige kans is dat hij nu meteen vertrekt. Ten slotte gaat hij dan toch op pad.

Nu moeten we nog minstens twee uur wachten voor we hulp heb-ben. Ik probeer met de vrouw achter in de auto te praten, maar ze heeft het bewustzijn weer verloren. Het wordt koud, en ik trek mijn jack aan. Nu wordt ze wakker; ze vraagt om water. Ze heeft erge dorst, haar lippen zijn helemaal gebarsten. Mijn god, in mijn haast om weg te ko-men heb ik weer eens een verschrikkelijke blunder begaan: we hebben geen drinkwater! Ik doorzoek de hele auto, vind een lege colafles en ga op zoek naar water. Er moet hier toch ergens water zijn, met al dat groen! Na honderd meter hoor ik water klateren, maar door het dichte struikgewas kan ik niets zien. Voorzichtig, voetje voor voetje, waag ik me het oerwoud in. Na twee meter gaat het steil naar beneden, en daar stroomt een klein beekje. Ik kan daar echter niet komen, want ik kom nooit meer tegen die gladde rotswand op. Ik hol terug naar de auto en haal het touw van de benzinetanks. De vrouw huilt hevig van de pijn. Ik snijd het eind van het touw in en bind de fles eraan om die naar het water te laten zakken. Tergend langzaam vult hij zich. Als ik kort daarop de fles tegen de mond van de vrouw druk, voel ik dat ze gloeit van de koorts. Tegelijkertijd heeft ze het zo koud dat haar tanden ervan klapperen. Ze drinkt de hele fles leeg. Ik haal nog eens water.

Als ik terug ben bij de auto, hoor ik de vrouw schreeuwen zoals ik nog nooit iemand heb horen schreeuwen. Het meisje houdt de vrouw vast en huilt. Ze is nog erg jong, een jaar of dertien, veertien. Ik kijk de vrouw recht aan; in haar blik staat doodsangst te lezen. 'Ik sterf, ik sterf, Enkai!' stamelt ze. 'Please, Corinne, help me!' smeekt ze weer. Wat moet ik toch doen? Ik ben nog nooit bij een bevalling geweest, ik ben zelf net voor het eerst zwanger. 'Please, take out this child, please, Corinne!' Ik kijk onder de jurk en zie wat ik al eerder heb gezien. Het blauwpaarse armpje steekt nu al tot aan de schouder naar buiten.

Dit kind is dood, flitst het door mijn hoofd. Het ligt in zijligging en kan zonder keizersnee helemaal niet ter wereld komen. In tranen leg ik haar uit dat ik haar niet kan helpen, maar dat er met een beetje geluk over een uur hulp komt. Ik trek mijn jack uit en leg het over de rillende vrouw heen. Mijn God, waarom laat U ons zo alleen? Wat heb ik fout gedaan dat die auto het juist vandaag weer laat afweten? Ik begrijp er niets meer van. Ik kan het doordringende geschreeuw nauwelijks meer verdragen en loop doelloos en wanhopig het donkere oerwoud in. Maar ik maak meteen weer rechtsomkeert.

De doodsbange vrouw vraagt om mijn mes. Koortsachtig denk ik na wat ik moet doen, dan besluit ik het haar niet te geven. Plotseling komt ze overeind op haar deken en gaat op haar hurken zitten. Het meisje en ik staren in ontzetting naar haar strijd op leven en dood. Ze grijpt met twee handen tussen haar benen en draait en rukt aan het armpje, tot er na een poosje een blauwpaars, half volgroeid kind op de wollen deken ligt. De vrouw valt volledig uitgeput achterover en blijft bewegingloos liggen.

Ik kom als eerste tot mezelf en wikkel het bloederige, dode kindje van ongeveer zeven maanden in een kanga. Dan giet ik de vrouw opnieuw water in de mond. Ze trilt over haar hele lichaam, maar lijkt toch helemaal tot rust gekomen. Ik probeer haar handen te wassen en praat op kalmerende toon op haar in. Tegelijkertijd luister ik ingespannen of ik nog niets hoor. Na een tijdje klinkt er een zacht motorgeronk.

Het is een pak van mijn hart als ik even later het licht van koplampen door het oerwoud zie naderen. Ik houd mijn zaklantaren omhoog, zodat ze ons op tijd zullen zien. Het is de landrover van het ziekenhuis. Er stappen drie mannen uit. Ik vertel hun wat er is gebeurd, en ze dragen de vrouw op een brancard naar hun auto en nemen ook het dode baby'tje mee. Ook het dienstmeisje rijdt mee. De chauffeur van de landrover kijkt naar mijn auto. Hij probeert hem te starten en weet meteen wat eraan schort. Hij wijst me op een kabeltje dat los achter het stuur hangt. De bougiekabel is losgeschoten. Binnen één minuut heeft hij hem weer vastgemaakt, en de motor slaat aan.

Terwijl de anderen doorrijden naar Maralal, keer ik om en aanvaard de terugtocht. Volkomen uitgeput en overstuur bereik ik onze manyatta. Mijn man wil weten waarom ik pas zo laat thuiskom. Ik probeer hem te vertellen wat er is gebeurd, maar al snel merk ik dat hij me niet gelooft. Ik ben onthutst over deze reactie en snap niet waarom hij zo weinig vertrouwen in me heeft. Ik kan er tenslotte ook niets aan doen dat die auto altijd kuren heeft als hij er niet bij is. Ik ga naar bed en laat me verder niet meer tot discussies verleiden.

De volgende dag ga ik met tegenzin aan het werk. Ik heb de winkel nog maar nauwelijks geopend of de leraar komt me omstandig bedanken voor mijn hulp, maar hij vraagt niet eens hoe het zijn vrouw verder is vergaan. Wat een hypocriet!

Een tijdje later komt pater Giuliano, die van me wil horen wat er is gebeurd. Hij heeft met ons te doen om wat we allemaal hebben moeten doormaken en stelt me royaal schadeloos, maar het troost me niet. Via de radioverbinding heeft hij gehoord dat de vrouw het naar omstandigheden goed maakt.

De drukte in de winkel is zwaarder voor me dan ik wil toegeven. Sinds het voorval slaap ik slecht, en als ik slaap droom ik de vreselijkste dingen over mijn zwangerschap. Na drie zware nachten ben ik zo geradbraakt dat ik Lketinga alleen naar de winkel stuur. Hij moet vandaag maar samen met Anna bedienen. Ik zit thuis met mama onder de grote boom. 's Middags komt de dokter langs, die me vertelt dat het weer beter gaat met de vrouw van de leraar, maar dat ze nog wel een paar weken in Maralal moet blijven.

We praten over het gebeurde, en hij probeert mij gerust te stellen door te zeggen dat het allemaal alleen maar komt omdat zij dat kind helemaal niet wilde. Volgens hem heeft zij met haar mentale kracht de auto laten stoppen. Voor hij weggaat vraagt hij nog wat er met mij aan de hand is. Ik antwoord dat ik me slap voel, wat ik wijt aan de recente emoties. Maar hij waarschuwt me bezorgd dat ik alert moet zijn op malaria; mijn ogen hebben een geel waas.

In de rats om mijn kind

's Avonds wordt er bij ons een schaap geslacht. Ik heb hier nog nooit schapenvlees gegeten en ben dus erg nieuwsgierig. Mama maakt ons deel klaar: ze kookt een paar stukken in schoon water. Met kommen tegelijk drinken we het vette, maar laffe kookvocht. Volgens mama is dat goed als je zwanger bent en aan moet sterken. Maar kennelijk geldt dat niet voor mij, want die nacht krijg ik diarree. Ik kan nog net mijn man wekken, die me helpt de toegang tot de kraal vrij te maken van doornstruiken, maar daarna red ik het geen twintig meter meer. De diarree lijkt nooit meer op te houden. Ik sleep me terug naar onze manyatta, en Lketinga maakt zich ernstige zorgen om mij en om ons kind.

De volgende ochtend herhaalt alles zich nog eens, en nu moet ik ook nog overgeven. Ik heb het koud ondanks de enorme hitte. Nu zie ik zelf ook dat mijn ogen geel zijn, en ik stuur Lketinga naar de missiepost. Ik maak me zorgen vanwege mijn kind, want ik weet zeker dat dit het begin van de volgende malaria-aanval is. Nog geen tien minuten later hoor ik de auto van de missiepost, en pater Giuliano komt de hut binnen. Als hij mij ziet, vraagt hij wat er is gebeurd. Ik vertel hem nu voor het eerst dat ik in de vijfde maand ben. Hij is verrast, want hij had er nog niets van gezien. Hij biedt meteen aan me naar het missieziekenhuis in Wamba te brengen, omdat anders de kans bestaat dat ik een miskraam krijg. Ik pak nog gauw een paar spullen bij elkaar, en dan vertrekken we. Lketinga gaat niet mee, want er moet immers iemand op de winkel letten.

De auto van pater Giuliano is comfortabeler dan de mijne. Hij rijdt als een gek, maar hij kent de weg als zijn broekzak. Toch heb ik moeite om me goed vast te houden, omdat ik steeds één hand tegen mijn buik druk. Er wordt weinig gezegd tijdens de rit van bijna drie uur naar het missieziekenhuis. Twee blanke zusters staan ons op te wachten. Ik word, door hen ondersteund, naar een onderzoekskamer gebracht, waar ik op een bed kan gaan liggen. Ik kijk mijn ogen uit, zo schoon en netjes is het hier. Desondanks voel ik me daar op dat bed hulpeloos, en ik word erg verdrietig. Als pater Giuliano binnenkomt om afscheid te nemen, springen de tranen me in de ogen. Hij vraagt geschrokken wat er is. Ik weet het zelf niet eens! Ik zit in de rats om mijn kind. Bovendien heb ik mijn man alleen achtergelaten in de winkel. Hij probeert me te kalmeren en belooft dat hij iedere dag poolshoogte zal gaan nemen en via de radioverbinding al het nieuws aan de zuster door zal geven. Tegen zo veel begrip ben ik niet bestand, en ik lig alweer te janken.

Hij haalt een zuster en ik krijg een spuitje. Dan komt er een dokter om me te onderzoeken. Als hij hoort dat ik al vijf maanden zwanger ben, zegt hij bezorgd dat ik veel te mager ben en bloedarmoede heb. Daarom is het kind niet genoeg gegroeid. Dan stelt hij de diagnose: het beginstadium van malaria.

Angstig vraag ik wat de gevolgen zijn voor mijn kind. Hij wuift mijn bezorgdheid weg en zegt dat ik eerst zelf moet herstellen, dan is het kind ook veilig. Als ik nog later was gekomen, zou ik door mijn bloedarmoede een miskraam hebben gekregen. Maar nu is er goede hoop; het kind leeft in ieder geval. Bij die laatste woorden ben ik zo gelukkig dat ik alles op alles wil zetten om zo snel mogelijk weer gezond te worden. Ik word ondergebracht op de kraamafdeling, in een kamer met vier bedden.

Buiten bloeien hele bossen rode bloemen, alles is hier anders dan in Maralal. Ik ben blij dat ik zo snel tot actie ben overgegaan. De zuster komt aan mijn bed en vertelt me dat ik elke dag twee spuitjes zal krijgen, en tegelijkertijd een infuus met een zoutoplossing. Dat is dringend nodig om te voorkomen dat mijn lichaam uitdroogt. Zo moet malaria dus worden behandeld; pas nu begrijp ik dat het destijds in Maralal kantje boord is geweest. De bezorgdheid van de zusters hier is ontroerend. De derde dag mag ik eindelijk van het infuus af. Maar de spuitjes gaan nog twee dagen door.

In de winkel gaat alles prima, hoor ik van de zusters. Ik voel me als herboren en kan haast niet wachten tot ik weer naar huis mag, naar mijn man. Op de zevende dag komt hij met twee krijgers op bezoek. Ik ben erg blij, maar ook verbaasd dat hij de winkel onbeheerd heeft achtergelaten. 'No problem, Corinne, my brother is there!' zegt hij lachend. Dan vertelt hij dat hij Anna heeft ontslagen omdat ze ons heeft bestolen en een deel van de etenswaren heeft weggegeven. Ik kan dat niet geloven en vraag bezorgd wie mij dan nu moet helpen. Hij zegt dat hij een jongen in dienst heeft genomen die door hem en zijn oudere broer wordt gecontroleerd. Bijna schiet ik in de lach: hoe moeten twee bijna-analfabeten nu een jongen controleren die net van school komt?

De winkel is bijna leeg, vertelt hij verder. Daarom is hij hier met de landrover. Straks gaat hij door naar Maralal om samen met de twee krijgers een vrachtwagen te regelen. Ongerust vraag ik hoe hij die wil betalen. Hij laat zien dat hij zijn plastic tas vol bankbiljetten heeft. Hij heeft alles opgehaald bij pater Giuliano. Koortsachtig overdenk ik wat me te doen staat. Als hij met die twee krijgers naar Maralal gaat, zullen ze die drie op alle mogelijke manieren afzetten. De bankbiljetten liggen los in zijn tas, en hij heeft geen idee hoeveel geld het is.

Terwijl ik nog lig na te denken komt de dokter zijn visite afleggen, en de krijgers moeten weg. Volgens de dokter is de malaria voor deze keer overwonnen. Ik vraag hem of ik naar huis mag, en hij belooft me dat ik morgen mag vertrekken. Ik moet alleen nog wel rustig aan doen met werken, drukt hij me op het hart. En uiterlijk drie weken voor de dag dat ik ben uitgerekend moet ik me weer in het ziekenhuis melden. Ik ben opgelucht dat ik weg mag en vertel het aan Lketinga. Ook hij is blij en belooft me morgen te komen ophalen. De drie zullen in Wamba in een hotel overnachten.

Op de weg naar Maralal ga ik achter het stuur zitten, en zoals altijd als mijn man erbij is verloopt de rit zonder problemen. We kunnen al voor de volgende dag een vrachtwagen reserveren. In het hotel tel ik het geld dat Lketinga bij zich heeft. Tot mijn ontsteltenis merk ik dat we een paar duizend shilling tekortkomen om de lading te betalen. Ik ondervraag Lketinga, maar die zegt ontwijkend dat er nog wat in het magazijn is. En zo blijft me niets anders over dan weer geld van de bank te halen, in plaats van er verdiend geld op te zetten. Maar ik ben blij dat we zo snel terug kunnen naar Barsaloi. Tenslotte ben ik meer dan tien dagen van huis geweest.

De vrachtwagen neemt met een van de krijgers aan boord de lange route, wij rijden door het oerwoud. Ik ben gelukkig dat ik bij mijn man ben, en lichamelijk voel ik me fit. Het regelmatige eten in het ziekenhuis heeft me goed gedaan.

Op de helling des doods

Onderweg zien we dat er hier vóór ons iemand heeft gereden. Het zijn nog verse sporen, en aan het profiel kan Lketinga zien dat het vreemde auto's moeten zijn geweest. We passeren de helling des doods zonder problemen, en ik probeer niet aan de gruwelijke belevenis met de miskraam te denken.

We slaan de laatste bocht voor de rotsen om, en ik rem meteen af. Er staan twee oude legerlandrovers midden op de weg, en een paar blanken lopen opgewonden rond. We kunnen er met geen mogelijkheid langs, en we stappen uit om te kijken wat er aan de hand is. Ik begrijp dat het om een groep jonge Italianen gaat onder leiding van een zwarte.

Een van de jongemannen zit luid snikkend in de brandende zon op de grond, terwijl twee jonge vrouwen op hem inpraten. Ook bij hen lopen de tranen over het gezicht. Lketinga praat met de zwarte, en ik stoot wat Italiaanse klanken uit die ik me nog vaag kan herinneren.

Wat ik te horen krijg, bezorgt me ondanks de hitte van ongeveer veertig graden kippenvel. De vriendin van de huilende man is bijna twee uur geleden het dichte oerwoud naast de rotsen in gegaan om haar behoefte te doen. Ze waren gestopt omdat ze dachten dat de weg hier ophield. De vrouw had een paar meter gelopen en was toen voor hun ogen in de afgrond gestort. Ze hoorden een langgerekte schreeuw en daarna een klap. Sindsdien hebben ze geen levensteken meer vernomen, hoewel ze hebben geroepen en hebben geprobeerd in de steile kloof af te dalen.

Ik ril van afschuw, want ik weet dat er geen enkele hoop is. Opnieuw roept de man luidkeels de naam van zijn vriendin. Aangedaan loop ik naar mijn man. Ook hij is in de war; hij zegt dat die vrouw dood is, want de afgrond is hier ongeveer honderd meter diep en daar beneden is een opgedroogde rivierbedding vol stenen. Geen mens is ooit van hierboven naar beneden gekomen. De Italianen hebben het kennelijk wel geprobeerd, want er liggen een paar aan elkaar geknoopte klimtouwen op de grond. De twee meisjes houden de man vast, die volkomen buiten zinnen is, baadt in zijn zweet en trillend en met een vuurrood hoofd in de verzengende hitte zit. Ik loop naar hen toe en stel voor dat ze onder de bomen gaan zitten. Maar de man schreeuwt met wijdopen mond verder.

Als ik naar Lketinga kijk, merk ik dat hij ergens op broedt. Ik hol naar hem toe en vraag wat hij van plan is. Hij wil samen met zijn vriend proberen af te dalen om die vrouw naar boven te halen. In paniek houd ik hem vast en schreeuw: 'No, darling, that's crazy, don't go, it is very dangerous!' Lketinga duwt mijn hand weg.

De huilende man staat opeens naast mij en scheldt me uit omdat ik de reddingspoging wil tegenhouden. Woedend zeg ik tegen hem dat ik hier woon en dat Lketinga mijn man is. Hij wordt over drie maanden vader, en ik ben niet van plan mijn kind zonder vader op te voeden.

Maar Lketinga en de andere krijger beginnen intussen een meter of vijftig verderop al aan de gevaarlijke afdaling. Het laatste wat ik zie, zijn hun volledig verstarde gezichten. Samburu's mijden doden, er wordt zelfs niet over hen gesproken. Ik ga in de schaduw zitten en huil geluidloos.

Er is een halfuur verstreken en we hebben nog niets gehoord. Mijn angst heeft onverdraaglijke proporties aangenomen. Eén Italiaan gaat kijken bij de plaats waar ze aan de afdaling zijn begonnen. Hij komt opgewonden terug en vertelt dat hij de twee aan de andere kant van de kloof heeft gezien en dat ze een soort brancard bij zich hebben.

Er ontstaat een soort hysterie. Er verstrijken nog eens twintig minuten voordat de twee krijgers volkomen uitgeput uit het oerwoud komen. Meteen schieten een paar mensen toe om de brancard van hen over te nemen, die ze hebben geïmproviseerd van een kanga van Lketinga en twee lange takken.

Aan de gezichten van de Masai kan ik zien dat de vrouw dood is. Ook ik werp een blik op het lichaam, en ik verbaas me erover hoe jong ze is en hoe vredig ze erbij ligt. Als de weeë lucht er niet was geweest die een lijk bij deze hitte zelfs na drie uur al verspreidt, zou je kunnen denken dat ze slaapt.

Mijn man praat even met de zwarte leider van de groep, dan worden de landrovers een beetje aan de kant gezet. Lketinga start de motor; hij wil zelf rijden. Ieder protest van mijn kant is zinloos in de verstarde toestand waarin hij nu verkeert. Met de belofte dat we de missiepost op de hoogte zullen stellen, rijden we verder over de rotsen. In de auto wordt geen woord gezegd. Bij de eerste rivier stappen de twee mannen uit en wassen zich bijna een uur lang. Het is een soort ritueel.

Eindelijk rijden we verder, en de mannen praten op gedempte toon met elkaar. Kort voor zessen komen we in Barsaloi aan. Voor de winkel is al meer dan de helft van de spullen uitgeladen. De krijger die is meegereden en Lketinga's broer houden toezicht op de helpers. Ik maak de deur open en sta in een vuile winkel. Alles zit onder het maïsmeel, en overal in het rond liggen lege dozen. Terwijl Lketinga de spullen naar binnen brengt, ga ik naar de missionaris. Hij is verbijsterd over het ongeluk, hoewel hij via de radio al een vaag verhaal had gehoord. Hij stapt meteen in zijn landrover en rijdt weg.

Ik ga naar huis. Na al die emoties kan ik even niet tegen de drukte in de winkel. Mama wil natuurlijk weten waarom de vrachtwagen vóór ons hier was, maar ik kan haar slechts gebrekkig informatie geven. Ik zet thee en ga op bed liggen. In gedachten blijf ik bezig met het ongeluk. Ik neem me voor niet meer langs die weg te gaan; in mijn toestand is dat langzamerhand niet meer verantwoord. Tegen tienen komt Lketinga met de twee krijgers thuis. Ze koken gezamenlijk een pot maïspap, en praten aan één stuk door over het verschrikkelijke ongeluk. Op een gegeven moment val ik in slaap.

's Ochtends komen de eerste klanten ons al ophalen. Omdat ik benieuwd ben naar de nieuwe werknemer die de plaats van Anna heeft ingenomen, ga ik er al vroeg naartoe. Mijn man stelt me aan de jongen voor. Vanaf het allereerste moment staat hij me sterk tegen, niet alleen omdat hij er vreselijk uitziet, maar ook omdat hij een hekel lijkt te hebben aan werken. Maar ik doe mijn best om niets te laten merken van mijn vooroordeel, want ik mag nu echt niet meer zo hard werken als ik mijn kind niet wil verliezen. De jongen werkt maar half zo snel als Anna, en de helft van de klanten vraagt naar haar.

Nu wil ik toch eens van Lketinga weten waarom er in Maralal niet meer geld was. Ik heb met één oogopslag vastgesteld dat de voorraad in het magazijn onmogelijk verantwoordelijk kan zijn voor het verschil. Hij haalt een schriftje te voorschijn en laat me trots zien dat diverse personen nog bij ons in het krijt staan. Sommigen ken ik, maar van anderen kan ik de naam niet eens ontcijferen. Ik word chagrijnig, want voor we met de winkel begonnen, heb ik duidelijk gezegd: 'No credit!'

De jongen komt tussenbeide en verzekert me dat hij die mensen kent en dat het geen enkel probleem is. Toch ben ik het er niet mee eens. Verveeld, haast minachtend luistert hij naar mijn argumenten, wat me nog woedender maakt. Mijn man zegt uiteindelijk dat dit een Samburu-winkel is en dat hij zijn eigen mensen moet helpen. Ik word weer eens afgeschilderd als boze, hebzuchtige blanke, terwijl ik alleen maar voor mijn brood vecht. Met mijn geld in Zwitserland kan ik nog krap twee jaar vooruit, en dan? Lketinga loopt de winkel uit, omdat hij er niet tegen kan als ik fel word. Natuurlijk kijken alle aanwezigen direct naar ons zodra ik als vrouw iets luider spreek dan normaal.

Die dag discussieer ik eindeloos met klanten die erop gerekend hadden spullen op de pof te krijgen. Een paar volhouders blijven gewoon op mijn man wachten. Ik heb veel minder plezier in het werken met die jongen erbij dan met Anna. Ik durf nauwelijks naar de wc, omdat ik bang ben dat ik dan word bestolen. Omdat Lketinga pas tegen de avond terugkomt, heb ik meteen de eerste dag al meer gewerkt dan goed voor me is. Mijn benen doen pijn. Ik heb de hele dag weer niets gegeten. Thuis is er geen water en geen brandhout. Met enige weemoed denk ik terug aan de service in het ziekenhuis: driemaal daags eten zonder dat je zelf hoeft te koken.

Omdat ik nu veel sneller moe word in mijn benen, moet er iets gebeuren. Om aan te sterken heb ik niet genoeg aan 's ochtends thee en 's avonds eten. Ook mama is van mening dat ik veel meer moet eten, anders wordt het geen gezond kind. We besluiten zo gauw mogelijk te verhuizen naar de achterste vertrekken van de winkel. Zo moeten we onze mooie manyatta helaas na vier maanden alweer verlaten, maar mama zal er gaan wonen en is daar erg blij mee.

De volgende keer dat we een vrachtwagen huren, zullen we die een bed, een tafel en stoelen laten meenemen, zodat we kunnen verhuizen. Bij de gedachte aan een bed springt mijn hart op; van het slapen op de grond krijg ik ineens rugpijn. Meer dan een jaar is het prima gegaan.

Sinds een paar dagen zijn er wolken verschenen aan de anders altijd blauwe lucht. Iedereen wacht op regen. Het land is volledig uitgedroogd. De aarde is allang gebarsten en steenhard. Steeds opnieuw horen we verhalen over leeuwen die op klaarlichte dag kuddes aanvallen. De kinderen die de kuddes hoeden, raken vaak in paniek als ze zonder geiten naar huis moeten rennen om hulp te halen. Mijn man gaat tegenwoordig weer regelmatig de hele dag op pad met onze kudde, en er blijft mij niets anders over dan zelf de hele dag in de winkel een oogje te houden op de jongen en mee te helpen.

De grote regentijd

Op de vijfde bewolkte dag vallen de eerste druppels. Het is zondag, onze vrije dag. In allerijl proberen we stroken plastic over de manyatta te spannen, wat echter door de plotseling opgestoken harde wind niet meevalt. Mama zwoegt bij haar eigen hut, wij bij de onze. Dan striemt de regen neer. Zo'n stortbui heb ik van mijn leven nog niet meegemaakt. In een mum van tijd staat alles onder water. De wind blaast de vochtige lucht door alle kieren. We moeten het vuur doven, want de vonken vliegen alle kanten op. Ik trek alles aan wat ook maar enige warmte geeft. Na een uur lekt het op diverse plaatsen in onze hut, ondanks het plastic. Wat zal het bij mama en Saguna nat zijn!

Gestaag sijpelt het water van de ingang in de richting van onze slaapplaats. Met een kopje graaf ik een kuil in de grond, zodat het water niet verder kan komen. De wind rukt aan de stroken plastic, en ik verwacht ieder moment dat ze wegwaaien. Buiten ruist het alsof we midden in een woeste rivier zitten. Het water dringt nu ook vanuit de zijkanten onze hut binnen. Ik probeer alles zoveel mogelijk op hoge plekken te leggen. De dekens stop ik in de reistas, zodat die tenminste droog blijven.

Na ongeveer twee uur houdt het noodweer ineens op. We kruipen de hut uit, maar ik herken de omgeving niet meer. Sommige hutten hebben nauwelijks meer een dak, geiten rennen in verwarring rond. Mama staat kletsnat voor haar hut, die helemaal ondergelopen is. Saguna zit rillend en huilend in een hoek. Ik breng haar naar onze hut en trek haar een droge trui van mij aan. Daar kan ze tenminste een beetje in wegkruipen. Overal komen de mensen uit hun behuizingen. Er zijn hele beken ontstaan, die zich bruisend een weg banen naar de rivier. Plotseling horen we een knal. Ik kijk Lketinga geschrokken aan en vraag wat dat was. Hij lacht vanonder zijn rode deken en zegt dat de vloedgolf van de berg nu de rivier heeft bereikt. Er klinkt een geraas als van een grote waterval.

Lketinga wil met mij naar de grote rivier, maar mama vindt het niet goed. Het is daar veel te gevaarlijk, zegt ze beslist. Dus gaan we naar de andere rivier, naar de plek waar onlangs de lori in het zand bleef steken. Deze rivier is nu ongeveer vijfentwintig meter breed, die andere zeker driemaal zoveel. Lketinga heeft de wollen deken helemaal over zijn hoofd getrokken, en ik loop voor de eerste keer hier rond in spijkerbroek, trui en jack. De paar mensen die we tegenkomen, kijken stomverbaasd naar me. Ze hebben natuurlijk nog nooit een vrouw gezien met een broek aan. Ik moet oppassen dat hij niet afzakt, want hij kan vanwege mijn buikje niet meer dicht.

Het ruisen wordt steeds harder, tot we elkaar bijna niet meer kunnen verstaan. Dan zie ik de woeste rivier voor me. Ongelofelijk hoe hij is veranderd! De bruine stroom sleurt alles mee. Struiken en stenen drijven weg. Het natuurgeweld slaat me met stomheid. Plotseling meen ik iemand te horen schreeuwen. Ik vraag Lketinga of hij het ook heeft gehoord, maar hij zegt van niet. Dan hoor ik het heel duidelijk: er schreeuwt iemand. Nu heeft mijn man het ook gehoord. Waar komt het geluid vandaan? We rennen langs de hoge oever, goed oplettend dat we niet uitglijden.

Na een paar meter zien we iets verschrikkelijks. Midden in de rivier hangen twee kinderen, tot hun nek in het kolkende water, aan een paar rotsen. Lketinga aarzelt geen moment maar schreeuwt hun iets toe terwijl hij de helling begint af te dalen. Het is een afschuwelijk gezicht. Steeds weer spoelt het water over de hoofden van de kinderen. De handjes klampen zich vast aan de rotsen. Ik weet dat mijn man bang is voor diep water en ook niet kan zwemmen. Als hij in het snelstromende water valt, is hij reddeloos verloren. En toch kan ik heel goed begrijpen, en ben ik er trots op, dat hij de kinderen probeert te redden.

Hij pakt een lange stok en zwoegt tegen de golven in naar de rotsen toe, terwijl hij de kinderen voortdurend dingen toeroept. Ik sta te kijken en bid om goede beschermengelen. Hij heeft de rots bereikt, neemt het meisje op zijn rug en maakt rechtsomkeert. Als in trance kijk ik naar de jongen, die nog aan zijn rots hangt. Zijn hoofd is algauw niet meer te zien. Dan loop ik mijn man tegemoet en neem het meisje van hem over, zodat hij meteen terug kan gaan. Het kind is zwaar, en het kost me veel moeite haar de twee meter naar de oever te dragen. Ik zet haar neer en trek haar meteen mijn jack aan. Ze is ijskoud. Mijn lieveling redt ook de jongen, die water binnen heeft gekregen. Lketinga begint de jongen direct warm te wrijven, en ik doe hetzelfde met het meisje. Hun stijve ledematen worden langzaam iets soepeler. Maar de jongen is apathisch en kan niet meer lopen. Lketinga draagt hem naar huis, ik ondersteun het meisje. Ik ben aangedaan door het besef dat we maar net op tijd waren.

Mama zet een boos gezicht als ze het verhaal hoort en scheldt op de kinderen. Het blijkt dat ze met de kudde onderweg waren en de rivier wilden oversteken, net op het moment dat de vloedgolf kwam. Veel van de geiten zijn door het water meegesleurd, een paar hebben de oever kunnen bereiken. Mijn man legt me uit dat zo'n vloedgolf groter is dan hijzelf en zo onverwachts en snel van de berg naar beneden komt dat iedereen die op dat moment bij de rivier is erdoor wordt verrast. Ieder jaar verdrinken er wel een paar mensen en dieren. De kinderen blijven bij ons, maar hete thee is er niet, want al ons brandhout is nat.

Dan gaan we bij de winkel kijken. De veranda is met een dikke laag modder bedekt, maar binnen is het op twee kleine plassen na droog. We gaan naar het theehuis, maar ook daar is geen thee te krijgen. Het razen van de grote rivier is duidelijk te horen, en uiteindelijk gaan we toch nog kijken. Het ziet er angstaanjagend uit. Ook de twee paters zijn naar het geweld van het water komen kijken. Ik vertel hun in het kort wat er bij de andere rivier is gebeurd, en pater Giuliano stapt voor het eerst op mijn man af en bedankt hem met een handdruk.

Op de terugweg nemen we het kacheltje en de houtskool uit de winkel mee naar huis. Nu kunnen we in ieder geval voor iedereen thee zetten. De nacht is onbehaaglijk, omdat alles vochtig is. Maar 's ochtends schijnt de zon alweer. We hangen kleren en dekens over de doornstruiken te drogen.

Een dag later ondergaat alles opnieuw een metamorfose, ditmaal heel geleidelijk. Overal komt gras op, en de bloemen schieten zo snel uit de grond dat je ze haast kunt zien groeien. Duizenden witte vlindertjes dwarrelen als sneeuwvlokken boven het land. Het is heerlijk om te zien hoe in dit dorre landschap het leven ontwaakt. Na een week is heel Barsaloi één onafzienbare, paarse bloemenzee.

Maar er is ook een keerzijde. 's Avonds zoemen er ontelbare muskieten om ons heen; uiteraard slapen we onder het muskietennet. Het wordt zo erg dat ik 's avonds in de manyatta zelfs ook nog een muskietenstok aansteek.

Er zijn nu tien dagen verstreken sinds de grote regenbui, en we zijn nog steeds van de buitenwereld afgesneden door de twee brede rivieren. Hoewel je ze te voet al kunt oversteken, is dat met de auto nog te gevaarlijk. Dat heeft pater Giuliano me terdege ingeprent. Er zijn al een paar auto's in de rivier blijven steken; je kon zien hoe het drijfzand ze langzaam opzoog.

Na een paar dagen wagen we het erop en rijden naar Maralal. We nemen de omweg, omdat de weg door het bos nat en glibberig is. Deze keer krijgen we niet meteen een vrachtwagen, en we moeten vier dagen blijven rondhangen in Maralal. We gaan op bezoek bij Sophia. Het gaat goed met haar. Haar buik is al zo dik dat ze zich haast niet meer kan bukken. Van Jutta heeft ze niets meer gehoord.

Mijn man en ik zitten meestal in het toeristenhotel. Het is nu heel spannend om bij de drinkplaats voor de wilde dieren te kijken. Tijd genoeg immers. Op de laatste dag kopen we een bed met matras, een tafel met vier stoelen en een kleine kast. De meubels zijn niet zo mooi als die in Mombasa, maar wel duurder. De chauffeur kijkt niet erg blij als hij die spullen ook nog moet ophalen, maar ik ben tenslotte degene die de vrachtwagen betaalt. Wij rijden achter hem aan en bereiken Barsaloi, na een rit van zes uur, nu eens zonder problemen; zelfs geen lekke band. Eerst laten we de meubels in het achterste vertrek zetten, dan volgt het gebruikelijke uitladen van de andere spullen.

Weg uit de manyatta

De volgende dag verhuizen we naar de winkel. Het is drukkend warm. De bloemen zijn alweer verdwenen; de geiten hebben geen half werk gedaan. Ik schuif met de meubels heen en weer, maar echt gezellig zoals in de manyatta wil het maar niet worden. Maar ik verwacht wel een minder omslachtig leven én regelmatig eten, wat nu dringend nodig is.

Als de winkel gesloten is, gaat mijn man snel even naar huis om zijn die-ren te begroeten. Ik maak een stevige eenpansmaaltijd klaar met verse aardappelen, rapen en kool.

De eerste nacht slapen we allebei slecht, hoewel we heerlijk liggen in het bed. Het zinken dak tikt voortdurend, zodat we geen oog dicht-doen. Om zeven uur 's ochtends klopt er iemand aan de deur. Lketinga gaat kijken en staat oog in oog met een jongen die suiker wil hebben. Welgemoed geeft hij hem zijn halve kilo en sluit de deur weer af. Voor mij is het nu gemakkelijk mijn ochtendtoilet te maken, omdat ik me goed kan wassen bij een wasbak. Het wc-huisje is maar vijftig meter lo-pen. Ik vind het leven hier comfortabeler, maar minder romantisch.

Overdag, als Lketinga ook in de winkel is, kan ik af en toe eventjes gaan liggen. Tijdens het koken ben ik altijd weer voor in de winkel. Ik heb een meisje dat water voor me haalt bij de missiepost. Dat kost wel iets, maar nu hoef ik niet meer naar de rivier. Bovendien is het helder en schoon water. Een week lang gaat alles prima, maar dan begint het bekend te worden dat we nu in de winkel wonen. Er komen voortdu-rend klanten om drinkwater bedelen. In de manyatta's is het gebruike-lijk om aan dit verzoek gehoor te geven. Maar 's middags is er van mijn twintig liter al bijna niets meer over. Voortdurend zitten er krijgers op ons bed op Lketinga te wachten, en dus ook op thee en eten. Zolang er volop etenswaren in de winkel zijn, kan hij moeilijk zeggen dat we niets hebben.

Na zulke bezoeken is het één grote troep in de woonruimte. Overal liggen vuile pannen en afgekloven botten op de grond. Tegen de mu-ren kleeft bruin slijm. Mijn wollen deken en de matras zitten onder de rode oker van de lichaamsbeschildering van de krijgers. Ik maak een paar keer ruzie met mijn man, omdat ik me misbruikt voel. Soms heeft hij begrip voor me en stuurt de krijgers naar mama's hut, maar een an-dere keer kiest hij partij voor hen en gaan ze met zijn allen weg. Ook voor hem is dit een nieuwe situatie, waar hij niet altijd mee kan om-gaan. We moeten een manier vinden om de wetten van de gastvrijheid te eerbiedigen zonder over ons heen te laten lopen.

Ik heb vriendschap gesloten met de vrouw van de dierenarts en word daar af en toe op de thee gevraagd. Ik probeer haar mijn probleem uit-een te zetten, en tot mijn verbazing begrijpt ze me meteen. Ze zegt dat de manyatta-mensen zo zijn, maar dat aan die gastvrijheid in de grotere plaatsen paal en perk is gesteld. Je bent alleen verplicht onderdak te ver-lenen aan familieleden en heel goede vrienden, maar zeker niet aan ie-dereen die langskomt. 's Avonds vertel ik Lketinga wat ik te weten ben gekomen, en hij belooft de regels voortaan ook op die manier toe te passen.

De komende weken zijn er in de buurt diverse bruiloften. In de meeste gevallen gaat het om oudere mannen die een derde of vierde vrouw nemen. Het zijn altijd jonge meisjes, wier ellende vaak van hun gezichten af te lezen is. Het is geen uitzondering dat het leeftijdsverschil dertig jaar of meer bedraagt. De meisjes die als eerste vrouw met een krijger trouwen, zijn nog het beste af.

Onze suikervoorraad neemt snel af, want dikwijls is als bruidsschat honderd kilo suiker nodig en voor het feest zelf ook nog een paar kilo. En zo breekt weer eens de dag aan dat we nog wel volop maïsmeel hebben, maar geen suiker meer. Twee krijgers die over vier dagen gaan trouwen, staan wanhopig in de winkel. Ook bij de Somaliërs is de suiker allang op. Met tegenzin ga ik op weg naar Maralal. De dierenarts gaat met me mee, wat ik erg prettig vind. We nemen weer de omweg. Hij gaat zijn loon ophalen en meteen weer mee terug. De suiker heb ik snel ingeslagen. Ik neem ook nog miraa mee, dat heb ik Lketinga beloofd.

De dierenarts neemt ruimschoots de tijd. Het is al bijna vier uur als hij eindelijk opduikt. Hij stelt voor de weg door het oerwoud te nemen. Ik ben daar niet echt voor, want ik heb die weg sinds de grote regentijd niet meer gereden. Maar volgens hem is het daar nu wel droog. We gaan op weg. We moeten af en toe door grote modderpoelen, maar met de vierwielaandrijving is dat geen probleem. Bij de helling des doods ziet de weg er nu heel anders uit. Het water heeft diepe geulen getrokken. We stappen uit en onderzoeken te voet waar we het beste langs kunnen rijden. Behalve op één plek, waar een barst van minstens dertig centimeter dwars over de weg loopt, zie ik overal mogelijkheden om erdoor te komen.

We wagen het erop. Ik rijd over de hogere gedeelten en hoop dat we niet omlaag glijden, want dan zitten we vast in de modder. We halen het en zijn opgelucht. Bij de rotsen is het in ieder geval niet glad. De auto hobbelt krakend over de stenen. Het ergste hebben we al gehad, nu komt er nog een stuk van twintig meter met steengruis.

Ineens rammelt er iets onder de auto. Ik rijd eerst door maar stop dan toch maar, omdat het geluid harder wordt. We stappen uit. Er is vanbuiten niets te zien. Ik kijk onder de auto en ontdek wat er mis is. Aan één kant zijn alle veren op twee na gebroken, zodat er praktisch geen vering meer is. De losse stukken schrapen over de grond.

Daar sta ik weer eens met die rotauto! Ik ben woedend op mezelf dat ik me heb laten overhalen om via deze weg te rijden. De dierenarts stelt voor gewoon verder te rijden; dat overweeg ik niet eens. Ik bedenk wat we moeten doen. Ik haal de touwen uit de auto en zoek stukken hout van de juiste grootte. We binden alles stevig vast tegen de onderkant van de auto en schuiven als laatste de stukken hout ertussen, zodat de veren de touwen niet stuk kunnen schuren. Langzaam rijd ik verder tot we de eerste manyatta's bereiken. Daar laden we vier van de vijf zakken uit en slaan ze op in de eerste hut. De dierenarts zegt tegen de mensen dat ze de zakken niet mogen openmaken. Voorzichtig rijden we door naar Barsaloi. Ik wind me zo op over die ellendige auto dat ik er buikpijn van krijg.

Gelukkig bereiken we zonder verdere incidenten onze winkel. Lketinga kruipt meteen onder de auto om vast te stellen of alles echt zo is als wij zeggen. Hij begrijpt niet waarom ik die zakken suiker onderweg heb uitgeladen en weet absoluut zeker dat ze er straks niet meer zullen zijn. Ik ga naar het woonvertrek om even te liggen, want ik ben vreselijk moe.

De volgende ochtend ga ik naar pater Giuliano om hem de auto te laten zien. Ietwat geïrriteerd zegt hij dat de missiepost geen garage is. Hij zou de auto half uit elkaar moeten halen om de onderdelen weer aan elkaar te lassen, maar daar heeft hij nu werkelijk geen tijd voor. Voordat hij nog meer kan zeggen, ga ik teleurgesteld naar huis. Ik voel me door iedereen in de steek gelaten. Zonder de hulp van pater Giuliano kom ik nooit meer met die auto in Maralal. Lketinga vraagt wat de pater heeft gezegd. Als ik hem vertel dat hij ons niet kan helpen, zegt hij alleen maar dat hij altijd wel heeft geweten dat die man niet deugt. Zo hard val ik hem niet, want hij heeft ons al heel wat keren geholpen als we in de puree zaten.

Lketinga en de jongen werken in de winkel, ik slaap de hele morgen. Ik voel me helemaal niet goed. De suiker is 's middags al uitverkocht, en ik kan mijn man er slechts met de grootste moeite van weerhouden de rest te gaan halen met de kapotte auto. Tegen de avond komt de nachtwaker van pater Giuliano met de boodschap dat we de auto toch maar moeten komen brengen. Opgelucht dat hij zich heeft bedacht stuur ik Lketinga ernaartoe, want ik ben net aan het koken. Om zeven uur sluiten we de winkel; Lketinga is nog niet terug. Wel staan er twee krijgers die ik niet ken voor de deur te wachten. Ik heb al gegeten als hij eindelijk terugkomt. Hij was thuis bij mama om naar de dieren te kijken. Vrolijk lachend komt hij mij mijn twee eerste eieren brengen. Sinds gisteren legt mijn kip. Nu kan ik mijn menu uitbreiden. Ik zet thee voor het bezoek en kruip daarna uitgeput onder het muskietennet in bed.

De drie anderen eten, drinken en kletsen. Ik val steeds eventjes in slaap. Midden in de nacht word ik bezweet en dorstig wakker. Mijn man ligt niet naast me. Ik weet niet waar de zaklantaren is, dus ik kruip onder de deken en het net uit om op de tast naar de watertank te zoeken. Ik stoot met mijn voet tegen iets wat op de grond ligt. Voordat ik me kan afvragen wat het is, hoor ik een grommend geluid. Verstijfd van schrik vraag ik: 'Darling?' Eindelijk vind ik de zaklantaren. In het licht daarvan zie ik drie figuren die op de grond liggen te slapen. Een van hen is Lketinga. Voorzichtig stap ik over de lijven heen naar de watertank. Als ik weer in bed lig, klopt mijn hart nog steeds in mijn keel. Met die vreemden in de kamer kan ik nauwelijks meer slapen. 's Ochtends heb ik het zo koud dat ik niet onder mijn deken vandaan kom. Lketinga zet voor iedereen thee; ik ben blij dat ik iets warms krijg. De drie lachen hartelijk om het voorval van de afgelopen nacht.

De jongen staat vandaag alleen in de winkel, want Lketinga is met de twee anderen naar een huwelijksceremonie gegaan. Ik blijf in bed. 's Middags komt pater Roberto ons de vier zakken suiker brengen die we onderweg hebben achtergelaten. Ik ga de winkel in om hem te bedanken. Daarbij merk ik dat ik duizelig word. Ik ga onmiddellijk weer liggen. Het zint me niets dat die jongen alleen is, maar ik voel me te ziek om hem te controleren. Een halfuur nadat de suiker is gebracht breekt de gebruikelijke chaos in de winkel los. Ik lig in bed; van slapen kan met die herrie en dat gekakel geen sprake zijn. 's Avonds sluiten we de winkel. Ik ben alleen.

Het liefst zou ik nu naar mama gaan, maar ik heb het al weer koud. Ik heb geen zin om voor mezelf te koken en ga maar weer onder het muskietennet liggen. Die beesten zijn nog steeds talrijk en erg agressief. Die nacht krijg ik last van koortsrillingen. Mijn tanden klapperen zo hard dat ik vrees dat het tot in de volgende hut te horen is. Waarom komt Lketinga niet thuis? De nacht wil maar niet om. Nu eens heb ik het vreselijk koud, het volgende ogenblik breekt het zweet me uit. Ik moet eigenlijk naar de wc maar durf niet alleen naar buiten. In mijn nood plas ik in een leeg conservenblik.

Vroeg in de ochtend wordt er aan de deur geklopt. Ik vraag eerst wie het is, want in verkopen heb ik geen zin. Dan hoor ik eindelijk de vertrouwde stem van mijn lieveling. Hij ziet meteen dat er iets niet in orde is, maar ik stel hem gerust, omdat ik niet nog een keer bij de missiepost wil aankloppen.

Opgewekt vertelt hij me over de huwelijksceremonie van een krijger, en dat er hier over twee dagen een safari-rally voorbij zal komen. Hij heeft al een paar auto's gezien. Waarschijnlijk komen er vandaag een paar chauffeurs langs om de route naar Wamba te verkennen. Ik geloof er niet echt in, maar laat me ondanks mijn ziekte graag door zijn enthousiasme aansteken. Wat later gaat hij informeren hoe het met onze auto staat, maar die is nog niet klaar.

Tegen tweeën hoor ik een hels kabaal. Tegen de tijd dat ik bij de ingang van de winkel ben, zie ik nog net hoe een stofwolk langzaam in de verte verdwijnt. De eerste verkenner is voorbijgeraasd. Binnen de kortste keren staat half Barsaloi aan de kant van de weg. Ongeveer een half-uur later raast er een tweede auto voorbij, en vlak daarna een derde. Het is een merkwaardig gevoel hier midden in de wildernis, in een volledig andere wereld, op deze manier te worden 'ingehaald' door de beschaving. We wachten nog een hele tijd, maar voor vandaag is het spektakel voorbij. Dit waren de testrijders. Over twee dagen stuiven hier minstens dertig auto's langs. Ik verheug me op deze afwisseling, hoewel ik met hoge koorts in bed lig. Lketinga kookt voor me, maar alleen al bij het zien van het eten word ik misselijk.

De dag voor de rally gaat het heel slecht met me. Steeds opnieuw raak ik bij vlagen buiten bewustzijn. Al een paar uur voel ik het kind in mijn buik niet meer. Ik raak in paniek en vertel mijn man in tranen wat ik denk. Hij verlaat geschrokken het huis en komt met mama terug. Ze praat aan één stuk door tegen me, terwijl ze mijn buik bevoelt. Ze kijkt somber. Ik vraag huilend aan Lketinga wat er met het kind aan de hand is. Maar hij zit er hulpeloos bij en praat alleen maar met mama. Ten slotte vertelt hij me dat zijn moeder gelooft dat ik door een vloek ben getroffen die me ziek maakt. Iemand wil mij en onze baby doodmaken.

Ze vragen me met welke oude mensen ik de laatste tijd heb gepraat in de winkel, of de oude Somaliërs hier zijn geweest, of een oude man me heeft aangeraakt of naar me heeft gespuugd en of iemand een zwarte tong naar me heeft uitgestoken. Ze bestoken me met hun vragen, en ik word bijna hysterisch van angst. In mijn hoofd gonst het onophoudelijk: mijn baby is dood!

Mama gaat weg en belooft terug te komen met een goed medicijn. Ik weet niet hoe lang ik daar heb liggen snikken. Als ik mijn ogen opendoe, zie ik zes tot acht oude mannen en vrouwen om mijn bed staan. Ze bidden aan één stuk door: 'Enkai, Enkai!' Ze wrijven om beurten over mijn buik en prevelen ondertussen iets. Ik vind alles best. Mama houdt een beker tegen mijn lippen met een drank die ik in één teug moet opdrinken. Het is vreselijk scherp spul, dat brandt in mijn mond, en ik ril ervan. Op hetzelfde moment voel ik twee-, driemaal achter elkaar iets rukken en schoppen in mijn buik; ik grijp er geschrokken naar. Alles draait voor mijn ogen. Ik zie alleen nog oude gezichten boven me en wil het liefste dood. Mijn kind leefde vast nog, maar nu is het zeker dood, is het laatste wat ik denk, en ik schreeuw: 'Jullie hebben mijn kind doodgemaakt, darling, they have now killed our baby!' Ik voel hoe mijn laatste krachten en mijn wil om verder te leven me ontglippen.

Opnieuw worden er minstens tien handen op mijn buik gelegd, die wrijven en duwen. Daarbij wordt er luid gebeden en gezongen. Plotseling bolt mijn buik iets op, en ik voel een beweging. De eerste keer durf ik het haast niet te geloven, maar ik voel het nog een paar keer. De oude mensen hebben het blijkbaar ook gemerkt, want de gebeden worden zachter. Als ik begrijp dat mijn baby nog leeft, stroomt er een nieuwe levenskracht in me, waartoe ik mezelf al niet meer in staat achtte. 'Darling,' zeg ik, 'please go to pater Giuliano and tell him about me. I want to go to the hospital.'

Flying doctor

Even later verschijnt pater Giuliano. Op zijn gezicht staat pure ontzetting te lezen. Hij praat even met de oudjes en vraagt mij in de hoeveelste maand ik ben. 'Het begin van de achtste maand,' antwoord ik zwakjes. Hij gaat proberen via de radioverbinding een *flying doctor* te bereiken. Dan laat hij ons alleen, en ook de oude mensen vertrekken. Alleen mama blijft. Ik lig drijfnat van het zweet in bed te bidden voor mijn kind en voor mezelf. Ik wil dit kind voor geen goud verliezen. Mijn geluk hangt af van het leven van dit schepseltje.

Plotseling hoor ik motorgeronk, niet van een auto maar van een vliegtuig. Midden in de nacht, hier, in het oerwoud, een vliegtuig! Buiten hoor ik stemmen. Lketinga gaat ook naar buiten en komt opgewonden weer terug. Een vliegtuig! Pater Giuliano komt en zegt dat ik maar een paar spullen mee mag nemen en snel in moet stappen, omdat de startbaan niet lang verlicht blijft. Ze helpen me uit bed. Lketinga pakt het allernoodzakelijkste in en ondersteunt me dan naar het vliegtuig.

Ik ben sprakeloos, zo fel verlicht is alles. Pater Giuliano heeft met behulp van zijn aggregaat een enorme schijnwerper ingeschakeld. Fakkels en petroleumlampen staan aan weerszijden langs het vlakke gedeelte van de weg. Grote witte stenen markeren de rest van de baan. De piloot, een blanke man, helpt me in het vliegtuig. Hij beduidt mijn man ook in te stappen. Lketinga staat er hulpeloos bij. Hij wil graag mee, maar kan zijn angst niet overwinnen.

Mijn arme liefste! Ik roep tegen hem dat hij hier moet blijven om op de winkel te passen; dan wordt de deur dichtgeslagen. We starten. Ik zit voor het eerst van mijn leven in zo'n klein vliegtuigje, maar voel me toch veilig. Na ongeveer twintig minuten vliegen zijn we boven het ziekenhuis van Wamba. Ook hier is alles felverlicht, maar hier is een echte landingsbaan. Nadat we zijn geland, zie ik dat twee zusters me met een rolstoel staan op te wachten. Moeizaam klim ik uit het vliegtuig, waarbij ik met één hand mijn buik ondersteun, die naar beneden lijkt te hangen. Als ik in de rolstoel naar het ziekenhuis word gereden, krijg ik weer een vreselijke huilbui; de troostende woorden van de zusters helpen niets, integendeel, ik ga nog harder huilen. Bij het ziekenhuis staat al een vrouwelijke arts klaar, een Zwitserse. Ook haar gezicht staat bezorgd, maar ze zegt troostend tegen me dat alles nu goed komt.

Ik lig in de onderzoekskamer in de gynaecologische stoel te wachten op de arts. Ik word me ervan bewust hoe vies ik ben en schaam me diep. Als ik me ervoor wil excuseren bij de arts, wuift hij mijn woorden weg en zegt dat we nu belangrijker dingen aan ons hoofd hebben. Hij onderzoekt me voorzichtig zonder instrumenten, alleen met zijn handen, en ik wil de woorden wel uit zijn mond trekken om te horen hoe het met mijn kind gaat.

Eindelijk spreekt hij het verlossende woord: het kind leeft. Maar het is wel veel te klein en te zwak voor de achtste maand, en we moeten alles proberen om een vroeggeboorte te voorkomen, omdat het kind al erg laag ligt. Dan komt de Zwitserse vrouwelijke arts terug met de volgende verpletterende mededeling: ik heb ernstige bloedarmoede en moet meteen een bloedtransfusie ondergaan wegens zware malaria. De andere dokter legt me uit dat het erg moeilijk is om aan bloed te komen. Het ziekenhuis beschikt slechts over een paar kolven bloed, en ik moet zelf een donor zien te vinden om de voorraad op peil te houden.

De moed zinkt me in de schoenen bij de gedachte dat ik hier in Afrika, in deze tijd van aids, een bloedtransfusie zal krijgen. Angstig vraag ik of het bloed wel goed gecontroleerd is. Hij antwoordt eerlijk dat dat maar ten dele het geval is, omdat patiënten met bloedarmoede normaliter eerst een donor in hun eigen familie moeten proberen te vinden voordat ze een transfusie kunnen krijgen. Hier sterven de meeste mensen aan malaria of aan de bloedarmoede die daar het gevolg van is. Maar een paar liter bloed komt van donoren uit het buitenland naar het missieziekenhuis.

Ik lig in de stoel en probeer mijn gedachten onder controle te krijgen. Bloed betekent aids, dreint het door mijn hoofd. Ik waag het te zeggen dat ik bedank voor die dodelijke ziekte. Nu wordt de dokter heel serieus en duidelijk. Hij zegt dat ik kan kiezen: dit transfusiebloed of een wisse dood. Er verschijnt een Afrikaanse zuster, die me weer in de rolstoel zet en naar een kamer met drie andere vrouwen brengt. Ze helpt me uit de kleren, en ik krijg hetzelfde ziekenhuisuniform aan als iedereen hier.

Eerst krijg ik weer een spuitje, en dan krijg ik een infuus in mijn linkerarm. De Zwitserse arts komt binnen met een zakje bloed. Met een geruststellend glimlachje vertelt ze me dat ze het laatste Zwitserse bloed van mijn bloedgroep bij zich heeft. Daarmee kan ik tot morgen toe, en de meeste blanke missiezusters zijn bereid bloed voor mij te geven als de bloedgroep overeenkomt.

Ik ben ontroerd door al die goede zorgen, maar ik probeer mijn tranen te onderdrukken en bedank haar. Als ze de slang voor de transfusie aan mijn rechterarm bevestigt, doet het ontzettend pijn, want de naald is erg dik en ze moet een paar maal prikken voor het levensreddende bloed in mijn ader vloeit. Mijn armen worden aan het bed vastgebonden, zodat ik de naalden er niet in mijn slaap uit kan trekken. Ik moet een treurige aanblik bieden, en ik ben blij dat mijn moeder niet weet hoe ellendig ik eraan toe ben. Ook als alles goed afloopt, zal ik haar er nooit iets over schrijven. Met dit voornemen val ik in slaap.

Om zes uur worden de patiënten gewekt voor het temperaturen. Ik ben nog helemaal uitgeput, omdat ik hoogstens vier uur heb geslapen. Om acht uur krijg ik weer een spuitje, en tegen de middag nieuw bloed. Ik heb geluk: de zakjes bloed zijn gegeven door de zusters. Nu hoef ik me in ieder geval geen zorgen meer te maken om aids.

's Middags wordt de normale zwangerschapscontrole uitgevoerd. Mijn buik wordt betast, er wordt naar het hartje van de baby geluisterd en mijn bloeddruk wordt gemeten. Meer kunnen ze hier niet doen. Ik kan nog niets eten, want de geur van kool maakt me zoals gewoonlijk misselijk. Desondanks voel ik me aan het eind van de tweede dag een stuk beter. Na een derde bloedtransfusie voel ik me net een bloem die na een hele tijd eindelijk water krijgt. Iedere dag komt er weer wat meer leven in mijn lichaam. Na de laatste bloedtransfusie kijk ik voor het eerst sinds lange tijd weer eens in mijn handspiegel. Ik herken mezelf nauwelijks terug. Mijn ogen zijn groot en liggen diep in hun kassen, mijn jukbeenderen steken uit en mijn neus is lang en spits. Mijn haar plakt flets en iel tegen mijn bezwete hoofd. En dat terwijl ik me al zoveel beter voel, denk ik geschrokken. Maar tot nu toe heb ik alleen maar gelegen; in die drie dagen ben ik niet één keer mijn bed uit geweest, want ik zit nog steeds aan het infuus wegens de malaria.

De zusters zijn erg aardig en komen zo vaak ze kunnen langs. Maar ze maken zich zorgen omdat ik nog steeds niets eet. Op een van hen ben ik speciaal gesteld geraakt; zij straalt een goedheid en warmte uit die me ontroeren. Op een dag komt ze met een sandwich met kaas van de missiepost aanzetten. Ik heb al zo lang geen kaas meer gegeten dat het me geen moeite kost voorzichtig aan dit brood te beginnen. Vanaf die dag kan ik weer vast voedsel tot me nemen. Nu is het ergste voorbij, denk ik verheugd. Mijn man krijgt via de radioverbinding het bericht dat de baby en ik vooruitgaan.

Ik ben hier al een week als de Zwitserse arts me aanraadt naar Zwitserland te gaan voor de bevalling. Ik kijk haar geschrokken aan en vraag waarom. Ik ben te zwak en veel te mager voor een vrouw in de achtste maand. Als ik hier geen goede voeding krijg, bestaat er een reëel gevaar dat ik het hernieuwde bloedverlies en de inspanningen bij de bevalling niet overleef. Ze hebben hier geen zuurstofapparatuur, en er zijn geen couveuses voor de baby's. Evenmin worden er hier pijnstillers gegeven bij de bevalling, gewoon omdat die er niet zijn.

De schrik slaat me om het hart bij de gedachte in mijn toestand naar Zwitserland te moeten vliegen. Ik zeg tegen de arts dat ik zeker weet dat ik dat niet aankan. We zoeken naar andere mogelijkheden, want ik moet in de weken die me nog resten minstens aankomen tot zeventig kilo. Ik mag niet naar huis, want dat is vanwege de malaria te gevaarlijk. Dan schiet Sophia in Maralal me te binnen. Die heeft een mooie woning en kan goed koken. De arts is ook ingenomen met dit idee. Maar ik mag pas op z'n vroegst over twee weken het ziekenhuis uit.

Omdat ik overdag niet meer zoveel slaap, kruipt de tijd voorbij. Ik kan nauwelijks een gesprek voeren met mijn kamergenotes. Het zijn Samburu-vrouwen die al een paar kinderen hebben. Sommigen van hen zijn bekeerd door de missiepost, anderen zijn hierheen gebracht omdat er complicaties zijn opgetreden. Elke middag is het bezoekuur, maar op de kraamafdeling komen niet veel bezoekers: kinderen krijgen is een vrouwenzaak. Ondertussen vermeien hun mannen zich waarschijnlijk met hun andere echtgenotes.

Ik begin me er ook zorgen over te maken dat mijn liefste nooit op bezoek komt. Onze auto moet inmiddels wel gerepareerd zijn, en zo niet, dan kan hij te voet in zeven uur hier zijn, wat voor een Masai niet veel is. Ik krijg wel bijna elke dag de groeten van hem via de zusters; hij gaat daarvoor steeds persoonlijk naar pater Giuliano. Hij is de hele dag in de winkel en helpt de jongen. Die winkel kan me op dit moment gestolen worden, ik heb geen zin om me nóg meer zorgen te maken. Maar hoe moet ik Lketinga uitleggen dat ik tot na de geboorte van ons kind niet meer thuis kan komen? Ik zie zijn wantrouwige gezicht al voor me.

De achtste dag staat hij opeens in de deuropening. Een beetje onwennig, maar stralend gaat hij op de rand van het bed zitten. 'Hello Corinne, how are you and my baby? Are you okay?' Dan overhandigt hij me een pakketje gebraden vlees dat hij bij zich heeft; ik ben ontroerd. Pater Giuliano is hier ook, daarom kon hij meerijden. We hebben weinig gelegenheid om tederheden uit te wisselen, want de andere vrouwen staren naar ons of horen hem uit. Toch ben ik blij dat hij er is, en ik zeg expres niets over mijn plan om de komende weken in Maralal door te brengen. Hij belooft terug te komen zodra de auto gerepareerd is. Pater Giuliano komt ook nog eventjes naar me kijken, en dan zijn ze alweer met z'n tweeën verdwenen.

Nu schijnen de dagen die komen me nog langer toe. De enige afleiding bestaat uit de bezoekjes van de zusters en de doktersvisites. Af en toe brengt iemand me een krant. In de tweede week loop ik elke dag een stukje door het ziekenhuis. Het zien van al die grotendeels ernstig zieken grijpt me erg aan. Het liefst sta ik bij de bedjes van de pasgeboren kinderen en verheug me op mijn eigen kind. Ik wens hartstochtelijk dat het een gezond meisje wordt. Ze zal vast heel mooi zijn, met zo'n vader. Maar er zijn ook dagen dat ik bang ben dat mijn kind niet normaal wordt door al die medicijnen.

Aan het eind van de tweede week komt Lketinga weer op bezoek. Als hij me bezorgd vraagt wanneer ik eindelijk naar huis mag, kan ik er niet meer omheen en moet ik hem van mijn plan vertellen. Meteen betrekt zijn gezicht, en hij vraagt op indringende toon: 'Corinne, why do you not come home? Why you will stay in Maralal and not with mama? You are okay now and you get your baby in the house of mama!' Hij wil de uitleg die ik hem geef niet accepteren. Tot slot zegt hij: 'Now I know, maybe you have a boyfriend in Maralal!'

Dat ene zinnetje is erger dan een klap in mijn gezicht. Ik heb het gevoel dat ik in een diep gat val en kan alleen nog maar janken. Dat is voor hem het bewijs dat hij het goed heeft geraden. Woedend ijsbeert hij door de kamer, terwijl hij steeds maar zegt: 'I'm not crazy, Corinne, I'm really not crazy, I know the ladies!'

Plotseling staat er een blanke zuster in de kamer. Geschrokken kijkt ze eerst mij en dan mijn man aan. Ze wil meteen weten wat er is gebeurd. Ik probeer het haar in tranen te vertellen. Ze praat met Lketinga, maar dat heeft pas enig effect als de dokter erbij wordt gehaald, die heftig op hem inpraat. Met tegenzin geeft hij zijn toestemming, maar ik kan op dit moment geen blijdschap meer voelen. Daarvoor heeft hij me te erg gekwetst. Hij verlaat het ziekenhuis, en ik weet niet eens of ik hem hier of pas in Maralal terug zal zien.

De zuster komt nog eens bij me zitten, en we praten. Ze maakt zich grote zorgen over de denkbeelden van mijn man en raadt me opnieuw aan mijn kind in Zwitserland ter wereld te brengen, omdat het dan mijn nationaliteit krijgt. Hier is het eigendom van de familie van mijn man, en ik kan niets doen zonder de toestemming van de vader. Vermoeid wuif ik het idee weg, ik voel me niet in staat tot die reis. Mijn man zou het trouwens nooit goedvinden dat zijn vrouw vijf weken voor de bevalling Kenia verlaat. Bovendien ben ik er diep vanbinnen van overtuigd dat hij weer rustiger en vrolijker wordt als de baby er eenmaal is.

De hele derde week hoor ik niets meer van hem. Enigszins teleurgesteld verlaat ik het ziekenhuis op de dag dat ik met een missionaris mee kan rijden naar Maralal. De zusters nemen hartelijk afscheid van me en beloven me mijn man via pater Giuliano te laten weten dat ik nu in Maralal ben.

Sophia

Sophia is thuis en ontzettend blij dat ik op bezoek kom. Als ik haar echter mijn situatie uiteenzet, zegt ze dat het wat het eten betreft prima is, maar dat ik niet bij hen kan slapen, omdat het achterste gedeelte van de woning als fitnessruimte voor haar vriend is ingericht. Een beetje verslagen zitten we samen na te denken waar ik dan heen zou kunnen gaan. Haar vriend gaat zowaar op zoek naar een kamer voor mij. Na een paar uur is hij terug met de mededeling dat hij wat heeft gevonden. Het is een kamer hier vlakbij, die lijkt op een hotelkamer, alleen met een groter en beter bed. Verder staat er niets. Als we gaan kijken, staan er meteen een paar vrouwen en kinderen om ons heen. Ik neem de kamer.

De dagen gaan langzaam voorbij. Alleen het eten is een waar genot. Sophia kookt fantastisch. Ik kom elke dag een beetje aan. Maar de nachten zijn verschrikkelijk. Tot diep in de nacht klinkt er van alle kanten muziek en gepraat. De kamer is zo gehorig dat het is alsof je met je buren in één vertrek woont. Iedere avond is het inslapen een beproeving.

Soms wil ik wel hardop schreeuwen van ellende door al dat lawaai, maar ik wil de kamer ook niet kwijt. 's Morgens was ik me er. Mijn kleren was ik ook om de andere dag, om wat te doen te hebben. Sophia maakt vaak ruzie met haar vriend, zodat ik na het eten meestal snel verdwijn. Mijn buik wordt steeds dikker, en ik ben er echt trots op.

Ik woon hier nu al een week, en mijn man heeft zich niet één keer laten zien, wat me verdriet doet. Wel ben ik James en een paar andere jongens in het dorp tegengekomen. Af en toe neemt Sali, Sophia's vriend, collega's mee naar huis voor het eten, en dan kaarten we. Dat is altijd erg gezellig.

Op een keer zitten we weer eens met zijn vieren te kaarten. De deur staat meestal open, zodat we meer licht hebben. Plotseling staat mijn man met zijn speren in zijn hand in de deuropening. Voordat ik hem zelfs maar kan begroeten, vraagt hij wie die andere man is. Iedereen lacht, behalve ik. Sophia wenkt dat hij binnen moet komen, maar hij blijft in de deuropening staan en vraagt scherp: 'Corinne, is this your boyfriend?' Ik schaam me dood voor zijn gedrag. Sophia probeert de spanning weg te nemen met een grapje, maar mijn man draait zich om en verlaat het huis. Langzaam ontwaak ik uit mijn verstarring en voel de woede opkomen. Ik zit hier, hoogzwanger, zie mijn man voor het eerst sinds tweeënhalve week, en hij zegt doodleuk dat ik een minnaar heb!

Sali gaat naar buiten om hem te zoeken, terwijl Sophia mij kalmeert. Sali blijft weg. Als er een hele tijd niets gebeurt, ga ik naar mijn kamer en wacht. Even daarna verschijnt Lketinga. Hij heeft gedronken en kauwt miraa. Ik lig verstijfd in bed en denk erover na hoe het verder moet. Dan, na meer dan een uur, biedt hij waarachtig zijn excuses aan: 'Corinne, my wife, no problem. Long time I have not seen you and the baby, so I become crazy. Please, Corinne, now I am okay, no problem!' Ik probeer te glimlachen en hem te vergeven. De volgende nacht gaat hij weer naar huis. De twee weken daarna zie ik mijn man niet meer; ik krijg alleen af en toe de groeten.

Dan is eindelijk de dag aangebroken dat Sophia en ik naar het ziekenhuis gaan. Sophia zal over ongeveer een week bevallen, ik over ongeveer twee weken. Vanwege de slechte wegen is ons aangeraden ruim op tijd te vertrekken. Opgewonden stappen we in de bus. Sophia's vriend brengt ons weg. In het ziekenhuis krijgen we een kamer met ons tweeën. Het is heerlijk. De zusters zijn opgelucht als ze me wegen en ik inderdaad goed blijk te zijn voor precies zeventig kilo. Nu is het wachten geblazen. Bijna elke dag brei ik iets voor mijn kind, terwijl Sophia de hele dag boeken leest over zwanger zijn en bevallen. Ik wil daar helemaal niets over weten, ik laat me verrassen. Sali komt ons regelmatig goed eten brengen uit het dorp.

De tijd verstrijkt traag. Dagelijks worden er kinderen geboren. We horen de vrouwen meestal tot in onze kamer. Sophia wordt steeds zenuwachtiger. Bij haar zou het nu bijna zover moeten zijn. Bij de dagelijkse onderzoeken wordt vastgesteld dat mijn baarmoeder al een beetje is opengegaan. Daarom krijg ik bedrust voorgeschreven. Maar daar komt het niet meer van, want de dokter is nog maar nauwelijks onze kamer uit of mijn vliezen breken. Verrast en blij kijk ik Sophia aan: 'I think my baby is coming!' Eerst wil ze het helemaal niet geloven, want ik heb nog meer dan een week te gaan. Ze haalt de dokter terug, en als die ziet wat er gebeurd is, zegt zij met een ernstig gezicht dat mijn kind inderdaad vannacht zal komen.

Napirai

Sophia is wanhopig omdat er bij haar niets gebeurt. Om acht uur krijg ik de eerste lichte weeën. Twee uur later zijn ze al heel heftig. Vanaf dat moment word ik om het halfuur onderzocht. Tegen middernacht houd ik het haast niet meer uit. Ik moet steeds overgeven van de pijn. Dan word ik eindelijk naar de verloskamer gereden. Het is dezelfde kamer waarin ik al eens eerder ben onderzocht in de gynaecologische stoel. De vrouwelijke dokter en twee zwarte zusters praten op me in. Merkwaardig genoeg versta ik geen Engels meer. Tussen de weeën door staar ik de vrouwen aan, maar ik zie alleen dat hun monden opengaan. Ik raak in paniek, omdat ik niet weet of ik alles wel goed doe. Ademen, goed ademen, herhaal ik steeds voor mezelf. Dan worden mijn benen vastgebonden aan de stoel. Ik voel me hulpeloos en zwak. Net als ik wil schreeuwen dat ik niet meer kan, houdt een zuster mijn mond dicht. Angstig kijk ik naar de dokter. Op dat moment hoor ik dat zij het hoofdje van het kind al kan zien. Bij de volgende wee moet het komen. Met mijn laatste krachten pers ik, tot ik een soort explosie in mijn onderlijf voel. Mijn dochtertje is geboren. Het is kwart over één. Een gezond meisje van 2960 gram is ter wereld gekomen. Ik ben intens gelukkig. Ze is net zo mooi als haar vader, en we zullen haar Napirai noemen.

Terwijl de dokter nog bezig is met de nageboorte en het hechten, gaat de deur open, en Sophia valt me blij om de hals. Ze heeft de geboorte vanachter het raam gevolgd. Ik krijg mijn kindje nog één keer te zien, daarna wordt het naar de andere pasgeborenen gebracht. Ik ben blij, want momenteel ben ik veel te zwak om haar op te tillen. Zelfs het kopje thee dat ik aangeboden krijg, kan ik niet vasthouden. Ik wil alleen maar slapen. Ik word in de rolstoel teruggebracht naar de kamer en krijg een slaappil.

Om vijf uur word ik wakker. Tussen mijn benen doet het gruwelijk zeer; ik wek Sophia, die meteen opstaat om een nachtzuster te zoeken. Ik krijg pijnstillers toegediend. Om acht uur sleep ik me moeizaam naar de babykamer om mijn kind te zien. Als ik het eindelijk heb gevonden, ben ik opgelucht, maar het schreeuwt van de honger. Ik moet het de borst geven, maar dat levert grote problemen op. Er komt geen druppeltje melk uit mijn inmiddels hevig gezwollen borsten. Het zuigen aan de tepel gaat ook niet. Tegen de avond houd ik het haast niet meer uit. Mijn borsten zijn keihard en doen pijn, en Napirai schreeuwt aan één stuk door. Een zwarte zuster geeft me een standje: ik moet meer mijn best doen om de melkklieren open te laten gaan, anders krijg ik een ontsteking. Onder gruwelijke pijnen probeer ik van alles. Er komen twee Samburu-vrouwen, die mijn borsten een halfuur lang 'melken' voordat eindelijk de eerste druppel komt. Maar dan houdt het ook niet meer op. Er komt zo veel melk dat mijn baby wéér niet kan drinken. Pas in de loop van de middag lukt het voor het eerst.

Sophia heeft al urenlang weeën, maar het kind wil niet komen. Ze huilt en schreeuwt en wil een keizersnee, wat de dokter niet goedvindt omdat er geen aanleiding voor is. Zo heb ik Sophia nog nooit meegemaakt. Het wordt de dokter een beetje te gortig, en hij dreigt dat ze het verder zelf maar moet uitzoeken als ze zich niet inhoudt. Het gesprek wordt in het Italiaans gevoerd, omdat de dokter net als zij uit Italië komt. Na een lijdensweg van zesendertig uur is eindelijk ook haar dochtertje ter wereld gebracht, met behulp van de vacuümextractor.

Die avond, als het bezoekuur net voorbij is, verschijnt mijn lieveling. Die ochtend heeft hij via de radioverbinding gehoord dat ons dochtertje is geboren, en hij is meteen te voet op weg gegaan naar Wamba. Hij heeft zijn haar mooi gemaakt en zichzelf extra fraai beschilderd, en hij begroet me opgewekt. Hij heeft vlees en een prachtige jurk voor mij meegenomen. Hij wil meteen Napirai zien, maar de zusters houden hem tegen en zeggen dat hij tot morgen moet wachten. Hoewel hij teleurgesteld is, kijkt hij me stralend, trots en gelukkig aan, wat nieuwe hoop in mij wekt. Hij besluit in Wamba te overnachten om hier morgen met het eerste bezoekuur terug te kunnen zijn. Hij komt, beladen met cadeautjes, de kamer binnen, net op het moment dat ik Napirai de borst geef. Dolgelukkig neemt hij zijn dochter in zijn armen en draagt haar het zonlicht in. Ze kijkt hem nieuwsgierig aan, en hij kan haar haast niet meer loslaten. Het is lang geleden dat ik hem zo vrolijk heb meegemaakt. Ik ben ontroerd en weet zeker dat alles nu weer goed komt.

De eerste dagen met de baby zijn vermoeiend. Ik ben nog steeds vrij zwak, ik weeg te weinig, en de hechtingen doen pijn als ik zit. Twee- à driemaal per nacht word ik wakker gemaakt door mijn meisje, ofwel omdat ze wil drinken, ofwel omdat ze verschoond moet worden. En als ze eindelijk een keer slaapt, huilt vaak het kind van Sophia. Er worden hier luiers van textiel gebruikt, en de baby's worden in kleine wasbakken gewassen. Van het luiers verschonen heb ik de slag nog niet echt te pakken. Mijn gebreide spulletjes trek ik haar niet aan uit angst een armpje of beentje te beschadigen. Dus ligt ze op haar luier na naakt op een babydekentje. Mijn man kijkt naar ons en constateert tevreden: 'She is looking like me!'

Hij komt elke dag op bezoek, maar hij begint ongeduldig te worden en wil met zijn gezin naar huis. Maar ik ben nog te zwak en zie er ook tegenop om helemaal alleen voor het kind te moeten zorgen. Luiers wassen, koken, hout zoeken en misschien weer meehelpen in de winkel – het lijkt me een haast onmogelijke taak. De winkel is sinds drie weken gesloten, omdat er alleen nog maïsmeel over was en de jongen niet langer betrouwbaar was, volgens Lketinga. Verder hebben we geen vervoer; hij is te voet hier, want met onze auto zijn er weer eens problemen. Deze keer is het de versnellingsbak, heeft pater Giuliano vastgesteld. Dus Lketinga moet eerst naar huis en dan weer met de landrover hiernaartoe om ons op te halen... als die tenminste gerepareerd is.

Dat geeft mij de kans om verder aan te sterken. Ook de vrouwelijke arts is blij dat ik nog een paar dagen blijf. Sophia daarentegen verlaat vijf dagen na de bevalling het ziekenhuis en gaat terug naar Maralal. Drie dagen later verschijnt mijn man met de gerepareerde auto. Zonder pater Giuliano zouden we volkomen machteloos staan. Ik wil zelf nu ook weg uit Wamba, want sinds Sophia weg is, lig ik al met de tweede Samburu-moeder op de kamer. De eerste, een oud uitziende, uitgemergelde vrouw, had eerst een vroeggeboorte van haar tiende kind en is dezelfde nacht aan uitputting en bloedarmoede overleden. Het ging zo snel dat er geen tijd meer was om haar familie te waarschuwen om een geschikte bloeddonor te zoeken. De emoties van die nacht hebben het een en ander van mijn krachten gevergd, en ik wil hier alleen nog maar weg.

De kersverse vader staat trots bij de receptie met zijn dochter op zijn arm, terwijl ik de rekening betaal. Voor tweeëntwintig dagen is dat, inclusief de bevalling, slechts honderdtien gulden; ik kan het haast niet geloven. Voor de *flying doctor* moet er meer geld op tafel komen: ruim duizend gulden. Maar wat is meer waard: duizend gulden of mijn leven en dat van Napirai?

Voor het eerst sinds lange tijd zit ik weer achter het stuur; mijn man zit naast me met Napirai. Al na honderd meter krijst de baby vanwege het vreselijke lawaai dat de auto maakt. Lketinga probeert haar te kalmeren door te zingen, maar het helpt niets. Dan rijdt hij verder, en ik geef Napirai de borst, zo goed en zo kwaad als het gaat. Hoe dan ook, voor de avond zijn we in Maralal. Ik moet nog luiers, een paar jurkjes en babydekentjes kopen. Verder willen we etenswaren inslaan, want in Barsaloi is er al weken niets meer. Er blijft ons niets anders over dan in het hotel te overnachten. Ik moet heel Maralal aflopen voor een handjevol luiers. Lketinga past op ons dochtertje.

De eerste nacht buiten het ziekenhuis is niet erg plezierig. Aangezien het in Maralal 's nachts heel koud wordt, heb ik problemen met het verwisselen van de luiers van Napirai. Ik heb het koud, en zij ook. Ik kan haar ook nog niet goed in het donker de borst geven. De volgende ochtend ben ik moe en opnieuw verkouden. De helft van de luiers is vies, dus ik was ze maar meteen uit. Tegen de middag is de auto volgeladen met etenswaren, en we vertrekken. We willen allebei de omweg nemen, maar mijn man constateert dat het in de bergen in de richting van Baragoi regent. Dan bestaat het gevaar dat de rivieren zich met water vullen en we er niet meer door kunnen. Daarom besluiten we de weg terug naar Wamba in te slaan om Barsaloi van de andere kant te bereiken. We rijden om beurten, want Lketinga kan inmiddels ook goed chaufferen. Hij rijdt alleen nog af en toe te hard door kuilen. Napirai vindt dat autorijden maar niks. Ze huilt voortdurend, maar zodra de auto stilstaat, wordt ze rustig. Daarom pauzeren we diverse keren.

Onderweg geeft Lketinga nog twee krijgers een lift, en na ruim vijf uur rijden zijn we bij de enorme Wambarivier. Hij is berucht om het drijfzand, dat bij het kleinste stroompje water al actief wordt. Hier is jaren geleden een auto van de missiepost verloren gegaan. Geschrokken stop ik voor de steile rivieroever. We zien water. De Masai stappen ongerust uit en dalen af naar de rivierbedding. Er staat niet veel water in, misschien twee of drie centimeter, en hier en daar vallen zandbanken droog. Maar pater Giuliano heeft me duidelijk genoeg gewaarschuwd: bij het kleinste beetje water wegblijven bij die rivier! Hij is tenslotte zo'n honderdvijftig meter breed. Ik zit achter het stuur van de auto en bedenk teleurgesteld dat we waarschijnlijk terug moeten naar Wamba. Een van de krijgers is al tot zijn knieën weggezakt. De ander waadt, slechts een meter naast mij, probleemloos verder. Lketinga probeert het ook, maar ook hij zakt steeds weg. Ik vertrouw de zaak niet en wil geen risico's nemen. Ik stap uit om dit aan mijn man mee te delen. Maar hij komt vastbesloten terug, neemt Napirai van me over en zegt dat ik vol gas tussen de twee krijgers door moet rijden. Wanhopig probeer ik dit uit zijn hoofd te praten, maar hij is niet te vermurwen. Hij wil naar huis, met de auto of te voet, en ik kan niet alleen met dat kind terugrijden.

Heel langzaam stijgt de rivier. Ik weiger over te steken. Nu wordt hij woedend; hij drukt me Napirai in de armen, gaat zelf achter het stuur zitten en wil wegrijden. Hij vraagt me om de autosleutel. Die heb ik niet; ik dacht dat hij in het contact zat, omdat de motor nog steeds draait. 'No, Corinne, please give me the key, now you have taken it that we go back to Wamba!' zegt hij geërgerd, terwijl zijn ogen fonkelen van woede. Ik loop naar de auto om te kijken. Hoe kan dat nou, de motor draait en de sleutel zit er niet in! Koortsachtig zoek ik op de grond en op de stoelen, maar de sleutel, onze enige sleutel, is weg.

Lketinga geeft mij de schuld. Hij gaat woedend achter het stuur zitten, schakelt de vierwielaandrijving in en geeft gas. Dit is zo'n waanzinnige onderneming dat ik me niet meer kan beheersen en een vreselijke huilbui krijg. Ook Napirai krijst uit alle macht. De auto rijdt de rivier in. De eerste paar meter gaat het goed, de wielen zakken nauwelijks weg, maar hoe verder hij komt, hoe langzamer hij gaat, en de achterwielen zakken door het zware gewicht langzaam weg. Hij is nog maar een paar meter verwijderd van een drooggevallen zandbank als de auto tot stilstand dreigt te komen omdat de wielen doordraaien. Ik bid, huil en vervloek de hele boel. De twee krijgers waden naar de auto, tillen hem op en duwen. Hij overbrugt ook de laatste twee meter, en de wielen krijgen weer grip. Met een flinke vaart neemt hij ook de tweede helft van de rivier. Mijn man heeft het 'm gelapt, maar ik ben niet trots op hem. Hij is veel te roekeloos geweest. Bovendien is die sleutel nog steeds zoek.

Een van de krijgers komt terug en helpt mij de rivier over. Ook ik zak een paar keer tot mijn knieën weg. Lketinga staat trots en wild naast de auto en zegt dat ik nu de sleutel terug moet geven. 'I don't have it!' schreeuw ik verontwaardigd. Ik ga naar de auto en doorzoek alles nog eens, opnieuw zonder resultaat. Lketinga schudt ongelovig zijn hoofd en gaat zelf zoeken. Al na een paar seconden heeft hij de sleutel in zijn hand. Hij was tussen de stoel en de rugleuning gegleden. Het is mij een raadsel hoe dat heeft kunnen gebeuren. Voor Lketinga is alles duidelijk: ik heb hem verstopt omdat ik niet door de rivier wilde. We rijden zwijgend het laatste stuk naar huis.

Als we eindelijk Barsaloi bereiken, is het al nacht. Natuurlijk gaan we eerst naar mama in de manyatta. O, wat is die blij! Ze neemt Napirai meteen in haar armen en zegent haar door haar voetzolen, handpalmen en voorhoofd nat te maken met spuug en daarbij tot Enkai te bidden. Tegen mij zegt ze ook een paar woorden, die ik niet versta. Ik heb last van de rook, en ook Napirai hoest. Maar de eerste nacht blijven we bij haar.

De volgende dag willen een paar mensen mijn baby zien, maar mama zegt dat ik het kind de eerste paar weken aan niemand mag laten zien, behalve als zij haar toestemming ervoor geeft. Ik begrijp dat niet en zeg: 'Waarom, ze is toch zo mooi!' Lketinga wijst me scherp terecht: ik mag niet zeggen dat ze mooi is, dat brengt alleen maar ongeluk. En vreemden mogen haar niet zien, omdat ze haar iets kwaads kunnen toewensen. In Zwitserland laat je je kinderen trots aan iedereen zien, hier moet ik mijn dochter verbergen of, als ik naar buiten ga, haar hoofdje bedekken met een kanga. Dit valt me zwaar.

Al drie dagen zit ik bijna de hele dag met mijn baby in de donkere manyatta, terwijl mama de ingang bewaakt. Mijn man treft voorbereidingen voor een feest ter ere van de geboorte van zijn dochter. Daarvoor moet een grote os worden geslacht. Er zijn diverse oude mensen aanwezig, die het vlees opeten en in ruil daarvoor onze dochter zegenen. Ik krijg de beste stukken, omdat ik moet aansterken.

's Nachts dansen een paar krijgers met mijn man, ter meerdere glorie van hem. Uiteraard krijgen zij later ook te eten. Mama heeft een kwalijk riekend drankje voor me gebrouwen, dat me moet beschermen tegen verdere ziektes. Terwijl ik dat opdrink, kijkt iedereen naar mij onder het uitspreken van 'Enkai'. Al na één slok kokhals ik van het brouwsel. Ik giet onopvallend zoveel mogelijk op de grond.

Tot mijn grote vreugde komen ook de dierenarts en zijn vrouw op het feest. Van hen hoor ik tot mijn verbazing dat de blokhut naast die van hen is vrijgekomen. Ik verheug me ontzettend op een nieuw huis met twee kamers en een wc binnenshuis. De volgende dag verhuizen we van de tochtige winkel naar de blokhut, die op ongeveer honderdvijftig meter afstand ligt. Ik moet hem eerst grondig schoonmaken. Mama past intussen voor het huis op onze dochter. Ze houdt het kind zo handig verborgen onder haar kanga, dat niemand het ziet.

Er komen steeds weer mensen naar de winkel die iets willen kopen. Hij ziet er leeg en verwaarloosd uit. Het kredietboekje is bijna vol. Het binnengekomen geld is weer niet genoeg om een vrachtwagen te huren, maar op dit moment kan en wil ik niet werken. De winkel blijft dus gesloten.

Elke dag ben ik de hele ochtend zoet met het wassen van de vieze luiers van de vorige dag. Mijn knokkels liggen na korte tijd weer helemaal open. Dit kan zo niet doorgaan. Ik ga op zoek naar een meisje dat me in huis en vooral bij het wassen kan helpen, zodat ik meer tijd heb voor Napirai en het koken. Lketinga snort een meisje voor me op dat net van school af is. Voor veertig gulden in de maand plus maaltijden wil ze wel water halen en wassen. Nu kan ik eindelijk van mijn dochtertje genieten. Ze is erg mooi en vrolijk en huilt bijna nooit. Ook mijn man ligt uur na uur met haar onder de boom voor de blokhut.

Langzamerhand krijg ik greep op de dagelijkse gang van zaken. Het meisje werkt heel langzaam, en ik krijg niet echt contact met haar. Het valt me op dat het wasmiddel snel op raakt. Ook onze voorraad rijst en suiker slinkt zienderogen. Omdat Napirai altijd meteen huilt als haar luier nat is en ik constateer dat de huid tussen haar beentjes rood en overgevoelig is, wordt het me te veel. Ik spreek het meisje aan en zeg haar dat ze de luiers net zo lang moet spoelen tot er geen Omo-resten meer in zitten. Ze is niet erg onder de indruk en zegt dat ze voor het geld dat ze verdient niet meer dan één keer water gaat halen bij de rivier. Boos stuur ik haar naar huis. Dan was ik liever zelf.

De mensen worden ongeduldig omdat ze honger hebben. Al meer dan een maand zijn de winkels leeg, en elke dag komen er mensen bij ons thuis vragen wanneer de winkel weer opengaat. Op dit moment zie ik echter geen mogelijkheid om weer aan het werk te gaan. Daarvoor zou ik naar Maralal moeten om een vrachtwagen te regelen. Maar met onze eigen auto ben ik te bang dat ik onderweg met de baby blijf steken. De versnellingsbak is slechts provisorisch opgelapt, het contactslot helemaal ontzet en er is te veel wat eigenlijk gerepareerd zou moeten worden.

Op een dag komt het adjunct-districtshoofd bij ons klagen over de honger onder de mensen. Hij weet dat er nog een paar zakken maïsmeel in de winkel liggen en verzoekt ons die in ieder geval nog te verkopen. Met tegenzin ga ik naar de winkel om de zakken te tellen. Mijn man gaat mee. Maar als we de eerste zak openen, ga ik zowat over mijn nek. Er kruipen dikke witte maden over het meel, en daartussen krioelen kleine zwarte kevertjes. We openen nog meer zakken, en overal is het hetzelfde liedje. Het districtshoofd poert wat in de zak en zegt dat het naar onderen toe beter wordt, maar ik weiger dit spul te koop aan te bieden.

Inmiddels is het kennelijk als een lopend vuurtje rondgegaan dat wij nog maïsmeel hebben. Er komen steeds meer vrouwen de winkel binnen, die bereid zijn de rommel te kopen. We bespreken wat ons te doen staat, en ik stel voor alles weg te geven. Volgens het districtshoofd moet ik dat niet doen, want daar komt binnen de kortste keren moord en doodslag van; hij raadt ons aan het spul goedkoper van de hand te doen. Inmiddels staan er vijftig mensen of meer in en voor de winkel, die uitnodigend grote en kleine zakken naar voren steken. Ik kan echter niet in de meelzakken grijpen, want ik gruw van die wriemelende maden, tenslotte zit Napirai ook nog op mijn arm. Ik ga naar mama's hut om te kijken of Lketinga's oudere broer daar is. Hij is er inderdaad en gaat mee naar de winkel. Napirai vertrouw ik aan mama toe. We zijn nog net op tijd. Het districtshoofd weerhoudt de mensen ervan de winkel te bestormen, terwijl Lketinga verkoopt. Per persoon mag niet meer dan drie kilo worden verkocht. Ik leg de kilostenen op de weegschaal en reken af. De twee mannen wegen het weerzinwekkende maïsmeel af. We werken keihard en zijn blij dat het hoofd de orde een beetje handhaaft. Tegen acht uur 's avonds zijn alle zakken leeg en wij geradbraakt. Maar we hebben eindelijk weer wat geld in kas.

Tegen het eind van de werkdag overdenk ik deze verkoop, en ik besef dat onze winkel in een grote behoefte voorziet. Maar veel tijd voor overpeinzingen is er niet: ik moet naar huis, naar mijn baby. Bezorgd snel ik in het donker naar de manyatta's. Mijn kind heeft al meer dan zes uur niet meer de borst gehad, en ik verwacht dan ook haar doodmoe aan te treffen. Maar bij het naderen van de manyatta hoor ik geen enkel geluid van haar, alleen mama die zingt. Ik kruip naar binnen en zie stomverbaasd dat mijn meisje aan de grote zwarte borst van mama zuigt. Ik ben helemaal sprakeloos. Mama lacht en reikt me mijn naakte baby aan. Als Napirai mijn stem hoort, verheft ze meteen de hare, maar zuigt zich daarna onmiddellijk aan mijn borst vast. Ik sta er versteld van dat mama haar met haar lege borst zo lang rustig heeft kunnen houden.

Korte tijd later verschijnt mijn man, en ik vertel hem van het gebeurde. Hij lacht en zegt dat dat hier normaal is. Ook Saguna heeft zo bij haar gelegen als klein meisje, zo gaat dat hier nu eenmaal. Het oudste meisje van de zoon gaat naar mama om haar later in het huishouden te helpen. Zij voedt het kind zo ongeveer vanaf haar geboorte op, aan haar eigen borst en met koeienmelk. Ik kijk naar mijn meisje. Hoewel ze smerig is en naar rook ruikt, ben ik heel trots op haar, en tegelijkertijd weet ik zeker dat ik mijn kind nooit aan iemand anders zal geven.

We drinken thee bij mama en gaan daarna terug naar ons huis. Lketinga draagt Napirai vol trots. Voor de deur staat het districtshoofd te wachten. Natuurlijk moet ik nog een keer thee voor hem zetten, ook al heb ik daar helemaal geen zin in. Plotseling staat Lketinga op, haalt tweehonderd shilling uit de doos met geld en geeft die aan het hoofd. Ik weet niet waarvoor het is, maar houd mijn mond. Nadat hij is vertrokken, hoor ik dat hij dat geld wilde voor zijn hulp tijdens de verkoop in de winkel. Ik erger me, omdat hij ons weer een poot heeft uitgedraaid. Hij was immers degene die wilde dat er verkocht werd, en het was zijn plicht als districtshoofd om de orde te handhaven, daar wordt hij door de staat voor betaald. Dit alles probeer ik Lketinga voorzichtig duidelijk te maken, en gelukkig merk ik dat hij zich deze keer ook ergert en me gelijk geeft.

De winkel blijft gesloten. De jongen die voor Lketinga heeft gewerkt, komt vaak langs. Hij neemt geen notitie van mij, wat me verder niet stoort. Ik hoor aan de gesprekken dat hij iets wil. Maar mijn man wuift het luchtig weg; hij wil zijn laatste loon, maar dat heeft hij allang gekregen. Ik houd me erbuiten, want ik was in Maralal en in het ziekenhuis en weet nergens van.

Ons leven verloopt rustig, en Napirai wordt een echt lekker hummeltje. Ik mag haar nog steeds niet aan vreemden laten zien. Telkens wanneer er iemand in de buurt komt, verstopt Lketinga haar onder haar dekentje, wat ze helemaal niet leuk vindt.

Op een dag zijn we na een bezoek aan de rivier op weg naar het theehuis, als er een oude man op Lketinga af stapt. Er wordt gepraat. Mijn man zegt me hier te wachten en loopt met grote passen naar het politiehuisje. Daar zie ik het opperhoofd, de jachtopziener en de jongen uit de winkel. Van een afstand sla ik de discussie ongerust gade. Napirai hangt in een kanga aan mijn zij en slaapt. Als Lketinga na meer dan een kwartier nog niet terug is, loop ik langzaam naar de mannen toe.

Er is iets aan de hand, dat zie ik aan het gezicht van mijn man. Hij is woedend en er wordt heftig geredetwist; de jongen staat een beetje ter zijde onverschillig toe te kijken. Ik hoor telkens het woord 'duka', winkel. Ik weet dat het opperhoofd Engels spreekt en vraag hem wat het probleem is. Ik krijg geen antwoord; in plaats daarvan geeft iedereen elkaar een hand, en Lketinga sluipt geërgerd weg. Ik ben in drie passen bij hem, pak hem bij zijn schouder en wil weten waar het over ging. Hij draait zich vermoeid naar me om en vertelt dat hij de jongen nog vijf geiten moet geven voor zijn werkzaamheden in de winkel, anders dreigt de vader van de jongen hem bij de politie aan te geven. Maar hij wil niet de gevangenis in. Ik snap er niets van.

Dringend vraag ik mijn man of de jongen elke maand zijn loon heeft gekregen. 'Yes, Corinne, I don't know why they want five goats, but I don't want to go again in prison, I'm a good man. The father of this boy is a big man!' Ik geloof Lketinga als ik zeg dat hij het geld heeft betaald. Dat ze hem nu met de gevangenis dreigen terwijl hij niets heeft gedaan, is iets wat ik maar heel moeilijk kan verkroppen, vooral omdat het de schuld van die jongen is. Ik vlieg woedend op hem af en schreeuw tegen hem: 'What do you want from me?' 'From you nothing, only from your husband,' zegt hij met een stompzinnige glimlach. Nu kan ik mezelf niet meer in de hand houden, en ik sla en schop hem in blinde woede. Hij wil terugwijken, maar ik pak hem bij zijn shirt en trek hem naar me toe, terwijl ik hem overlaad met Duitse scheldwoorden en op hem spuug.

De andere mannen houden me vast, en Napirai krijst als een mager speenvarken. Intussen staat Lketinga bij me en zegt geërgerd: 'Corinne, you are crazy, go home!' 'I'm not crazy, really not crazy, but if you give goats to this boy, I don't open this shop again!' De jongen wordt door zijn vader vastgehouden, anders zou hij me zeker aanvliegen. Ik ruk me

212

woedend los en loop met de gillende Napirai naar huis. Ik snap niet waarom mijn man zich zo laat intimideren, en dat opperhoofd begrijp ik evenmin. Voortaan ga ik voor alles geld vragen. Niemand stapt meer in onze auto voor hij heeft betaald! Een heleboel mensen staren me aan als ik met grote stappen voorbij kom, maar het kan me niets schelen. Ik weet dat ik de jongen en zijn vader diep heb beledigd, want vrouwen horen hier geen mannen te slaan; het omgekeerde mag wel.

Het duurt niet lang voordat Lketinga met het opperhoofd thuiskomt. Ze willen van me weten waarom ik het heb gedaan. Mijn man is hevig ontdaan, waardoor ik een nieuwe woede voel opkomen. Ik laat het opperhoofd ons kredietboekje zien, zodat hij kan zien dat we door die jongen nog duizenden shillings van mensen te goed hebben, die we misschien wel nooit meer krijgen. Bovendien staat hij zelf voor meer dan driehonderd shilling bij ons in het krijt. En dat wil dan vijf geiten van ons, wat gelijkstaat aan een half jaarsalaris! Nu dringt het ook tot het opperhoofd door, en hij verontschuldigt zich voor zijn beslissing. Maar we moeten wel een manier vinden om het met die oude eens te worden, want Lketinga heeft het oordeel al met een handopslag geaccepteerd.

De beleefdheid gebiedt dat ik thee zet voor het opperhoofd. Ik steek de houtskool in ons kacheltje aan en zet het buiten om het beter te laten trekken. Het is een heldere nacht vol sterren. Ik wil net weer naar binnen gaan als ik op slechts een paar meter afstand een gedaante met een blikkerend voorwerp in het oog krijg. Meteen ruik ik gevaar. Ik ga het huis in en waarschuw mijn man. Hij gaat naar buiten, en ik volg pal achter hem. Het opperhoofd blijft binnen. Ik hoor Lketinga vragen wie daar is. Kort daarop herken ik de stem en het silhouet van de jongen, die een machete in zijn hand heeft. Ik vraag hem boos wat hij hier te zoeken heeft. Hij antwoordt kortaf dat hij hier is om af te rekenen met de mzungu. Ik ga gauw weer naar binnen en vraag het opperhoofd of hij alles heeft gehoord. Hij knikt en komt nu ook naar buiten.

De jongen wil geschrokken wegrennen, maar Lketinga houdt hem vast en pakt hem de gevaarlijke machete af. Ik kijk het opperhoofd triomfantelijk aan: hij is getuige geweest van een poging tot moord. Hij moet hem arresteren, en morgen gaan we met z'n allen naar Maralal. Deze gevaarlijke gek wil ik niet meer in mijn buurt hebben. De jongen probeert alles te relativeren, maar ik sta erop dat hij wordt gearresteerd. Het hoofd gaat met de jongen weg. Mijn man verdwijnt ook, en ik schuif voor het eerst de grendel voor de deur.

Na een tijdje wordt er geklopt. Nadat ik voorzichtig heb gevraagd wie er is, laat ik de dierenarts binnen. Hij heeft het lawaai gehoord en wil weten wat er aan de hand is. Ik bied hem thee aan en vertel van het incident. Hij zegt dat ik juist heb gehandeld en biedt aan me te helpen. Hij begreep toch al nooit waarom we die rare jongen in onze winkel lieten werken, want hij heeft al heel wat op zijn kerfstok, dat zijn vader allemaal weer heeft moeten gladstrijken. Terwijl we zitten te praten, komt mijn man terug. Verbouwereerd kijkt hij eerst naar de dierenarts en vervolgens naar mij. De dierenarts begint een gesprek met hem. Ik neem afscheid en kruip onder het muskietennet bij Napirai.

Ik kan het gebeurde niet uit mijn hoofd zetten en kom maar moeilijk in slaap. Later komt Lketinga ook in bed. Hij probeert met me te vrijen. Ik heb daar helemaal geen zin in, bovendien ligt Napirai bij ons. Maar hij wil gewoon weer eens seks. We proberen het, maar het doet mij verschrikkelijk zeer. Woedend van de pijn duw ik hem weg. Ik zeg dat hij geduld moet hebben, tenslotte is Napirai nog maar vijf weken oud. Lketinga begrijpt de afwijzing niet en zegt boos dat ik het waarschijnlijk al met de dierenarts heb gedaan. Als ik dat verwijt naar mijn hoofd krijg, wordt het me na alles wat er gebeurd is te veel. Ik barst in tranen uit, maar ik kan en wil niet meer praten. Het enige wat ik nog tegen hem zeg, is dat hij vannacht niet in dit bed kan slapen. Ik zou zijn nabijheid na wat hij heeft gezegd en na wat ik vandaag heb meegemaakt niet meer kunnen verdragen. En zo maakt hij een slaapplaats voor zichzelf in het voorste vertrek. Napirai wil in de loop van de nacht twee- à driemaal bij me drinken; daarna moeten haar luiers worden verschoond.

Om een uur of zes 's ochtends, net als Napirai weer wil drinken, wordt er op de deur geklopt. Dat zal het opperhoofd wel zijn, maar ik ben na onze ruzie niet meer in de stemming om naar Maralal te gaan. Lketinga doet open; voor de deur staan de vader van de jongen en het opperhoofd. Terwijl ik mijn rok aantrek, wordt er heftig gediscussieerd. Na een halfuur komt mijn man met het opperhoofd ons huis binnen. Het valt me zwaar de mannen aan te kijken. Het hoofd brengt me de excuses van de jongen over en zegt dat de vader bereid is ons vijf geiten te geven als we niet naar Maralal gaan. Ik werp tegen dat daarmee mijn leven nog steeds gevaar loopt. Misschien probeert hij het morgen of overmorgen wel weer. In Maralal daarentegen gaat hij voor een paar jaar achter de tralies.

Het opperhoofd brengt mijn bezwaren over aan de oude man. Hij belooft me de jongen voor een poosje onder te brengen bij familie. Op mijn verzoek is hij bereid ervoor in te staan dat de jongen nooit meer dichter dan honderdvijftig meter bij ons huis zal komen. Nadat ik van het opperhoofd een schriftelijk bewijs van deze verklaring heb gekregen, ga ik akkoord. Lketinga gaat met de oude man mee om de geiten op te halen voor ze de kraal verlaten.

Ik ben blij dat hij weg is en ga tegen de middag naar de missiepost om mijn dochtertje te laten zien. Pater Giuliano heeft haar sinds Wamba niet meer gezien, en pater Roberto kent haar nog helemaal niet. Ze zijn allebei heel blij met mijn bezoek. Pater Giuliano kijkt met oprechte aanbidding naar mijn kleine meisje, dat bij het zien van zijn witte gezicht nieuwsgierig terugkijkt. Als hij hoort dat mijn man niet thuis is, nodigt hij me uit voor het middageten. Ik krijg zelfgemaakte deegwaren en sla. Het is een eeuwigheid geleden dat ik sla heb gegeten! Ik waan me in luilekkerland. Onder het eten vertelt pater Giuliano dat hij binnenkort minstens drie maanden met vakantie gaat naar Italië. Dat vind ik fijn voor hem, maar zelf vind ik het geen prettig idee om hier zonder hem te zijn. Hij is zo vaak mijn redder in de nood geweest.

We zijn net klaar met eten als plotseling mijn man ten tonele verschijnt. Er hangt meteen een spanning in de lucht: 'Corinne, why do you eat here and not wait for me at home?' Hij pakt Napirai op en gaat weg. Ik bedank de missionarissen inderhaast voor hun gastvrijheid en snel achter Lketinga en de baby aan. Napirai huilt. Als we thuis zijn, geeft hij mij het kind en vraagt: 'What do you have made with my baby, now she cries only, when she comes to me!' In plaats van te antwoorden vraag ik hem waarom hij nu al terug is. Hij lacht honend. 'Because I know you go to other men if I'm not here!' zegt hij. Ik word woedend over die eeuwige verdachtmakingen en scheld hem uit: 'You are crazy!' 'What do you tell me? I'm crazy? You tell your husband he is crazy? I don't want to see you again!' Met die woorden pakt hij zijn speren en verlaat het huis. Ik blijf als versteend zitten en begrijp niet waarom hij altijd maar denkt dat ik wat met andere mannen heb. Alleen maar omdat we al een tijd geen seks meer hebben gehad? Ik kan het toch ook niet helpen dat ik eerst ziek was en daarna een poos in Maralal? Bovendien vrijen Samburu's niet tijdens de zwangerschap.

Onze liefde heeft al meer klappen te verwerken gehad; zo kunnen we niet doorgaan. In mijn wanhoop ga ik met Napirai naar mama. Ik probeer haar zo goed en zo kwaad als het gaat de situatie uit te leggen. Daarbij stromen de tranen over mijn wangen. Ze zegt niet veel, alleen dat het normaal is dat mannen jaloers zijn, daar moet ik gewoon geen aandacht aan besteden. Dit advies troost me nauwelijks, en ik snik nog harder. Dan geeft ze me een standje en zegt dat ik geen reden heb om te huilen, omdat hij me niet heeft geslagen. Van die kant hoef ik dus geen hulp te verwachten; ik ga verdrietig naar huis.

Tegen de avond krijg ik bezoek van mijn buurvrouw, de vrouw van de dierenarts. Ze heeft kennelijk iets gemerkt van onze ruzie. We zetten thee en praten verlegen met elkaar. Ze zegt dat krijgers inderdaad erg jaloers zijn, maar dat ik toch in geen geval mag zeggen dat mijn man gek is. Dat is namelijk gevaarlijk.

Als ze weg is, voel ik me daar met Napirai erg eenzaam. Ik heb sinds gistermiddag niets gegeten, maar heb nog wel ruimschoots melk voor mijn baby. Die nacht komt mijn man niet thuis. Langzamerhand begin ik me bezorgd af te vragen of hij me echt heeft verlaten. De volgende ochtend voel ik me ellendig; ik kan nauwelijks uit bed komen. Mijn buurvrouw komt 's middags weer langs. Als ze ziet dat het niet goed met me gaat, neemt ze Napirai onder haar hoede en wast alle luiers. Dan haalt ze vlees en kookt met mijn laatste rijst een maaltijd voor me. Ik ben ontroerd over haar zorgzaamheid. Dit is de eerste keer dat er een vriendschap ontstaat waarin niet ik, de mzungu, degene ben die geeft, maar een vriendin mij zonder eigenbelang helpt. Ik eet het volle bord dapper leeg. Zij hoeft niets, omdat ze al gegeten heeft. Nadat ze bij mij alles heeft gedaan, gaat ze naar huis om daar ook nog eens het huishouden te doen.

Die avond komt Lketinga eindelijk terug. Hij groet me niet maar kijkt meteen in alle vertrekken. Ik probeer zo gewoon mogelijk te doen en bied hem eten aan, dat hij zowaar aanneemt. Dat is een teken dat hij thuis zal blijven. Ik ben blij en krijg weer hoop. Maar het loopt anders.

Quarantaine

Tegen negenen krijg ik verschrikkelijke maagkrampen. Ik lig in bed en trek mijn benen tot aan mijn kin op; zo houd ik het nog net uit. Zo kan ik Napirai de borst niet geven. Ze is bij papa en huilt. Deze keer toont hij veel geduld: hij loopt urenlang zingend met haar door het huis. Ze wordt steeds even rustig, maar begint dan weer te huilen. Tegen middernacht voel ik me zo beroerd dat ik moet overgeven. Al het eten komt er onverteerd weer uit. Ik braak en braak en kan niet meer ophouden, zelfs niet als er alleen nog een gele vloeistof uit komt. Ik heb de grond vies gemaakt, maar voel me te ellendig om de rommel op te ruimen. Ik heb het koud en weet zeker dat ik hoge koorts heb.

Lketinga maakt zich zorgen en gaat naar de buurvrouw, hoewel het al erg laat is. Het duurt niet lang of ze staat naast me. Alsof het de gewoonste zaak van de wereld is, ruimt ze alle viezigheid op. Ze vraagt me bezorgd of ik misschien weer malaria heb. Ik weet het niet, ik hoop alleen dat ik niet wéér naar het ziekenhuis hoef. De maagpijn trekt weg, en ik kan mijn benen weer strekken. Nu ben ik ook in staat Napirai de borst te geven.

De buurvrouw gaat naar huis, en mijn man slaapt naast het bed op een tweede matras. 's Morgens voel ik me iets beter, en ik drink de thee die Lketinga voor me heeft gezet. Maar na nog geen halfuur spuit alles er als een fontein weer uit. Tegelijkertijd krijg ik weer hevige maagpijnen. Die worden zo erg dat ik op de grond moet gaan zitten met mijn benen helemaal opgetrokken. Na een poosje trekt de pijn een beetje weg, en ik begin de baby en de luiers te wassen. Al na korte tijd ben ik helemaal uitgeput, hoewel ik momenteel pijn noch koorts heb. Ook de bekende koortsrillingen blijven uit. Ik betwijfel of het wel malaria is en denk dat mijn maag gewoon erg van streek is.

In de twee dagen die volgen houd ik niets binnen, geen eten en geen drinken. De pijnen worden steeds langduriger en heftiger. Mijn borsten slinken, omdat ik geen voedsel kan vasthouden. Na drie dagen ben ik volkomen uitgeput en niet meer in staat om op te staan. Weliswaar komt mijn vriendin elke dag helpen met het huishouden, maar ik zal Napirai toch zelf de borst moeten geven.

Vandaag komt mama bij ons, gealarmeerd door Lketinga. Ze kijkt naar me en drukt op mijn maag, wat vreselijk pijn doet. Dan wijst ze op mijn ogen, die geel zijn, en ook mijn gezicht heeft een vreemde kleur. Ze wil weten wat ik heb gegeten. Maar behalve wat water houd ik al een hele tijd niets meer binnen. Napirai huilt en wil de borst, maar ik kan haar niet meer vasthouden omdat ik niet meer zonder hulp overeind kan komen. Mama houdt haar tegen mijn slappe borst. Ik betwijfel of ik nog genoeg melk heb en vraag me bezorgd af wat ik mijn kind dán moet geven. Omdat ook mama zich geen raad weet met deze ziekte, besluiten we naar het ziekenhuis in Wamba te gaan.

Lketinga rijdt en mijn vriendin houdt Napirai vast. Ik ben zelf te zwak. Natuurlijk krijgen we onderweg weer een lekke band. Het is om hels van te worden, ik háát die auto. Moeizaam ga ik ergens in de schaduw zitten en geef Napirai de borst, terwijl de twee anderen de band verwisselen. Laat in de middag bereiken we Wamba. Ik sleep me naar de receptie en vraag naar de Zwitserse arts. Er verstrijkt meer dan een uur; dan verschijnt de Italiaanse dokter. Hij informeert naar mijn klachten en neemt me bloed af. Na enige tijd horen we dat het geen malaria is. Pas de volgende dag kunnen ze meer zeggen. Napirai blijft bij mij, terwijl mijn man en mijn vriendin opgelucht terugrijden naar Barsaloi.

Ik kom weer op de kraamafdeling te liggen, zodat Napirai naast me kan slapen in een kinderbedje. Omdat ze niet gewend is zonder mij in te slapen, huilt ze aan één stuk door, totdat een zuster haar bij mij in bed legt. Meteen zuigt ze zich vast en slaapt in. De volgende ochtend vroeg komt eindelijk de Zwitserse arts opdagen. Ze zet een bedenkelijk gezicht als ze mij en het kind in deze toestand terugziet.

Na een paar onderzoeken stelt ze haar diagnose: hepatitis! Ik begrijp niet meteen hoe erg dat is. Ze legt het me bezorgd uit: geelzucht, om precies te zijn een leverontsteking, die nog besmettelijk is ook. Mijn lever verwerkt geen voedsel meer. De pijnen treden op als ik ook maar het kleinste beetje vet tot me neem. Van nu af aan moet ik een streng dieet volgen en absolute rust houden, en ik kom in quarantaine. Vechtend tegen mijn tranen vraag ik hoe lang dat zal duren. Ze kijkt medelijdend naar mij en Napirai en zegt: 'Zeker zes weken! Dan is de ziekte niet meer besmettelijk, maar nog lang niet genezen.' Er moet ook worden gecontroleerd hoe het met Napirai is. Ik heb haar vast al aangestoken! Nu kan ik mijn tranen niet meer bedwingen. De aardige arts probeert me te troosten: het is immers nog niet zeker dat Napirai de ziekte ook heeft. Ook mijn man moet zich zo snel mogelijk laten onderzoeken.

Na dit verpletterende nieuws duizelt het me. Er komen twee zwarte zusters met een rolstoel, en ik word met mijn hele hebben en houden overgebracht naar een nieuwe vleugel van het ziekenhuis. Ik krijg een kamer met wc met aan de voorkant een glazen wand. Van binnenuit kan de kamer niet worden geopend. Er zit een luik in de deur, dat voor het verstrekken van het eten wordt gebruikt. Het is een nieuwe afdeling, en de kamer ziet er best aardig uit, maar toch voel ik me nu al een gevangene.

Onze spullen worden meegenomen om te worden gedesinfecteerd, en ik krijg het ziekenhuisuniform weer aan. Nu wordt ook Napirai onderzocht. Als er bij haar bloed wordt afgenomen, schreeuwt ze natuurlijk moord en brand. Ik heb erg met haar te doen: ze is nog zo klein, net zes weken oud, en moet al zoveel lijden. Ik krijg een infuus en er wordt een karaf water neergezet waarin een halve kilo suiker is opgelost. Ik moet veel suikerwater drinken, dan herstelt de lever zich het snelst. Verder heb ik rust nodig, absolute rust. Dat is alles wat ze voor me kunnen doen. Mijn baby wordt meegenomen. Ik ben wanhopig en huil mezelf in slaap.

Als ik wakker word, schijnt de zon fel. Ik weet niet hoe laat het is. Door de doodse stilte raak ik in paniek. Het is volkomen stil, en als ik iemand wil spreken, moet ik bellen. Er verschijnt een zwarte zuster achter de glazen ruit, die met me kan praten door de kleine gaatjes die in het luik zitten. Ik vraag hoe het met Napirai gaat. De zuster gaat een dokter halen. Er verstrijken minuten, die me in deze stilte voorkomen als een eeuwigheid. Dan komt de vrouwelijke arts mijn kamer binnen. Ik vraag geschrokken of ik haar zo niet kan besmetten. Ze stelt me glimlachend gerust: 'Als je één keer hepatitis hebt gehad, krijg je het nooit meer!' Zij heeft de ziekte jaren geleden al gehad.

Dan krijg ik eindelijk goed nieuws te horen. Napirai is volkomen gezond, maar weigert categorisch koeienmelk of poedermelk te drinken. Ik vraag met bevende stem of ik haar de komende zes weken helemaal niet meer mag vasthouden. Als ze morgen de andere voeding nog niet heeft geaccepteerd, zal ik haar toch de borst moeten geven, ook al is het besmettingsgevaar levensgroot, legt de arts me uit. Het is trouwens een wonder dat ze niet al besmet ís.

Tegen vijven krijg ik mijn eerste maaltijd: rijst met gekookte kool en een tomaat. Ik eet langzaam. Ik houd de kleine portie binnen, maar de pijn komt wel weer terug, zij het niet zo heftig. Tweemaal krijg ik Napirai door de glazen ruit heen te zien. Mijn meisje huilt, en haar buikje is ingevallen.

De volgende middag brengen de zusters me, ik ben ondertussen óp van de zenuwen, mijn kleine bruine hoopje mens. Er stroomt een geluksgevoel door mij heen dat ik al een hele tijd niet meer heb gevoeld. Ze zoekt gretig naar mijn borst en wordt rustig terwijl ze drinkt. Ik kijk naar haar en besef dat ik haar nodig heb om bij mezelf de rust en de kracht te vinden om deze isolatie te doorstaan. Onder het drinken kijkt ze me strak aan met haar grote, donkere ogen, en ik moet mezelf in bedwang houden om haar niet heel stevig tegen me aan te drukken. Als de arts later even komt kijken, zegt ze: 'Ik zie het al, jullie hebben elkaar nodig om gezond te worden of te blijven!' Ik kan voor het eerst weer glimlachen, en ik beloof haar mijn best te doen.

Iedere dag werk ik zo'n drie liter mierzoet water naar binnen, waarvan ik bijna moet kotsen. Omdat ik nu ook zout krijg, smaakt het eten me iets beter. Bij het ontbijt krijg ik thee en een soort knäckebröd met een tomaat of een vrucht; het middag- en avondeten is altijd hetzelfde: rijst, al of niet met in water gekookte kool. Om de drie dagen worden mijn bloed en mijn urine onderzocht. Na een week voel ik me beter, al ben ik nog wel heel zwak.

Na nog eens twee weken krijg ik de volgende tegenslag te verwerken. Aan mijn urine kunnen ze zien dat mijn nieren niet meer goed werken. Ik had weliswaar pijn in mijn onderrug, maar ik dacht dat dat kwam omdat ik de hele dag lig. Nu mag ik ook geen zout meer in het toch al smakeloze eten. Ik krijg een catheter, wat erg pijnlijk is. Ik moet elke dag opschrijven hoeveel ik drink, en de zuster kan dan aan het urinezakje zien hoeveel er weer uit komt. Eindelijk had ik weer de kracht om een paar stappen te lopen, en nu ben ik opnieuw aan mijn bed gekluisterd! In ieder geval is Napirai bij me. Zonder haar zou de aardigheid er allang af zijn. Ze moet voelen dat het niet goed met me gaat, want sinds ze bij me is, huilt ze niet meer.

Mijn man is twee dagen na mijn ziekenhuisopname op bezoek geweest. Hij is gezond en heeft zich de tien dagen daarna niet meer laten zien. Ik zal toen wel geen erg opwekkende aanblik hebben geboden, en we konden niet met elkaar praten. Hij stond verdrietig voor de glazen ruit en vertrok na een halfuur weer. Af en toe krijg ik de groeten van hem. Hij mist ons erg, en om de tijd te verdrijven is hij de hele dag met onze kudde op pad, hoor ik. Sinds het in Wamba bekend is geworden dat er een mzungu in het ziekenhuis ligt, staan er regelmatig vreemden voor het glas naar de baby en mij te staren. Soms staan er wel tien mensen. Ik vind dat telkens weer pijnlijk en trek het beddenlaken over mijn hoofd.

De dagen kruipen voorbij. Ik speel met Napirai of lees de krant. Ik ben hier nu al tweeënhalve week, en in die tijd heb ik geen zon op mijn huid gevoeld en geen frisse lucht ingeademd. Ook het sjirpen van de krekels en het gekwetter van de vogels mis ik erg. Langzaam zak ik weg in een depressie. Ik denk veel na over mijn leven en voel duidelijk dat ik heimwee heb naar Barsaloi en zijn bewoners.

Het bezoekuur komt dichterbij, en ik wil alweer wegkruipen onder de dekens als ik van de zuster hoor dat er bezoek voor me is. Ik loer naar het raam en zie daar Lketinga met een andere krijger staan. Hij kijkt stralend naar Napirai en mij. Bij het zien van mijn gelukkige, vrolijke man krijg ik direct een opgewekt gevoel dat ik al heel lang niet meer heb gehad. Wat zou ik graag naar hem toe gaan, hem aanraken en zeggen: 'Darling, no problem, everything will be okay.' In plaats daarvan houd ik Napirai zo dat ze haar papa kan zien en wijs naar hem. Ze trapt en zwaait vrolijk met haar dikke armpjes en beentjes. Als er weer vreemden door het raam proberen te gluren, zie ik dat mijn man ze streng toespreekt; ze sluipen weg. Ik moet lachen, en hij praat eveneens lachend met zijn vriend. Zijn beschilderde gezicht glanst in de zon.

Ach, ik hou ondanks alles nog steeds van hem! Het bezoekuur is voorbij, en we zwaaien naar elkaar. Door het bezoek van mijn man vind ik weer de psychische kracht om het vol te houden.

Na de derde week wordt het urinezakje weggehaald, omdat de waarden er nu veel beter uitzien. Eindelijk kan ik me echt wassen en zelfs douchen. Bij haar ronde is de vrouwelijke arts verbaasd hoe ik mezelf heb opgetut. Mijn haar is met een rood lint in een paardenstaart gebonden en ik heb lippenstift opgedaan. Ik voel me een heel ander mens. Als ze me toevertrouwt dat ik over een week al een kwartiertje naar buiten mag, ben ik gelukkig. Ik tel de dagen af tot het zover is.

De vierde week is voorbij, en ik mag met mijn dochter op mijn rug mijn kooi uit. De tropische lucht, die ik gretig in me opzuig, beneemt me zowat de adem. Ik registreer nu haarscherp hoe prachtig de vogels zingen en hoe heerlijk die rode struiken ruiken, want van dit alles ben ik een maand verstoken geweest. Ik zou wel willen juichen van blijdschap.

Omdat ik niet van de afdeling af mag, loop ik een stukje langs de andere ruiten. Wat ik daarachter zie, is verschrikkelijk. Bijna alle kinderen hebben misvormingen. Soms staan er wel vier bedjes in één kamer. Ik zie mismaakte hoofden en lichamen, kinderen met open ruggetjes, zonder benen of armen of met klompvoeten. Bij de derde ruit stokt de adem in mijn keel. Daar ligt een heel klein babylichaampje met een enorm hoofd, dat uit elkaar lijkt te willen spatten. Alleen de lippen bewegen, waarschijnlijk huilt het kind. Ik kan die aanblik niet langer verdragen en ga terug naar mijn kamer. Ik ben helemaal overstuur, want zulke misvormingen heb ik nog nooit gezien. Het dringt tot me door hoeveel geluk ik heb met mijn kind.

Als de arts bij me komt, vraag ik haar waarom die kinderen eigenlijk nog in leven zijn. Ze legt uit dat dit een missieziekenhuis is, waar niet aan stervensbegeleiding wordt gedaan. De meesten van die kinderen zijn voor de poorten van het ziekenhuis te vondeling gelegd en wachten hier op hun dood. Ik voel me nog miserabeler en vraag me af of ik ooit nog rustig en droomloos kan slapen. De arts stelt voor dat ik morgen aan de andere kant van de vleugel ga wandelen, zodat die aanblik me bespaard blijft. Op die plek blijkt zich een weiland met mooie bomen te bevinden, en we mogen daar elke dag een halfuurtje wandelen. Ik loop met Napirai door het groen en zing hardop. Ze vindt het leuk, want af en toe doet ze zelf ook een duit in het zakje.

Maar algauw drijft mijn nieuwsgierigheid me weer naar de mismaakte kinderen. Omdat ik er nu op voorbereid ben, schrik ik minder van de aanblik. Een paar van de kinderen merken dat er iemand naar hen staat te kijken. Als ik terug wil gaan naar mijn kamer, staat de deur naar de kamer met de vier bedjes open. De zwarte zuster die de kinderen verschoont, wenkt me lachend naderbij, en ik ga aarzelend in de deuropening staan. Ze laat me de verschillende reacties van de kinderen zien als ze tegen ze praat of lacht. Ik sta er versteld van hoe vrolijk die kinderen kunnen reageren. Ik ben aangedaan, en tegelijkertijd schaam ik me dat ik er ooit aan heb getwijfeld of deze schepsels het recht hebben om te leven. Ze kennen verdriet en vreugde en hebben honger en dorst.

Vanaf die dag ga ik steeds alle deuren langs en zing de drie liedjes die ik me nog herinner van mijn schooltijd. Ik ben opgetogen als ze al na een paar dagen verheugd reageren als ze me zien of horen. Zelfs de baby met het waterhoofd houdt op met jammeren als ik mijn liedjes zing. Eindelijk heb ik een manier gevonden om mijn eigen herwonnen levensvreugde met anderen te delen.

Op een dag rijd ik Napirai in een wandelwagentje in de zon heen en weer. Ze lacht vrolijk als de wielen knarsen en het wagentje hobbelt. Ze is ondertussen dé grote attractie onder de zusters. Ze verdringen zich om het lichtbruine meisje in hun armen te nemen. Ze laat alles geduldig toe en vindt het zelfs grappig. Opeens staat mijn man met zijn broer James voor mijn neus. Lketinga neemt meteen Napirai in zijn armen en tilt haar uit het wagentje. Dan begroet hij mij. Ik ben ontzettend blij met dit onverwachte bezoek.

Maar Napirai schijnt moeite te hebben met het beschilderde gezicht en het lange rode haar van haar vader, want al vrij snel begint ze te huilen. James loopt meteen naar haar toe en praat sussend tegen haar. Ook hij is helemaal weg van ons kind. Lketinga probeert het nog met een liedje, maar het helpt niets, ze wil weer naar mij. James neemt haar van hem over, en meteen wordt ze weer rustig. Ik sla mijn arm troostend om Lketinga heen en probeer hem uit te leggen dat Napirai eerst weer aan hem moet wennen, omdat we immers al meer dan vijf weken hier zijn. Wanhopig vraagt hij wanneer we dan eindelijk thuiskomen. Ik beloof hem het vanavond aan de dokter te vragen, en als hij dan weer op bezoek komt, vertel ik het hem.

Tijdens de middagvisite informeer ik bij de dokter, die me verzekert dat ik over een week naar huis mag, mits ik niet werk en me aan mijn dieet houd. Over drie à vier maanden mag ik voorzichtig weer eens wat vet proberen. Ik denk eerst dat ik het niet goed heb gehoord. De komende drie of vier maanden mag ik alleen maar in water gekookte rijst en aardappelen eten? Ik snák gewoon naar vlees en melk. Die avond komen Lketinga en James weer. Ze hebben mager gekookt vlees voor me meegenomen. Ik kan er geen weerstand aan bieden en eet, heel langzaam en goed kauwend, een paar stukken; de rest geef ik ze met tegenzin weer mee. We spreken af dat ze me over een week zullen komen halen.

Die nacht krijg ik hevige maagpijn. Het voelt alsof er een vuur in me brandt dat mijn maagwand verschroeit. Na een halfuur houd ik het niet meer uit, en ik bel de zuster. Als die ziet hoe ik in elkaar gerold door het bed kronkel, haalt ze de dokter erbij. Hij kijkt me streng aan en vraagt wat ik heb gegeten. Ik schaam me dood als ik moet toegeven dat ik vijf stukjes vlees zonder vet heb gegeten. Hij wordt erg boos en scheldt me uit voor stomme koe. Waarom ben ik eigenlijk hier gekomen als ik me toch niet aan hun voorschriften wil houden? Hij heeft er genoeg van me steeds uit de puree te halen; voortaan moet ik mijn eigen boontjes maar doppen!

Als de vrouwelijke arts niet net op dat moment de kamer binnen was gekomen, had ik vast nog meer te horen gekregen. Ik ben in ieder geval diep onder de indruk van de uitbarsting, want tot nu toe was hij altijd heel vriendelijk. Napirai krijst, en ik huil ook. De man verlaat de kamer, en de vrouwelijke arts troost me en verontschuldigt zich voor het gedrag van de dokter: hij is volkomen overwerkt. Hij heeft al jaren geen vakantie meer gehad en vecht dagelijks voor mensenlevens, vaak tevergeefs. Krom van de pijn bied ik mijn excuses aan; ik voel me een zware misdadigster. De arts gaat weg, en ik ploeter de nacht door.

Met smart wacht ik op mijn ontslag. Eindelijk is het zover. We hebben al afscheid genomen van de meeste zusters en wachten op Lketinga. Pas kort na de middag verschijnt hij, samen met James, maar hij straalt niet van blijdschap, wat ik eigenlijk wel verwacht had. Ze hebben onderweg pech gehad met de auto. De versnellingsbak deed het weer niet goed. Een paar keer kon hij niet in een hogere versnelling schakelen, en nu staat de auto ter reparatie bij de missiepost in Wamba.

Nairobi

James draagt Napirai en Lketinga mijn tas. Eindelijk weer vrij! Ik betaal aan de receptie voor mijn verblijf in het ziekenhuis en we lopen naar de missiepost. Er ligt een monteur onder de landrover, die aan verschillende onderdelen knutselt. Dan komt hij, bedekt met smeerolie, te voorschijn en zegt dat die versnellingsbak niet lang meer meegaat. De tweede versnelling kunnen we helemaal niet meer gebruiken.

Op dat moment zeg ik tegen mezelf dat het genoeg is geweest. Nu ik weer gezond ben en een baby heb, wil ik geen risico's meer nemen. Daarom stel ik mijn man voor naar Maralal te rijden en vandaar de bus te nemen naar Nairobi om een nieuwe auto te kopen. James is meteen enthousiast dat hij Nairobi zal zien. Voor het vallen van de duisternis bereiken we Maralal. Tijdens het rijden hebben we voortdurend een raar geluid gehoord, maar we hebben het hotel zonder ongelukken bereikt. Daar laten we de auto achter.

We vertrekken met zijn vijven naar Nairobi. James wilde namelijk per se een vriend meenemen, omdat hij in Nairobi niet in zijn eentje op een kamer wil slapen. We hebben ruim zestienduizend gulden in contanten bij ons, alles wat we bij elkaar konden schrapen van de winkel en mijn rekening. Hoe we aan een nieuwe auto moeten komen weet ik nog niet, want er zijn in Kenia geen autozaken waar je rustig een tweedehands auto kunt uitzoeken. Er is een groot tekort aan auto's.

We bereiken de stad tegen vier uur 's middags, en deze eerste dag gaat voorbij met het zoeken van een overnachtingsplek voor ons allemaal. Het Igbol zit helemaal vol. Daarom proberen we het weer in het ons bekende goedkope hotelletje, want ik ga ervan uit dat het toch maar voor één of twee nachten is. We hebben geluk en kunnen nog twee kamers krijgen. Eerst moet ik Napirai wassen en verschonen. In een wasbak was ik het vuil en de poep van haar af. Natuurlijk is de helft van de luiers alweer vies, maar ik kan hier nergens wassen. Na iets te hebben gegeten gaan we vroeg naar bed.

's Morgens vragen we ons af waar we moeten beginnen. Ik zoek in een telefoonboek naar handelaars in tweedehands auto's, maar vind er geen. Ik houd een taxi aan en informeer bij de chauffeur. Hij vraagt meteen of we wel geld bij ons hebben, maar dat ontken ik wijselijk: ik zeg dat we eerst alleen willen rondkijken naar een geschikte auto. Hij belooft voor ons te informeren; morgen om dezelfde tijd moeten we weer hier zijn. Dat is goed, maar ik wil niet de hele verdere dag rondhangen. Daarom spreek ik nog drie andere taxichauffeurs aan, die ons echter alleen maar raar aankijken. Er blijft ons dus niets anders over dan de volgende dag naar de afgesproken taxistandplaats te gaan.

De chauffeur wacht ons op en zegt dat hij een man kent die misschien een landrover heeft. We rijden half Nairobi door en stoppen voor een klein winkeltje. Ik praat met de Afrikaan. Hij heeft inderdaad drie auto's in de aanbieding, maar helaas allemaal zonder vierwielaandrijving. We kunnen ze niet bekijken, want als we belangstelling hebben, moet hij eerst de huidige eigenaar opbellen, die dan met de auto langskomt. Hij zegt dat we nergens een tweedehands auto zullen vinden die op het moment niet in gebruik is. Ik wijs zijn aanbod teleurgesteld af, want we hebben in ieder geval een auto met vierwielaandrijving nodig. Ik vraag hem of hij niet nog iemand anders weet. Hij belt nog een paar maal en geeft de taxichauffeur een adres.

We rijden naar een andere wijk en stoppen voor een winkel midden in de stad. Een Indiër met een tulband begroet ons verbaasd en vraagt of wij degenen zijn die op zoek zijn naar een auto. 'Yes,' antwoord ik kortaf. Hij gaat ons voor naar zijn kantoor. We krijgen thee voorgezet, en hij vertelt dat er twee occasions zijn.

De eerste, een landrover, is veel te duur, en de moed zakt me weer in de schoenen. De andere is een vijf jaar oude Datsun met een dubbele cabine, die zo'n negentienduizend gulden moet opbrengen. Ook dat is ver boven mijn budget. Bovendien weet ik niet eens hoe die auto eruitziet. Hij blijft maar herhalen hoe moeilijk het is om een auto te vinden. Desondanks gaan we onverrichter zake weg.

Als we op straat staan, komt hij ons achterna: we moeten morgen toch nog maar eens langskomen, dan laat hij ons de auto vrijblijvend zien. Dat spreken we af, hoewel ik niet bereid ben zo veel geld uit te geven.

Opnieuw moeten we de rest van de dag wachtend doorbrengen. Ik koop wat nieuwe luiers, omdat alle andere vuil zijn. Er ligt inmiddels een grote stapel gebruikte luiers in de hotelkamer, die een uiterst onaangename geur verspreidt.

We gaan nogmaals naar de Indiër, hoewel ik niet van plan ben iets te kopen. Hij begroet ons opgewekt en laat ons de Datsun zien. Vanaf het eerste moment ben ik bereid hem te kopen als het ook maar enigszins mogelijk is. Hij ziet er goed onderhouden en comfortabel uit. De Indiër zegt dat ik een proefrit mag maken, wat ik echter geschrokken afwijs, omdat ik geen zin heb in dat linksrijdende verkeer in drie banen naast elkaar. Dus starten we alleen de motor. Iedereen is enthousiast over de auto, alleen heb ik nog mijn vraagtekens bij de prijs. We gaan naar zijn kantoor. Als ik hem vertel over de landrover in Maralal, is hij bereid daar een kleine drieduizend gulden voor te geven. Toch aarzel ik om hem zestienduizend gulden te betalen, want het is al ons geld, en we moeten ook nog terug naar huis. Ik wil er nog even rustig over nadenken. Dan biedt hij me aan me een chauffeur mee te geven, die ons naar Maralal rijdt en de landrover vandaar mee terugneemt. Dan moet ik hem nu veertienduizend gulden betalen en voor de laatste tweeduizend een cheque aan de chauffeur meegeven. Ik ben oprecht verbaasd over zijn goede vertrouwen en zijn royale aanbod, want van hier naar Maralal is het toch zo'n vierhonderdvijftig kilometer.

Zonder lang nadenken accepteer ik zijn aanbod, want daarmee is meteen het probleem van het rijden door Nairobi opgelost. Mijn man en de jongens stralen als ze horen dat ik de auto wil kopen. Ik betaal en er wordt een officieel koopcontract opgesteld. De Indiër merkt op dat het van veel moed getuigt om met zo veel contant geld door Nairobi te lopen. Morgenavond is de auto helemaal klaar, inclusief logboek, want hij moet nog op mijn naam worden gezet. Dat betekent nog twee nachten in Nairobi! Maar door de gedachte aan die mooie auto houd ik de moed erin. Het is ons gelukt, ze zullen hun ogen uitkijken als we thuiskomen.

De chauffeur komt volgens afspraak twee dagen later 's morgens vroeg bij ons hotel voorrijden. Ik vraag om de papieren, en mijn naam staat er inderdaad in. We laden onze bagage in, waaronder ettelijke kilo's ongewassen luiers. We voelen ons als vorsten in die geruisloze, fraaie auto met chauffeur. Zelfs Napirai lijkt zó geen bezwaar te hebben tegen autorijden. Tegen de avond zijn we in Maralal. De chauffeur is stomverbaasd en weet niet waar hij nú toch terecht is gekomen. Omgekeerd valt het in Maralal natuurlijk direct op dat er een nieuwe auto is aangekomen. We parkeren bij het hotel, vlak achter de landrover. Ik leg de chauffeur, die tevens monteur is, uit wat de problemen met die auto zijn. 'It's okay,' zegt hij, en hij gaat naar bed. De volgende dag geef ik hem de cheque, en hij verdwijnt.

We blijven nog één nacht in Maralal en gaan bij Sophia op bezoek. Het gaat goed met haar en haar dochter Anika. Ze had zich er al over verbaasd dat ze me nooit meer zag. Als ik haar vertel van mijn hepatitis, is ze geschokt. We wisselen nog gauw de laatste nieuwtjes uit, en dan vertrekken we. Haar kat heeft net drie jongen, en ik zeg dat ze er eentje voor mij moet reserveren.

We rijden via Baragoi en zijn een uur eerder in Barsaloi dan met de oude landrover. Mama straalt als ze ons ziet, want ze had zich al veel zorgen gemaakt. Ze wist immers niet dat we naar Nairobi waren. We zijn er nog maar net of de eerste mensen staan onze nieuwe auto al te bewonderen. In Maralal heb ik mijn moeder een brief geschreven waarin ik haar vraag geld van mijn Zwitserse rekening hiernaartoe over te maken.

Na de thee gaan we naar ons eigen huis. 's Middags ga ik op bezoek bij pater Giuliano, en ik vertel hem trots van mijn nieuwe auto. Hij feliciteert me met de aankoop en biedt me aan me ruimschoots schadeloos te stellen voor de kosten als ik de scholieren naar Maralal wil brengen en af en toe zieken wil transporteren. Zo heb ik in ieder geval wat inkomsten.

We genieten van het leven, het gaat goed met ons. Ik moet me nog steeds aan mijn dieet houden, wat me hier zwaar valt. De scholieren blijven nog een paar dagen hier, dan is de vakantie voorbij. Ik rijd ze naar Maralal; Napirai is zolang bij 'gogo', haar grootmoeder. Onderweg spreek ik met James af dat ik de winkel pas over drie maanden, als hij zijn school heeft afgemaakt, weer open. Hij wil er dan graag werken.

In Maralal wip ik even bij Sophia langs, die vertelt dat ze over twee weken naar Italië gaat om haar dochtertje aan haar ouders te laten zien. Ik ben blij voor haar, en tegelijkertijd krijg ik ineens een beetje heimwee naar Zwitserland. Ik zou mijn dochtertje ook maar wat graag aan mijn moeder laten zien. De eerste foto's zijn mislukt, omdat iemand licht bij de film heeft laten komen. Ik zoek een klein rood-wit gestreept katje uit, dat ik in een doos mee naar huis neem. De rit naar huis verloopt vlekkeloos, en ondanks de omweg ben ik voor het donker weer thuis. Napirai heeft de hele dag koeienmelk gekregen, die haar met een lepeltje is gevoerd. Als ze mij hoort, is ze niet meer te houden voor ze haar zo innig geliefde borst heeft gehad.

Mijn man is de hele dag bij zijn koeien geweest. In Sitedi waart de koeienpest rond, en elke dag gaan er kostbare dieren verloren. Laat in de nacht komt hij gedeprimeerd thuis. Twee van onze koeien zijn dood, drie andere kunnen niet meer staan. Ik vraag of er geen medicijn is. Jawel, zegt hij, maar alleen voor de dieren die nog gezond zijn, de besmette zullen het allemaal afleggen. Het medicijn is duur en alleen in Maralal te krijgen, als je geluk hebt. Hij gaat naar de dierenarts om met hem te overleggen. De volgende dag rijden we weer naar Maralal. We nemen de dierenarts en Napirai mee. Voor veel geld krijgen we het medicijn en een spuit om de gezonde dieren in te enten. Dat moet vijf opeenvolgende dagen gebeuren. Lketinga besluit al die tijd in Sitedi te blijven.

Op verhaal komen in Zwitserland

Na drie dagen voel ik me eenzaam, hoewel we afwisselend op bezoek gaan bij mama en mijn vriendin. Maar het leven is erg eentonig. Alleen eten vind ik ook vreselijk. Ik verlang naar mijn familie en neem me voor op korte termijn een maand naar Zwitserland te gaan. Daar zal het ook veel gemakkelijker zijn met het dieet. Maar het zal niet meevallen Lketinga te overtuigen, ook al hebben de artsen me deze vakantie dringend aangeraden toen ik het ziekenhuis verliet. Van de gedachte aan een uitstapje naar Zwitserland kikker ik helemaal op, en ik wacht ongeduldig op mijn man.

Ik ben net in de keuken op de grond voor het open raam aan het koken als de deur opengaat en Lketinga binnenkomt. Hij begroet ons niet, maar kijkt meteen uit het raam en vraagt argwanend wie er net naar buiten is geklommen. Na vijf dagen wachten en eenzaamheid treft deze nieuwe verdachtmaking me als een vuistslag, maar ik probeer me te beheersen, omdat ik eigenlijk mijn reisplannen met hem wilde bespreken. Dus zeg ik rustig: 'Nobody, why do you ask me this?' Hij geeft geen antwoord, maar loopt de slaapkamer in en inspecteert de lakens en de matras. Ik neem hem zijn wantrouwen kwalijk, en alle vreugde om het weerzien is verdwenen. Hij vraagt steeds maar weer wie er op bezoek zijn geweest. Natuurlijk zijn er tweemaal krijgers geweest, maar ik heb ze niet eens binnengelaten.

Eindelijk zegt hij een paar woorden tegen zijn dochtertje en pakt haar uit het bedmandje dat ik bij mijn laatste bezoek aan Maralal heb gekocht. Overdag ligt ze in dat mandje buiten onder de boom, terwijl ik de kleren en luiers was. Hij neemt haar op zijn arm en loopt weg in de richting van de manyatta's. Ik neem aan dat hij naar mama gaat. Mijn eten is klaar en ik prik er lusteloos in. Ik kom er maar niet uit: waarom is hij zo wantrouwig?

Als hij na twee uur nog niet terug is, ga ik ook naar mama. Ze zit met andere vrouwen onder haar boom, en Napirai ligt naast haar op de koeienhuid te slapen. Lketinga ligt in de hut. Ik ga naast mama zitten en ze vraagt me iets, waarvan ik maar de helft begrijp. Ze denkt volgens mij dat ik een vriend heb; Lketinga heeft haar blijkbaar de vreselijkste verhalen verteld. Ze lacht samenzweerderig, maar zegt dat het wel gevaarlijk is. Teleurgesteld antwoord ik dat ik Lketinga heb en verder niemand. Dan pak ik mijn dochter op en ga naar huis.

Onder de gegeven omstandigheden valt het me zwaar om over mijn plan te beginnen om naar Zwitserland te gaan, en dat terwijl steeds duidelijker wordt dat ik aan vakantie toe ben. Maar voorlopig houd ik het maar voor mezelf. Beter wachten tot de rust is weergekeerd.

Af en toe probeer ik in ieder geval een beetje vlees te eten, maar ik moet daar meteen voor boeten met maagpijn. Ik houd het liever bij maïs, rijst of aardappelen. Omdat ik vetvrij eet en Napirai elke dag de borst geef, val ik steeds meer af. Ik moet riemen om mijn rokken dragen, anders glijden ze op de grond. Napirai is nu ruim drie maanden oud, en we moeten voor inentingen en een routinecontrole naar het ziekenhuis in Wamba. Dat is met de nieuwe auto een welkome afwisseling. Lketinga gaat mee; hij wil de nieuwe auto nu eindelijk ook eens besturen.

Ik ben niet enthousiast over dit idee, maar omdat ik niet alleen met Napirai kan gaan en dus van hem afhankelijk ben, geef ik hem aarzelend de sleutel. Iedere keer dat hij verkeerd schakelt, krimp ik in elkaar. Hij rijdt langzaam, haast te langzaam, vind ik. Als ik een vreemde geur ruik, ontdek ik dat hij met de handrem erop rijdt. Hij vindt dit vreselijk pijnlijk, omdat de handrem nu niet meer goed werkt, en ik erger me kapot, omdat we bij de landrover ook altijd al problemen hadden met de onbruikbare handrem. Hij wil niet meer rijden, zit gedeprimeerd naast me en houdt Napirai vast. Ik heb met hem te doen, en op sussende toon zeg ik dat we de rem kunnen laten repareren.

In het ziekenhuis moeten we bijna twee uur op onze beurt wachten. De Zwitserse arts onderzoekt me en zegt dat ik veel te mager ben en te weinig reserves heb. Als ik wil voorkomen dat ik hier binnenkort weer moet worden opgenomen, moet ik voor minstens twee maanden naar Zwitserland. Ik vertel haar dat ik dat al van plan was, maar alleen niet weet hoe ik het mijn man moet vertellen. Ze haalt de andere dokter erbij, die me eveneens op het hart drukt naar Europa te gaan. Volgens de vrouwelijke arts ben ik sterk ondervoed en berooft Napirai me van mijn laatste krachten. Zijzelf blaakt van gezondheid.

Ik vraag de dokter of hij met Lketinga wil praten. Mijn man is onaangenaam verrast als hij hoort dat ik voor zo'n lange tijd weg zal gaan. Na veel heen-en-weergepraat geeft hij zich gewonnen en stemt erin toe dat ik vijf weken wegga. De dokter geeft me een rapport met behulp waarvan ik sneller reisdocumenten voor Napirai kan krijgen. Ze krijgt haar inentingen en we rijden terug naar Barsaloi. Lketinga is verdrietig en vraagt steeds opnieuw: 'Corinne, why you are always sick? Why you go with my baby so far? I don't know where is Switzerland. What shall I do without you such a long time?' Het gaat me aan mijn hart te zien hoe moeilijk hij het ermee heeft. Ook mama is verdrietig als ze te horen krijgt dat ik naar Zwitserland zal vliegen. Maar ik beloof dat ik gezond en sterk weer terug zal komen, zodat we de winkel weer kunnen openen.

Reeds twee dagen later vertrekken we. Pater Giuliano brengt ons naar Maralal. Mijn auto stal ik bij hem. Lketinga gaat met Napirai en mij mee naar Nairobi. Het is weer een lange reis, en de baby moet tijdens de rit diverse malen worden verschoond. Veel bagage heb ik niet bij me.

In Nairobi nemen we onze intrek in een hotel. We gaan eerst naar de Duitse ambassade voor een reispas voor Napirai. De problemen beginnen al bij de ingang. Lketinga mag in zijn Samburu-outfit de ambassade niet in. Pas als ik kan bewijzen dat hij mijn man is, mag hij naar binnen. Hij is meteen weer zenuwachtig en achterdochtig.

In de ambassade wachten vele mensen op hun beurt. Ik begin het aanvraagformulier in te vullen, en bij de naam weet ik al dat er problemen zullen komen. Ik vul als naam 'Leparmorijo-Hofmann, Napirai' in, maar mijn man wil niets van dat 'Hofmann' weten; zijn dochter is een Leparmorijo, punt uit. Ik probeer hem zo beheerst mogelijk uit te leggen dat dit de enige manier is om een reispas te krijgen, en zonder zo'n ding kan Napirai niet met me mee. Er ontstaat een heftige discussie, en de wachtende mensen kijken nieuwsgierig naar ons. Het lukt me hem zover te krijgen dat hij de aanvraag ondertekent.

We moeten wachten. Dan word ik opgeroepen, en ik moet meekomen naar achteren. Mijn man wil ook mee, maar wordt tegengehouden. Ik voel mijn hart in mijn keel kloppen, omdat ik de volgende woede-uitbarsting al zie aankomen. En inderdaad, ik zie nog net hoe Lketinga zich naar voren dringt en er een heftige woordenwisseling met de man achter de balie ontstaat.

Ik word ontvangen door de Duitse ambassadeur, die me vriendelijk uitlegt dat ik een reispas voor mijn kind kan krijgen, maar alleen op de naam Napirai Hofmann. Onze huwelijksakte is namelijk nog niet officieel bekrachtigd, en daarom ben ik volgens het Duitse recht niet, maar volgens het Keniaanse wel getrouwd. Als ik begrijp dat mijn man een nieuw aanvraagformulier moet ondertekenen, zeg ik dat hij dat zal weigeren, en ik laat de ambassadeur mijn medische attesten zien. Maar hij kan niets doen.

Als ik terugkom, zit Lketinga boos op een stoel met de huilende Napirai op schoot. 'What is wrong with you?' zegt hij. 'Why you go there without me? I'm your husband!' Ik vind het vreselijk, maar ik vul een nieuw aanvraagformulier in, ditmaal zonder 'Leparmorijo'. Hij staat op en zegt dat hij helemaal niets meer ondertekent.

Ik kijk mijn man boos aan en sis tussen mijn tanden door dat ik, als hij nu niet ondertekent, op een dag met Napirai naar Zwitserland ga, goedschiks of kwaadschiks, en nooit meer terugkom. En dat hij nu eindelijk eens moet begrijpen dat mijn gezondheid op het spel staat! Als de man achter de balie hem herhaaldelijk heeft verzekerd dat Napirai desondanks zijn dochter blijft, ondertekent hij. Ik ga weer naar de ambassadeur. Achterdochtig vraagt die of alles nu in orde is. Ik leg hem uit dat al dat bureaucratische gedoe voor een krijger nauwelijks te bevatten is.

Hij geeft me de reispas en wenst me het beste toe. Als ik vraag of ik nu kan vertrekken, wijst hij me erop dat ik nog een uit- en inreisvisum van de Keniaanse autoriteiten moet halen, waarvoor ik eveneens de toestemming van de vader nodig heb. Ik zie alweer nieuwe problemen voor me opdoemen. We verlaten knorrig de ambassade en gaan naar het Nyayo-gebouw. Opnieuw moeten we formulieren invullen en wachten.

Napirai gaat tekeer en is zelfs met de borst niet te kalmeren. Weer zijn er talloze blikken op ons gericht, en weer wordt er gesmoesd over de outfit van mijn man. Eindelijk zijn we aan de beurt. De vrouw achter het loket vraagt minachtend aan Lketinga waarom zijn dochter een Duitse reispas heeft terwijl ze in Kenia is geboren. Alles begint van voren af aan, en ik verbijt woedend mijn tranen. Ik leg de arrogante dame uit dat mijn man nog steeds geen pas heeft, hoewel hij die al twee jaar geleden heeft aangevraagd. Daarom kan onze dochter niet in zijn pas worden bijgeschreven. Maar ik moet vanwege mijn gezondheid naar Zwitserland om aan te sterken. De volgende vraag is een klap in mijn gezicht: waarom laat ik het kind niet gewoon bij de vader? Verontwaardigd zeg ik dat het toch heel normaal is om een kind van drie maanden mee te nemen. Bovendien heeft mijn moeder toch het volste recht om haar kleinkind te zien! Eindelijk worden de reispapieren afgestempeld, ook mijn paspoort. Uitgeput maar opgelucht gris ik alles bij elkaar en vlieg het kantoor uit.

Nu moet ik nog een ticket hebben. Deze keer heb ik het bewijs bij me waar mijn geld vandaan komt. Ik overhandig de passen, en we boeken een vlucht die over twee dagen vertrekt. Het duurt niet lang voor de vrouw terugkomt met de kant-en-klare tickets. Ze laat me ze zien en leest hardop voor: 'Hofmann, Napirai' en 'Hofmann, Corinne'. Lketinga windt zich opnieuw op en vraagt waarom we eigenlijk getrouwd zijn als ik helemaal niet zijn vrouw ben. Ook het kind is dan waarschijnlijk helemaal niet van hem. Het wordt mij even te veel, en ik huil van schaamte. Ik berg de tickets op en we verlaten het reisbureau om terug te gaan naar het hotel.

Mijn man komt langzaam tot rust. Hij zit boos en verdrietig op het bed, en ergens begrijp ik hem wel. Voor hem is zijn familienaam het kostbaarste wat hij zijn vrouw en zijn kinderen kan geven, en ik neem dat kostbare geschenk niet aan. Dat betekent voor hem dat ik niet bij hem wil horen. Ik pak zijn hand en zeg op rustige toon tegen hem dat hij zich geen zorgen moet maken, we komen echt terug. Ik zal een telegram sturen naar de missiepost zodat hij weet op welke dag ik kom. Hij zegt dat hij zich eenzaam voelt zonder ons, maar dat hij ook wil dat zijn vrouw eindelijk weer gezond wordt. Als we terugkomen, zal hij ons van het vliegveld afhalen. Die belofte vervult me met vreugde, want ik weet maar al te goed hoe vervelend hij die reis vindt. Tot slot deelt hij me mee dat hij nu uit Nairobi weg wil, naar huis. Van al dat wachten hier wordt hij alleen maar ongelukkig. Dat begrijp ik, en we doen hem uitgeleide naar het busstation. We staan daar te wachten tot het tijdstip van vertrek, en nog één keer vraagt hij bezorgd: 'Corinne, my wife, you are sure, you and Napirai come back to Kenya?' Lachend antwoord ik: 'Yes, darling, I'm sure.' Dan vertrekt zijn bus.

Pas eergisteren was ik in de gelegenheid mijn moeder telefonisch te melden dat we op bezoek komen. Ze was natuurlijk verrast, maar is blij dat ze eindelijk haar kleinkind te zien krijgt. Daarom wil ik mezelf en mijn baby mooi maken. Maar het is moeilijk zo'n kleine woelwater alleen te laten. De wc's en douches zijn helemaal achter in de gang. Als ik naar de wc moet, moet ik haar meenemen, of ik wil of niet, tenzij ze toevallig slaapt. Maar met douchen gaat dat natuurlijk niet. Ik ga naar de receptie en vraag of de vrouw een kwartiertje op de baby wil passen, zodat ik even kan douchen. Dat wil ze best doen, maar momenteel zit half Nairobi zonder water omdat er een leiding is gesprongen. Misschien is er vanavond weer water.

Ik wacht tot zes uur, maar er komt geen water. Wel begint het overal te stinken. Ik wil niet langer wachten, omdat ik om tien uur op het vliegveld moet zijn. Ik ga naar een winkel en zeul een paar liter mineraalwater naar mijn kamer. Eerst was ik Napirai, dan mijn haar en daarna mijn lichaam, provisorisch.

Een taxi brengt ons naar het vliegveld. We hebben maar heel weinig bagage bij ons, hoewel de temperatuur in Europa eind november wel winters zal zijn. De stewardessen doen erg hun best voor ons; ze komen telkens bij ons staan en zeggen een paar woordjes tegen het kleine meisje. Na het eten krijg ik een babybedje voor haar, en kort daarop slaapt ze. Ook ik word overmand door vermoeidheid. Als ik weer gewekt word, is het ontbijt er al. Ik word onrustig van het idee dat ik binnenkort voet op Zwitserse bodem zal zetten.

Blanke gezichten

Ik bind mijn baby in een draagdoek op mijn rug en we passeren probleemloos de paspoortcontrole. Dan zie ik mijn moeder en haar man.
Het is een vrolijk weerzien. Napirai kijkt belangstellend naar de blanke
gezichten.

Tijdens de rit naar het Berner Oberland merk ik aan mijn moeder dat
ze zich zorgen om me maakt. Thuis nemen we om te beginnen een
bad, een heerlijk warm bad! Mijn moeder heeft een klein badje voor
Napirai gekocht en neemt dat deel voor haar rekening. Als ik ongeveer
tien minuten in het hete water zit, jeukt mijn hele lijf. De wonden op
mijn benen en armen zijn opengegaan en etteren. Die wonden zijn afkomstig van mijn Masai-sieraden en genezen in dit vochtige klimaat
slecht. Ik stap uit de badkuip en zie dat mijn lichaam is bezaaid met rode
vlekken. Napirai zit te krijsen naast haar wanhopige grootmoeder. Ook
zij zit vol rode pukkels. Het jeukt vreselijk. Omdat mijn moeder bang is
dat het iets besmettelijks is, maken we voor de volgende dag een afspraak bij een huidarts.

Die is stomverbaasd als hij de diagnose heeft gesteld: schurft, in Zwitserland een zeldzame ziekte. Er zitten mijten onder de huid, die zich bij
voldoende hitte verplaatsen, vandaar de hevige jeuk. Natuurlijk is de
dokter benieuwd hoe wij aan die ziekte komen. Ik vertel hem over
Afrika. Als hij ook nog mijn wonden ziet, die zich al een centimeter
diep in mijn vlees hebben gevreten, stelt hij me voor een aidstest te
doen. Ik ben even sprakeloos, maar dan stem ik toe. Hij geeft me een
paar flessen mee met een vloeistof die we driemaal daags op de schurfti-
ge plekken moeten doen. Voor de uitslag van de test moet ik over drie
dagen terugkomen. Die drie dagen wachten zijn erger dan alles wat ik
hiervoor heb meegemaakt.

De eerste dag slaap ik veel en ga vroeg naar bed met Napirai. De
tweede dag gaat 's avonds de telefoon: de dokter wil me persoonlijk
spreken. Met kloppend hart pak ik de hoorn aan, waaruit zo dadelijk
het oordeel over de rest van mijn leven zal komen. De dokter excuseert
zich dat hij nog zo laat opbelt, maar hij wilde me niet langer in spanning
laten zitten: de test is negatief. Ik ben niet in staat meer te zeggen dan
'Dank u wel!' maar ik voel me als herboren; een nieuwe kracht doorstroomt mijn lijf. Nu weet ik dat ik ook de gevolgen van de hepatitis zal
overwinnen. Elke dag neem ik iets meer vet tot me, en ik eet alles wat
mijn moeder speciaal voor mij kookt.

De tijd gaat langzaam voorbij, omdat ik me hier toch niet thuis voel.

We maken veel wandelingen, gaan op bezoek bij mijn schoonzus Jelly en maken met Napirai een tocht naar de eerste sneeuw. Het leven hier bevalt haar best, alleen het voortdurende aan- en uittrekken van al die kleren vindt ze maar niks.

Na tweeënhalve week weet ik voor mezelf dat ik niet langer wil blijven dan tot Kerstmis. Maar de eerste vlucht waarop plaats is, gaat pas op 5 januari 1990. Zo ben ik al met al toch bijna zes weken van huis. Het afscheid valt me zwaar, omdat ik nu weer helemaal op mezelf ben aangewezen. Met bijna veertig kilo bagage aanvaard ik de terugreis. Ik heb voor iedereen iets gekocht of genaaid. Mijn familie heeft me heel wat meegegeven, en Napirais kerstcadeaus moeten ook nog mee. Mijn broer heeft een draagzak gekocht waarmee ik haar op mijn rug kan dragen.

Komt alles goed?

Als we in Nairobi landen, ben ik vreselijk zenuwachtig, omdat ik niet weet of Lketinga op het vliegveld zal zijn. Zo niet, dan sta ik er alleen voor met Napirai en al die bagage; het zoeken naar een hotel midden in de nacht zal niet meevallen. We nemen afscheid van de stewardessen en lopen naar de paspoortcontrole. Ik ben er nog maar net door of daar zie ik mijn liefste, James en diens vriend. Ik ben in de wolken. Mijn man heeft zichzelf prachtig beschilderd en zijn haar mooi gemaakt. Daar staat hij, gehuld in zijn rode deken. Vol blijdschap sluit hij ons in zijn armen. We gaan meteen naar het hotel dat zij al hebben geboekt. Napirai heeft er moeite mee dat de gezichten nu ineens weer zwart zijn; ze huilt, en Lketinga is bang dat ze hem helemaal niet meer herkent.

In het hotel willen ze meteen de cadeaus zien, maar ik pak nu alleen de horloges uit, want we moeten morgen verder en ik heb alles heel slim ingepakt. De jongens trekken zich terug in hun kamer, en wij gaan ook naar bed. Die nacht vrijen we met elkaar, en het doet geen pijn meer. Ik ben gelukkig en hoop dat alles nu goed komt.

Op weg naar huis valt er heel wat te vertellen. Ik hoor dat er in Barsaloi binnenkort een heuse school zal worden gebouwd. Er is een vliegtuig uit Nairobi geweest met Indiërs, die een paar dagen in de missiepost logeerden. De school zal op de andere oever van de grote rivier verrijzen. Er zullen een heleboel arbeiders komen uit Nairobi, allemaal Kikuyu's. Maar niemand weet nog wanneer ze gaan beginnen. Ik vertel van Zwitserland en natuurlijk van de schurft. Mijn man moet zich ook laten behandelen, anders besmet hij ons weer.

Lketinga is met de auto naar Nyahururu gereden en heeft hem daar bij de missiepost gestald. Ik sta versteld van zijn moed. We bereiken Maralal zonder problemen, al komen de afstanden me hier eindeloos voor. De volgende dag arriveren we in Barsaloi. Mama begroet ons ingelukkig en dankt Enkai dat we behouden zijn teruggekeerd met de 'ijzeren vogel', zoals ze het vliegtuig noemt. Het is fijn om thuis te zijn.

Ook in de missiepost word ik met vreugde begroet. Als ik vraag hoe het met die school zit, bevestigt pater Giuliano het verhaal van de jongens. En inderdaad beginnen binnen enkele dagen de bouwactiviteiten. Er zijn al een paar mensen aanwezig die barakken bouwen als tijdelijk onderkomen voor de arbeiders. Via Nanyuki-Wamba wordt het materiaal in hoog tempo met vrachtwagens aangevoerd. Ik sta ervan te kijken dat hier een dergelijk project wordt gerealiseerd. Pater Giuliano legt me uit dat de regering graag wil dat de Masai op één plek blijven wonen. En deze locatie is niet slecht, omdat de rivier altijd water aanvoert en er genoeg zand is om in combinatie met cement stenen te maken. De regering heeft uiteindelijk deze plaats gekozen omdat er een moderne missiepost is. We beleven heerlijke dagen en gaan telkens naar de overkant van de rivier om te kijken hoe ver ze al zijn.

Mijn kat is al een stuk groter geworden. Lketinga heeft zich kennelijk aan zijn belofte gehouden om haar te voeren; waarschijnlijk heeft ze alleen maar vlees gekregen, want het is een echt wild tijgertje geworden. Alleen als ze bij Napirai in haar bedje ligt, spint ze als een tamme huiskat.

Na ruim twee weken komen de arbeiders van buiten. De eerste zondag gaan de meesten van hen naar de mis, want dat is de enige afleiding voor die stadslui. De Somaliërs hebben hun prijzen voor suiker en maïs drastisch verhoogd, wat aanleiding geeft tot verhitte discussies en een dorpsvergadering met de ouderen en het adjunct-districtshoofd. Wij zijn er ook bij, en iedereen vraagt me wanneer de Samburu-winkel weer opengaat. Er zijn ook een paar arbeiders, die me vragen of ik niet bereid ben met mijn auto voor de aanvoer van bier en limonade te zorgen. Ze zullen me goed betalen, want ze verdienen veel geld, maar kunnen hier niets uitgeven. De Somaliërs zijn moslims en verkopen daarom geen bier.

Als er ook 's avonds steeds arbeiders bij ons voor de deur staan, overweeg ik serieus om iets te organiseren, zodat er weer wat geld binnenkomt. Ik krijg het idee om een soort disco met Kikuyu-muziek op te zetten. Daarbij kunnen we dan vlees grillen en bier en limonade verkopen. Ik bespreek alles met Lketinga en de dierenarts, waar mijn man vaak is. Ze zijn allebei enthousiast over het idee, en de dierenarts zegt dat we ook miraa moeten verkopen, omdat de mensen daar voortdurend naar vragen. We hebben snel besloten dat we aan het eind van de maand de eerste poging zullen wagen. Ik maak de winkel schoon en schrijf biljetten, die we op diverse plaatsen ophangen en aan de arbeiders uitdelen.

De respons is enorm. De eerste dag komen er al mensen vragen waarom we niet meteen het eerstvolgende weekend beginnen. Maar dat is te kort dag, omdat er in Maralal soms tijdelijk geen bier te krijgen is. We maken onze vaste rit en kopen twaalf kratten bier en limonade. Mijn man zorgt voor de miraa. De auto zit propvol, en de terugrit duurt dan ook iets langer.

Thuis stapelen we de spullen voor in de winkel op, omdat de dansvloer achterin, in onze voormalige woonruimte, zal komen. Al na korte tijd verschijnen de eerste mensen die bier willen kopen. Ik houd mijn poot stijf, anders hebben we morgen niets meer. Dan verschijnt het adjunct-districtshoofd en vraagt om mijn vergunning voor de disco. Die heb ik natuurlijk niet, en ik vraag hem of dat nu echt nodig is. Lketinga bespreekt het met hem. Hij wil morgen wel orde houden, tegen een vergoeding uiteraard. In ruil voor wat geld en gratis bier zeurt hij niet meer over die vergunning.

De dag van de disco is aangebroken, en we zijn erg zenuwachtig. De winkelhulp heeft een beetje verstand van techniek. Hij haalt de accu uit de auto en sluit die aan op de cassetterecorder. Zo, de muziek is geregeld. Inmiddels is er een geit geslacht. Twee jongens zijn bezig het dier uit te nemen en in stukken te snijden. Er helpen veel vrijwilligers mee, alleen Lketinga delegeert meer dan dat hij zelf iets doet. Om halfacht is alles klaar. De muziek speelt, het vlees ligt te braden en de mensen staan te wachten voor de achteringang. Lketinga incasseert de entree van de mannen, vrouwen hoeven niet te betalen. Maar zij blijven buiten staan en werpen alleen af en toe giechelend een blik naar binnen. Binnen een halfuur is de winkel vol. Ik word voortdurend aan arbeiders voorgesteld, die me gelukwensen met dit idee. Zelfs de voorman komt me bedanken voor mijn initiatief. Zijn mensen hebben wel een verzetje verdiend, want voor velen is het de eerste keer dat ze ver van huis zijn.

Het bevalt me prima tussen zo veel vrolijke mensen, van wie de meesten ook nog Engels spreken. Er komen ook Samburu's uit het dorp, en zelfs een paar ouderen, die in hun wollen dekens gehuld op rechtop gezette kratten gaan zitten kijken naar de dansende Kikuyu's.

Ze komen niet meer bij van verbazing. Ik dans zelf niet, hoewel Napirai veilig aan mama's zorgen is toevertrouwd. Een paar mannen vragen me ten dans, maar na een blik op Lketinga besluit ik hier maar niet op in te gaan. Hij drinkt achter stiekem zijn biertjes en kauwt miraa. De miraa is het eerst uitverkocht.

Om elf uur wordt de muziek zacht gezet, en een paar mannen spreken hun dank aan ons uit, en speciaal aan mij, de mzungu. Een uur later wordt het laatste bier verkocht. Ook het geitenvlees is met kilo's tegelijk weggevlogen. De stemming onder de gasten zit er goed in, en het feest gaat tot vier uur 's nachts door. Dan gaan we eindelijk naar huis. Ik haal Napirai op bij mama en wandel uitgeput naar onze hut.

Bij het natellen van het geld merk ik de volgende dag tot mijn vreugde dat de opbrengst veel hoger is dan die van de winkel. Maar die vreugde duurt niet lang, want vlak daarna komt pater Giuliano op zijn motorfiets langs en informeert geërgerd wat die rotherrie vannacht in onze winkel te betekenen had. Kleintjes vertel ik hem van onze disco. Daar heeft hij geen principiële bezwaren tegen, mits het niet meer dan tweemaal in de maand gebeurt, maar hij wil wel dat het na twaalven stil is. Aangezien ik hem niet tegen me in het harnas wil jagen, beloof ik me daar de volgende keer aan te houden.

Wantrouwen

De eerste mannen komen van de overkant van de rivier en vragen of ze hier ergens bier kunnen kopen. Ik zeg van niet. Mijn man verschijnt en vraagt de drie mannen wat ze willen. Ik vertel het hem, en hij loopt op de mannen af en zegt dat ze voortaan naar hem toe moeten komen als ze iets willen en niet naar mij, want hij is de man en hij bepaalt wat er gebeurt. Verbaasd en geïntimideerd door zijn gepikeerdheid gaan ze weer weg. Ik vraag hem waarom hij zo'n toon aanslaat, maar hij lacht boosaardig en zegt: 'I know why these people come here. Not for beer, I know! If they want beer, why don't they ask me?' Als ik het niet dacht: hij gaat weer de jaloerse echtgenoot uithangen, hoewel ik nooit langer dan vijf minuten met iemand heb gepraat! Ik onderdruk de ergernis die ik voel opkomen; het is al erg genoeg dat de drie mannen dit voorval rond zullen vertellen, want heel Barsaloi heeft het over onze disco.

Lketinga volgt mij nu permanent met argwanende blikken. Af en toe stapt hij in de Datsun en gaat op bezoek bij zijn halfbroer in Sitedi of een ander familielid. Ik zou natuurlijk mee kunnen gaan, maar ik heb geen zin om met Napirai naar die manyatta's bij de koeien te gaan, waar het stikt van de vliegen. Zo gaat de tijd voorbij, en ik wacht op de dag dat James eindelijk klaar zal zijn met zijn school. We hebben dringend geld nodig voor eten en benzine. Met al die vreemden hier zouden we nu veel geld kunnen verdienen.

Lketinga is voortdurend weg, omdat er op het ogenblik diverse mannen uit zijn leeftijdsgroep trouwen. Dagelijks verschijnen er krijgers die het over de een of andere bruiloft hebben. Hij gaat meestal met hen mee, en in de regel weet ik niet of hij over twee, drie of vijf dagen weer thuiskomt.

Als pater Giuliano vraagt of ik de scholieren weer wil ophalen omdat het schoolseizoen voorbij is, ben ik daar uiteraard toe bereid. Hoewel mijn man er niet is, vertrek ik; Napirai laat ik bij mama achter. James is blij als hij me ziet en informeert naar onze disco. Het nieuws is dus zelfs tot hier doorgedrongen. Ik moet vijf jongens naar huis brengen. We doen ook nog inkopen, en ik wip even bij Sophia langs. Ze is terug uit Italië, maar wil zo gauw mogelijk verhuizen naar de kust. Het is hier te vermoeiend voor haar met Anika, en een zinvolle toekomst voor zichzelf ziet ze hier ook niet. Ik ben erg geraakt door deze mededeling, want nu heb ik in Maralal niemand meer met wie ik kan praten. We hebben tenslotte heel wat moeilijke momenten samen doorstaan. Maar ik begrijp haar wel, en benijd haar ook een beetje. Ik zou zelf maar wat graag weer eens naar zee gaan! Omdat ze binnenkort al verhuist, nemen we nu alvast afscheid. Ze zal me later haar nieuwe adres laten weten.

We zijn kort na acht uur thuis. Mijn man is er niet, en ik kook voor de jongens nadat ze eerst bij mama thee hebben gedronken. Het wordt een gezellige avond, we praten honderduit. Napirai is erg gesteld op haar oom James. Steeds weer moet ik van de disco vertellen. Ze zitten met glanzende ogen te luisteren; zoiets willen zij ook weleens meemaken. Eigenlijk zou het over twee dagen weer zover zijn, maar omdat Lketinga er niet is, gaat het niet door. Dit weekend is het betaaldag, en de mensen vragen me voortdurend om een disco te organiseren. Ik heb nog maar één dag. Zonder Lketinga durf ik niet, maar de jongens halen me over en beloven alles te organiseren, als ik voor bier en limonade zorg.

Ik heb geen zin om naar Maralal te gaan, en daarom rijd ik met James naar Baragoi. Het is de eerste keer dat ik in dit Turkana-dorp ben. Het is bijna net zo groot als Wamba, en er is zelfs een drankengroothandel, die alleen iets duurder is dan die in Maralal. De hele actie duurt maar drieënhalf uur. Een van de jongens schrijft biljetten, die ze vervolgens met z'n allen verspreiden, en iedereen wacht vol ongeduld tot de disco begint. We hebben deze keer geen vlees, omdat er geen geit te koop werd aangeboden. Ik heb het niet aangedurfd er een van thuis te halen, ook al zijn ze voor een deel van mij. Als ik Napirai weer naar mama breng, merk ik dat ze niet zo blij is als anders, waarschijnlijk omdat Lketinga er niet is. Maar ik moet voor geld zorgen, we leven immers allemaal van deze inkomsten.

De disco is weer een enorm succes. Er komen nog meer mensen dan de eerste keer, omdat de schooljongens er nu ook zijn. Zelfs drie meisjes wagen zich naar binnen. Met de jongens en zonder mijn man erbij is de sfeer veel ontspannener. Er komt zelfs een jonge Somaliër een glaasje Fanta drinken. Daar ben ik blij om, want Lketinga praat soms heel lelijk over de Somaliërs. Ik voel dat ik er echt bij hoor en kan nu met heel veel mensen praten. De jongens verkopen om beurten de drankjes. Het is heerlijk, en iedereen danst op de vrolijke Kikuyu-muziek. Veel mensen hebben eigen cassettes meegebracht. Ook ik dans, voor het eerst sinds meer dan twee jaar, en voel me ontspannen.

Jammer genoeg moeten we de muziek na middernacht zachter zetten, maar de stemming blijft erin. Tegen tweeën sluiten we af, en ik haast me met mijn zaklantaren naar de manyatta om Napirai op te halen. Ik heb moeite om de doorgang in de omheining van doornstruiken te vinden. In de kraal krijg ik zowat een beroerte als ik Lketinga's speren voor de manyatta zie staan. Mijn hart bonst als ik de hut binnenkruip. Aan zijn gegrom hoor ik direct dat hij geïrriteerd is. Napirai ligt naakt naast haar grootmoeder te slapen. Ik begroet hem en vraag waarom hij niet naar de winkel is gekomen. Eerst krijg ik geen antwoord; dan gaat hij ineens vreselijk tekeer. Hij scheldt me de huid vol en ziet er vervaarlijk uit. Ik kan zeggen wat ik wil, hij gelooft niets meer. Mama probeert hem te kalmeren met de opmerking dat zijn geschreeuw in heel Barsaloi te horen is. Ook Napirai krijst. Als hij me een hoer noemt en zegt dat ik het met Kikuyu's doe en zelfs met de jongens, wikkel ik de naakte Napirai in een deken en ren wanhopig naar huis. Ik begin bang te worden voor mijn eigen man.

Het duurt niet lang of hij rukt de deur open, sleurt me uit bed en wil van me weten met wie ik het allemaal gedaan heb. Nu weet hij het zeker: Napirai is helemaal niet zijn dochter. Ik heb hem alleen maar wijsgemaakt dat ze vanwege mijn ziekte eerder is geboren, maar ik was gewoon zwanger van een ander. Bij iedere zin die hij zegt, voel ik mijn toch al gekwetste liefde verder wegsijpelen. Ik begrijp hem niet meer. Uiteindelijk gaat hij naar buiten en schreeuwt dat hij niet meer terugkomt en op zoek gaat naar een betere vrouw. Ik vind op dit moment alles best, als ik maar rust heb.

Met mijn behuilde ogen durf ik de volgende ochtend nauwelijks naar buiten. Veel mensen zijn getuige geweest van onze ruzie. Mama verschijnt tegen tienen met Saguna en vraagt waar Lketinga is. Ik weet het niet. In plaats daarvan komt James met zijn vriend langs. Ook hij snapt er niets van; zijn broer is nooit naar school geweest, zegt hij, en krijgers hebben geen verstand van zaken doen. Van James hoor ik ook hoe mama erover denkt. Ze zal tegen Lketinga zeggen dat hij niet meer zo woedend mag worden, want hij komt zeker terug. Ik moet niet huilen en ook niet luisteren naar wat hij zegt, want alle mannen zijn zo; daarom is het beter dat ze meerdere vrouwen hebben. James is het met dat laatste niet eens, maar daar heb ik helaas niets aan. Pater Giuliano stuurt zelfs de nachtwaker van de missiepost naar me toe om te horen wat er aan de hand was. Ik vind het vreselijk pijnlijk. Lketinga komt pas 's avonds weer opdagen, en we zeggen nauwelijks een woord tegen elkaar. Het leven gaat zijn gangetje, niemand heeft het over wat er gebeurd is. Na een week vertrekt hij al weer naar een ceremonie.

Het meisje dat water voor me haalt laat me steeds vaker in de steek, zodat ik gedwongen ben met de auto de twee jerrycans te gaan vullen bij de rivier terwijl de jongens op Napirai passen. Als ik bij de rivier wil wegrijden, kan ik niet meer schakelen, de koppeling pakt niet. Chagrijnig dat ik na twee maanden met de nieuwe auto al pech heb loop ik naar de missiepost, want de auto kan niet bij de rivier blijven staan. Pater Giuliano kijkt niet vrolijk, maar gaat toch mee om naar de auto te kijken. Hij stelt vast dat de koppeling inderdaad niet meer werkt. Tot zijn spijt kan hij daar echt niets aan doen. Nieuwe onderdelen zijn alleen in Nairobi te krijgen, áls ze al te krijgen zijn, en daar gaat hij de komende maand zeker niet naartoe. Ik barst in tranen uit, want nu weet ik niet meer hoe ik aan voedsel voor mezelf en Napirai moet komen. Ik begin genoeg te krijgen van die eeuwige problemen hier.

Pater Giuliano sleept de auto terug naar ons huis en zal proberen de nieuwe onderdelen telefonisch te bestellen in Nairobi. Als de Indiërs een van de komende dagen met het vliegtuig komen, kunnen ze die onderdelen eventueel meenemen. Maar er is geen enkele garantie dat dat zal lukken.

Vier dagen later komt hij toch op zijn motorfiets langs met de mededeling dat die ochtend om elf uur het vliegtuig zal landen. De Indiërs komen kijken hoe de bouw van de school vordert. Of ze de reserveonderdelen bij zich hebben, weet hij niet.

Inderdaad landt er rond het middaguur een vliegtuig. Pater Giuliano rijdt met zijn landrover naar de geïmproviseerde landingsbaan, heet de twee Indiërs welkom en brengt ze naar de rivier. Ik kijk de auto na en zie dat pater Giuliano meteen doorrijdt, waarschijnlijk naar Wamba. Omdat ik niet weet wat er aan de hand is, besluit ik te voet naar de school te gaan. Ik breng Napirai naar mama.

De twee Indiërs kijken me vanonder hun tulbanden verbaasd aan. Ze begroeten me met een beleefde handdruk en ik krijg een cola aangeboden. Dan vragen ze of ik bij de missiepost hoor. Ik leg hun uit dat ik hier woon en getrouwd ben met een Samburu. Nu nemen ze me nog veel nieuwsgieriger op; ze vragen me hoe een blanke vrouw in het oerwoud kan leven. Ze hebben gehoord dat hun arbeiders hier grote problemen hebben om aan genoeg eten te komen. Ik leg uit dat ik een auto heb, maar dat die op dit moment helaas kapot is. Ze zeggen dat hun dat voor mij spijt en vragen of die koppeling waarover is gebeld soms voor mij was. Ik bevestig dat en vraag bezorgd of het niet gelukt is. Nee, is het verpletterende antwoord, er zijn verschillende modellen, en je kunt alleen aan de hand van het gedemonteerde defecte onderdeel zien wat je precies nodig hebt. Ik ben erg teleurgesteld, wat de twee mannen niet ontgaat. De ene vraagt waar mijn auto staat. Dan geeft hij de monteur die ze bij zich hebben opdracht naar de auto te kijken en de defecte onderdelen eruit te halen. Over een uur vliegen ze terug.

De monteur werkt snel, en al na twintig minuten weet ik dat de koppelingsplaten en de versnellingsbak volledig onbruikbaar zijn. Hij pakt de zware onderdelen in en we rijden terug. De ene Indiër kijkt naar de onderdelen en zegt dat het volgens hem mogelijk moet zijn om in Nairobi nieuwe te vinden, maar dat het wel een dure grap gaat worden. Ze overleggen even met elkaar en vragen dan volkomen onverwacht of ik mee wil vliegen. De vraag overrompelt me, en ik stamel dat mijn man er niet is en dat ik een kind van zes maanden thuis heb zitten. Geen probleem, zeggen ze, dat kind kan ik meenemen, er is plaats genoeg.

Ik ben ten prooi aan hevige twijfel en zeg dat ik de weg in Nairobi helemaal niet ken. 'No problem,' zegt de andere Indiër nu. De monteur kent alle handelaars in auto-onderdelen; hij zal me morgenochtend bij mijn hotel ophalen en samen met mij proberen nieuwe onderdelen te vinden. Als ik als blanke alleen op pad zou gaan, zouden ze toch maar veel te hoge prijzen rekenen.

De overweldigende hulpvaardigheid van de twee vreemden slaat me met stomheid. Voor ik verder iets heb kunnen zeggen, zeggen ze dat ik over een kwartier bij het vliegtuig moet zijn. 'Yes, thank you very much,' stamel ik opgewonden. De monteur brengt me naar huis. Ik haast me naar mama en zeg haar dat ik naar Nairobi vlieg. Ik neem Napirai mee en laat mama geheel ontdaan achter. Thuis pak ik snel het hoognodige voor mezelf en mijn baby in. Ik zeg tegen de vrouw van de dierenarts wat ik van plan ben, en dat ik zo snel mogelijk met de nieuwe onderdelen terug ben. Ik vraag haar mijn man de groeten van mij te doen en hem uit te leggen waarom ik niet kon wachten op zijn toestemming om te vertrekken.

Dan ga ik snel naar het vliegtuig. Aan mijn ene arm hangt Napirai in de kanga, in de andere hand heb ik de reistas. Er hebben zich al een heleboel nieuwsgierigen rond het vliegtuig verzameld, die een ogenblik stilvallen als ze mij zien. De mzungu vliegt weg, dat is een sensatie, omdat mijn man er niet is. Ik besef terdege dat ik hier problemen mee kan krijgen. Maar aan de andere kant zal Lketinga blij zijn als zijn geliefde auto weer kan rijden en hij niet zelf naar Nairobi hoeft.

De Indiërs komen aangereden in een auto voor arbeiders, en op hetzelfde moment verschijnt mama met schommelende tred en een boos gezicht. Ze geeft me te verstaan dat ik Napirai hier moet laten, maar dat is voor mij onbespreekbaar. Ik spreek haar kalmerend toe en verzeker haar dat ik terugkom. Dan geeft ze mij en het kind toch nog haar 'Enkai' mee op reis. We stappen in en de motor begint te brullen. Geschrokken springen de omstanders aan de kant. Ik zwaai naar iedereen, en dan hotsen we al over de startbaan.

De Indiërs vragen honderduit. Hoe ik mijn man heb leren kennen, waarom we hier midden in de wildernis wonen. Ik word helemaal vrolijk van hun verbazing, en krijg een blij en vrij gevoel dat ik al lange tijd niet meer heb gehad. Na ongeveer anderhalf uur zijn we in Nairobi. Voor mij is het weinig minder dan een wonder om die enorme afstand in zo korte tijd af te leggen. Ze vragen waar ze me heen moeten brengen. Als ik antwoord dat ik naar het Igbol-hotel vlak bij de Odeonbioscoop wil, zeggen ze ontsteld dat een dame als ik niets in die buurt te zoeken heeft, dat het daar veel te gevaarlijk is. Maar het is de enige buurt die ik ken, en ik sta erop daar te worden afgezet. De ene Indiër, kennelijk de belangrijkste van de twee, geeft me zijn kaartje en zegt dat ik morgenochtend om negen uur moet bellen, dan haalt zijn chauffeur me op. Ik weet niet wat me overkomt, en ik bedank hem omstandig.

In het Igbol vraag ik me ineens af of ik dit allemaal wel kan betalen, want ik heb maar zo'n veertienhonderd gulden bij me. Meer geld had ik thuis niet, en als we niet net die disco hadden gehouden, was het nog minder geweest. Ik verschoon Napirai en we gaan naar het restaurant beneden. Het is lastig om met haar aan een tafeltje te eten. Ofwel ze trekt alles van de tafel af, ofwel ze wil op de grond rondkruipen. Sinds ze dat kruipen heeft ontdekt, is ze in een ommezien een heel eind weg. Het is hier zo vies dat ik haar eigenlijk niet op de grond wil laten spelen, maar ze spartelt en schreeuwt net zo lang tot ze haar zin heeft. Binnen de kortste keren zit ze onder het vuil, en de autochtonen begrijpen niet waarom ik dat toelaat. Een paar blanke reizigers hebben dolle pret als ze onder hun tafeltjes door kruipt. Hoe dan ook, ze is tevreden, en ik ook. Weer terug op de kamer was ik haar grondig in de wasbak. Voordat ik zelf kan douchen, moet ik wachten tot ze eindelijk slaapt.

De volgende dag komt de regen met bakken naar beneden. Om half-negen ga ik in de rij voor de telefooncellen staan. We zijn tot op het bot doorweekt, als een vrouw ons voor laat gaan. Ik krijg direct verbinding met de Indiër en vertel hem waar ik sta: Odeon Cinema. Over twintig minuten is de chauffeur er met de auto, belooft hij. Ik hol terug naar het Igbol om droge kleren aan te trekken. Mijn dochtertje houdt zich heel dapper: ze huilt niet, al is ze doornat. Bij de Odeon-bioscoop staat de chauffeur al te wachten, en we rijden naar een industriegebied, waar we naar een chic kantoor worden gebracht. Achter het bureau zit de aardi-ge Indiër te glimlachen; hij vraagt meteen of alles tot nu toe goed is ge-gaan. Hij telefoneert even, en de Afrikaanse monteur van gisteren komt eraan. De Indiër geeft hem een paar adressen die hij met ons moet langsgaan om te zoeken naar de nodige reserveonderdelen. Hij vraagt of ik genoeg geld bij me heb, en ik zeg: 'I hope so!'

We rijden kriskras door Nairobi. Nog dezelfde ochtend vinden we koppelingsplaten, voor maar tweehonderd gulden. Napirai en ik zitten achter in de auto. Omdat de regen is opgehouden en de zon is gaan schijnen, wordt het snel heet in de auto. Maar ik mag de ramen niet opendraaien, want we rijden door een paar van de slechtste buurten van Nairobi. De chauffeur probeert het overal, maar vindt geen nieuwe versnellingsbak. Napirai zweet en huilt. Ze heeft genoeg van het auto-rijden, en we zitten nu al zes uur in de auto. De monteur zegt dat het geen zin heeft, die versnellingsbak vinden we vanmiddag niet meer. Vandaag gaan alle winkels om vijf uur dicht, want morgen is het Goede Vrijdag. Ik was totaal vergeten dat het bijna Pasen was! Argeloos vraag ik hem wanneer de garages weer opengaan. Dinsdag pas weer, ant-woordt hij. De schrik slaat me om het hart dat ik zo lang met Napirai in deze akelige stad zal moeten blijven. Lketinga zal razend zijn als ik een week wegblijf. We besluiten terug te gaan naar het kantoor van de Indiër.

De vriendelijke Indiër vindt het erg vervelend dat ik maar gedeeltelijk geslaagd ben. Hij kijkt naar het versleten balhoofd van de versnellingsbak en vraagt de monteur of het niet te repareren is. De monteur zegt van niet, waarschijnlijk vooral omdat hij het welletjes vindt voor vandaag. Weer telefoneert de Indiër. Nu verschijnt er een andere man in de deuropening, die een voorschoot draagt en een lasbril opheeft. De Indiër draagt hem op de versleten plekken bij te slijpen en te lassen. Hij zegt met nadruk tegen de verbouwereerde man dat alles over een half-uur klaar moet zijn, omdat hij weg moet en ik ook niet langer kan wachten. Vervolgens zegt hij glimlachend tegen me dat ik over een halfuur naar huis kan.

Ik bedank hem hartelijk en vraag wat ik hem schuldig ben. Hij wuift de vraag beleefd weg en zegt dat ik hem altijd mag bellen als ik problemen heb. Het is hem een genoegen mij behulpzaam te zijn. Als ik weer in Barsaloi ben, moet ik naar de voorman van de bouw gaan. Die is op de hoogte en zal ervoor zorgen dat alles weer wordt gemonteerd. Ik kan haast niet geloven dat ik ineens zomaar voor niets hulp krijg, en wát voor hulp! Korte tijd later verlaat ik zijn kantoor. De onderdelen zijn loodzwaar, maar ik ben trots op het succes. Nog diezelfde avond reis ik naar Nyahururu, zodat ik de volgende ochtend de bus naar Maralal kan halen. Het slepen van de twee tassen met Napirai om mijn rug valt me zwaar.

Eenmaal in Maralal weet ik niet hoe ik in Barsaloi moet komen. Uitgeput begeef ik me naar het hotel om wat te drinken en te eten na de vermoeiende, stoffige reis. Daarna moet ik weer enkele tientallen luiers, Napirai en mezelf wassen. Doodmoe rol ik in bed. De volgende ochtend informeer ik overal of er iemand naar Barsaloi gaat. Bij mijn groothandel hoor ik dat er een vrachtwagen voor de Somaliërs op het punt van vertrek staat. Maar een vrachtwagen, dat kan ik Napirai en mezelf na al die ellende niet ook nog aandoen. Ik wacht, want van een jongen die net te voet uit Barsaloi is gekomen, hoor ik dat pater Roberto morgen in Maralal de post komt ophalen. Vol verwachting pak ik de volgende dag in het hotel mijn spullen in en ga naast het postkantoor staan. Maar liefst vier uur sta ik daar aan de kant van de weg voor eindelijk de witte auto van de missiepost in zicht komt. Opgelucht spreek ik pater Roberto aan en vraag of ik mee terug kan rijden. Geen probleem, zegt hij, over ongeveer twee uur gaat hij terug.

Het conflict spitst zich toe

Als ik in Barsaloi uit de auto stap, zie ik mijn man met grote stappen op me af komen. Hij begroet me koeltjes en vraagt waarom ik nu pas terug ben. 'Hoezo, nu pas? Ik ben zo snel teruggekomen als ik kon,' antwoord ik gepikeerd en teleurgesteld. Hij vraagt niet eens of het gelukt is met de onderdelen. Waarom moest ik nog eens in Maralal overnachten? Wie heb ik daar ontmoet? Vragen en nog eens vragen, maar geen woord van dank.

Ik vind het pijnlijk om zo wantrouwig bejegend te worden waar pater Roberto bij is. Ik loop snel met Napirai naar huis. Hij draagt mijn tas, dat is tenminste iets. Zelfs voor hem is die aan de zware kant. Met een onderzoekende blik hervat hij zijn borende gevraag. Als ik op het punt sta tegen hem uit te vallen van woede en verdriet, komt James in een vrolijke stemming binnenvallen met zijn vriend. Hij vraagt wél direct hoe het is gegaan. Hij vindt het moedig dat ik zo halsoverkop met het vliegtuig mee ben gegaan. Jammer genoeg was hij bij de rivier zijn kleren aan het wassen toen hij ervan hoorde. Hij was graag meegevlogen, zijn grootste wens is om nog eens te vliegen.

Zijn woorden doen me goed, en ik kalmeer. De jongens zetten thee voor me. Ze praten honderduit, maar Lketinga gaat naar buiten, hoewel het donker is. Ik vraag James wat mijn man heeft gezegd toen hij thuiskwam en merkte dat ik weg was. Hij glimlacht verontschuldigend en zegt dat ik moet proberen te begrijpen dat Lketinga's generatie geen begrip heeft voor zelfstandige vrouwen en niemand zomaar vertrouwt. Lketinga dacht dat ik er met Napirai vandoor was en niet meer terug zou komen. Ik begrijp dat niet, hoewel ik er langzamerhand alle reden toe zou hebben om weg te lopen. Maar waarheen? Napirai heeft haar vader toch ook nodig!

James onderbreekt mijn sombere gedachten door me te vragen wanneer we eindelijk de winkel weer opendoen. Hij zou zo graag werken en wat geld verdienen. En wij moeten zelf ook zorgen dat er weer eens geld binnenkomt, anders gaan we ten onder aan die auto. Zodra de Datsun is gerepareerd, openen we de winkel weer, en dit keer gaan we het echt serieus aanpakken, niet alleen etenswaren, maar ook kleren, schoenen, limonade en bier. Zolang de arbeiders uit Nairobi hier zijn, valt er in ieder geval genoeg te verdienen. En daarna komen er leraren van buiten met hun gezinnen. Met James als hulp zie ik goede mogelijkheden. Wel maak ik hem onomwonden duidelijk dat dit mijn laatste poging wordt en dat dit de laatste keer is dat ik er geld in steek. Maar de euforie van de jongens werkt aanstekelijk, en ik vergeet de ellende die ik de laatste tijd vanwege Lketinga heb moeten doormaken. Als hij thuiskomt, verdwijnen de jongens.

De volgende ochtend gaat Lketinga uit zichzelf naar de arbeiders om te zeggen dat de nieuwe onderdelen er zijn en kunnen worden gemonteerd. Na werktijd verschijnt er een monteur, die aan onze auto begint te sleutelen. Hij slaagt er echter niet in alles nog vandaag voor elkaar te krijgen. Pas na drie dagen rijdt onze mooie auto weer. Nu kunnen we weer met de winkel beginnen. We vertrekken met zijn vieren. James is verrukt dat hij Napirai mag vasthouden. Hij krijgt er nooit genoeg van met haar te spelen.

In Maralal ga ik eerst naar de bank om te informeren of mijn laatste geld, ruim vijfduizend gulden, al binnen is uit Zwitserland, maar de bankier moet tot zijn spijt melden dat het er nog niet is. Maar de volgende dag is het er wel, en we beginnen met inkopen: natuurlijk eerst weer een ton maïs en suiker, dan groente en vruchten, alles wat ik maar kan vinden. De rest investeer ik in kleren, schoenen, tabak, plastic bakken, jerrycans voor water, alles wat ik met een goede winst denk te kunnen verkopen. Ik koop zelfs twintig broden. Ik geef alles tot op de laatste cent uit in de hoop dat ik er het dubbele voor terugkrijg.

De heropening wordt een waar evenement. De mensen komen van heinde en verre. De kanga's, de kleren en de jerrycans zijn al na twee dagen uitverkocht. De arbeiders die de school bouwen, kopen grote hoeveelheden groente, rijst en aardappelen. Het lijkt hier wel een kleine oerwoud-supermarkt. Die eerste paar dagen zijn we gelukkig, trots en tevreden, maar wel steeds hondsmoe. James wil zo graag werken dat hij me vraagt of hij in de winkel mag wonen om 's morgens vroeger te kunnen beginnen.

Het bier bieden we niet openlijk te koop aan, maar onder de toonbank. Ik wil geen problemen krijgen. De paar kratten zijn meestal na twee dagen uitverkocht. Ik wil niet dat we langer dan een paar dagen nee moeten verkopen en voel me verantwoordelijk voor de nieuwe aanvoer. Met de eerste inkomsten laat ik meteen nieuwe kleren komen, want de mensen van de school hebben veel overhemden en broeken nodig. Eens in de drie weken rijd ik speciaal hiervoor helemaal naar Nanyuki, waar een grote kledingmarkt wordt gehouden. De vrouwen- en kinderkleding gaat als warme broodjes over de toonbank. Ik noteer zelfs bestellingen. Ik verwonder me erover dat de mensen blijkbaar opeens meer geld te besteden hebben. Dat komt voor een deel door de bouw van de school, waardoor veel mensen werk hebben gevonden.

De zaken gaan erg goed, en de winkel is voor veel arbeiders een ont-moetingsplaats geworden. Alles gaat prima tot Lketinga weer last krijgt van jaloezieaanvallen. 's Morgens ben ik nooit in de winkel, omdat ik eerst het huishouden moet doen. Pas na de middag loop ik er met Na-pirai naartoe. Met de jongens is het meestal heel gezellig. Ook Napirai geniet ervan in het middelpunt van de belangstelling te staan, want er zijn hier altijd wel kinderen die haar dragen en met haar spelen. Alleen mijn man ziet niet graag dat ik vrolijk ben, omdat ik volgens hem nooit met hém lach. Dat komt door zijn wantrouwen jegens iedereen die vijf minuten met mij praat. Eerst kiest hij de arbeiders die elkaar dagelijks in de winkel treffen als doelwit. Het komt voor dat hij een of meer van hen niet meer in de winkel wil hebben, of waar ik bij ben verkondigt dat die-en-die alleen maar hier komt vanwege mij. Dat brengt me in verlegenheid, en ik ga dan altijd de winkel uit. Ook James kan niets be-ginnen tegen zijn oudere broer en die op niets gebaseerde verdachtma-kingen.

We maken steeds vaker ruzie, en ik betrap mezelf op het besef dat ik niet op deze manier met mijn leven verder wil. Wij werken, en hij staat erbij en kankert op mij of de mensen, of anders is hij wel thuis bezig een geit te slachten met een paar krijgers, waarna ik de hele vloer bezaaid met bloed en botten aantref.

Een- à tweemaal per week rijd ik naar Baragoi, dat veel dichterbij ligt dan Maralal, om de etenswaren aan te vullen. Er is weer eens een tekort aan suiker, omdat het bruiloftsfeest van een krijger voor de deur staat. Hij wil in zijn eentje driehonderd kilo kopen, die hij tegen een meer-prijs naar een verafgelegen kraal wil laten brengen. Het is vroeg in de middag, en ik ga jachtig op weg. Ik kan de afstand naar Baragoi in an-derhalf uur afleggen. Zonder problemen kom ik aan. Ik koop maar zes-honderd kilo suiker, omdat ik twee rivieren moet oversteken en mijn auto niet te zwaar wil belasten.

De auto is ingeladen en ik wil starten. Maar de motor slaat niet aan, en na een paar pogingen doet niets het meer. In een mum van tijd staan er een heleboel Turkana's om me heen, die allemaal nieuwsgierig in de auto kijken. De eigenaar van de winkel komt naar buiten en vraagt wat het probleem is. Een paar mensen proberen de auto aan te duwen, maar ook dat levert niets op. De eigenaar zegt dat er ongeveer driehonderd meter verderop een tent is waar nog meer mzungu's zijn die een auto hebben.

Inderdaad tref ik op de aangeduide plaats een jong Engels stel aan, aan wie ik mijn probleem uiteenzet. De man pakt een gereedschapskist en gaat mee om naar mijn auto te kijken. Hij heeft al snel ontdekt dat de accu volkomen leeg is. Hij probeert een paar dingen, maar zonder succes. Als ik vertel dat ik vandaag nog naar Barsaloi moet omdat ik thuis een baby heb, biedt hij me aan me de accu uit zijn eigen auto te lenen. Maar aangezien zij zelf over twee dagen naar Nairobi willen vertrekken, moet ik hem wel beloven de accu vóór die tijd terug te brengen. Ik ben onder de indruk van zijn vertrouwen en beloof op tijd terug te zijn. Mijn kapotte accu laat ik bij hem achter.

Thuis vertel ik mijn man wat er is gebeurd, omdat hij weer achterdochtig vraagt waarom ik zo lang weg ben gebleven. Zelf vind ik het natuurlijk ook erg vervelend dat we al weer voor een grote uitgave staan; al ons verdiende geld wordt door die auto opgeslokt. Eigenlijk heb ik ook dringend vier nieuwe banden nodig. Het is om gek van te worden, zo wordt het nooit wat met ons, en ik gruw van het idee dat ik morgen wéér naar Maralal moet.

Dan komt het toeval me te hulp, want er vertrekt een auto van de arbeiders van de bouw naar Maralal om etenswaren en bier te halen. Ik vraag Lketinga mee te rijden en de accu mee te nemen. In Maralal kan hij dan een nieuwe accu kopen en met de matatu naar Baragoi gaan om de Engelsen hun accu terug te brengen. Zij zullen hem dan vast wel een lift willen geven naar Barsaloi.

Ik druk hem op het hart dat het erg belangrijk is dat die mensen morgen hun accu terugkrijgen. Hij verzekert me dat het geen probleem is en gaat met de landrover van de arbeiders mee naar Maralal, door het oerwoud. Ik ben er niet gerust op dat alles goed komt, maar hij heeft het me uitdrukkelijk beloofd en was trots omdat hij in zijn eentje op deze belangrijke reis werd gestuurd. Hij moet in Maralal overnachten en dan 's morgens vroeg de enige matatu naar Baragoi nemen.

Ik ben eerst thuis en later in de winkel om James te helpen met het verkopen van de suiker. Lketinga kan elk moment terugkomen. Maar het wordt negen uur 's avonds voordat we in de verte lichten zien. Opgelucht zet ik thee, zodat hij direct iets te drinken heeft als hij er is. Een halfuur later stopt de landrover van de Engelsen voor onze winkel. Ik hol naar ze toe en vraag stomverbaasd waar mijn man is. De jongeman kijkt me geïrriteerd aan en zegt dat hij niet weet waar mijn man is, maar dat hij nu wel zijn accu terug wil, want ze moeten nog vandaag op weg gaan naar Nairobi. Morgenavond vertrekt hun vlucht naar Engeland. Ik voel me diep ongelukkig en schaam me dood omdat ik mijn belofte niet heb gehouden.

Ik vind het vreselijk, maar ik moet hun wel bekennen dat hun accu samen met mijn man onderweg is en dat hij eigenlijk vandaag bij hen in Baragoi had moeten langskomen. De Engelsman windt zich natuurlijk op. Hij heeft nu onze oude accu in zijn auto gezet, maar die werkt slechts tot hij weer leeg is, want hij laadt zichzelf niet meer op. Ik ben wanhopig, en woedend op Lketinga. De matatu is wel in Baragoi aangekomen, maar er zaten volgens de Engelsen geen krijgers in. Het is ondertussen halftien, en ik nodig hen op de thee om gezamenlijk te overleggen wat ons verder te doen staat.

Terwijl we aan de thee zitten, hoor ik de motor van een vrachtwagen. Hij stopt ter hoogte van ons huis. Meteen daarna komt Lketinga binnen. Hijgend zet hij de twee zware accu's op de grond. Ik vaar tegen hem uit en vraag waar hij al die tijd geweest is; die mensen hadden allang vertrokken moeten zijn. Gemelijk verwisselt de Engelsman de accu's, en korte tijd later rijden ze weg. Ik ben boos, omdat ik me door Lketinga in de steek gelaten voel. Hij beweert dat hij de matatu heeft gemist, maar ik ruik meteen dat hij een drankkegel heeft. Hij heeft ook geen geld meer, sterker nog, hij heeft nog tweehonderd gulden nodig om de vrachtwagenchauffeur te betalen. Ik sta versteld van zijn ontstellende gebrek aan verantwoordelijkheidsgevoel. De accu heeft vijfhonderd gulden gekost, en nu nog dat geld voor die chauffeur, alleen maar omdat hij in cafés bier heeft zitten drinken en daarom de goedkope bus heeft gemist! Dat betekent dat onze hele winst van deze en de volgende maand alweer verdwenen is.

Grimmig ga ik naar bed. Tot overmaat van ramp is mijn man ook nog vastbesloten om met me te vrijen. Als ik hem duidelijk maak dat daar vandaag in de verste verte geen sprake van kan zijn, windt hij zich weer vreselijk op. Het is inmiddels bijna middernacht, en afgezien van het geschreeuw van onze ruzie is het overal doodstil. Weer zegt hij dat ik dan wel een minnaar zal hebben, die ik gisternacht thuis heb ontvangen. Dat was natuurlijk de reden dat ik hem naar Maralal stuurde. Ik ben ondertussen doodziek van dat soort praatjes en probeer Napirai te troosten, die van het lawaai wakker is geworden.

Wanhoop

Mijn besluit staat vast: ik wil hier weg. Ons huwelijk kan nooit meer wat worden. Mijn geld raakt op, mijn man maakt me alleen nog maar belachelijk en de mensen wenden zich van ons af omdat hij in iedere man een potentiële minnaar van mij ziet. Maar aan de andere kant begrijp ik heel goed dat hij me ons dochtertje zal afpakken als ik bij hem wegga. Hij houdt ook van haar, en wettelijk is ze van hem en zijn moeder. Het is ondenkbaar om samen met haar te vluchten. Wanhopig bedenk ik hoe ik ons huwelijk zou kunnen redden, want zonder Napirai ga ik niet weg.

Hij verliest ons nu niet meer uit het oog, alsof hij iets vermoedt. Als ik aan Zwitserland denk, merkt hij dat meteen. Het is net of hij mijn gedachten kan lezen. Hij doet erg zijn best voor Napirai en speelt de hele dag met haar. Ik word verscheurd door tegenstrijdige gevoelens; enerzijds wil ik niets liever dan een gelukkig gezin zijn samen met de grote liefde van mijn leven, anderzijds kwijnt mijn liefde voor hem langzaam weg omdat hij me niet vertrouwt. Ik heb er genoeg van zijn vertrouwen steeds opnieuw te moeten terugwinnen en tegelijkertijd als enige verantwoordelijk te zijn voor ons overleven. Hij doet helemaal niets, is alleen maar in de weer met zichzelf en zijn vrienden.

Ik word iedere keer ziedend als er mannen op bezoek komen die naar mijn dochtertje van acht maanden kijken en dan met Lketinga over latere huwelijksplannen praten. Welwillend luistert hij naar de verschillende aanbiedingen die hij krijgt. Ik probeer hier een eind aan te maken, goedschiks of kwaadschiks. Onze dochter zal later zélf bepalen met welke man ze trouwt, en het zal de man zijn van wie zíj houdt! Ik ben niet bereid haar als tweede of derde vrouw aan een oude man te verkopen. Ook over de besnijdenis van het meisje maken we vaak ruzie. Op dit punt stoot ik bij mijn man op onbegrip, hoewel het moment nog in de verre toekomst ligt.

Ondertussen doet James zijn best echt iets van de winkel te maken, en langzamerhand wordt het weer tijd om een vrachtwagen te regelen. Maar ik heb niet genoeg geld meer. Toch besluiten we naar Maralal te gaan om ook het laatste geld van mijn rekening te halen.

De accu heeft al die tijd bij ons in huis gestaan, en ik wil net naar de missiepost gaan om te vragen of een van de paters hem wil inbouwen, als Lketinga meldt dat hij dat zelf ook wel kan. Argumenten helpen niets, en omdat ik niet nog meer ruzie wil laat ik hem begaan. En waarachtig, de auto slaat zonder problemen aan. Maar na ongeveer anderhalf uur rijden staan we midden in het oerwoud stil en geeft de auto geen sjoege meer. Eerst zie ik het nog niet zo somber in; misschien is een van de kabels niet helemaal goed aangesloten. Maar als ik de motorkap opendoe, krijg ik een schok. Lketinga heeft de accu niet goed vastgeschroefd, en door het gehobbel onderweg is er kortsluiting ontstaan.

De accuvloeistof loopt er aan één kant uit. Nu sta ik op het punt hysterisch te worden. Die mooie, nieuwe accu, die zoveel heeft gekost, is alweer kapot omdat hij niet goed is ingebouwd! Met kauwgom probeer ik de vloeistof die er nog in zit te behouden. Het heeft geen zin, in korte tijd heeft het accuzuur alles weggevreten. Ik jank en ben woedend op mijn man. Nu zitten we hier midden in de wildernis, in die verzengende hitte, met een baby. Er zit niets anders op dan dat hij te voet teruggaat naar de missiepost om hulp te halen terwijl ik hier met Napirai wacht. Dit gaat uren duren.

Godzijdank kan ik Napirai nog steeds borstvoeding geven, anders waren de poppen nu helemaal aan het dansen. Ik heb gelukkig ook drinkwater bij me. De tijd kruipt voorbij, en de enige afleiding die ik heb is dat ik een struisvogelfamilie en een paar zebra's zie. Mijn gedachten buitelen over elkaar heen, en ik ben vastbesloten verder geen geld meer in de winkel te steken. Ik wil hier weg, naar Mombasa, net als Sophia. Daar kunnen we een souvenirwinkel beginnen, dat levert meer winst op en is minder vermoeiend dan de winkel hier. Maar hoe moet ik dit mijn man duidelijk maken? Ik moet hem er op zo'n manier van overtuigen dat hij het er zelf mee eens is, anders kom ik hier nooit meer weg met Napirai. In mijn eentje lukt me dat nooit, wie moet haar vasthouden tijdens die lange rit?

Na meer dan drie uur zie ik een stofwolk in de verte; dat is vast pater Giuliano. Inderdaad stopt deze even later naast ons. Hij kijkt onder de motorkap en schudt zijn hoofd. Hij vraagt waarom ik hem niet heb gevraagd om de accu in te bouwen, nu is hij onbruikbaar. In tranen vertel ik hem dat die accu net een week oud is. Hij zal proberen hem te repareren, maar of het lukt weet hij niet, en over twee dagen vertrekt hij naar Italië. Dan geeft hij me een andere accu, en we rijden terug naar Barsaloi. Daar repareert hij de behuizing met hete teer. Dat zal niet lang houden. Het afscheid van pater Giuliano geeft me een beklemd gevoel. Nu moet ik de komende drie maanden mijn beschermengel missen, want pater Roberto is lang niet zo handig.

Zoals elke avond komen de jongens langs om het geld van de winkel af te geven. Meestal zet ik dan thee, en als Lketinga er niet is, kook ik ook voor ze. Het contact met de jongens montert me altijd een beetje op, omdat ik met hen tenminste kan praten. James is teleurgesteld dat ik geen vrachtwagen meer wil laten komen.

Voor het eerst formuleer ik voorzichtig mijn plan om hier weg te gaan, omdat we anders binnenkort geen geld meer hebben. Het wordt doodstil in het vertrek, en ik leg uit dat ik geen geld meer heb om door te gaan. De auto kost ons veel te veel. Lketinga gaat er meteen tegenin. Hij zegt dat we nu net zo'n mooi nieuw begin hebben gemaakt met de winkel, en dat hij ermee door wil gaan. Dit is zijn thuisland, en hij wil niet weg van zijn familie. Ik vraag hoe hij de nieuwe aankopen dan denkt te betalen. Achteloos zegt hij dat ik mijn moeder toch weer kan schrijven om ons geld te sturen, zoals altijd. Hij heeft nooit begrepen dat het míjn geld was. De jongens begrijpen me, maar kunnen verder weinig doen, omdat mijn man alles tegenspreekt wat zij zeggen. Ik gooi al mijn overredingskracht in de strijd en schilder Mombasa af als de ideale plaats om een winkel te openen. James is onmiddellijk bereid om naar Mombasa te gaan, omdat hij de zee ook weleens wil zien. Maar mijn man wil niet dat we hier weggaan.

We maken voor vandaag een eind aan het gesprek en gaan nog wat kaarten. Er wordt veel gelachen, en Lketinga, die weigert het spel te leren, zit er gemelijk bij. Hij heeft nog steeds weinig op met de bezoeken van de jongens. Meestal zondert hij zich demonstratief af, gaat miraa kauwen of doet zo vervelend tegen hen dat ze er zenuwachtig van worden en afdruipen. En zij zijn de enigen die nog op bezoek komen. Elke dag begin ik voorzichtig over Mombasa, want zonder de eerste levensbehoeften valt er in onze winkel hier weinig meer te verdienen. Daar wordt Lketinga op den duur ook onrustig van. Maar hij geeft nog niet toe.

We zitten weer eens met z'n drieën te kaarten. De tafel wordt slechts verlicht door een petroleumlamp. Lketinga ijsbeert voortdurend door ons huis. Buiten is het licht, omdat het bijna volle maan is. Ik wil even pauzeren om mijn benen te strekken en sta op om naar buiten te gaan. Met mijn blote voeten trap ik op iets glibberigs, en ik slaak een kreet van afgrijzen.

Iedereen lacht, behalve Lketinga. Hij pakt de lamp van de tafel en belicht het glibberige ding op de vloer. Het ziet eruit als een verpletterd dier, waarschijnlijk is het een geitenembryo. Dat denken de jongens ook. Het is nauwelijks groter dan tien centimeter, en daarom nog ondefinieerbaar. Lketinga kijkt mij aan en zegt dat ik dit ding heb verloren. Aanvankelijk begrijp ik niet eens wat hij bedoelt.

Maar hij vraagt op boze toon van wie ik zwanger was. Nu begrijpt hij ook waarom die jongens elke dag op bezoek komen: ik heb een verhouding met een van hen. James probeert hem te kalmeren, omdat ik helemaal verstard ben. Lketinga duwt zijn armen weg en wil James' vriend te lijf gaan. Maar de twee jongens zijn sneller en rennen het huis uit. Lketinga komt op me af, schudt me door elkaar en zegt dat ik hem nu eindelijk moet vertellen wie mijn minnaar is. Ik ruk me ziedend van woede los en schreeuw tegen hem: 'You are completely crazy! Go out of my house, you are crazy!' Ik verwacht dat hij me nu, voor het eerst, zal slaan. Maar hij zegt alleen dat hij deze schande zal wreken. Hij zal die jongen weten te vinden en hem doden. Met die woorden verlaat hij het huis.

Overal staan mensen voor hun hutten naar ons te staren. Zodra mijn man uit het zicht is verdwenen, gris ik een bundel bankbiljetten, onze paspoorten en Napirai bij elkaar en hol naar de missiepost. Ik bons als een bezetene op de deur en bid dat pater Roberto open zal doen. Na een poosje staat hij voor me; hij staart ons geschrokken aan. Ik vertel hem in een paar zinnen wat er is gebeurd en vraag hem mij meteen naar Maralal te brengen; het gaat om leven of dood, zeg ik erbij. Pater Roberto zegt handenwringend dat hij dat niet mag doen. Hij moet hier nog meer dan twee maanden alleen wachten voor pater Giuliano terugkomt en wil de sympathie van de mensen niet verspelen. Hij raadt me aan naar huis te gaan; zo erg zal het toch wel niet zijn. Het is duidelijk dat hij bang is. Ik geef hem in ieder geval het geld en onze paspoorten in bewaring, dan kan mijn man die niet in een boze bui verscheuren.

Als ik terugkom, is hij al met mama bij ons thuis. Hij vraagt wat ik bij de missiepost moest, maar ik geef geen antwoord. Dan vraagt hij boos waar de embryo is gebleven. Ik antwoord naar waarheid dat onze kat die naar buiten heeft gesleept. Hij gelooft me natuurlijk niet en zegt dat ik hem vast door de wc heb gespoeld. Hij zegt tegen mama dat hij nu zeker weet dat ik een verhouding heb met een jongen. Waarschijnlijk is ook Napirai niet van hem, maar van die jongen, omdat ik in Maralal met hem in een hotel heb overnacht voordat ik voor het eerst naar Zwitserland ging. Hoe weet hij dát nou weer? Mijn hulpvaardigheid van destijds keert zich nu tegen me en bezegelt mijn lot. Mama vraagt me of dat laatste klopt, en dat kan ik natuurlijk niet ontkennen. Ze kunnen gewoon niet geloven dat er toen niets is gebeurd. Ik begin te huilen, wat me nog verdachter maakt in hun ogen.

Ik ben diep teleurgesteld in hen allebei en wil alleen nog maar weg, en wel zo snel mogelijk. Na wat heen-en-weergepraat beslist mama dat Lketinga in de manyatta gaat slapen en we morgen verder zien. Mijn man weigert echter te vertrekken zonder Napirai. Ik schreeuw tegen hem dat hij mijn kind, dat naar zijn zeggen immers niet eens van hem is, met rust moet laten. Maar hij verdwijnt met haar in de duisternis.

Ik blijf alleen op het bed achter en krijg een verschrikkelijke huilbui.

Ik zou natuurlijk in de auto kunnen stappen en voorgoed uit het dorp weggaan, maar ik wil mijn kind hier niet achterlaten. Buiten hoor ik gepraat en gelach. Een paar mensen schijnen lol te hebben om wat er is gebeurd. Na een poosje komen de dierenarts en zijn vrouw kijken hoe het met me is. Ze hebben alles gehoord en proberen me te kalmeren. Die nacht doe ik geen oog dicht; ik bid dat ik hier op een dag veilig met Napirai wegkom. Mijn liefde is op dit moment veranderd in pure haat. Ik begrijp niet hoe het mogelijk is dat alles in korte tijd zo anders is geworden.

's Morgens vroeg ga ik snel naar het achterste gedeelte van de winkel om tegen de jongens te zeggen dat Lketinga het op een van hen heeft gemunt. Dan haast ik me naar mama, want ik moet Napirai nog steeds de borst geven. Mama zit met haar voor de hut. Mijn man slaapt nog. Ik pak mijn kind en geef het de borst. Mama vraagt me nota bene of Lketinga de vader is. Met tranen in mijn ogen antwoord ik alleen maar: 'Yes.'

Machteloze woede

Mijn man kruipt uit de manyatta en beveelt me mee te gaan naar onze blokhut. Ook de jongens ontbiedt hij bij ons. Zoals zo vaak hangen er een paar nieuwsgierigen rond. Mijn hart klopt in mijn keel, ik weet niet wat er gaat gebeuren. Hij praat op opgewonden toon tegen me en vraagt waar iedereen bij is of ik met die jongen naar bed ben geweest. Hij wil het nú weten. Ik schaam me dood, en tegelijkertijd voel ik een enorme woede in me opkomen. Hij speelt voor rechter zonder te merken hoe belachelijk hij ons maakt. 'No,' schreeuw ik hem toe, 'you are crazy!' Voor ik nog meer kan zeggen, heb ik de eerste klap te pakken. Woedend gooi ik mijn pakje sigaretten naar zijn hoofd. Hij draait zich om en heft zijn rungu op. Maar voor hij me ermee kan slaan, reageren de jongens en de dierenarts. Ze houden hem vast, praten ontdaan op hem in en zeggen dat hij beter een poosje het oerwoud in kan gaan tot hij weer helder kan denken. Daarop pakt hij zijn speren en verdwijnt. Ik hol mijn huis in en wil niemand meer zien.

Hij blijft twee dagen weg, en ik kom het huis niet uit. Ik zou niet kunnen vluchten, want zelfs tegen betaling zou niemand me helpen. Ik luister de hele dag naar Duitse muziek of lees gedichten, wat me helpt mijn gedachten te ordenen. Ik ben juist bezig een brief naar huis te schrijven, als mijn man plotseling voor me staat. Hij zet de muziek uit en vraagt waarom er bij ons wordt gezongen en waar ik die cassette vandaan heb. Die had ik natuurlijk de hele tijd al, wat ik hem kalm mededeel. Hij gelooft het niet. Dan ziet hij de brief aan mijn moeder. Ik moet hem voorlezen, maar hij betwijfelt of ik wel lees wat er staat. Dus verscheur en verbrand ik de brief. Van Napirai neemt hij geen notitie, hij doet of ze er niet is. Hij is tamelijk rustig, en ik probeer hem niet boos te maken. Tenslotte zal ik me met hem moeten verzoenen als ik hier ooit weg wil komen.

Het leven herneemt zijn rustige loop, ook omdat mijn vermeende minnaar niet meer in Barsaloi woont. Van James hoor ik dat hij verhuisd is naar familie elders. De winkel blijft gesloten, en na veertien dagen hebben we niets meer te eten. Ik wil naar Maralal, maar mijn man verbiedt het me. Hij zegt dat andere vrouwen ook genoeg hebben aan melk en vlees.

Ik begin steeds weer over Mombasa. Als we daarnaartoe verhuizen, zeg ik, zal mijn familie zeker bijspringen. Bovendien is er geen geld meer om hier te wonen. En mocht het met de zaken daar niet goed gaan, dan kunnen we toch altijd teruggaan. Als ook James op een dag zegt dat hij weggaat uit Barsaloi om werk te zoeken, vraagt Lketinga voor het eerst wat we dan in Mombasa zouden kunnen doen. Hij begint zijn verzet op te geven. Ik heb er ook genoeg moeite voor gedaan. Ik heb mijn muziek en mijn boeken weggedaan. Brieven schrijf ik niet meer. Ik laat zelfs weer toe dat hij met me vrijt, zij het met tegenzin. Ik heb maar één doel: weg van hier, mét Napirai!

Ik schilder beelden van een mooie Masai-winkel vol souvenirs. Voor de reis naar Mombasa zouden we de hele winkelinventaris aan de Somaliërs kunnen verkopen. Zelfs de meubels brengen nog geld op, want je kunt hier verder nergens een bed, een stoel of een tafel kopen. We zouden ook een afscheidsdisco kunnen organiseren om geld te verdienen en tegelijk van iedereen afscheid te nemen. James zou met ons mee kunnen gaan en helpen bij de opbouw van de zaak. Ik praat maar en praat maar en probeer te verbergen hoe zenuwachtig ik ben. Hij mag niet merken hoe belangrijk zijn toestemming voor mij is.

Op een dag zegt hij kalm: 'Corinne, maybe we go to Mombasa in two or three months.' Ik vraag ontdaan waarom hij nog zo lang wil wachten. Omdat Napirai dan een jaar oud is, zegt hij, dan heeft ze mij niet meer nodig en kan ze bij mama blijven. Nu zit de schrik er bij mij pas goed in. Ik ga hier alleen weg met Napirai, en dat zeg ik hem ook onomwonden. Ik heb mijn dochter nodig, voeg ik eraan toe, anders heb ik geen plezier in mijn werk. James komt me te hulp: hij wil wel op

Napirai passen. En als we willen gaan, moeten we dat nú doen, gaat hij verder, want over drie maanden is zijn besnijdenisfeest. Dan hoort hij bij de krijgers en mijn man bij de oude mensen. Dat feest duurt een paar dagen, en daarna mag hij een hele tijd alleen nog maar omgaan met de pas besneden mannen. We beraadslagen en besluiten uiteindelijk over een kleine drie weken te vertrekken. Op 4 juni is het mijn dertigste verjaardag, en die wil ik in Mombasa vieren. Ik leef nu alleen nog maar toe naar de dag dat we Barsaloi zullen verlaten.

Het is het begin van de maand, en daarom willen we die disco zo snel mogelijk organiseren. We rijden voor de laatste keer naar Maralal om bier en andere dranken te regelen. In Maralal eist mijn man dat ik naar Zwitserland bel om me ervan te overtuigen dat we geld krijgen voor Mombasa. Ik doe alsof ik een gesprek voer en zeg tegen hem dat alles in orde is en dat ik heb afgesproken me weer te melden zodra we in Mombasa zijn.

De disco is wederom een groot succes. Ik heb met Lketinga afgesproken dat we om middernacht samen een afscheidsspeech zullen houden, omdat niemand nog iets weet van onze Mombasa-plannen. Na een poosje knijpt mijn man er echter tussenuit. Om twaalf uur sta ik er dus alleen voor. Ik vraag de dierenarts mijn speech, die ik in het Engels heb voorbereid, te vertalen, voor de arbeiders in het Suaheli en voor de autochtonen in het Masai.

James zet de muziek af en iedereen houdt verbaasd op met dansen. Ik sta zenuwachtig midden in het vertrek en vraag om stilte. Allereerst excuseer ik me voor de afwezigheid van mijn man. Dan zeg ik dat dit tot mijn spijt de laatste disco is, omdat we over twee weken weggaan uit Barsaloi om een nieuwe zaak te openen in Mombasa. We kunnen hier met onze dure auto gewoon niet rondkomen. Ook bestaat er hier voortdurend gevaar voor mijn gezondheid en die van mijn dochtertje. Ik bedank iedereen die een trouwe klant van de winkel is geweest en wens hun veel geluk met de nieuwe school.

Direct nadat ik mijn speech heb beëindigd, begint iedereen opgewonden door elkaar te praten. Zelfs het adjunct-districtshoofd is bedrukt; hij zegt dat ik nu, net nu iedereen me hier heeft geaccepteerd, toch niet zomaar kan weggaan. Twee anderen spreken lovende woorden over ons en zeggen dat ons vertrek een groot verlies voor hen zal zijn. We hebben hier voor iedereen leven in de brouwerij gebracht, om nog maar te zwijgen van alle hulp die we met de auto hebben geboden. Iedereen praat. Ik ben erg ontroerd en vraag of de muziek weer aan kan, zodat de stemming terugkomt.

In de drukte staat ineens de Somaliër naast mij. Hij zegt dat hij ons plan ook betreurt. Hij heeft altijd bewondering gehad voor wat ik deed. Ik ben aangedaan, bied hem een glaasje fris aan en vertel hem dat ik hem de rest van onze winkel wel wil verkopen. Hij is meteen akkoord. Als ik de inventaris heb opgemaakt, wil hij me de volledige aankoopprijs betalen, zelfs de dure weegschaal wil hij van me overnemen. Ik praat ook nog een hele tijd met de dierenarts. Ook voor hem komt onze verhuizing als een verrassing. Hij heeft er wel begrip voor, na alles wat er is gebeurd. Hij hoopt voor me dat mijn man zich in Mombasa weer wat redelijker gedraagt. Waarschijnlijk is hij de enige die een vermoeden heeft van de werkelijke reden van ons vertrek.

Om twee uur sluiten we af. Lketinga is nog steeds niet terug. Ik haast me naar de manyatta om Napirai op te halen. Mijn man zit in de hut en praat met mama. Op mijn vraag waarom hij er niet was, antwoordt hij dat het míjn feest was, ík wil immers weg van hier. Ik ga de discussie deze keer niet aan, maar blijf in de manyatta slapen. Misschien is dit wel de laatste keer dat ik in zo'n hut overnacht, bedenk ik me.

Bij de eerstvolgende gelegenheid vertel ik Lketinga van mijn overeenkomst met de Somaliër. Eerst is hij boos en wil hij er niet over praten. Hij onderhandelt niet met die lui, zegt hij uit de hoogte. Dus maak ik samen met James de inventaris op. De Somaliër vraagt of we hem de spullen over twee dagen kunnen brengen, dan heeft hij ook het geld bij elkaar. De weegschaal alleen al is goed voor één derde van het bedrag.

Er komen voortdurend mensen bij de blokhut die iets van ons willen kopen. Alles is gereserveerd, tot het laatste kopje. Ik wil het geld de twintigste hebben, de eenentwintigste kan iedereen 's ochtends zijn spullen komen ophalen, zo is de afspraak. Als we onze spullen naar de Somaliër willen brengen, gaat Lketinga toch mee. Op alle prijzen heeft hij iets aan te merken. Als ik de weegschaal weg wil brengen, zet hij die meteen terug. Hij wil hem meenemen naar Mombasa. Hij wil maar niet inzien dat we hem niet meer nodig hebben en dat hij hier veel meer opbrengt. Die weegschaal moet en zal mee, en het ergert me mateloos dat ik de Somaliër zo veel geld terug moet betalen, maar ik houd mijn mond. Vooral geen ruzie meer maken voor we weg zijn! Het is nog ruim een week tot 21 mei.

De dagen gaan in ingehouden afwachting voorbij, en ik word steeds gespannener naarmate de vertrekdatum nadert. Ik blijf hier geen uur langer dan nodig. De laatste nacht breekt aan. Bijna iedereen heeft zijn geld gebracht, en wat we niet meer kunnen gebruiken, hebben we weggegeven. De auto is volgepakt, en in huis staan alleen nog het bed met het muskietennet, de tafel en de stoelen. Mama is de hele dag bij ons geweest om op Napirai te passen. Ze is verdrietig dat we weggaan.

Tegen de avond stopt er een auto in het dorp, bij de Somaliër, en mijn man gaat er meteen naartoe, omdat er misschien miraa te koop is. Intussen bepalen James en ik welke route we zullen nemen. We zijn beiden erg opgewonden vanwege de lange reis. Het is bijna vijftienhonderd kilometer naar de zuidkust.

Ik word onrustig als mijn man na een uur nog niet terug is. Als hij eindelijk weer opduikt, zie ik meteen dat er iets niet goed is. 'We cannot go tomorrow,' deelt hij mee. Natuurlijk kauwt hij weer miraa, maar toch meent hij het heel serieus. Ik begin helemaal te gloeien, en ik vraag waar hij zo lang is geweest en waarom we morgen niet kunnen vertrekken. Hij kijkt ons met wazige ogen aan en zegt dat de ouderen ontevreden zijn dat we willen vertrekken zonder hun zegen. Zó kan hij onmogelijk weggaan.

Geïrriteerd vraag ik waarom die zegen dan niet morgenvroeg kan worden gegeven, maar James legt me uit dat er eerst nog minstens twee geiten moeten worden geslacht en dat er bier moet worden gebrouwen. Pas als ze in een goede stemming zijn, zijn ze bereid het 'Enkai' over ons uit te spreken. Hij heeft er begrip voor dat Lketinga niet wil vertrekken zonder de bescherming van dat gebed.

Ik verlies mijn zelfbeheersing en ga tekeer tegen Lketinga: waarom zijn die oude mensen hier niet wat eerder mee gekomen? Ze weten al drie weken wanneer we willen vertrekken, we hebben een afscheidsfeest gegeven, we hebben al onze spullen verkocht en de rest ingepakt. Ik blijf geen dag langer, ik vertrek, desnoods alleen met Napirai! Ik schreeuw en huil om beurten, want ik begrijp heel goed dat deze grap ons minstens een week gaat kosten: zo lang duurt het om bier te brouwen.

Lketinga zegt alleen dat hij niet vertrekt en kauwt op zijn kruid, en James gaat naar mama om haar advies in te winnen. Ik lig op bed en zou het liefst dood willen zijn. In mijn hoofd bonst het aan één stuk door: ik vertrek morgen, ik vertrek morgen. Omdat ik nauwelijks een oog dichtdoe, ben ik nog maar een half mens als James en mama 's ochtends vroeg arriveren. Er wordt weer lang en breed gepraat, maar ik schenk er geen aandacht aan en ga stug door met het inpakken van onze spullen. Mijn ogen zijn gezwollen en ik zie alles maar vaag. James praat met mama en er zijn een heleboel mensen die hun spullen komen ophalen of afscheid willen nemen. Ik kijk niemand aan.

James komt naar me toe en vraagt me namens mama of ik echt nu weg wil. 'Yes,' zeg ik kortaf, en daarbij bind ik Napirai vast aan mijn zij. Mama kijkt lange tijd zwijgend naar mij en haar kleinkind. Dan zegt ze iets tegen James, en zijn gezicht klaart op. Hij vertelt me opgelucht dat mama vier oude mensen uit Barsaloi gaat halen, die ons ter plekke zullen zegenen. Ze wil niet dat we zonder zegen wegrijden, want ze weet zeker dat ze ons voor het laatst ziet. Ik ben dankbaar en vraag James tegen haar te zeggen dat ik altijd voor haar zal zorgen, waar ik ook ben.

Het zegenende spuug

We wachten bijna een uur; er komen steeds meer mensen. Ik verschuil me in huis. Dan komt mama inderdaad met drie oude mannen terug. Wij staan met z'n drieën naast de auto, en mama zegt telkens iets voor, waarna ze allemaal in koor herhalen: 'Enkai!' Het duurt ongeveer tien minuten, dan krijgen we hun zegenende spuug op onze voorhoofden gedrukt. De ceremonie is ten einde, en ik ben opgelucht. Ik druk ieder van de ouderen nog een nuttig gebruiksvoorwerp in handen, terwijl mama op Napirai wijst en voor de grap zegt dat zij graag onze baby wil.

Door haar hulp heb ik gezegevierd. Zij is de enige die ik nog één keer in mijn armen neem voordat ik achter het stuur ga zitten. Napirai geef ik aan James, die achter in de auto zit. Lketinga treuzelt nog wat. Als ik de motor start, stapt ook hij met een knorrig gezicht in. Ik geef gas en kijk niet meer achterom. Er is nog een lange weg te gaan, maar ik weet dat aan het eind de vrijheid wacht.

Met iedere kilometer die we afleggen voel ik mijn kracht groeien. Ik zal in één keer doorrijden tot Nyahururu, pas dan kan ik weer rustig ademhalen. Ongeveer een uur voor Maralal moeten we stoppen vanwege een lekke band. De hele auto is volgepakt, en het reservewiel ligt helemaal onderin! Maar ik accepteer de vertraging zonder morren, want het zal de laatste keer zijn dat ik op Samburu-grond een band verwissel.

De volgende stop is bij Rumurutti, vlak voor Nyahururu, waar de geasfalteerde weg begint. Een politiecontrole. Ze willen mijn logboek zien en mijn internationale rijbewijs. Dat is allang niet meer geldig, maar dat zien ze niet. Wel wordt me opgedragen de auto een controlebeurt te laten geven, want ik moet een sticker met ons nieuwe adres op de ruit hebben. Zo zijn de voorschriften. Ik ben verbaasd, want in Maralal zijn die stickers onbekend.

In Nyahururu overnachten we. De volgende dag informeren we

waar die stickers te krijgen zijn. Er begint een nieuw gevecht met de bureaucratie. Eerst moet de auto naar de garage om alles te laten maken wat kapot is, daarna moet je betalen voor de aanvraag voor een controlebeurt. De auto staat de hele dag in de garage, wat weer veel geld kost. Op de tweede dag is de controle. Ik ben ervan overtuigd dat alles in orde is. Maar als we eindelijk aan de beurt zijn, valt de controleur meteen over de gerepareerde accu en de ontbrekende sticker. Ik leg hem uit dat we bezig zijn te verhuizen en nog niet weten op welk adres we in Mombasa zullen wonen. Dat interesseert hem helemaal niets; we krijgen geen sticker als we geen vast adres hebben. We gaan weer weg, en ik vind de hele toestand te belachelijk voor woorden. Ik begrijp niet waarom alles ineens zo ingewikkeld moet en rijd gewoon door. We hebben twee dagen voor niets gewacht en geld uitgegeven. Ik wil naar Mombasa. We rijden een paar uur en nemen even voorbij Nairobi onze intrek in een hotel in een dorpje. Ik ben helemaal uitgeput van de lange rit, want ik moet steeds heel goed opletten met het linksrijdende verkeer. Nu moet ik luiers wassen en Napirai de borst geven. Gelukkig slaapt ze veel, omdat de wegen hier ongekend egaal zijn.

De volgende dag bereiken we, na nog eens zeven uur rijden, Mombasa. Hier is het klimaat tropisch warm. Uitgeput sluiten we achteraan in de rij wachtende auto's om met de pont naar de zuidoever over te steken. Ik haal de brief te voorschijn die Sophia me een paar maanden geleden, vlak na haar aankomst in Mombasa, heeft gestuurd. Ze woont in de buurt van Ukunda. Zij is mijn enige hoop op een dak boven ons hoofd voor vannacht.

Na meer dan een uur zoeken vinden we het chique nieuwbouwcomplex waar Sophia woont, maar op ons kloppen doet niemand open. Als ik bij de buren aanklop, verschijnt er een blanke vrouw, die weet te vertellen dat Sophia voor twee weken naar Italië is gegaan. Ik ben erg teleurgesteld en vraag me af waar we verder nog onderdak zouden kunnen krijgen. De enige andere mogelijkheid is Priscilla, maar dat wil mijn man niet, omdat hij liever naar de noordkust wil. Maar daar wil ik niet meer naartoe, want ik heb er te slechte herinneringen aan. De stemming is explosief; daarom rijd ik zonder verdere omhaal naar ons oude dorp. Daar stellen we vast dat er van de vijf huisjes nog maar één bewoonbaar is. We komen wel te weten dat Priscilla is verhuisd naar het volgende dorp; met de auto is het vijf minuten rijden.

Kort daarna zijn we in het dorpje Kamau, dat in de vorm van een hoefijzer is gebouwd. De woningen bestaan uit tegen elkaar aan gebouwde kamers, net als de hotels in Maralal. In het midden is een grote winkel. Ik ben meteen enthousiast over dit dorp. Als we uit de auto stappen, komen de eerste kinderen al nieuwsgierig kijken, en vanuit de winkel gluurt de eigenaar naar ons. Dan komt Priscilla ineens op ons af. Ze kan haast niet geloven dat we in levenden lijve voor haar staan. Ze is erg blij, vooral als ze Napirai ziet. Zij heeft zelf in de tussentijd ook weer een zoontje gekregen, dat iets ouder is dan Napirai. Ze neemt ons met-een mee naar haar kamer en zet thee. Dan moeten we vertellen. Als ze hoort dat we in Mombasa willen blijven, is ze daar erg blij mee. Zelfs Lketinga zet door haar zonnige humeur voor het eerst sinds ons vertrek weer een wat vrolijker gezicht. Ze biedt ons haar kamer aan en zelfs haar water, dat ook hier in grote jerrycans bij een bron wordt gehaald. Vannacht slaapt ze bij een vriendin, morgen zal ze ons helpen woon-ruimte te vinden. Ik ben voor de zoveelste keer diep onder de indruk van haar ongecompliceerdheid en gastvrijheid.

We gaan vroeg slapen na de vermoeiende tocht. De volgende och-tend heeft Priscilla al een kamer voor ons geregeld, aan het begin van het blok, zodat onze auto ernaast kan staan. Het vertrek meet ongeveer drie bij drie meter. Alles is van beton, alleen het dak is van stro. Vandaag ontmoeten we ook een paar andere bewoners. Het zijn allemaal Sam-buru-krijgers, van wie we er zelfs nog een paar kennen. Lketinga staat al vlug met hen te lachen en te praten, met Napirai trots op zijn arm.

Nieuwe hoop

Als ik voor het eerst in de winkel kom, voelt het alsof ik in het paradijs ben. Hier is alles gewoon te krijgen: brood, melk, boter, eieren, vruch-ten, en dat op tweehonderd meter van ons huis! Ik begin ook zelf weer te geloven in een nieuw leven in Mombasa.

James wil nu eindelijk de zee zien, en we gaan samen op weg. We zijn te voet in een klein halfuur aan het strand. Bij het zien van de zee krijg ik een gevoel van blijdschap en vrijheid. Ik kijk nu heel vreemd tegen al die blanke toeristen met hun minieme zwembroekjes aan. Ja-mes, die dat nog nooit heeft gezien, kijkt beschaamd langs ze heen naar de grote watermassa. Hij is, net als zijn oudere broer destijds, volledig van de kaart. Napirai daarentegen speelt vrolijk in het zand in de scha-duw van een paar palmen. Zo zie ik mijn leven in Kenia wel weer zit-ten.

We gaan naar een voor Europeanen bestemde strandbar om wat te drinken. Iedereen staart naar ons, en ik voel me in mijn zelfverstelde rok, hoe schoon die ook is, wat misplaatst onder al die nieuwsgierige blikken. Van mijn vroegere zelfvertrouwen is weinig meer over. Als een Duitse vrouw me aanspreekt en wil weten of Napirai mijn kind is, kan ik zelfs de juiste woorden niet meer vinden. Ik heb te lang geen Duits meer gesproken en moet tot mijn eigen verbijstering in het Engels antwoord geven.

Lketinga vertrekt de volgende dag naar de noordkust. Daar wil hij wat sieraden inkopen om mee te kunnen doen aan het Masai-dansen met aansluitende verkoop van sieraden. Ik ben blij dat hij zich nu ook druk maakt om geld verdienen. Thuis was ik luiers terwijl James met Napirai speelt. Samen met Priscilla smeed ik toekomstplannen. Ze is enthousiast als ik vertel dat ik een ruimte zoek om een winkel voor toeristen te beginnen. Aangezien James niet langer dan een maand kan blijven en daarna naar huis moet voor het grote besnijdenisfeest, besluit ik om samen met Priscilla alle hotels langs te lopen om naar vrije winkelruimte te zoeken.

Bij de dure hotels worden we met scepsis ontvangen door de bedrijfsleiders en krijgen we vrijwel direct nul op het rekest. Bij het vijfde hotel is er niets meer over van mijn toch al geringe zelfvertrouwen; ik voel me net een bedelares. Ik zie er ook niet bepaald uit als een nette zakenvrouw, met mijn roodgeruite rok en een baby op mijn rug. Een Indiër, die ons gesprek bij een hotelreceptie toevallig opvangt, schrijft het telefoonnummer van zijn broer voor me op. De volgende dag gaan mijn man, James en ik naar Mombasa voor een ontmoeting met die man. Hij heeft iets te huur in de buurt van een supermarkt in een pasgebouwde wijk, zij het wel voor zo'n duizend gulden per maand. Eerst wil ik het al afwimpelen, want dat bedrag lijkt me veel te hoog, maar dan wil ik het gebouw toch wel zien.

De ligging van het pand is zeer fraai, een eindje van de grote weg af, aan Diani Beach. Met de auto is het een kwartier rijden vanaf ons huis. In het gebouw is al een enorme Indiase souvenirwinkel gevestigd, daartegenover is een pas geopend Chinees restaurant, en de rest staat leeg. Omdat het geheel terrasvormig is aangelegd, is de winkel vanaf de weg niet te zien. Toch maak ik gebruik van deze mogelijkheid, ook al is het maar zestig vierkante meter. De ruimte is volkomen kaal, en Lketinga snapt niet waarom ik zo veel geld uitgeef voor een lege winkel. Hij blijft zelf voorstellingen geven voor toeristen, maar het geld dat hij daarmee verdient gaat direct op aan bier en miraa, wat aanleiding geeft tot vervelende ruzies.

Terwijl autochtonen op mijn aanwijzingen houten stellingen bouwen, regel ik met James houten palen in Ukunda, en ik breng ze met de auto naar de winkel. Overdag werken we keihard, terwijl mijn man met andere krijgers in Ukunda rondhangt.

's Avonds kook en was ik meestal ook nog, en als Napirai slaapt praat ik met Priscilla. Lketinga stapt bij het vallen van de nacht in de auto en brengt de krijgers naar de plaatsen waar de voorstellingen zijn. Ik heb daar een slecht gevoel bij, omdat hij geen rijbewijs heeft en bovendien bier drinkt. Als hij 's nachts terugkomt, wekt hij me en wil hij weten met wie ik heb gepraat. Als er bij de buren al krijgers thuis zijn, is hij ervan overtuigd dat ik bij hen ben geweest. Ik waarschuw hem nadrukkelijk dat hij niet weer alles kapot moet maken met zijn jaloezie. Ook James probeert hem te kalmeren.

Na een tijdje komt Sophia terug. De vreugde van het weerzien is groot. Ze kan haast niet geloven dat we al bezig zijn een winkel op te zetten. Zij is hier al vijf maanden en heeft haar restaurant nog steeds niet geopend. Mijn euforie wordt wel wat getemperd als ze me vertelt wat voor bureaucratische rompslomp me nog te wachten staat. Zij woont in tegenstelling tot ons heel comfortabel. We zien elkaar bijna elke dag wel even, tot mijn man daar genoeg van krijgt. Hij begrijpt niet wat we elkaar allemaal te vertellen hebben en denkt dat we over hém roddelen. Sophia probeert hem te kalmeren en zegt dat hij niet zo veel bier moet drinken.

Er zijn nu twee weken verstreken sinds we de winkel hebben gehuurd, en de hele inventaris staat er al. Ik wil aan het eind van de maand de deuren openen, en mijn werk- en middenstandsvergunning moeten nog geregeld worden. Voor de middenstandsvergunning moeten we naar Kwale, weet Sophia, en samen met haar en haar vriend gaan we daarnaartoe. Het is het oude liedje: formulieren invullen en wachten. Sophia wordt als eerste opgeroepen en verdwijnt met haar vriend in een kantoor. Na vijf minuten komen ze weer naar buiten. Het is niet gelukt, omdat ze niet getrouwd zijn. Ons vergaat het tot mijn stomme verbazing niet veel beter. Maar volgens de beambte kan ik zonder werkvergunning geen middenstandsvergunning krijgen, tenzij ik bij een notaris alles op naam van mijn man laat zetten. Bovendien moet de naam van de winkel eerst in Nairobi worden geregistreerd.

O, wat haat ik die stad inmiddels! En nu moeten we er toch weer heen. Als we verslagen en wanhopig teruglopen naar de auto, komt de beambte ons achterna en zegt dat ik zonder middenstandsvergunning ook geen werkvergunning kan krijgen. Maar nu hij erover nadenkt, is er misschien een manier om Nairobi te omzeilen. Hij is om vier uur in

Ukunda, en dan kan hij naar Sophia's huis komen. Uiteraard begrijpt iedereen wat de bedoeling is: smeergeld! Ik word meteen nijdig, maar Sophia is zonder meer bereid langs deze weg aan een vergunning te komen. We wachten bij haar thuis, en ik heb er de pest over in dat ik niet alleen met Lketinga naar Kwale ben gegaan. Inderdaad komt het mannetje omzichtig het huis binnengeslopen. Hij houdt eerst een lang verhaal en zegt dan dat de vergunningen morgen in orde zijn als ieder van ons vijfduizend shilling meeneemt in een envelop. Sophia stemt meteen toe, en er blijft mij niets anders over dan eveneens te knikken.

We krijgen de middenstandsvergunningen zonder problemen. De eerste stap is gezet. Mijn man zou nu al spullen kunnen verkopen, maar ik mag alleen maar in de winkel aanwezig zijn en zelfs geen verkoopgesprék voeren. Ik besef dat het zo niet gaat en overreed mijn man om met me naar Nairobi te gaan voor mijn werkvergunning en de registratie van de naam van de winkel. We hebben de zaak 'Sidai's Masai Shop' genoemd, wat tot heftige discussies met Lketinga leidt. Sidai is zijn tweede naam, maar dat 'Masai' wil hij er niet bij hebben. Omdat de vergunning echter al is uitgeschreven, is er geen weg terug meer.

In het Nyayo-kantoor in Nairobi worden we na een aantal uren wachten opgeroepen. Ik weet dat er heel veel op het spel staat en maak dit mijn man op een indringende manier duidelijk. Als we nu worden afgewezen, is dat onherroepelijk. Er wordt geïnformeerd waarom en waarvoor ik een werkvergunning wil hebben. Ik leg de vrouwelijke beambte met enige moeite uit dat we een gezin zijn, en dat ik wel zal moeten werken omdat mijn man geen opleiding heeft. Dat argument begrijpt ze. Maar ik heb te weinig deviezen meegenomen en kom bijna dertigduizend gulden te kort om, na vertoon van de middenstandsvergunning, de werkvergunning te krijgen. Ik beloof haar dat bedrag uit Zwitserland over te laten maken en me dan weer te melden. Hoopvol verlaat ik het kantoor. Ik heb sowieso geld nodig om spullen te kunnen inkopen. Doodmoe aanvaarden we de lange terugreis.

Als we helemaal uitgeput thuiskomen, zijn daar een paar krijgers bezig speren te bewerken voor de verkoop. Edy is er ook bij. We zijn heel blij elkaar na zo'n lange tijd terug te zien. Terwijl we het over vroeger hebben, kruipt Napirai vrolijk op hem af. Omdat het al laat is en ik moe ben, nodig ik Edy voor de volgende dag op de thee uit. Tenslotte is hij degene die me destijds heeft geholpen, toen ik wanhopig op zoek was naar Lketinga.

De krijgers zijn nauwelijks de deur uit of mijn man begint me te bestoken met verwijten en vermoedens over Edy. Nu begrijpt hij eindelijk waarom ik drie maanden alleen in Mombasa ben geweest voordat ik naar hem ging zoeken. Het is onvoorstelbaar wat hij me allemaal in de schoenen schuift, en ik wil alleen maar weg om niet langer naar die nare beschuldigingen te hoeven luisteren. Ik hijs de slapende Napirai op mijn rug en loop naar buiten, de donkere nacht in.

Ik zwerf doelloos rond, tot ik opeens voor de Africa Sea Lodge sta. Op dat moment krijg ik behoefte om mijn moeder op te bellen om haar te vertellen hoe het er met ons huwelijk voor staat. Snikkend vertel ik mijn verbaasde moeder een deel van mijn ellende. Ze kan me natuurlijk niet direct advies geven, en daarom vraag ik haar ervoor te zorgen dat er iemand van de familie naar Kenia komt. Ik heb behoefte aan iemand met een nuchtere kijk op de zaak die me psychische steun kan geven, en misschien krijgt Lketinga dan ook eindelijk meer vertrouwen in me. We spreken af dat ik morgen rond dezelfde tijd weer zal bellen. Na dit gesprek voel ik me beter, en ik strompel terug naar ons huisje.

Mijn man is ondertussen natuurlijk nog veel bozer geworden en wil weten waar ik vandaan kom. Als ik hem vertel van mijn telefoongesprek en het aanstaande bezoek van een familielid, wordt hij direct rustig.

Tot mijn opluchting hoor ik de volgende avond dat mijn oudste broer bereid is te komen. Hij zal over een week al hier zijn, mét het geld dat ik nodig heb. Lketinga is nerveus omdat hij nog iemand van mijn familie zal leren kennen. Omdat het om mijn oudste broer gaat, heeft hij nu al respect en doet hij aardiger tegen me. Als cadeau maakt hij een Masai-armband voor hem, met zijn voornaam in gekleurde kralen. Het ontroert me een beetje te zien hoe belangrijk dit bezoek voor hem en James is.

Mijn broer Marc is gearriveerd in hotel Two Fishes. De vreugde is bij iedereen groot, hoewel hij maar een week kan blijven. Hij trakteert ons vaak op een etentje in zijn hotel. Het is fantastisch, en aan de rekeningen denk ik maar niet. Natuurlijk laat mijn man zich van zijn beste kant zien. De hele week knijpt hij er niet tussenuit om bier te drinken of miraa te kauwen, en hij wijkt niet van de zijde van mijn broer. Als Marc bij ons thuis op bezoek komt, staat hij er versteld van hoe zijn ooit zo deftige zus nu leeft. Maar over de winkel is hij enthousiast, hij geeft me zelfs nog een paar goeie tips. De week is veel te snel voorbij, en de laatste avond praat hij langdurig met mijn man. James vertaalt alles woord voor woord. Als Lketinga eerbiedig en berouwvol belooft mij niet meer te kwellen met zijn jaloezie, zijn we ervan overtuigd dat dit bezoek volledig geslaagd was.

Ook James moet twee dagen later naar huis. We reizen met hem mee naar Nairobi en gaan voor de werkvergunning nog eens naar het Nyayo-gebouw. We zijn goedgehumeurd, en ik ben ervan overtuigd dat alles nu zal lukken. De naam is geregistreerd en we hebben alle benodigde papieren. We worden te woord gestaan door dezelfde vrouw als tweeënhalve week geleden. Als ze het geïmporteerde geld ziet, is alles voor elkaar. Ik krijg mijn werkvergunning. Mijn verblijfsvergunning wordt ingetrokken, omdat ik die de komende twee jaar niet nodig heb. Tot die tijd moet ik de naam van mijn man in mijn paspoort voeren, en Napirai moet een Keniaanse pas hebben. Ik vind het allemaal best, ik heb in ieder geval mijn werkvergunning voor de komende twee jaar. Een heleboel mensen moeten jaren wachten op dit stempel, dat me overigens wel bijna drieduizend gulden kost.

We gaan naar de Masai-markt in Nairobi en kopen een heleboel in. Nu kunnen we zaken doen. In Mombasa ga ik op zoek naar fabrieken waar ik goedkoop sieraden, maskers, T-shirts, kanga's, tassen en andere spullen kan krijgen. Mijn man gaat meestal met Napirai met me mee. Hij gaat maar zelden akkoord met de prijzen. Sophia is verrast als ze mijn winkel komt bekijken. Na slechts vijf weken aan de kust is alles voor elkaar, inclusief de werkvergunning. Haar is het helaas nog steeds niet gelukt.

Ik laat vijfduizend folders drukken waarin ik onze nieuwe winkel introduceer. Er zit ook een routebeschrijving bij. De doelgroep bestaat hoofdzakelijk uit Duitsers en Zwitsers. In bijna alle hotels mag ik de folders bij de receptie neerleggen. In de twee grootste hotels huur ik bovendien vitrines om spullen te etaleren. Natuurlijk hang ik er ook nog een heel bijzondere trouwfoto bij. Wij zijn er in ieder geval klaar voor.

De volgende dag om negen uur gaan we open. Ik neem een omelet en bananen mee voor Napirai. Het is erg stil, er komen maar twee mensen heel even in de winkel. 's Middags is het bloedheet, en er loopt geen enkele toerist langs de weg. We gaan in Ukunda eten en openen de winkel om twee uur weer. Af en toe lopen er toeristen over de hoofdweg op weg naar de verderop gelegen supermarkt; onze winkel zien ze niet.

Later in de middag komt er eindelijk een groepje Zwitsers met de folder in de hand. Ik praat opgewekt met hen, ze willen natuurlijk van alles weten. Ze kopen bijna allemaal iets. Voor de eerste dag ben ik tevreden, maar ik besef wel dat we nog veel meer de aandacht zullen moeten trekken. De tweede dag stel ik mijn man voor om alle blanken die voorbijkomen een folder in handen te drukken. Als hij aan de weg staat, kijkt iedereen meteen. En het lukt zowaar. De Indiër weet niet wat hem overkomt als alle toeristen zijn winkel voorbijlopen en bij ons naar binnen gaan.

Vandaag, de tweede dag, hebben we al goed verkocht. Wel is het soms moeilijk op momenten dat Napirai niet slaapt. Ik heb een klein matrasje voor haar onder het rek met T-shirts gelegd, zodat ze rustig kan slapen. Maar ik geef haar nog steeds de borst, en soms komen er net op dat moment toeristen de winkel binnen die ik moet helpen. Die storingen bevallen haar helemaal niet, en dat laat ze luidkeels merken. Daarom besluiten we voor overdag in de winkel een kindermeisje in dienst te nemen. Lketinga vindt een vrouw van een jaar of zestien, de jonge echtgenote van een Masai. Ze bevalt me meteen, want ze verschijnt in de traditionele Masai-kleding en met fraaie sieraden om. Ze past goed bij Napirai en bij onze Masai-winkel. We nemen haar elke ochtend met de auto mee en zetten haar 's avonds weer thuis bij haar man af.

Onze winkel is nu al een week open, en de omzet stijgt nog elke dag. Daardoor wordt het langzamerhand alweer tijd om naar Mombasa te gaan om nieuwe voorraden in te kopen, en dat levert een nieuw probleem op. Lketinga kan niet de hele dag in zijn eentje verkopen, want er zijn soms wel tien mensen tegelijk in de winkel. Daarom hebben we nog een hulp nodig, die ons kan helpen als een van ons tweeën weg is. Dat moet wel iemand uit ons dorp zijn, want mijn man gaat over ongeveer drie weken naar huis om het besnijdenisfeest van zijn broer James bij te wonen. Ik word als lid van de familie eigenlijk ook geacht daarbij te zijn, en het kost me de grootste moeite mijn man duidelijk te maken dat ik de winkel niet zo kort na de opening alweer kan sluiten. Hij gaat pas akkoord als mijn jongere zus Sabine laat weten juist in die periode op bezoek te komen. Ik ben zielsblij met dat bericht, want ik was voor geen goud nog een keer naar Barsaloi gegaan.

Nu kan Lketinga geen bezwaren meer maken. Hij zegt zelfs dat hij zal proberen om op tijd terug te zijn, zodat hij mijn zus nog kan ontmoeten voor ze teruggaat. Maar zover is het nog niet. Eerst moeten we een winkelhulp zoeken. Ik stel mijn man voor Priscilla te vragen, maar daar is hij direct op tegen. Hij vertrouwt haar voor geen cent. Verontwaardigd som ik op wat ze allemaal voor ons heeft gedaan, maar hij is niet te vermurwen. In plaats daarvan komt hij op een avond met een Masai-jongen uit Masai-Mara aanzetten. Hij is naar school geweest en draagt daarom een spijkerbroek en een shirt. Ik vind het niet erg, want hij maakt een eerlijke indruk. Ik ga akkoord, en William wordt onze nieuwe werkkracht.

Nu kan ik eindelijk nieuwe T-shirts en houtsnijwerk gaan inkopen, terwijl zij met z'n tweeën op de winkel passen. Het kindermeisje en Napirai gaan met mij mee. Het is vermoeiend om alle handelaars langs te gaan, de spullen uit te zoeken en te onderhandelen. Tegen de middag ben ik terug. Lketinga hangt aan de bar in het Chinese restaurant en drinkt duur bier. William staat in de winkel. Ik informeer hoeveel mensen er zijn geweest. Helaas niet veel, er is één Masai-sieraad verkocht. Alle toeristen lopen gewoon voorbij. Geïrriteerd vraag ik verder of Lketinga dan geen folders heeft uitgedeeld. William schudt zijn hoofd en zegt dat hij bijna de hele tijd aan de bar bier heeft gedronken. Daarvoor heeft hij geld uit de kassa gehaald. Dat vind ik erg vervelend. Hij komt net de winkel in geslenterd, ik ruik zijn drankkegel. Natuurlijk krijgen we ruzie, en het draait erop uit dat hij in de auto stapt en wegrijdt. Ik ben teleurgesteld. Nu hebben we een werknemer en een kindermeisje, en nou zuipt mijn man het geld weer op.

Samen met William stal ik de nieuwe spullen uit. Zodra we blanken zien, haast hij zich naar de weg en deelt folders uit. Bijna iedereen komt naar de winkel, en als Lketinga tegen halfzes weer opduikt, staat de winkel vol en wordt er druk verkocht. De mensen vragen me natuurlijk naar mijn man, en ik stel hem aan hen voor. Maar hij kijkt stroef de andere kant op en wil alleen maar weten wat we al hebben verkocht en voor welke prijs. Ik vind zijn gedrag uiterst pijnlijk.

Een Zwitser koopt voor zijn twee dochters wat sieraden en een fraai bewerkt houten masker. Dat tikt aan! Voor hij weggaat, vraagt hij ons of hij een foto mag maken van mijn man, mij en Napirai. Dat vind ik natuurlijk prima, want zo'n goede klant weiger je niets. Maar mijn man zegt dat hij ons alleen tegen betaling mag fotograferen. De aardige Zwitser is geïrriteerd, en ik schaam me. Hij maakt twee foto's en geeft Lketinga inderdaad tien shilling. Zodra hij buiten gehoorsafstand is, probeer ik Lketinga uit te leggen waarom je klanten geen geld kunt vragen voor foto's. Hij snapt het niet, maar verwijt mij dat ik altijd iets op hem aan te merken heb als hij geld wil verdienen. Alle Masai vragen geld voor foto's, waarom moet hij het dan voor niets doen? Hij kijkt me met boze, fonkelende ogen aan. Vermoeid werp ik tegen dat die anderen geen winkel hebben, zoals wij.

Als er nieuwe klanten komen, verman ik me en probeer voorkomend te zijn. Mijn man slaat de klanten wantrouwig gade, en zodra iemand iets aanraakt, staat hij erop dat het ook wordt gekocht. William bewaart zijn kalmte en probeert de klanten op slinkse wijze bij Lketinga weg te lokken om de situatie te redden.

Tien dagen na de opening hebben we de huur van de winkel er al uit. Ik ben trots op mezelf en op William. De meeste toeristen komen de volgende dag terug met nieuwe mensen uit hun hotel, en zo raakt onze winkel langzamerhand bekend, temeer daar de prijzen hier lager zijn dan in de hotelboetiekjes. Om de drie of vier dagen moet ik naar Mombasa om nieuwe voorraden in te slaan.

Omdat er veel vraag is naar gouden sieraden, zoek ik daar een geschikte vitrine voor. Dat valt niet mee, maar uiteindelijk vind ik een werkplaats die er een op maat kan maken. Een week later kan ik hem ophalen. Ik neem voor deze gelegenheid al onze wollen dekens mee en zet de auto pal voor de werkplaats. Vier mannen dragen de zware glazen vitrine naar de auto. In die tien minuten zijn de wollen dekens gestolen, hoewel ik de auto had afgesloten. Het portier aan de bestuurderskant is geforceerd. De eigenaar van de zaak leent me wat oude zakken en kartonnen dozen, zodat in ieder geval de onderkant een beetje beschermd is. Ik vind het vreselijk dat ik mijn mooie Zwitserse dekens kwijt ben. Ook Lketinga zal het naar vinden dat zijn rode deken weg is. Teleurgesteld rijd ik terug naar de zuidkust.

William is alleen in de winkel. Hij komt me al opgetogen tegemoet met de mededeling dat hij voor achthonderd shilling aan spullen heeft verkocht. Ik ben net zo blij als hij. Omdat we de vitrine niet met z'n tweeën kunnen uitladen, gaat hij naar het strand om vrienden te zoeken die kunnen helpen. Na een halfuur is hij terug met drie Masai. Ze laden de zware vitrine voorzichtig uit en zetten hem in de winkel. Als dank geef ik hun allemaal tien shilling, en ik trakteer ze op limonade. Ik begin de vitrine te vullen met modieuze sieraden, terwijl de anderen met het kindermeisje en Napirai voor de winkel hun limonade zitten te drinken.

Zoals altijd als al het werk gedaan is, duikt mijn man uit het niets op. De echtgenoot van ons kindermeisje is bij hem. Deze vaart boos uit tegen zijn jonge vrouw, en ik zie dat de andere Masai afdruipen. Ik vraag geschrokken wat er aan de hand is, en William vertelt dat de echtgenoot niet wil dat zijn vrouw bij andere mannen zit. Als hij haar nog eens betrapt, mag ze hier niet meer werken. Ik mag me er jammer genoeg niet mee bemoeien, integendeel, ik mag nog blij zijn dat Lketinga niet ook begint te schelden. Ik vind die echtgenoot een hork, en met het meisje heb ik te doen. Ze staat er met gebogen hoofd bij.

Gelukkig komen er klanten, en William wijdt zich vol overgave aan hen. Als ik uit het gesprek opmaak dat het Zwitsers zijn, spreek ik ze aan. Ze komen uit Biel, de stad waar ik ook vandaan kom. Ik vraag nieuwsgierig hoe het daar nu is. We raken in gesprek, en na een poosje nodigen ze me uit voor een biertje in het Chinese restaurant. Ik vraag Lketinga of hij het goedvindt. 'Why not, Corinne, no problem, if you know these people,' zegt hij gul. Ik ken het stel natuurlijk niet persoonlijk, maar ze zijn van mijn leeftijd en misschien kennen ze vroegere vrienden van me.

We zitten een uur aan de bar en nemen dan afscheid. Ik ben nog niet terug of het gevraag begint weer. Waar ken ik die mensen van? Waarom zat ik zo te lachen met die man? Is het een vriend van Marco, of misschien zelfs een ex van mij? De ene vraag na de andere, en steeds weer: 'Corinne, you can tell me. I know, no problem, now this man has another lady. Please tell me, before you come to Kenia, maybe you sleep with him?' Ik kan er niet meer tegen en houd mijn handen voor mijn oren. De tranen rollen over mijn wangen. Ik ben zo woedend dat ik alleen nog maar tegen hem zou willen schreeuwen.

Eindelijk is het sluitingstijd, en we gaan naar huis. William heeft natuurlijk alles gehoord en het aan Priscilla verteld. Die komt in ieder geval naar ons toe en vraagt of we problemen hebben. Ik kan het niet voor me houden en vertel haar wat er is gebeurd. Zij probeert Lketinga tot rede te brengen, en ik ga tegelijk met Napirai slapen. Over twee weken komt mijn zus. Met een beetje geluk is mijn man er dan niet meer. De ruzies verergeren weer, en van de goede voornemens na het bezoek van mijn broer is niets meer over.

Ik sta elke morgen om zeven uur op om om negen uur in de winkel te kunnen zijn. Er komen nu bijna dagelijks vertegenwoordigers in houtsnijwerk en gouden sieraden langs. Het is een enorme vooruitgang dat ik mijn nieuwe spullen nu zó kan inkopen. Maar ik kan die mensen alleen te woord staan als Lketinga niet in de winkel is, want hij gedraagt zich vreselijk. De vertegenwoordigers spreken mij altijd het eerst aan, en dat kan mijn man absoluut niet hebben. Hij stuurt ze weg en zegt dat ze maar terug moeten komen als ze weten wie hier de baas is. De winkel heet toch niet voor niets 'Sidai's Masai Shop'!

Aan William daarentegen heb ik heel veel. Hij sluipt snel weg en fluistert tegen de vertegenwoordigers dat ze 's middags terug kunnen komen, als mijn man in Ukunda is. Zo gaat er nog een week voorbij, tot hij eindelijk naar huis gaat. Hij zal over drie weken terug zijn, zodat hij Sabine nog zal zien in de laatste week dat ze hier is.

Elke dag rijden William en ik samen naar de winkel. Het kindermeisje is er dan meestal al, en zo niet, dan komen we haar tegen op weg naar de winkel. Inmiddels komen er vaak 's morgens al toeristen, meestal Italianen, Amerikanen, Engelsen of Duitsers. Ik vind het fijn dat ik nu met iedereen zo onbekommerd kan praten. William holt uit zichzelf naar de weg, en het werven met de folders verloopt steeds beter. Er zijn dagen dat we wel drie gouden kettinkjes met het wapen van Kenia verkopen. Eén vertegenwoordiger komt tweemaal per week bij ons langs, zodat ik ook speciale wensen van klanten kan doorgeven.

Tussen de middag sluiten we de winkel voor anderhalf uur en gaan dan naar Sophia. Ik kan nu rustig spaghetti en salade bij haar gaan eten. Haar restaurant is sinds kort open, hoewel zijzelf nog steeds niet mag werken. Ze vindt het altijd leuk als onze dochtertjes met elkaar spelen. Natuurlijk betaal ik ook voor Williams eten, want voor hem is het bedrag bijna een half maandsalaris. Als hij dat op een gegeven moment merkt, wil hij voortaan niet meer mee. Maar zonder hem zou ik hier niet naartoe kunnen met Napirai. Hij is een harde werker, en daarom betaal ik graag voor zijn eten. Het kindermeisje gaat elke dag naar huis om te eten.

Er komt inmiddels zoveel binnen dat ik iedere middag geld naar de bank moet brengen. Er zijn ook geen problemen meer met de auto. Ik ga nog één keer per week naar Mombasa om zelf inkopen te doen, de rest koop ik bij vertegenwoordigers. Ik ben een tevreden zakenvrouw. Het zijn de eerste harmonieuze dagen in de winkel.

In de tweede week van augustus neemt Sabine haar intrek in de Africa Sea Lodge. Op de dag dat ze aankomt, ga ik met Priscilla en Napirai naar het hotel, terwijl William op de winkel past. De vreugde van het weerzien is groot. Het is voor haar de eerste vakantie buiten Europa. Helaas heb ik niet veel tijd, want ik wil gauw weer in de winkel zijn. Zij gaat de eerste dag toch lekker in de zon liggen. We spreken af elkaar 's avonds na sluitingstijd aan de bar van het hotel te ontmoeten. Ik neem haar meteen mee naar ons dorp, en ook zij verbaast zich over onze leefomstandigheden, hoewel het dorp haar wel aanspreekt.

Bij de buren zijn een paar krijgers thuis. Ze vragen nieuwsgierig wie dat meisje is, en binnen de kortste keren dingen ze allemaal naar de gunsten van mijn zus. Omgekeerd lijkt zij ook door hen gefascineerd. Ik waarschuw haar en vertel haar van alle ellende die ik met Lketinga heb doorgemaakt. Zij kan zich er niet zoveel bij voorstellen en vindt het jammer dat hij er niet is.

Ze wil terug naar haar hotel voor het avondeten. Ik breng haar er met de auto naartoe, en een paar krijgers liften mee. Voor het hotel zet ik iedereen af, en met Sabine spreek ik voor morgenavond aan de hotelbar af. Als ik wegrijd, is ze nog in gesprek met de Masai. Ik ga naar Priscilla om met haar te eten. Nu Lketinga weg is, koken we om beurten.

Sabine duikt de volgende middag onverwacht met Edy in de winkel op. Ze hebben elkaar gisteren leren kennen in de Bush Baby-disco. Ze is pas achttien en wil van het nachtleven genieten. Ik heb geen goed gevoel als ik die twee samen zie, hoewel ik Edy graag mag. Het grootste deel van de tijd hangen ze rond bij het zwembad van het hotel.

Ik werk in de winkel en zie niet veel van mijn zus, die meestal met Edy op pad is. Af en toe drinken we samen thee in ons dorp. Ze wil natuurlijk graag met mij naar de disco, maar dat gaat niet vanwege Napirai. Bovendien zou dat grote problemen geven als Lketinga terugkomt. Mijn zus begrijpt daar niets van, omdat ik altijd zo'n zelfstandige vrouw ben geweest, maar ze heeft mijn man dan ook nog niet ontmoet.

Bittere teleurstelling

Een week later is het zover. William en ik zijn in de winkel. Het is erg benauwd en daarom zijn er niet veel klanten. Desondanks kunnen we tevreden zijn met onze omzet, een bedrag waarvan Sophia op dit moment alleen maar kan dromen. Ik zit op het stoepje voor de winkel, en Napirai drinkt ondanks haar dertien maanden tevreden aan mijn borst, als er plotseling een grote man vanachter de winkel van de Indiër opduikt en op ons af stapt.

Het duurt een paar seconden voor ik Lketinga herken. Ik wacht tot ik een blij gevoel zal krijgen, maar blijf als versteend zitten. Zijn aanblik brengt me in de war. Hij heeft zijn lange rode haar afgeknipt en een deel van zijn hoofdsieraden afgelegd. Dat zou ik nog kunnen accepteren, maar zijn kleren zien er belachelijk uit. Hij draagt een ouderwets overhemd en een donkerrode spijkerbroek die veel te strak en te kort is. Aan zijn voeten zitten goedkope plastic slippers, en in plaats van met verende tred loopt hij nu houterig en stijfjes. 'Corinne, why you not tell me hello? You are not happy I'm here?' Pas nu word ik me ervan bewust hoe ik hem moet hebben aangestaard. Om tijd te winnen geef ik hem Napirai. Vrolijk neemt hij haar van me over. Maar ook zij lijkt onzeker te zijn geworden, want ze wil meteen worden neergezet en naar mij terug.

Hij gaat de winkel binnen en inspecteert alles. Bij de nieuwe Masairiemen wil hij weten van wie ik die heb. 'Van Priscilla,' antwoord ik. Hij haalt ze weg om ze haar later terug te geven, want hij wil niets in commissie voor haar verkopen. Ik erger me en krijg meteen last van buikpijn. 'Corinne, where is your sister?' 'I don't know. Maybe in the hotel,' antwoord ik kortaf. Hij vraagt om de autosleutel en wil haar gaan opzoeken, hoewel hij helemaal niet weet hoe ze eruitziet.

Een uur later is hij terug. Hij heeft haar natuurlijk niet gevonden. In plaats daarvan heeft hij in Ukunda miraa gekocht. Hij gaat voor de ingang zitten en begint te kauwen. Na korte tijd ligt de grond bezaaid met bladeren en uitgekauwde stengels. Ik stel hem voor ergens anders te gaan zitten, wat hij opvat alsof ik hem kwijt wil. Hij hoort William een hele tijd uit.

Ik krijg weinig te horen over thuis en James. Hij heeft alleen de besnijdenis bijgewoond en is daarna teruggegaan. Voorzichtig vraag ik waar zijn kanga's zijn en waarom hij zijn haar heeft afgeknipt. De kanga's zitten in zijn tas, net als zijn lange haar. Hij is nu geen krijger meer en heeft daarom geen kanga's meer nodig.

Ik werp tegen dat de meeste Masai in Mombasa nog steeds hun traditionele kleding en sieraden dragen en lang haar hebben, en dat dat voor onze winkel ook beter is, wat hij weer uitlegt alsof ik alle anderen mooier vind dan hem. Maar het enige wat ik wil is dat hij dat overhemd en die spijkerbroek uitdoet en weer kanga's gaat dragen, omdat die eenvoudige kleding hem veel beter staat. Ik geef mijn pogingen voorlopig op.

Als we thuiskomen, zit Sabine met Edy bij een groepje krijgers bij de buren voor de deur. Ik stel haar voor aan mijn man. Hij begroet haar opgewekt. Sabine kijkt mij een beetje verwonderd aan. Zij vindt zijn outfit natuurlijk ook vreemd. Maar Lketinga heeft er kennelijk nog niet bij nagedacht waarom Sabine hier zit.

Een halfuur later wil ze terug naar haar hotel voor het avondeten. Voor mij is dit de enige gelegenheid om even met haar te praten, dus ik stel Lketinga voor dat ik haar met de auto breng en hij tien minuten op Napirai past. Maar daar wil hij niets van horen; híj wil haar naar het hotel brengen. Mijn zus kijkt me geschrokken aan en zegt in het Duits tegen me dat ze weigert in de auto te stappen als hij rijdt. Ze kent hem helemaal niet, en hij ziet er niet naar uit alsof hij goed kan chaufferen. Ik weet niet wat ik moet doen, en dat zeg ik tegen haar. Ze wendt zich tot Lketinga en zegt: 'Thank you, but it's better I walk with Edy to the hotel.' Ik houd een ogenblik mijn adem in en wacht af wat er gaat gebeuren. Lketinga lacht en vraagt: 'Why you go with him? You are sister from Corinne. So you are like my sister.'

Hij blijft volhouden en wil nu 's avonds met haar in de Bush Baby afspreken, omdat hij haar naar zijn zeggen niet alleen kan laten gaan. Sabine raakt nu een beetje geïrriteerd en zegt: 'No problem, I go with Edy, and you stay with Corinne or come together with her.' Ik zie aan hem dat hij nu heeft begrepen hoe de vork in de steel zit. Sabine maakt van de gelegenheid gebruik om zich met Edy uit de voeten te maken. Ik ga krampachtig met Napirai bezig. Hij zit een hele tijd miraa te kauwen zonder iets te zeggen. Dan vraagt hij me wat ik 's avonds heb gedaan toen hij weg was. Ik vertel van de bezoeken aan Priscilla, die immers maar dertig meter van ons vandaan woont. Afgezien daarvan ben ik steeds vroeg naar bed gegaan. Ik weet heel goed waar hij naartoe wil, dus ik voeg er op scherpe toon aan toe: 'Only Napirai!' Hij lacht en kauwt verder.

Ik ga naar bed en hoop dat hij nog een hele tijd buiten blijft, omdat ik absoluut geen zin heb in zijn aanrakingen. Pas nu besef ik ten volle hoezeer mijn gevoelens voor deze man zijn afgestompt. Nadat ik tweeënhalve week onbekommerd heb kunnen leven, valt de druk van het samenzijn met hem me bijzonder zwaar.

Na een tijdje komt hij ook in bed. Ik doe alsof ik slaap, ik lig met Napirai helemaal tegen de muur. Hij zegt iets tegen me, maar ik reageer niet. Als hij probeert met me te vrijen, wat onder andere omstandigheden normaal zou zijn na zo'n lange scheiding, word ik haast misselijk van angst. Ik kan en wil gewoonweg niet. De hernieuwde teleurstelling is te groot. Ik duw hem weg en zeg: 'Maybe tomorrow.' 'Corinne, you are my wife, now I have not seen you for such a long time. I want love from you! Maybe you got enough love from other men?' 'No, I have not got love, I don't want love!' schreeuw ik uitgeput.

Natuurlijk horen de buren ons ook hier ruziemaken, maar ik heb mezelf niet meer in de hand. Er ontstaat een gevecht, en Napirai wordt wakker en begint te krijsen. Lketinga stapt woedend uit bed, doet zijn sieraden om en zijn kanga's aan en verdwijnt. Napirai schreeuwt en is niet stil te krijgen. Plotseling staat Priscilla in mijn kamer. Ze neemt Napirai van me over. Ik ben zo kapot dat ik niet meer in staat ben met haar over onze problemen te praten. Het enige wat ik tegen haar zeg, is dat Lketinga stapelgek is. Ze antwoordt op sussende toon dat alle mannen zo zijn. Maar we mogen hier niet zo schreeuwen, zegt ze, anders krijgen we problemen met de huisbaas. Daarna gaat ze weer weg.

Als ik de volgende ochtend zoals altijd met William naar de winkel ga, weet ik niet waar mijn man de nacht heeft doorgebracht. De stemming is bedrukt, William en het kindermeisje zeggen niet veel. We zijn blij met iedere klant die voor een beetje afleiding zorgt, al bemoei ik me vandaag niet met de verkoopgesprekken.

Lketinga verschijnt pas tegen de middag. Hij commandeert William aan één stuk door; hij gaat niet meer zelf naar de weg om folders uit te delen, maar stuurt William. Hij wil niet dat William mee gaat lunchen, ook al gaan we alleen maar naar Ukunda. Ik mag ook niet meer naar Sophia, omdat hij niet zou weten wat wij met elkaar te bespreken hebben.

Sinds een paar dagen lijkt het of er geld uit de kassa verdwijnt. Ik kan het niet hard maken omdat ik niet meer elke dag naar de bank ga. Mijn man haalt er ook weleens geld uit, en ik koop spullen van de vertegenwoordigers. Maar ik voel aan mijn water dat er iets niet klopt. Ik durf er mijn man echter niet op aan te spreken.

De vakantie van mijn zus is bijna voorbij, en we hebben elkaar nauwelijks gezien. Op de voorlaatste dag gaan we samen met haar en Edy naar de disco. Dat is op haar verzoek, waarschijnlijk omdat ze wil dat ik meer onder de mensen kom. Napirai laten we achter bij Priscilla. Lketinga en ik zitten aan een tafeltje, terwijl Sabine en Edy uitgelaten dansen. Voor het eerst sinds lange tijd drink ik weer eens alcohol. Mijn gedachten gaan terug naar die keer dat ik hier met Marco zat en bijna flauwviel toen Lketinga binnenkwam. Wat is er veel gebeurd in de tussentijd! Ik probeer de tranen die ik voel opkomen te onderdrukken. Ik wil Sabines laatste avond niet verpesten en ook geen ruzie maken met mijn man. Ook hij was destijds vast gelukkiger dan nu.

Mijn zus komt weer bij ons zitten en merkt direct dat er iets met me is. Ik hol naar de wc. Als ik mijn gezicht met koud water besprenkel, staat ze naast me en neemt me in haar armen. We staan daar een tijdje zonder iets te zeggen. Dan stopt ze me een sigaret toe en zegt dat ik die later maar lekker op moet roken. Het zal me zeker goed doen, want er zit marihuana in. Als ik meer nodig heb, kan ik bij Edy terecht.

We gaan terug naar het tafeltje, en Lketinga vraagt Sabine ten dans. Terwijl ze dansen vraagt Edy of ik problemen heb met Lketinga. 'Soms wel,' is mijn korte antwoord. Edy wil ook dansen, maar ik wimpel af. Korte tijd later gaan Lketinga en ik naar huis, want ik heb Napirai voor het eerst alleen gelaten met Priscilla en ik zit niet rustig. Ik neem afscheid van Sabine en wens haar een goede terugreis.

In het donker lopen we naar het dorp. Ik hoor mijn meisje al van verre huilen, maar Priscilla stelt me gerust: Napirai is net wakker geworden en mist natuurlijk haar vertrouwde borst. Terwijl Lketinga nog wat met Priscilla praat, ga ik naar onze kamer. Als Napirai weer slaapt, ga ik buiten in de zwoele nacht zitten, steek de joint aan en zuig de rook gulzig in mijn longen. Net als ik de sigaret uitdruk, komt Lketinga eraan. Ik hoop dat hij niets ruikt.

Ik voel me vrijer en beter en zit een beetje in mezelf te grinniken. Als ik draaierig begin te worden, ga ik op bed liggen. Lketinga merkt dat ik veranderd ben, maar ik zeg dat dat komt doordat ik geen alcohol meer gewend ben. Ditmaal valt het me niet zwaar om mijn echtelijke plichten te vervullen. Zelfs Lketinga is verbaasd over mijn gewilligheid.

Midden in de nacht word ik wakker omdat ik moet plassen. Ik sluip naar buiten en leeg mijn blaas vlak achter het huisje, want ik ben nog draaierig en de ton-wc is veel te ver weg. Als ik weer in ons grote bed stap, vraagt mijn man in het donker waar ik vandaan kom. Ik vertel het hem, geschrokken dat hij wakker is geworden. Hij staat op, pakt de zaklantaren en vraagt mij de plaats aan te wijzen. Ik ben nog steeds high en krijg een lachbui, want ik vind het allemaal vreselijk grappig. Maar Lketinga maakt uit mijn vrolijkheid op dat ik een afspraak met iemand had. Ik neem dat niet serieus en wijs hem de ronde vochtplek op de grond. Zwijgend gaan we weer slapen.

's Ochtends zoemt mijn hoofd en zit ik weer midden in de ellende. Na het ontbijt rijden we naar de winkel, voor het eerst zonder William. Maar als we bij de winkel aankomen, staat hij daar al. Omdat het mij natuurlijk niets aangaat, vraag ik hem niet waar hij is geweest. Hij is zenuwachtig en bedeesder dan normaal. De zaken gaan niet erg goed vandaag, en bij het sluiten van de winkel valt het me op dat er inderdaad iemand geld heeft weggenomen. Maar wat moet ik doen? Ik houd William en mijn man, voorzover die aanwezig is, wat scherper in de gaten, maar merk niets verdachts op. Het kindermeisje verdenk ik al helemaal niet.

Als ik terugkom van het wassen, zit Priscilla bij ons thuis met Lketinga te praten. Ze vertelt dat William elke avond in Ukunda veel geld uitgeeft. We moeten beter opletten, want ze snapt niet waar hij al dat geld vandaan heeft. Ik voel me beroerd, want ik weet dat er geld is gestolen, maar ik zeg niets en neem me voor het onder vier ogen met William te bespreken. Mijn man zou hem meteen ontslaan, en dan sta ik er weer helemaal alleen voor. En tot nu toe ben ik heel tevreden over William.

Ook de dag daarop komt hij rechtstreeks vanuit Ukunda naar zijn werk. Lketinga spreekt hem erop aan, maar hij ontkent alles. Als de eerste toeristen komen, werkt William net als anders. Mijn man gaat naar Ukunda, naar ik aanneem om te informeren waar William is geweest.

Zodra ik met William alleen ben, zeg ik hem recht in zijn gezicht dat ik weet dat hij elke dag geld heeft gestolen. Ik zal niets tegen Lketinga zeggen, als hij belooft dat hij voortaan serieus zal werken. Dan zal ik hem ook niet ontslaan. Wanneer over twee maanden het hoogseizoen begint, krijgt hij ook meer salaris. Hij kijkt me aan en zegt niets. Ik weet zeker dat hij er spijt van heeft en dat hij alleen maar heeft gestolen uit wrevel over de slechte behandeling door mijn man. Toen we alleen waren, klopte alles altijd tot op de shilling.

Als Lketinga terugkomt uit Ukunda, heeft hij ontdekt dat William de hele nacht in een disco is geweest. Hij roept hem opnieuw ter verant-woording, maar ik kom tussenbeide en zeg dat hij gisteren een voor-schot heeft gekregen. De rust keert langzaam terug, maar de sfeer blijft gespannen.

Na een dag hard werken heb ik weer zin in een joint om me lekker te ontspannen, en ik vraag me af waar ik Edy kan vinden. Voor vandaag kan ik geen excuus verzinnen, maar morgen ga ik naar de Africa Sea Lodge om mijn haar te laten vlechten. Dat duurt minstens drie uur, en dan heb ik een goede kans Edy te treffen aan de bar.

Na de lunch ga ik met de auto naar het hotel. De kapsters zijn allebei bezet en ik moet een halfuur wachten. Dan begint het pijnlijke procédé. Mijn haar wordt in strengen met wollen draden langs mijn hoofd omhooggevlochten, en aan het eind van ieder vlechtje komen kleurige kralen. Omdat ik graag veel kleine vlechtjes wil, duurt het meer dan drie uur. Het is al bijna halfzes, en het is nog steeds niet hele-maal klaar.

Uitzichtloosheid

Plotseling komt mijn man aangelopen met Napirai. Ik begrijp niet wat hij hier komt doen, want ik heb immers de auto en de winkel is een paar kilometer hiervandaan. Hij kijkt op zijn horloge en vaart tegen me uit omdat ik zo lang weg ben gebleven. Zo beheerst mogelijk zeg ik te-gen hem dat ik, zoals hij zelf kan zien, net klaar ben. Hij zet de zwete-ge Napirai bij me op schoot. Ze heeft haar broek volgepoept. Ik vraag geërgerd waarom hij haar heeft meegenomen en waar ons kindermeisje is. Hij heeft haar en William naar huis gestuurd en de winkel gewoon gesloten. Hij is niet gek, hij weet heel goed dat ik een afspraak met ie-mand had, anders was ik allang weer thuis geweest. Ik kan praten wat ik wil, Lketinga is ziek van jaloezie. Hij is ervan overtuigd dat ik voor mijn bezoek aan de kapper een ontmoeting met een andere krijger heb ge-had.

Ik wil zo snel mogelijk weg uit het hotel, en we rijden rechtstreeks naar huis. Ik heb geen zin meer om te werken. Ik kan maar niet begrijpen dat ik niet eens een paar uur naar de kapper kan gaan zonder dat mijn man helemaal op tilt slaat. Zo gaat het niet langer. Woedend en op hatelijke toon zeg ik tegen mijn man dat hij naar huis moet gaan en met een tweede vrouw moet trouwen. Ik zal hem financieel blijven steunen. Maar hij moet weg, zodat we allemaal tot rust kunnen komen. Ik heb geen andere minnaar en wil er ook geen. Ik wil alleen maar werken en een rustig leven leiden. Ik vind het ook goed als hij over twee of drie maanden terugkomt en dat we dan verder zien.

Maar Lketinga is niet vatbaar voor mijn argumenten. Hij zegt dat hij geen andere vrouw wil en alleen van mij houdt. Hij wil dat het weer wordt zoals vroeger, voordat Napirai er was. Hij begrijpt gewoon niet dat hijzelf alles kapot heeft gemaakt met zijn jaloezie. Ik kan me alleen nog maar ontspannen als hij weg is. We maken ruzie, en ik huil en zie er geen gat meer in. Ik heb zelfs geen kracht meer om Napirai te troosten, omdat ik me zelf zo afschuwelijk voel. Ik voel me een gevangene. Ik moet met iemand praten. Sophia zal me begrijpen! Erger dan nu kan het toch niet worden. Ik stap in de auto en laat mijn man en kind gewoon achter. Hij probeert me tegen te houden, maar ik scheur al weg. 'You are crazy, Corinne,' is het laatste wat ik hoor.

Sophia is helemaal van de kaart als ze me ziet. Ze dacht dat met ons alles prima was omdat ik al een hele tijd niet meer langs ben geweest. Als ik haar het hele verhaal vertel, is ze geschokt. In mijn wanhoop vertel ik haar dat ik overweeg terug te gaan naar Zwitserland, omdat ik bang ben dat er op een dag iets ergs gebeurt. Sophia probeert me daarvan af te brengen: nu de winkel zo goed loopt en ik net mijn werkvergunning heb, moet ik maar even doorbijten. Misschien gaat Lketinga toch wel terug naar huis omdat hij zich hier in Mombasa niet op zijn gemak voelt. We bespreken van alles, maar inwendig ben ik opgebrand. Ik vraag of ze marihuana heeft. Ja hoor, ik krijg een beetje van haar vriend. Ik rijd iets minder somber terug en bereid me alweer voor op de volgende ruzie. Maar mijn man is voor het huis met Napirai aan het spelen. Hij zegt geen boe of ba. Hij vraagt zelfs niet waar ik geweest ben. Dit is iets nieuws.

Binnen draai ik haastig een joint en rook hem op. Nu voel ik me beter, alles lijkt nu draaglijker. Opgewekt ga ik buiten zitten en kijk geamuseerd naar mijn dochter, die telkens opnieuw probeert in een boom te klimmen. Als mijn hoofd weer wat helderder is, koop ik rijst en aardappelen voor het avondeten. Van die joint heb ik een verschrikkelijke honger gekregen. Later was ik Napirai zoals elke dag in de wasbak, waarna ik zelf naar de 'oerwouddouche' ga. De luiers zet ik zoals altijd voor de nacht in de week, zodat ik ze morgenochtend vóór mijn werk kan wassen. Dan ga ik naar bed. Mijn man brengt een paar krijgers met de auto naar een dansvoorstelling.

De dagen gaan geruisloos voorbij, en ik kijk iedere avond uit naar mijn joint. We zijn weer vaker intiem met elkaar, niet omdat ik er plezier aan beleef, maar omdat het me niets meer kan schelen. Ik leef op de automatische piloot. Als een robot open ik 's ochtends de winkel, en samen met William, die steeds vaker niet komt opdagen, verkoop ik de souvenirs. Lketinga is nu bijna de hele dag in de winkel. De toeristen komen met fototoestellen en videocamera's, en weldra zijn we in veelvoud vastgelegd. Mijn man vraagt er nog steeds geld voor, maar ik wind me er niet meer over op. Hij begrijpt niet waarom de mensen ons willen fotograferen en zegt terecht dat we toch geen aapjes zijn.

De toeristen vragen vaak waar ons dochtertje is, omdat ze denken dat Napirai, die met het kindermeisje speelt, háár kind is. Ik moet steeds weer uitleggen dat dat meisje van inmiddels zestien maanden onze Napirai is. Ik maak me samen met het kindermeisje vrolijk over het steeds terugkerende misverstand, tot Lketinga zich begint af te vragen waarom iedereen hetzelfde denkt. Ik probeer hem te kalmeren: we hoeven ons toch niets aan te trekken van wat de mensen denken? Maar hij blijft de geïrriteerde klanten maar vragen waarom ze niet meteen zagen dat ik Napirais moeder ben, zodat sommigen geschrokken de winkel uit vluchten. Ook tegenover het meisje doet hij wantrouwig.

Mijn zus is alweer bijna een maand thuis. Edy komt af en toe vragen of er een brief van haar is, maar Lketinga ziet dat op den duur anders. Volgens hem komt Edy natuurlijk vanwege mij, en op een dag betrapt hij me terwijl ik marihuana van Edy koop. Hij gaat tegen me tekeer of ik een zware misdadigster ben en dreigt me bij de politie aan te geven.

Mijn eigen man wil me naar de gevangenis sturen, hoewel hij weet hoe vreselijk het daar is! De drugswetgeving in Kenia is heel streng. Edy weet hem er met veel moeite van te weerhouden om naar de politie in Ukunda te gaan. Ik sta als aan de grond genageld en ben zelfs niet meer in staat om te huilen. Ik heb dat spul nodig om zijn gezelschap te kunnen verdragen. Maar ik moet hem beloven nooit meer marihuana te roken, anders geeft hij me aan. Hij wil niet samenleven met iemand die de Keniaanse wet overtreedt. Miraa is officieel toegestaan, dus dat is iets anders.

Mijn man doorzoekt mijn tassen en ruikt aan iedere sigaret die ik op-

279

steek. Thuis vertelt hij het aan Priscilla en aan iedereen die het maar horen wil. Iedereen is natuurlijk geschokt, en ik voel me beroerd. Iedere keer dat ik naar de wc ga, gaat hij mee. Boodschappen doen in het dorp mag ik helemaal niet meer. Ik ben alleen nog maar in onze winkel, of ik zit thuis op bed. Het enige wat belangrijk voor me is, is mijn kind. Napirai lijkt te voelen dat het slecht met me gaat. Ze gaat nooit ver uit mijn buurt en brabbelt 'mama, mama' en een paar onverstaanbare woorden. Priscilla bemoeit zich niet meer met ons. Ze wil geen problemen.

Ik heb geen plezier meer in mijn werk. Lketinga houdt me constant in de gaten, ofwel in de winkel, ofwel vanuit het Chinese restaurant. Soms keert hij wel driemaal per dag mijn tas ondersteboven. Op een dag komen er weer Zwitserse toeristen. Ik heb geen zin in een gesprek en zeg dat ik me niet goed voel en buikpijn heb. Mijn man komt er net aan als een Zwitserse Napirai bewondert en argeloos opmerkt dat ze op het kindermeisje lijkt. Ik help de bezoekster uit de droom, maar Lketinga vraagt: 'Corinne, why all people know this child is not yours?' Met dat zinnetje heeft hij mijn laatste hoop en mijn laatste beetje respect voor hem vernietigd.

Ik sta als in trance op en loop naar het Chinese restaurant aan de overkant zonder op de vragen van de anderen te reageren. Ik zeg tegen de eigenaar dat ik graag wil telefoneren. Ik vraag verbinding met het kantoor van Swissair in Nairobi en informeer naar de eerstvolgende vlucht waarmee mijn dochtertje en ik naar Zürich kunnen vertrekken. Het duurt even voor ik te horen krijg dat er over vier dagen nog plaatsen vrij zijn. Ik weet dat ik als particulier niet telefonisch kan reserveren, maar ik smeek de vrouw die plaatsen voor me vast te houden. Ik kan pas één dag voor vertrek de tickets afhalen en betalen. Maar het is erg belangrijk, en ik garandeer haar dat ik kom. Mijn hart klopt in mijn keel als ik haar 'Okay' hoor zeggen.

Ik loop langzaam terug naar de winkel en zeg zonder omhaal dat ik met vakantie ga naar Zwitserland. Lketinga lacht eerst wat onzeker en zegt dan dat ik zonder Napirai mag gaan, want dan weet hij zeker dat ik terugkom. Ik antwoord vermoeid dat mijn kind met me meegaat. Ik zal terugkomen, zoals altijd, maar na de stress rond de winkel moet ik even op adem komen voordat in december het hoogseizoen begint. Lketinga vindt het niet goed en weigert dan ook de verklaring te ondertekenen dat ik Kenia uit mag. Desondanks pak ik twee dagen later mijn spullen. Priscilla en Sophia praten met hem. Allemaal zijn ze ervan overtuigd dat ik terugkom.

Vlucht

De laatste dag laat ik alles achter. Mijn man staat alleen toe dat ik wat spulletjes voor Napirai inpak. Ik geef hem alle cheques voor mijn bankrekening, zodat hij ziet dat ik terug zal komen. Wie geeft er nu vrijwillig zo veel geld, een auto en een goedlopende winkel op?

Nog steeds twijfelend of hij mijn verhaal wel kan geloven, doet hij Napirai en mij uitgeleide naar Mombasa. Vlak voor ons vertrek naar Nairobi heeft hij nog steeds de papieren niet ondertekend. Ik vraag het hem voor de laatste keer, want vertrekken zál ik. Ik ben inwendig zo opgebrand, zo gevoelloos, dat er geen tranen meer komen.

De chauffeur start de motor. Lketinga staat naast ons in de bus en laat voor de zoveelste keer een medepassagier de inhoud van de verklaring vertalen, waarin te lezen staat dat ik van mijn man, Lketinga Leparmorijo, toestemming heb om Kenia samen met onze dochter Napirai te verlaten voor een vakantie van drie weken in Zwitserland.

De chauffeur toetert voor de derde keer. Lketinga zet zijn krabbeltje op het papier en zegt: 'I don't know if I see you and Napirai again!' Dan springt hij uit de bus, en we rijden weg. Nu rollen de tranen over mijn wangen. Ik kijk uit het raam en neem afscheid van de voorbijglijdende, vertrouwde beelden.

Lieve Lketinga,

Hopelijk kun je me vergeven wat ik je te zeggen heb. Ik kom niet meer terug naar Kenia.

Ik heb de laatste tijd veel over ons nagedacht. Meer dan drieënhalf jaar geleden hield ik zoveel van je dat ik bereid was om samen met jou in Barsaloi te leven. Ik heb je een dochter geschonken. Maar sinds de dag dat je mij voor de voeten wierp dat het niet jouw kind was, voelde ik niet meer hetzelfde voor je. Dat heb je zelf ook gemerkt.

Ik heb nooit iemand anders gewild, en ik heb nooit tegen je gelogen. Maar al die jaren heb je mij nooit begrepen, misschien ook wel omdat ik een 'mzungu' ben. Mijn wereld en jouw wereld zijn zeer verschillend, maar ik geloofde erin dat we op een dag in dezelfde wereld zouden leven.

Maar nu, na de laatste kans die we in Mombasa hadden, zie ik in dat jij niet gelukkig bent, en ik al helemaal niet. We zijn nog altijd jong, en het kon zo niet doorgaan. Op dit moment begrijp je me misschien niet, maar over een poosje zul je zien dat ook jij weer gelukkig wordt met iemand anders. Voor jou is het gemakkelijk een nieuwe vrouw te vinden die in dezelfde wereld leeft als jij. Maar zoek nu een Samburu-vrouw, geen blanke, want wij zijn te verschillend. Op een dag zul je veel kinderen hebben.

Ik heb Napirai meegenomen, want ze is het enige wat ik nog heb. Ik weet ook dat ik nooit andere kinderen zal krijgen. Zonder Napirai zou ik niet verder kunnen leven. Zij is mijn leven! Alsjeblieft, alsjeblieft, Lketinga, vergeef het mij! Ik ben niet sterk genoeg meer om in Kenia te leven. Ik was er altijd erg eenzaam, ik had niemand, en jij hebt me behandeld als een misdadigster, zonder het zelf te merken, want zo is het leven in Afrika. Ik zeg het je nog één keer: ik heb nooit iets verkeerds gedaan.

Je moet nu bedenken wat je met de winkel wilt doen. Ik schrijf ook een brief aan Sophia, zij kan je helpen. Ik doe je de hele winkel cadeau. Maar als je hem wilt verkopen, moet je onderhandelen met Anil, de Indiër.

Ik zal je van hieruit helpen zo goed als ik kan. Ik laat je niet in de steek. Als je problemen hebt, zeg het dan tegen Sophia. De huur voor de winkel is tot medio december betaald, maar als je niet meer wilt werken, moet je beslist met Anil gaan praten. Ook de auto mag je hebben. Bijgaand vind je de ondertekende autopapieren. Als je de auto wilt verkopen, krijg je er minimaal tachtigduizend shilling voor, maar je moet iemand zoeken om je te helpen bij de verkoop. Daarna ben je een rijk man.

Wees alsjeblieft niet verdrietig, Lketinga. Je zult een betere vrouw vinden, want je bent jong en mooi. Ik zal Napirai alleen maar het beste over jou vertellen. Probeer me te begrijpen! Ik zou doodgaan in Kenia, en ik denk niet dat je dat wilt. Mijn familie is niet boos op je en vindt je nog steeds aardig, maar we zijn te verschillend.

Hartelijke groeten van Corinne en de familie

Beste James,

Ik hoop dat het goed met je gaat. Ik ben in Zwitserland en erg verdrietig. Ik weet nu dat ik nooit meer terug zal gaan naar Kenia. Dat heb ik vandaag aan Lketinga geschreven, want ik ben niet sterk genoeg meer om samen te leven met je broer. Ik voelde me erg eenzaam, omdat ik nu eenmaal een blanke ben. Je hebt meegemaakt hoe het was. Ik heb hem nog een kans gegeven in Mombasa, maar het is niet beter, maar juist slechter geworden. En ooit heb ik zoveel van hem gehouden! Maar sinds onze ruzie om Napirai heeft die liefde een grote knauw gekregen. Sinds die dag hebben we van 's morgens vroeg tot 's avonds laat alleen maar ruziegemaakt. Hij denkt uitsluitend negatief. Ik geloof niet dat hij weet wat liefde is, want als je van iemand houdt, zeg je zulke dingen niet.

Mombasa was mijn laatste hoop, maar hij is niet veranderd. Ik voelde me een gevangene. We hebben een goedlopende winkel opgezet, maar ik geloof niet dat hij het daar alleen mee redt. Ga alsjeblieft zo snel mogelijk naar Mombasa en praat met hem! Hij heeft niemand meer, hij is helemaal alleen. Als hij de winkel wil verkopen, kan ik met Anil telefoneren, maar ik moet weten waar ik aan toe ben. Ook de auto mag hij houden. Alsjeblieft, James, ga zo snel mogelijk naar Mombasa, want Lketinga zal je erg nodig hebben als hij mijn brief krijgt. Ik zal vanuit Zwitserland helpen zo goed als ik kan. Als hij alles verkoopt, is hij een rijk man. Maar hij moet voorzichtig zijn, anders zal zijn grote familie het geld binnen de kortste keren opmaken. Ik weet niet hoe de winkel zonder mij draait, maar tot nu toe deden we goede zaken. Ga alsjeblieft kijken, want er is veel in die winkel geïnvesteerd in de vorm van gouden sieraden en andere zaken. Ik wil niet dat Lketinga wordt opgelicht. Ik kon niet anders, hopelijk kan iedereen het me vergeven. Als ik naar Kenia zou terugkeren, zou ik dat niet overleven.

Leg alsjeblieft alles aan mama uit. Ik hou van haar en zal haar nooit vergeten. Ik kan zoals je weet niet rechtstreeks met haar praten. Vertel haar dat ik alles heb geprobeerd om met Lketinga samen te leven. Maar hij leeft met zijn gedachten in een andere wereld. Schrijf me snel terug als je deze brief hebt ontvangen. Ik heb zelf ook veel problemen, want ik weet niet of ik in Zwitserland kan blijven. Zo niet, dan ga ik naar Duitsland. De komende drie maanden woon ik bij mijn moeder.

Hartelijke groeten van Corinne

Beste pater Giuliano,

Ik ben sinds 6 oktober 1990 weer in Zwitserland. Ik kom niet meer terug naar Kenia. Ik ben niet sterk genoeg meer om samen te leven met mijn man. Dat heb ik hem twee weken geleden geschreven. Ik wacht nog op zijn antwoord. Het zal een klap voor hem zijn, want ik heb hem in de waan gelaten dat ik alleen maar voor een korte vakantie naar Zwitserland ging. Anders had hij me nooit toestemming gegeven het land uit te gaan met Napirai.

Zoals u weet, hebben we een mooie winkel geopend aan de zuidkust. Vanaf de eerste dag zijn de zaken goed gegaan. Maar mijn man heeft zijn leven niet gebeterd. Hij was altijd jaloers, ook als ik gewoon met toeristen praatte. Hij heeft me al die jaren nooit vertrouwd. In Mombasa voelde ik me een gevangene. We maakten de hele tijd alleen maar ruzie, en dat was ook niet goed voor Napirai.

Mijn man heeft een goed hart, maar er is iets niet goed in zijn hoofd. Het valt me zwaar dit neer te schrijven, maar ik ben niet de enige die er zo over denkt. Al onze vrienden hebben zich van ons afgekeerd. Zelfs sommige toeristen waren bang voor hem. Het was niet elke dag even erg, maar op het laatst was het wel bijna elke dag mis. Ik heb alles achtergelaten, de winkel, de auto, enzovoort. Hij kan alles verkopen en als rijk man terugkeren naar Barsaloi. Ik zou het fijn voor hem vinden als hij een goede vrouw vond en veel kinderen kreeg.

Bij deze brief voeg ik nog wat Keniaans geld, dat u aan de moeder van mijn man kunt geven. Er staat ook nog geld van me op de Barclays Bank. Zou u ervoor kunnen zorgen dat mama dat krijgt? Ik zou u erg dankbaar zijn. Laat u het mij alstublieft weten.

Ik heb u deze brief geschreven opdat u me zult begrijpen als u op een dag hoort wat er is gebeurd. U kunt van me aannemen dat ik mijn best heb gedaan om er wat van te maken. Ik hoop dat ook God me zal willen vergeven.

Hartelijke groeten van Corinne en Napirai

Hallo Sophia!

Zojuist heb ik jou en Lketinga door de telefoon gesproken. Nu ben ik heel verdrietig en kan niet meer stoppen met huilen. Ik heb je gezegd dat ik niet meer terugkom. Dat is de waarheid. Dat wist ik al voordat ik in Zwitserland was aangekomen. Je kent mijn man ook een beetje. Ik heb mijn hele leven van niemand zoveel gehouden als van hem! Ik was vanwege hem bereid te leven als een Samburu. Ik ben talloze malen ziek geweest in Barsaloi, maar ik ben gebleven omdat ik van hem hield. Er is veel veranderd nadat Napirai is geboren. Hij heeft op een dag beweerd dat ze niet zijn kind zou zijn. Sinds die dag is mijn liefde geknakt. De dagen zijn voorbijgegaan met ups en downs, en hij heeft me vaak slecht behandeld.

Sophia, ik zweer je dat ik nooit een andere man heb gehad, nooit! En toch verweet Lketinga mij dat van 's morgens vroeg tot 's avonds laat. Ik heb ons in Mombasa nog een kans willen geven, maar zó kon ik niet verder leven. Hij heeft het zelf niet eens door! Ik heb alles opgegeven, zelfs mijn vaderland. Natuurlijk ben ik zelf ook veranderd, maar ik denk dat dat in deze omstandigheden normaal is. Het spijt me erg, zowel voor hem als voor mij. Ik weet nog niet waar ik in de toekomst zal wonen.

Mijn grootste probleem is Lketinga. Hij heeft nu niemand meer voor de winkel, die hij niet in zijn eentje kan runnen. Laat me alsjeblieft weten of hij hem wil houden. Ik zou het fijn vinden als het hem zou lukken ermee door te gaan, maar zo niet, dan moet hij hem verkopen. Dat geldt ook voor de auto. Napirai blijft bij mij. Ik weet dat ze hier gelukkiger is. Sophia, let alsjeblieft een beetje op Lketinga, hij zal veel problemen krijgen. Ik kan hem helaas maar in beperkte mate helpen. Als ik nog een keer naar Kenia zou komen, zou hij me nooit meer terug laten gaan naar Zwitserland.

Zijn broer James komt hopelijk naar Mombasa. Ik heb hem geschreven. Help hem alsjeblieft door met hem te praten. Ik besef heel goed dat ook jij allerlei problemen hebt, en ik hoop voor je dat je ze gauw kunt oplossen. Ik wens je daar het allerbeste toe en ik hoop dat je een andere blanke vriendin vindt. Napirai en ik zullen jullie nooit vergeten.

Het allerbeste, hartelijke groeten,
Corinne

Ik dank al mijn vriendinnen die me tijdens het schrijven van dit boek hebben gesteund, met name Hanny Stark, die me heeft gemotiveerd om aan het schrijven van dit boek te beginnen, en Anneliese Dubacher, die mijn handgeschreven manuscript met veel moeite heeft ontcijferd en in de computer heeft gezet.